幸魯盛典

（清）孔毓圻 編撰
姚文昌 點校

北京聯合出版公司

山東省社會科學規劃研究青年項目（21DTQJ02）

點校説明

《幸魯盛典》四十卷，清康熙間孔子第六十七代孫、衍聖公孔毓圻編撰。其中“事迹”二十卷，記述康熙二十三年聖祖東巡幸魯的來龍去脈；“藝文”二十卷，載録各級官員圍繞康熙皇帝東巡幸魯這一事件所作的應制詩文。不僅如此，《幸魯盛典》在記述康熙皇帝東巡幸魯的具體儀節時，以附録的形式對歷代皇帝尊孔祭孔的史料文獻進行了梳理歸納，使得該書在一定程度上具有了專題文獻彙編的性質，從而成爲我國古代尊孔祭孔研究的必備之書。

《幸魯盛典》存世的版本主要有五個：清康熙五十年（1711）曲阜孔氏紅萼軒刻本；清康熙五十年（1711）曲阜孔氏紅萼軒刻後印修補本；清乾隆間内府鈔《四庫全書》本；清光緒二十一年（1895）福建布政使署增刻《武英殿聚珍版叢書》本；清光緒二十五年（1899）廣雅書局刻《武英殿聚珍版叢書》本。[1]

這裡將原刻本和修補本作爲兩個版本處理，一是因爲兩者存在明顯的内容差異，二是因爲後出版本文字差異亦淵源於此。原刻本對於刊刻的完成時間並無明確的文字記載。其中卷二十載“康熙二十七年戊辰四月，《幸魯盛典》草稿告成，計書一十八卷。衍聖公孔毓圻具疏進呈御覽，恭請御製序文”，故有卷首《御製幸魯盛典序》，落款時間爲“康熙二十八年四月初二日”。卷二十又載“康

1　以下依次簡稱爲“原刻本”“修補本”“四庫本”“福建本”“廣雅本”。其中“四庫本”特指文淵閣《四庫全書》本。

熙四十年辛巳三月，衍聖公孔毓圻恭呈修成《幸魯盛典》稿本四十卷”，可知四十卷本的成型在康熙四十年。卷十九載“康熙四十一年壬午二月，命以先儒邵雍後裔邵文學爲世襲五經博士”，可知稿本四十卷進呈御覽後，其文本仍有增補。修補本在内容上較原刻本有增補：一是增加了扉頁，右上題“康熙辛巳年梓”，中間大書“幸魯盛典”四字，左下題“紅萼軒藏版”。二是在《御製序》後增加了康熙五十年三月衍聖公孔毓圻所撰《〈幸魯盛典〉進表》。《進表》載“奉旨：覽卿奏，《幸魯盛典》編輯有年，兹刊刻告成，裝潢來進”云云，顯然在衍聖公呈進的刻本中是没有《進表》的，更不可能有康熙皇帝的批語。結合傳世文本書版的對比，我們可以判斷：增加了扉頁和《進表》的刻本係原刻本基礎上形成的後印修補本。衍聖公孔毓圻撰寫《進表》的康熙五十年也就是原刻本刊刻完成的時間，至於修補本扉頁所題“康熙辛巳年梓”，殆謂是書刊刻始於康熙二十八年。

修補本整體上對原刻本正文的改動有限，較爲明顯的是卷一開篇所録《御製至聖先師孔子廟碑》。其中原刻本“伏羲、堯、舜、禹、湯、文、武、周公之統”，增補本“伏羲”上增加一“是”字；原刻本“鳳衰雖歎，麟德感祥”，修補本作“性天峻極，倫教孔彰”。兩處異文分屬兩版，後者改動前後文字數量一致，尚可挖改，前者徒增一字，而此等奉敕編刻之書自然無法擠刻，就只能换版重刻了。需要説明的是，這兩處異文並非原刻本的文字訛誤，而很可能是康熙皇帝對御製文的改動。《清聖祖仁皇帝實録》“康熙二十六年五月壬辰日”云：“建孔子廟碑，上親製碑文，御書勒石。”其下載録碑文，“伏羲”上無“是”字，且“鳳衰雖歎，麟德感祥”句與原刻本同。曲阜孔廟是碑原石尚且完好，檢碑内“伏羲”上有“是”字，且“性天峻極，倫教孔彰”句與修補本同。《幸魯盛典》卷二十載：

“康熙二十五年丙寅七月，上命頒降御製文及《幸魯典禮》於聖廟纂修館。”可知纂修《幸魯盛典》所用御製文乃是由内廷頒發。修補本對原刻本的改動既是爲了與上石碑文保持一致，也是由康熙皇帝御製文草稿向定稿的轉變。

四庫本的底本爲增補本，因此《御製序》後有《〈幸魯盛典〉進表》，《御製至聖先師孔子廟碑》“伏羲”上有“是”字，且“性天峻極，倫教孔彰”句與修補本同。除了不可避免的抄寫誤字，四庫館臣在對修補本進行抄録時，也有意識地對其中的某些文字進行了改動。例如：

其一，修補本卷二十五載顧藻《聖駕幸闕里頌》，序文有“爰命觀式叶健行”句，文意不通，句式不類。四庫本於“觀”下補入“禮”字，作“爰命觀禮，式叶健行”。

其二，修補本卷三十三載年羹堯《幸魯盛典恭紀》詩四首，四庫本無。雍正間，年羹堯坐法身死，故四庫館臣將年羹堯詩删去不録。

其三，修補本卷三十八載趙于京《恭頌皇帝臨幸闕里詩》，有云：

> 迺幸闕里，入欞星門，止輦，以太牢祀先師孔子。禮成，恩賚有加。上撫檜作賦，大書“萬世師表”，頒額天下學宫。且賜幸魯詩，廓林田，封周公之後，如四氏例。又發帑金數十萬，遣官重修孔廟，不日落成，特敕皇子告祭。崇儒重道，可謂生民來未有之盛矣。臣于京兹承恩命，掌教城武，即又得捧接御製孔、顔諸贊，刊樹豐碑，觀者灑然動色。今乙亥三月，檄諸生校藝曲阜，乃得縱觀廟貌，規模壯麗，目覩太平風耀，不禁思仰嘆，頌聲作焉。夫宣主上德意，以助流教化，亦山長外史之事也。臣於是恭紀八章。

珠斗貞元會，河圖歲習行。雲垂滄海立，日射泝泉清。豹尾隨巡幸，鵷班扈聖明。豈知蒲伏下，天語問臣名。

四庫本則改作：

迺幸闕里，入欞星門止輦，以太牢祀孔子廟庭，曠典隆儀，古今罕覯。臣濫竽司鐸，仰荷生成，敬製蕪章，聊申葵獻。

聖代時巡重，鑾輿發禁城。岱宗嚴秩祀，闕里沐恩榮。豹尾瞻麾仗，鵷班扈聖明。豈知蒲伏下，天語問臣名。

凡此種種，雖改動原因不盡相同，但顯然均係有意爲之。這些改動使得四庫本成爲異文最有價值的校本。

福建本則是“外聚珍”之一。山東省圖書館藏福建布政使署刻《武英殿聚珍版叢書》第一册前有題記云：“乾隆丁酉九月頒發，奉敕重鋟，凡書一百二十三種；道光戊子、丁未、同治戊辰三次修版；辛未改刊三種；光緒壬辰校誤、補遺並重刻二種，新增二十五種，乙未十二月訖工。”其中《幸魯盛典》牌記題“光緒乙未增刻”，知其爲“新增二十五種”之一。所謂“新增”，其書目在“内聚珍”之外，其底本也就别有来源。經校對，福建本無衍聖公孔毓圻《進表》，且卷一《御製至聖先師孔子廟碑》“伏羲”上無“是”字，且“鳳衰雖歎，麟德感祥”句與原刻本同；福建本卷一前有《欽定四庫全書總目·幸魯盛典提要》一篇，其中“猶可仰見其萬一”句，與武英殿刻本、浙江杭州刻本《欽定四庫全書總目》同，而四庫本書前提要作“仰見”作“想見”；福建本年羹堯《幸魯盛典恭紀》詩四首並未删去；原刻本“王士禛”，四庫本避諱改爲“王士禎”，福建本仍作“王士禛”。福建本刊刻所據底本爲原刻本無疑。唯卷二十五顧藻《聖駕幸闕里頌》序文“爰命觀式叶健行”，福建本“觀”下補入“禮”字，與四庫本同，疑其亦係據文意補入。

廣雅書局本《武英殿聚珍版叢書》乃是據福建刻本翻刻，《幸魯盛典》也不例外。唯是書四十卷，廣雅本缺刻卷十一至卷二十，共計十卷之多，覽者憾之。

本次點校以原刻本爲底本，參校其他各本，旨在爲學界提供一方便閱讀之本。有志古學者，讀此一書，實可知秦漢以下尊孔祭孔之故事，明有清一代尊孔祭孔之導源，見康熙一朝尊孔祭孔之隆盛，以此言之，不可謂無得。

姚文昌記於山東濟南歷城寓所

二〇二二年八月四日初稿

點校凡例

一、本次整理採用規範的現代漢語標點符號，繁體橫排，雙行注文改爲單行小字。

二、底本的避諱字儘量回改，如“元”改爲“玄”等，不出校。底本的異體字不作統一。

三、底本訛誤之處隨文改正，並出頁下注；與校本異文兩可之處不改正文，僅將異文置於頁下注内。

目録

卷二十四 / 248

卷二十九 / 303

卷三十 / 313

卷三十一 / 323

卷三十二 / 334

卷三十三 / 343

卷三十四 / 353

卷三十五 / 360

卷三十六 / 368

卷三十九 / 394

卷四十 / 408

御製幸魯盛典序

朕惟自古帝王，聲教翔洽，風俗茂美，莫不由於崇儒重道，典學右文，用能發《詩》《書》之潤澤，宣道德之閫奥，推厥淵源，皆本洙泗。以故追崇之典，歷代相仍，或躬詣闕里，脩謁奠之儀，潔志肅容，盡誠備物。其間禮數，隨世損益，至於希風服教，百代式型，異世同揆，莫之或二。猗歟盛矣！

朕臨御以來，垂三十載，溯危微之統緒，念生安之聖哲，恒慮凉薄，未克祗承，用是夙夜亶心，孜孜不倦。惟我至聖先師孔子，配天地，參陰陽，模範百王，師表萬禩。朕每研搜至道，涵泳六經，覺憲章祖述、删定贊脩之功，日星揭而江河流，私心嚮往，竊有願學之志焉。乃者東巡，踰泰岱，涉泗沂，遂過闕里，親行釋奠，得瞻廟貌，仰聖容，以爲德盛功隆，欽崇宜極。凡厥典禮，有加前代。又親製文辭，手寫以樹之貞石，務用導揚至教，風示來兹。夫緬懷曩哲，繼躅前賢，猶思覩其物采，接其居處。况先師遺風餘烈，久而彌新，重以朕之寤寐羹牆，僾乎如見。及過杏壇相圃之間，山川儼然，檜楷如故，彷彿金石絃誦之聲聞於千載而上，流連往復，不能自已也。

衍聖公孔毓圻上疏陳謝，且以禮儀隆重，非直一家榮遇，請脩《幸魯盛典》一書。朕既可其奏，久之書成，復請敘言，以冠其端。朕萬幾餘晷，敦勉弗遑，實欲默契先師，尊聞行知，於以阜物誠民，風同道一，庶幾躋世運於唐虞，登治術於三古。是書也，豈徒使天下後世知朕於先師欽慕無已如此？且愈以見聖人之道，覆幬群倫，苞毓萬象，即凡車服、禮器之遺，皆足令人感發而興起也。故賜之序。康熙二十八年四月初二日。

幸魯盛典纂修職名

總裁官

太子少師襲封衍聖公臣孔毓圻

副總裁官

翰林院五經博士加五級臣孔毓埏

纂修官

乙丑科進士授山西大同府靈丘縣知縣臣金居敬　江南長洲縣人。

乙丑科進士授直隸大名府元城縣知縣臣俞兆曾　浙江海鹽縣人。

敕封翰林院編修丁巳科舉人候補内閣中書舍人臣叢克敬　江南江寧縣人。

戊午科舉人戊辰科進士授翰林院庶吉士臣孫致彌　江南嘉定縣人。

辛酉科副榜貢生臣葉湜　江南崑山縣人。

候選小京職陞貴州都匀府知府臣沙汝洛　山東萊陽縣人。

候選知縣臣章緯　浙江富陽縣人。

增廣生員臣曹晃　浙江嘉善縣人。

校閲官

候選知縣臣張拱樞　浙江錢塘縣人。

候選州同臣張元煒　江南婁縣人。

收掌官

四氏學學録臣孔尚侃　山東曲阜縣人。

候選典簿授光禄寺典簿臣程士璉　江南丹徒縣人。

謄録官

候選州同臣許永　江南常熟縣人。

候選州同授刑部主事河工効勞臣程兆彪　江南上海縣人。

候選州同臣吴道行　江南婁縣人。

候選縣丞臣張廷玟　浙江錢塘縣人。

四氏學教授臣沙潰　山東蓬萊縣人。

貢生今考授通判臣孔衍溥　山東曲阜縣人。

監生今考授州同臣馮暹　浙江仁和縣人。

幸魯盛典凡例

恭惟聖天子致治太平，舉時巡之曠典，望秩岱宗，觀風吴會。清蹕南還，寵臨闕里，禮隆樂備，恩覃澤洽。仰見皇上同揆接統，尊師重道，非前代帝王所可幾及。書之方策，事體重大，臣等未敢輕易屬藁，謹先定凡例如左：

御製詩文，爲經作則。如日星雲漢，昭回在上；如天球河圖，永爲傳寶。惟有仰瞻珍襲，莫能贊歎頌揚。獨標卷首，炳然萬古。一則。

典禮崇隆，恩澤優渥。節目繁多，年月相間。是書彷記事本末之體，事爲起訖，各自編年，庶可一覽瞭然。仍以大書爲綱，而章奏、檔案細書爲目焉。二則。

是書惟志幸魯，而事有原始，義有連及，例當備書。昔杜預謂《左氏傳》“或先經以起事，或後經以終義”，敢竊取之，以爲準的。首紀巡幸；次及臨幸廟林典禮；次及加恩聖裔，推恩五氏子孫；次及遣祭元聖，推恩後裔；次及開擴林地，議通璧水；次及賜碑；次及修廟；次及皇子告祭；次及再賜修廟碑文；次及推恩先賢先儒子孫；而終之以纂修事宜。至於臣僚頌言，皆以送到職銜爲序。其地方職官及臣等詩文，附於末卷。三則。

法駕省方，敷天裒對，實惟臣里，倍極光榮，億萬斯年，流徽載籍。粤自前世元后幸臨，正史特標綱要，乃其恩施曲被，散見於《祖庭廣記》《孔門僉載》等書。討論故事，莫有盛於今日。採摭附録，以類相從，正如繁星之麗天，百川之歸海云爾。四則。

皇上聖德神功，登三咸五，峻極於天，名言莫罄。臣等綴以案語，附於本條，于以志感激恩施，欣戴遭遇。雖復殫思竭慮，無能擬諸其形容；顧惟蠡測管窺，抑亦略陳其考質。踴躍鳧藻，不知所裁。五則。

臣僚恭遇盛典，朝野洋溢頌聲。或身親扈從，或出入禁近。喜起賡載，述作斐然。臣與纂修諸臣亦不敢以淺陋自解，各攄悃愊，裒集衆體，彙爲一編。六則。

襲封衍聖公臣孔毓圻恭紀。

幸魯盛典卷一

御製

至聖先師孔子廟碑

朕惟道原於天，弘之者聖。自庖犧氏觀圖畫象，闡乾坤之秘，堯、舜理析危微，厥中允執，禹親受其傳，湯與文、武、周公遞承其統，靡不奉若天道，建極綏猷。夐乎尚矣！孔子生周之季，韋布以老，非若伏羲、堯、舜之聖焉而帝，禹、湯、文、武之聖焉而王，周公之聖焉而相也。巋然以師道作則，與及門賢哲紹明絶業，教思所及，陶成萬世。[1]伏羲、堯、舜、禹、湯、文、武、周公之統，惟孔子繼續而光大之矣。間嘗誦習《詩》《書》之所删述，《大易》之所演繫，《春秋》之所筆削，《禮》《樂》之所修明，本末一貫，根柢萬有，殆與覆載合其德，日月並其明，四時寒暑協其序焉。故曰："仲尼之道，一天道也。"

朕敬法至聖，景仰宫牆，嚮往之誠，弗釋寤寐。歲甲子十有一月，時邁東魯，躬詣曲阜，展修祀事，復謁聖墓，循撫松栝，儀型在望，僾乎至德之親人也。朕忝作君，啓牖下民，深惟夫子師道所建，百王治理備焉，舍是而圖郅隆，曷所依據哉？因勒文於石，彰朕尊崇聖教以承天治民之意。系以辭曰：

遐哉三五，維辟之式。於皇尼山，師道允植。天畀木鐸，覺彼群生。

1　修補本、四庫本"伏"上有"是"字。

百行以正，六籍以明。賢邁唐虞，聖則河洛。綏和動來，文博禮約。鳳衰雖歎，麟德感祥[1]。學昌洙泗，統歸素王。炎漢崇儒，少牢用饗。厥後賢君，高山是仰。予懷至聖，湜彼東方。音徽云邈，道德彌光。鬱鬱塋林，峨峨祠殿。企慕安窮，羹牆如見。泰岱匪高，東海匪深。敬揚懿軌，終古式欽。

至聖先師孔子贊并序

蓋自三才建而天地不居其功，一中傳而聖人代宣其蘊。有行道之聖，得位以綏猷；有明道之聖，立言以垂憲。此正學所以常明，人心所以不泯也。粤稽往緒，仰遡前徽。堯、舜、禹、湯、文、武，達而在上，兼君師之寄，行道之聖人也。孔子不得位，窮而在下，秉删述之權，明道之聖人也。行道者勳業炳於一朝，明道者教思周於百世。堯、舜、文、武之後，不有孔子，則學術紛淆，仁義湮塞，斯道之失傳也久矣，後之人而欲探二帝三王之心法，以爲治國平天下之準，其奚所取衷焉？然則孔子之爲萬古一人也審矣。朕巡省東國，謁祀闕里，景企滋深，敬摛筆而爲之贊曰：

清濁有氣，剛柔有質。聖人參之，人極以立。行著習察，舍道莫由。惟皇建極，惟后綏猷。作君作師，垂統萬古。曰惟堯舜，禹湯文武。五百餘歲，至聖挺生。聲金振玉，集厥大成。序《書》删《詩》，定禮正樂。既窮象繫，亦嚴筆削。上紹往緒，下示來型。道不終晦，秩然大經。百家紛紜，殊途異趣。日月無踰，羹牆可晤。孔子之道，惟中與庸。此心此理，千聖所同。孔子之德，仁義中正。秉彝之好，根本天性。庶幾夙夜，勗哉令圖。溯源洙泗，景躅唐虞。載歷庭除，式觀禮器。摛毫仰贊，心焉遐企。百世而上，以聖爲歸。

1 “鳳衰雖歎，麟德感祥”，修補本、四庫本作“性天峻極，倫教孔彰”。

百世而下，以聖爲師。非師夫子，惟師於道。統天御世，惟道爲寶。泰山巖巖，東海泱泱。牆高萬仞，夫子之堂。孰窺其藩，孰窺其徑？道不遠人，克念作聖。

祭至聖先師孔子文

仰惟先師德侔元化，聖集大成，開萬世之文明，樹百王之儀範，永言光烈，罔不欽崇。朕丕御鴻圖，緬懷至道，憲章往哲，矩矱前模。夕惕朝乾，覃精思於六籍；居今稽古，期雅化於萬方。緊惟典訓之功，實覩乂安之效。兹者巡省方國，至於岱宗，瞻望魯邦，爰來闕里。空堂至止，恍聞絲竹之聲；舊寢徘徊，喜動宫牆之色。車服、禮器，宛然三代遺風；几杖、册書，夐矣千秋盛蹟。懍明靈之儼在，文治遐昌；肅禋祀以惟虔，精忱庶格。

重修闕里孔子廟碑

朕惟大道昭垂，堯、舜啓中天之聖[1]，禹、湯、文、武紹微危精一之傳，治功以成，道法斯著。至孔子雖不得位，而贊修删定，闡精義於六經；祖述憲章，會衆理於一貫。爲往聖繼絶學，爲萬世正人心。使堯、舜、禹、湯、文、武之道，燦然丕著於宇宙，與天地無終極焉。誠哉先賢所稱，自生民以來，未有盛於孔子者也！往歲甲子，朕巡省東方，躬詣闕里，登聖人之堂，祗將祀事，覩其車服、禮器，金石絃歌，蓋徘徊久之，不能去焉。顧聖廟多歷年所，丹雘改色，榱桷漸圮[2]。用是惄然於心，特發内帑，專官往董其役，鳩工

1 “聖”，四庫本作“盛”。
2 “圮”，修補本、四庫本作“敧”。

庀材，重加葺治。經始於辛未之夏，事竣於壬申之秋。廟貌一新，觀瞻以肅。

蓋深惟孔子之道，垂範今古。朕願學之志，時切於懷，每考天人性道之原，修齊治平之要，思以遠紹前緒，牖迪生民，凡所以尊崇褒顯者，靡不隆禮竭誠，以將景行仰止至意，而况廟庭之地，尤爲聖人神明所憑依者哉！今者登堂而陳俎豆，入室而習禮儀，營搆既堅，采章彌焕，庶幾於朕心深有慰焉。用是特遣皇子胤祉，敬展禋祀，以告落成。凡我臣民，瞻仰宫牆，倍增嚴翼。尚益思敦崇德義，砥礪倫常，以不負朕尊師重道之意，豈不休歟？因勒貞石，系以辭曰：

麟書啓瑞，素王挺生。上律下襲，玉振金聲。範圍百代，陶甄萬類。道備中和，德參天地。立型垂訓，師道昭宣。象懸七曜，海納百川。曩巡東魯，臨河登岱。峨峨尼山，羹牆斯在。虔恭展謁，至德是欽。宗風溥博，教澤閎深。洙泗之陽，殿寢翼翼[1]。上棟下宇，神靈安宅。冬官特飭，締造維新。宏規大啓，肅奉明禋。聖人之居，永以觀德。千載傳心，四方式則。

祭啓聖公文

維公系本神靈，生稱瓌偉。勇力聞於魯國，皆道德所發皇；政事紀於鄹邦，悉文章所宣著。篤生聖子，代爲帝師。寰宇崇歲祀之儀，不先父食；古今奉斯文之統，共指家傳。兹值東巡，特臨曲邑。溯二千年之教澤，孰非厚德燕貽？垂七十世之孫謀，如見神明陟降。用修彝祭之典，代以扈從之臣。泗水環流，知發源之有自；防山聳峙，占積慶之無疆。牲醴式陳，尚其歆格。

1　“翼翼”，修補本、四庫本作“奕奕”。

闕里古檜賦

孔子手植檜在杏壇之側，金貞祐間無復存矣，元至元三十年再茁故處，明弘治間又燬於火。今所遺者，不枯不榮，屹立霜露，而秀色獨異。撫摩久之，乃作賦曰：

維槎枒之靈質，實鈞化之所鍾，標扶輿之奇特，峙先聖之故宫，涵元氣以不朽，與至道而俱崇。爾其黛幹蒼蒼，孤柯濯濯，鶴骨初扶，霜鱗未作，儼茁軋以方舒，類鴻荒之忽鑿，謝縟采於春華，完淳風於太樸。夭矯拂勃，星臨露滴，枝無取於樛樛，葉全稀於摵摵，夕飇度兮弗驚，朝旭烘兮如滌，伊間氣之潛滋，惟神爽之咸集。徘徊延却，宛轉斷連，蟠屈兮若佾羽之在列，聳削兮若簨簴之待懸。則有築以崇封，沃以膏壤，方以周闌，角以文礫。足縮心歔，目給神賞。蘿煙奪翠，松籟失響。於是楷因之而擢穎，蓍感之而抽莖，争葳蕤於絃誦之里，齊扶疏於禮樂之庭。朝菌慚兮一旦，大椿讓兮千齡。上泝真宰之功，遠契無爲之代，均雲行兮雨施，等乾始兮坤載。疇則出混茫之中，而居耳目之外，與三才以並植，綿歷禩其長在。亦有扶桑海表，若木山巔，東瀛西極，揭日摩天。迹雖誇於神異，植非出於文宣。宜瞠乎其後矣，邈無得而稱焉。

孟子廟碑

自王迹熄於春秋，聖人之道或幾於泯滅。卒之晦而復明，歷千百世而不敝者，恃有孔子也。孔子没百有餘年，浸假及於戰國，楊、墨塞路，禍尤烈於曩時。子輿氏起而闢之，於是天下之人始知誦法孔子，率由仁義。斯道之有傳，至於今賴之。是以後世學者如韓愈、蘇軾之徒，咸推其功以配大禹，而閩、洛之儒，咸尊爲正學之宗傳。烏虖盛已！夫洪水之禍，止於人身已爾，楊、墨之禍，隱然直中於人心。不有孟子，使楊、墨濫觴於前，釋、老推波於後，後之人雖欲從千載之下探尼山之遺緒，其孰從而求之？因推述厥義，刻文於石，俾揭於鄒之廟。其文曰：

尼聖既往，敻矣音徽。後百餘歲，聖緒浸微。尚異實繁，楊、墨競煽。陷溺之禍，酷於昏墊。惟子輿氏，距詖放淫。以承先聖，以正人心。述舜稱堯，私淑孔子。正學脩明，百世以俟。不有是者，斯道孰傳。宇宙晦霧，萬物狂傎。我讀其書，曰仁曰義。遺澤未湮，聞風可企。嶽嶽亞聖，巖巖泰山。功邁禹、稷，德參孔、顏。刻石茲文，於祠之下。誦烈揚休，用告來者。

泉林記

朕被服至道，誦法孔子，於《詩》《書》簡册之中，羹牆載見，如聞其言論而接其聲容者，匪伊朝夕矣。嘗以不得一登闕里之堂，觀其車服、禮器、山川、風物，慨然至聖之音徽，每低徊於中而不能自已。

迺者在廷之臣，咸謂古者天子巡省方岳，觀察民俗，朕俞其請。因念岱宗在望，于邁魯郊，夙昔所懷，今茲可慰。歲之冬月，輿衛北還，抵於泗水東境，距其縣治五十里，陪尾山之陽，衆泉出焉。石竇峪岈，清流蕩潏，下合沂泗，遠波悠然，相傳爲子在川上處云。旁有古寺，厥名泉林，坡陁幽曠，樹木茂密，雖古今異時，陵谷不改，去聖人之居，如此其近。意者當日杖履所經，周覽原泉，默契道體，喟然發水哉之歎者，其即斯地耶？於是停驂弭節，瞻眺久之，恍乎如有所得，殆移晷而後去也。

夫天地無終窮，流水之出於天地者，亦無終窮。聖人之道，川流敦化，萬古不息，與天地、流水同其無終窮焉，其何能已於予懷耶？孔子繫《易》，其言天也，曰“行健”；言地也，曰“無疆”。孟子之言水也，曰“盈科而後進”。君子之於聖人之道也，溯源窮流，學水至海，亦若是焉而已矣。朕既幸宫牆，親覿至止非遥，而又喜泉源勝地，聖跡所存，而得游歷其處也，遂爲之記。

祭元聖周公文

惟公丕承聖緒，懋敘人倫。光烈覲揚，成一家之繼述；官禮制作，垂萬世之經常。道闡圖書，探六爻而易貢；心傳精一，兼三代以訏謨。啓東魯之典型，猶存故澤；入尼山之夢寐，未墜斯文。朕稽古省方，瞻言至止。郊原縱目，遥深松桷之思；廟貌崇觀，爰切羹牆之慕。特申祇薦，代以親藩。惟冀神靈，尚克歆饗。

周公廟碑

世運代嬗，隔越千載，則必有神哲挺生其間，以承大統，以作名世。惟公體上聖之質，紹祖考之德，孝友篤仁，左右寧王，厥勳爛矣。及乎負扆，能以勤勞寅恭、惇大忠信之道翼贊其君，太和洽而頌聲作焉。夫功莫大於致治綏邦，業莫隆於制禮作樂。公身兼數器，開物成務，其龐鴻炳爍之烈，既已載於《詩》《書》，志諸史册。至於繫《爻辭》，定《官禮》，撰《爾雅》，出言爲經，又何博奥難窮也！昔孟子論列古帝王，至於公，曰“兼三王，施四事”，而韓愈亦歷數堯、舜、禹、湯、文、武以至公，蓋道統之傳如此，豈僅以治理之彰彰者與？遥想風徽，官公遺嗣，俾昭世澤於無窮。既命有司，新公廟貌，希慕之餘，勒石頌德，而繫之以詩。詩曰：

邃古民樸，混混茫茫。列聖經綸，肇軒迄商。敘厥倫紀，賁以采章。公監二代，揆時立制。有因有除，禮明樂備。體國經野，成理萬彙。集武之勳，紹文以孝。代成誠民，並孔立教。爲子爲臣，是則是傚。宗邦綿歷，忠厚所貽。貞珉載鐫，作頌致思。梟繹同峙，億禩爲期。

聖廟落成遣皇子祭告文

朕惟道統與治統相維，作君與作師並重，先師孔子，德由天縱，學集大成，綜千聖之心傳，爲萬世之師表，故廟祀久遠，垂於無窮。朕御寓以來，立綱陳紀，彰教敷治，咸奉至聖爲法程。凡典禮追崇，竭誠致敬，自京師下逮郡邑，辟雝泮水，建廟釋奠，罔不修舉。況兹闕里，乃聖人鍾毓之鄉，車服、禮器，於斯藏守。曩者東巡展拜之餘，仰觀廟貌，多歷年所，漸有頹敝，深廑於衷。用是命官董理，重加修葺，棟宇維新，以妥聖靈。兹當告成，特遣皇子胤祉致祭，俎豆肅陳，恍乎接至聖之音容，以將朕儼恪欽崇至意。陟降在兹，尚祈歆饗。

克捷告祭闕里廟文

朕服膺聖訓，殫究遺文，凡兹六籍所垂，惟以安民爲要。臨御以來，孜孜圖治，綏乂蒸生，遠邇中外，視同一體。乃有厄魯特噶爾丹，荒陬狡寇，肆虐跳梁，擾毒邊方，稔惡已極。朕親統六師，三臨絶塞，弘彰撻伐，克奏膚功。逆孽就俘，凶渠殄滅，遐荒番部，罔不歸誠。自兹永靖邊塵，咸安生業。惟是至聖先師，默相啓佑。特遣專官，敬申禋祀，祗告成功，伏惟昭鑒。尚饗。

顔子贊

聖道蚤聞，天資獨粹。約禮博文，不遷不貳。一善服膺，萬德來萃。能化而齊，其樂一致。禮樂四代，治法兼備。用行舍藏，王佐之器。

曾子贊

洙泗之傳，魯以得之。一貫曰唯，聖學在兹。明德新民，止善爲期。格致誠正，均平以推。至德要道，百行所基。纂承統緒，脩明訓辭。

子思子贊

於穆天命,道之大原。静養動察,庸德庸言。以育萬物,以贊乾坤。九經三重，大法是存。篤恭慎獨，成德之門。卷之藏密，擴之無垠。

孟子贊

哲人既萎,楊墨昌熾。子輿闢之,曰仁曰義。性善獨闡,知言養氣。道稱堯舜，學屏功利。煌煌七篇，並垂六藝。孔學攸傳，禹功作配。

過闕里

鑾輅來東魯，先登夫子堂。兩楹陳俎豆，萬仞見宫牆。道統唐虞接，儒風洙泗長。入門撫松柏，瞻拜肅冠裳。

闕里古檜

幹聳朱甍外，根蟠碧殿阿。奇文成左紐，元氣挺孤柯。瑞與龜龍並，傳來歲月多。徘徊看手澤，不共劫灰磨。

幸魯盛典卷二

康熙二十三年甲子春二月，翰林院編修曹禾、吏科掌印給事中王承祖，各疏請皇上東巡，命廷臣集議。

翰林院編修曹禾題爲恭請皇上登封岱宗，以告成功，以昭盛德事。臣聞祀典，國之大事，帝王事天明，事地察，於是乎神祇降福，人民悦豫，慶流久遠。古者有常祀，有特祀。《禮》曰：“天子祭天地、四方、山川、五祀，歲徧焉。”此常祀也，四時舉行之禮也。《書》曰：“歲二月，東巡狩，至于岱宗，柴，望秩于山川。”此特祀禮，司馬遷所謂“每世之隆，則封禪答焉”者也。三五以來，昭姓考瑞，必以其成功告於上帝。臣考《封禪書》及班固、應劭、服虔諸儒所言，泰山五嶽之長，神靈所聚，因高崇天謂之封，就廣增地謂之禪，明受天地之所命，功成事遂，有益於天地。若高者加高，厚者加厚，陰陽和，萬物序，刻石紀號，高世比德於九皇，甚盛典也。逮秦、漢、唐、宋之主，有事岱宗者，皆勒兵十數萬，創立宫殿，更起明堂辟雍，勞民費財，失對越之意。後世議者，遂不敢申明其禮，獨詳於一歲中祈年報賽之常祀，不知事天一也，而禮有大小。帝王受命於天，左右相之，默成其功業，故因名山升中，與天相見，報受命之無負。因之燔柴肆祀，以答幽贊明，欲其精神通於真宰，使神祇各率其職，佑我皇極，光我泰階。天人之際，感召甚微，其爲典禮，至尊至重。洪惟我太祖高皇帝誕膺圖籙，太宗文皇帝受寶握符，世祖章皇帝撫有區夏，大命雖定，而天下未寧，人心未靖。三孽伏於方鎮，海寇跳梁東南。此乃上帝神靈眷顧，篤佑皇上，留遺艱難，昭宣至德神功，開大一統之業，垂裕於萬世也。伏見皇上睿謀獨運，動與天契，決機制勝，掃蕩都盡。臺灣逋寇，讋威歸化，納土稽顙。窮海萬里，廓清無外。皇上聖德高深，期臻上理，雖六合同風，而孜孜不已。政化翔洽，流於無垠，三光五行，昭精布序，年穀順成，聲教四訖。閭閻安生樂業，共見太平，而奉琛職貢、梯山航海而來者，不可勝數。猗歟盛哉！古帝有功德者，莫過於黄帝。黄帝上元甲子，貞元運會，考定星曆，建天地、神祇、物類之官，制作度數，合符造化，由是封巒勒成，遂開宇宙文明之象。漢武帝不得其時，則以十一月甲子朔冬至應之。而數千年之景運，適協於今日。功成治定之後，則統天之紀，應地之時，而立人之極，端在今日矣。臣愚竊謂皇上以精一執中爲奉若，豈樂於泥金刻石、鋪張揚厲之文？然而上帝之命不可不報，山川百神之助不可不答，而運世之本，開基之功德，不可不紀。誠宜稽古禮文，潤色鴻業，勿憚登陟之勞，亟議告成之典。考漢唐之儀注行之，簡易順承。大慶維新，庶政爲生民錫福，爲奕葉儲庥，光昭祖宗之洪烈。休德將見，瑞應洊臻。頌聲洋溢，與黄帝之時同其盛美矣。臣於歲首即懷此念，慮蹈越位之罪，既而惟之受恩深重，報稱無由，而敷陳經史，導揚德化，臣之職也。拳拳之誠，冒瀆宸聽。奉旨：九卿、詹事、科道會議具奏。

吏科掌印給事中王承祖題爲請倣古帝之巡狩，以勤民事，以光聖治事。臣仰見我皇上乘泰運之始，出維新之治，屢頒上諭，戒飭臣工，疏通仕路，皆軫念民生、期登熙隆至意也，誠德媲堯舜、功邁漢唐矣。方今四海昇平，要荒向化，正觀風問俗、勸課農桑之時。臣讀《舜典》所載："歲二月，東巡狩，至于岱宗，柴，望秩于山川，肆覲東后。"臣竊惟其意，岱宗居五嶽之首，東方爲生氣之先，二月乃東作之始，燔柴祀天，因所至而祭告之。至其協時月，正日，同律度量衡，蓋皆爲民事也。故載之於《書》，令後世倣其意而行之。我皇上念切民瘼，求登殷阜，必以農功爲先務。請倣虞帝之制，巡幸東方，察閭閻之利病，問風俗之厚薄，設祭方嶽，以祈年豐。又聞泰山出雲，不崇朝而雨天下，是聖帝一禱，即澤沛萬方矣。《詩》云："以祈甘雨，以介我稷黍，以穀我士女。"此之謂也。且東嶽密邇孔里，臣見史册所載，漢高至魯，以太牢祀孔子，後世美其開一代之文治。倘御輦所屆，觀其車服、禮器，亦古今鉅觀。而皇上右文至意，載之史册，誠千古不易見之盛事。臣讀《史記·封禪書》內云"上古封禪者七十二君"，皆荒唐無稽。至秦皇、漢武倣而行之，不過耀德張功，後世鄙焉。我皇上德接精一之傳，博稽群書，上法虞帝，行燔柴之禮，不襲封禪之事，是聖德神功，光昭萬世矣。奉旨：九卿、詹事、科道一併會議具奏。

禮部爲恭請皇上登封岱宗，以告成功，以昭盛德事。臣等會議得，翰林院編修曹禾疏請"三五以來，昭姓考瑞，無不以其成功告於上帝。逮秦、漢、唐、宋之主，有事岱宗者，類皆創立宮殿，更起明堂辟雍，勞民費財，失對越之意。後世議者，遂不敢申明其禮。洪惟我皇上睿謀獨運，動與天契，決機制勝，掃蕩都盡。上帝之命不可不報，山川百神之助不可不答，運世之本，開基之功德，不可不紀。宜亟議告成之典"等語，又科臣王承祖疏稱"巡幸東方，察閭閻之利病，問風俗之厚薄，設祭方嶽，以祈年豐。又聞泰山出雲，不崇朝而雨天下，聖帝一禱，即澤沛萬方矣。且東嶽密邇孔里，臣見史册所載，漢高至魯，以太牢祀孔子,後世美其開一代之文治。倘御輦所届,觀其車服、禮器，亦古今鉅觀。而皇上右文之至意，載之史册，誠千古不易見之盛事。臣讀《史記·封禪書》内云‘上古封禪者七十二君’，皆荒唐無稽。至秦皇、漢武倣而行之，不過耀德張功，後世鄙焉。我皇上德接精一之傳，博稽群書，上法虞帝，行燔柴之禮，不襲封禪之事，是聖德神功，光昭萬世”等語。伏察封禪之説，不著於經。《書傳》言舜至岱宗，燔柴以祀天，原非封禪。唐虞三代以前，實無登封故事。科臣王承祖疏稱“封禪之禮，後世鄙焉”，編修曹禾請封禪以告成功之處，無庸議。又王承祖疏稱“請倣虞舜巡幸東方，察閭閻之利病，問風俗之厚薄，設祭方嶽，以祈年豐。漢高至魯，以太牢祀孔子，後世美其開一代之文治”。恭惟我皇上博綜經學，弘闡心傳，重道崇文，千古莫並。且軫念民依，省方問俗，鑾輿所至，訓飭官方，特加蠲賑，此皆勤民重農至意。如皇上巡問民俗，經過泰山闕里，應倣行虞舜燔柴、漢高祖祀孔子禮致祭等因。奉旨：著候旨行。應行典禮,該部即詳察具奏。欽此。欽遵。臣等查《虞書·舜典》載:“歲二月，東巡狩，至于岱宗，柴，望秩于山川，肆覲東后。”《禮記·王制》所載與《虞書》同，俱無燔柴致祭禮儀。《唐開元禮》載有修壇、設位、奠玉帛、進饌、賜胙等儀。《明會典》内載永樂六年至北京，經過處所，遣官祭陵，祭淮，祭泰山、闕里;嘉靖十八年南巡，所過嶽瀆山川，有望祭及遣官致祭禮，亦未詳載禮儀。伏查見行典禮,冬至大祀天於圜丘,燔柴,作樂,奠玉帛，進俎，行三獻禮，飲福受胙，撤饌，望燎，俱有定儀。又查史鑑，紀漢高祖十二年，自淮南還，過魯，以太牢祀孔子，未載致祭禮儀；明帝至魯，詣孔子宅，御講堂；章帝祀孔子於闕里，及七十二弟子，作六代之樂，大會孔氏男子二十以上者六十三人，命儒者講《論語》;安帝祀闕里，孔氏親屬諸生悉會，賜帛有差；北魏孝文帝、唐高宗、明皇皆親祀孔子；後周太祖謁孔子廟，又拜孔子墓，俱未載有禮儀。宋真宗備禮謁文宣王廟，孔氏宗屬並陪位，帝再拜，行酌獻禮，又幸叔梁紇堂，命官分奠七十二弟子，先儒洎叔梁紇、顔氏，親製贊，刻石廟中，復詣孔林，以樹擁道，降輿乘馬，至文宣王墓，設奠再拜，脩飾祠宇，給便近十户奉塋廟，命宰相等撰顔子以下贊，留親奠祭器於廟中，從官立石刻名，賜孔氏錢帛，録親屬五人，並賜出身，又賜太宗御製御書一百五十卷，銀器八百兩。伏查順治九年，世祖章皇帝行幸學禮，康熙八年，皇上行幸學禮，釋奠，講《書傳》,制加恩,俱有定儀在案。臣等欽惟皇上敬天勤民,勵精宵旰，凡鑾輿巡歷所至之地，輒諮詢吏治，延訪輿情，軫念黧黎，加恩蔀屋。此即帝舜省方覲后、考績問俗之至意也。車駕行經泰岱，燔柴之禮，自應詳備。伏稽《虞書》傳注，未經載有儀節，無從考據。其後世登岱祀天，多因封禪費繁儀縟，一無可採。今應照見行圜丘大祀禮，參酌舉行，擇祭所於泰山，不必築壇，設牌位及配位，應設幄，具品物。祭日燔柴、作樂、奠玉帛、進俎、讀祝、行三獻禮、飲福受胙等儀，俱如圜丘禮。文武從官及朝見官員，俱照例按品陪祀。其泰山之神，應照祭五嶽禮遣官致祭。至於闕里親祀孔子，自漢高祖以下，見於史册者凡九帝。我皇上天縱徇齊，懋勤典學，窮六經之奥義，弘百代之心傳，以及廣厲師儒，振興文教，允矣垂休奕禩，度越百王已。兹車駕經過闕里，特行親祭，尤爲盛事。伏考前代禮儀俱未詳備，今應照康熙八年幸學釋奠禮，參酌舉行。祭日用太牢，作樂、奠帛、獻爵等儀，俱如釋奠禮。其啓聖祠、四配十哲、兩廡，亦照例遣官分獻。文武從官及朝見官員，俱按品陪祀。孔氏及五氏宗屬應陪祀者，亦照例陪祀。其樂工樂器、祭品、祭器一切應用等項，俟奉旨舉行之日，行各該部院衙門備辦，如有未盡事宜，臣部臨期另行請旨可也。康熙二十三年三月十二日題，本月十五日奉旨：依議。

禮部等衙門題爲請旨事。據太常寺呈稱該本寺等衙門題前事，内開做照圜丘大祀並幸學釋奠例，祭祀應用樂器、祭品、器皿等物，俱關營造典禮，臣寺應會同禮、工二部議覆可也等因。奉旨：依議。欽此。欽遵。該臣等會議得，皇上鑾輿巡歷，行經泰岱，照圜丘大祀禮，燔柴祭天。應用樂器、祭器等物，若俱另行修造，恐致糜費錢糧，難以猝辦，且係一時舉行之禮，應將天壇見用樂器、祭器酌量带去應用。内有物件難以運送者，應於該地方備造，其可減省者，酌量減去。今將應带、應造、應減器物逐一明晰開列，應造者於該地方營造備辦。其泰山之神，原有祭告舊例，應用祭品、祭器，行文該撫照例備辦。至闕里孔子廟啓聖祠、四配十哲、兩廡，現有祭祀器皿、樂器，今應照康熙八年釋奠禮開寫數目，行文衍聖公備辦。其祭上帝位前、祭孔子廟祭品等物，俱行文該撫備辦。所有營造備辦器皿等物，候命下舉行之日，差臣部、寺官各一員前往，會同該撫動支正項錢糧營造備辦可也等因。康熙二十三年五月十七日題，本日奉旨：依議。欽此。欽遵到部。該臣等會議得，今應差禮部、工部、太常寺官各一員，工部筆帖式一員，匠役頭目带領欽天監相度地方官員前往，會同該撫於泰山下閱選潔浄寬平致祭之處，即行脩理營造。其該地方應造器皿等物，亦差禮部、工部、太常寺官各一員，筆帖式各一員，會同該撫速行備造。其祭祀孔廟所用器皿、樂器等物，雖行文衍聖公將現有者令其備辦，但恐有悮，應差太常寺官一員、筆帖式一員，將祭祀應用器皿、樂器等物查閲備齊，所有前往官員，應照例騎驛馬前去可也。康熙二十三年九月初七日題，本日奉旨：依議。

禮部等衙門題爲欽奉上諭事。康熙二十三年九月初八日，大學士勒德洪、明珠奉上諭：朕今東巡，應行典禮，著九卿、詹事、科道、太常寺官員會議具奏。欽此。欽遵。查得先經九卿、詹事、科道會議，覆科臣王承祖條奏内稱，皇上巡問民俗，經過泰山、闕里，應倣行虞舜燔柴、漢高祀孔子禮致祭等因。禮部議覆，皇上鑾輿巡歷所至之地，諮詢吏治，行經泰岱，燔柴之禮，自應詳備，應如見行圜丘大祀禮參酌舉行，車駕經過闕里，應照康熙八年幸學釋奠禮參酌舉行等因，具題在案。該臣等會議得，虞舜東巡狩，至于岱宗，燔柴致祭，漢高過魯，以太牢祀孔子，俱係巡歷所至，乘便致祭，原非特行往祀。今皇上聖德神功，同符堯舜，倣古之制，爰事東巡，鑾輿經過泰山、闕里，亦應致祭。泰山照祀五嶽禮致祭，孔廟照本處祀典致祭。其前議備辦一切應用等項，俱應停止可也。康熙二十三年九月初十日題，本月十三日奉旨：依議。

【附録】

○唐虞五載一巡狩，群后四朝。歲二月，東巡狩，至于岱宗，柴，望秩于山川，肆覲東后，協時月，正日，同律、度、量、衡，修五禮、五玉、三帛、二生一死贄。五月南巡狩至南嶽，八月西巡狩至西嶽，十一月朔巡狩至北嶽，皆如岱宗之禮。歸，格于藝祖，用特。夏后氏因之。○周制，十二年一巡狩。天子將巡狩，類乎上帝，宜乎社，造乎禰。職方氏先戒四方諸侯曰："各修平乃守，考乃職事，無敢不敬戒，國有大刑。"及王之所行，先道，帥其屬而巡戒令。大馭掌犯軷之禮。土訓氏夾王車而行，以待王問九州形勢，山川所宜。誦訓氏亦夾王車，以上古久遠之事告王。又掌道方慝，以昭辟忌，以知地俗。乘金輅，建大旗。歲二月，東巡狩，至於岱宗，柴而望祀山川，覲諸侯。其方之諸侯，先於境首待，所過山川，則使祝宗先以三等璋瓚，皆以黄金爲鼻流，酌鬱鬯以禮神。次乃校人殺黄駒以祭之。每宿舍，掌舍設梐枑再重，其外則土方氏又設籓籬。既至方嶽，先問百年，就見之。若未滿百年，八十、九十者，路經其門則見之，不然則否。天子乃令太師採人歌謡賦詩，以樂播而陳之，以觀人風俗，以審其善惡。命典祀納賈，陳百物之貴賤，以觀人之所好惡。又命典禮之官考校四時節氣，月之晦朔、甲乙等日，及候氣之律吕，所用禮樂、宫室、車旗等制度，君臣上下衣服，皆以王者所頒制度考校之。諸侯封内有名山大川，不舉而祭之者爲不敬，不敬者君削其地。有祭宗廟不順昭穆者爲不孝，不孝者君絀以爵。變禮易樂者爲不從，不從者君流。革制度、衣服者爲畔，畔者君討。有功德於人者，加地進律。其諸侯待王之牢，禮以一犢。既黜陟諸侯，乃與之相見於方嶽之下，築壇與覲禮壇制同。諸侯既朝見王訖，乃退。其餘，五月南巡狩至於南嶽，如東巡狩之禮，八月西巡狩至於西嶽，如南巡狩之禮，十有一月北巡狩至於北嶽，如西巡狩之禮。巡狩訖，卻歸，每廟用一牛，以告至。以上巡狩。○漢高帝十二年十一月，行至淮南，還過魯，以太牢祀孔子。○光武建武五年冬十月，征董憲，遂幸魯，使大司空祀孔子。中元元年正月丁卯，東巡。二月己卯，幸魯，進幸泰山。○明帝永平十五年二月庚子，東巡，耕於下邳。至魯，幸孔子宅，祀仲尼及七十二弟子。○章帝元和二年正月丙辰，東巡狩，耕於定陶，柴告岱山，祀明堂。三月己丑，進幸魯。庚寅，祀孔子於闕里，及七十二弟子。○安帝延光三年二月丙子，東巡狩。辛卯，幸泰山，柴告岱宗。壬辰，宗祀五帝於汶上明堂。

癸巳，告祀二祖六宗。戊戌，祀孔子於闕里。〇北魏世祖太平真君十一年，車駕南伐宋，自東平趨鄒山。十一月，進至魯郡，以太牢祀孔子。〇孝文帝泰和十九年夏四月，如魯城，親祀孔子。〇唐高宗乾封元年正月丙戌，車駕發泰山。辛卯，至曲阜，贈孔子太師，以少牢致祭。〇明皇開元十二年十一月，封泰山。還，車駕詣孔子宅，親設奠祭。〇後周太祖廣順二年，親征慕容彦超，兗城將破，夜夢一人，狀甚魁異，被王者服，謂太祖曰："明日當得城。"及覺，因躬率將士力攻，至午城陷。車駕既入，過夫子廟，帝豁然曰："昨夢殆夫子乎？不然，何路與廟會？"因駐蹕，升堂瞻像，一如夢中，感喜下拜，遂於六月朔親詣闕里致祭。〇宋真宗大中祥符元年十一月，敕告報皇帝封禪畢，車駕至兗州曲阜縣，謁先聖廟，取十一月初一日備禮躬謁。〇金天會七年，睿宗爲都元帥，統大軍入兗州，撫定退師，命曲阜知縣衡雄引詣宣聖廟。時值建炎寇氛，殿火猶未息，元帥乃登杏壇。奠拜訖，復詣聖林。〇熙宗皇統元年二月戊午，親詣闕里致祭。以上祀孔子廟。

臣按：巡狩之禮，唐虞三代行之，六藝之文可考信也。蓋聖人繼天立極，臨御萬方，當其垂拱九重，既已明目達聰，疇咨交儆，百揆時敘，咸熙庶績，以覆斯民於樂利之天，而躋一世於仁壽之域矣。然猶慮四海之廣，五服之遥，或有德意弗克下究，民隱壅於上聞者，所以《舜典》期於再閏，《周官》更以星終，時邁方嶽，言巡所守，於以聽採輿誦，觀風察俗，宣布德澤，加惠元元，凡以爲民事而已。而必至於四嶽者，蓋一方之諸侯，各聚於方嶽之下，以覲天子，《詩》所謂"裒時之對"是也。後世方士迺有七十二君封禪之説。諸儒又緣飾以書之，柴而望秩，《詩》之"陟其高山"，以緯解經，承譌襲謬，二千年來，莫有起而正之者。皇上建中祗德，時敏緝熙，如天之仁，覆露庶物，文教以紀之，聲靈以震之。靈臺偃伯，三方底定，奉琛輸賮，重譯來賓，老稚謳歌，閭閻清晏。夐哉！三五之隆，無以過也。而迺勤恤民隱，惟恐一夫之不獲。特於農隙展時巡之典，布德行慶，悉準聖經。唯以敬天之實心，行勤民之實政。至於封禪不經之説，祠官聚訟之議，數千年相沿之陋習，得我皇上直斥其非，以解萬世之大惑，而復覩唐虞三代之盛典焉。大聖人之宸斷，豈不偉哉！

臣又按：《開元禮》有皇帝巡狩儀，其目有鑾駕出宫、燔柴告至、鑾駕還行宫、望秩山川、肆覲東后、考制度六條，又有皇帝封祀泰山儀，有鑾駕進發、齋戒、制度、陳設、省牲器、鑾駕上山、薦玉幣、山下封祀壇、進熟、燔燎、封玉册、鑾駕還行宫、朝覲群后、考制度十四條，蓋巡狩、封祀判爲二事。其治道起壇，攻石刻玉，皆特遣將作，勞費吏民，良以縟節滋於汰心，彌文狥乎曲説，異於古者從簡尚質之義矣。我皇上鑒古制，惜民力，足以告虔，無取乎侈，足以成禮，勿務乎華，一切儀器，毋有營作，且減輿衛，免供億，戒俶擾，國不加費，民不知勞，不踰時，鑾輿巡歷，布德行慶，徧於直隸、山東、江南矣。凡我臣民，何其多幸歟！

秋九月，皇帝稽古東巡。十九日壬午昧爽，發德音，肆赦天下。詔曰："帝王誕膺景命，統御萬邦，道重觀民，政先求瘼。是以虞廷肆覲，肇舉省方；周室懷柔，式歌《時邁》。《詩》《書》具在，典制丕昭。朕仰荷天庥，纘承祖烈，撫兹兆庶，期底時雍，夙夜孜孜，懋求治理，以富以教，靡敢怠遑。猶慮蔀屋艱難，罔由上達，故於直隸郡縣，周覽巡行，勤施補助。更念山左等處，土宜俗尚，不加循省，曷克真知？矧曆逢甲子，世際昇平，聿圖泰運之恒新，在措芸生於豫大。乘時命駕，咨彼民依。但樂利祗慰夫一方，而德澤未敷於九有，朕心歉焉。用是特昭公普以弘仁，庶奏諴和之盛治。一，江南、浙江、江西、湖廣省分，自用兵以來，供應繁苦，宜加恩邮，康熙二十四年所運漕糧，著免三分之一。一，自康熙十三年起，至二十二年，拖欠漕項錢糧，著自康熙二十三年起，每年帶徵一年，以免小民一時並徵之累。一，東巡經過地方，宜俱加恩邮，著將康熙二十四年應徵丁銀盡行蠲免。一，泰山經過致祭，其四嶽、四瀆等祀，應遣官致祭，察例舉行。一，凡官吏兵民人等有犯，除謀反叛逆、子孫殺祖父母父母、內亂、妻妾殺夫、奴婢殺家長、殺一家非死罪三人、採生折割人、謀殺故殺、蠱毒魘魅毒藥殺人、强盜妖言十惡等真正死罪不赦外，其謀反謀叛犯人妻妾、子女、家産應入官，及父母、祖孫、兄弟應流徙，及脩造宮殿陵寢冒破錢糧、工程不固，脩築河工不行堅固，失陷城池，行間獲罪，官吏衙役枉法受贓，監守自盜，叛逆財産、人口侵蝕入己，誣告叛謀，發掘墳塚，略賣人口及光棍，亦俱不赦外，其餘自康熙二十三年九月二十四日昧爽以前，死罪、軍罪以下，已發覺，未發覺，已結正，未結正，咸赦除之。有以赦前事告訐者，以其罪罪之。一，直隸各省脩理文廟銀兩，照舊存留，以供整葺。一，直隸各省解費、脚價銀兩，仍復存留，照額支給。一，祭祀、行香習儀及祈晴、祈雨、鄉飲酒禮等項銀兩，仍復存留，以供支用。一，嶽鎮、四瀆廟宇傾頹者，該地方官設法脩葺，以昭誠敬。一，內外文武官員現應議處者，俱著寬免。一，內外文武大小各官，除各以現在品級已得封贈外，凡授職陞級及改任者，著照新銜封贈。一，各處孤貧口糧已復存留，經管地方務須從實給散，以贍窮獨。”於戲！時臻熙皞，彌隆寬邮之恩；户樂清寧，丕篤綿長之慶。布告天下，咸使聞知。

【附録】

○漢元和二年東巡，詔曰："朕巡狩岱宗，柴望山川，告祀明堂，以章先勳。其二王之後，先師之裔，東后蕃衛，伯父伯兄，仲叔季弟，幼子童孫，百僚從臣，宗室衆子，要荒遠服。沙漠之北，葱嶺之西，冒耏之類，跋涉懸度，陵踐阻絶，駿奔郊畤，咸來助祭。祖宗功德，延及朕躬。予一人空虚多疚，纂承尊明，盥洗享薦，慚愧祗慄。《詩》不云乎：'君子如祉，亂庶遄已。'歷數既從，靈燿著明，亦欲士大夫同心自新。其大赦天下，諸犯罪不當得赦者皆除之。復博、奉高、嬴，無出今年田租、芻稾。"○又告東平王手詔曰："朕惟巡狩之制，以宣聲教，考同遐邇，解釋怨結也。今四國無政，不用其良，駕言出游，欲親知其劇易。前祀園陵，遂望祀華、霍，東柴岱宗，爲人祈福。今將禮常山，遂徂北土，歷魏郡，經平原，升踐隄防，詢訪耆老，咸曰：'往者汴門未作，深者成淵，淺則泥塗。追惟先帝勤天之德，底績遠圖，復禹弘業，聖績滂流，至於海表。'不克堂構，朕甚慚焉。《月令》：'孟春，善相丘陵、土地所宜。'肥田尚多，未有墾闢。其悉以賦貧民，給與糧種，務盡力農，勿令游手。所過縣邑，聽半入今年田租，以勸民夫之勞。"○唐高宗幸曲阜祠廟，詔曰："朕聞德契機神，盛烈光於後代；化成天地，元功被於庶物。魯大司寇宣尼父孔某，資大成之材，屬衰周之末，思欲屈己濟俗，弘道佐時，歷聘周流，莫能見用。想乘桴以永歎，因獲麟而興感。於是垂素王之雅則，正魯史之繁文，播鴻業於一時，昭景化於千祀。朕嗣膺寶曆，祇奉睿圖，憲章前王，規矩先聖，崇至公於海内，行大道於天下。遂得八表乂安，兩儀交泰，功成化洽，禮備樂和。展采東巡，回輿西上，途經兹境，撫事興懷。駐蹕荒區，願爲師友，瞻望幽墓，思承格言。雖宴寢荒蕪，餘基尚在；靈廟空寂，徽烈猶存。孟軻曰：‘自生民以來，未有孔子者也。’微禹之歎既深，褒崇之道宜峻。可追贈太師，庶年代雖遠，式範令圖，景業維新，儀刑茂實。其廟宇制度，卑陋非宜，更加脩造，仍令三品一人以少牢致祭。褒聖侯德倫既承胤嗣，有異常流，其子孫並免賦役。”〇宋真宗幸闕里，詔曰：“朕以紀號岱宗，觀風廣魯，久懷先聖，實主斯文。矧尼山毓秀之區，光靈可挹，而曲阜奉祀之地，廟貌猶存。將伸款謁之儀，用表欽崇之志。宜取十一月朔日幸曲阜縣，備禮躬謁，仍付所司詳定。車駕至曲阜縣，謁文宣王廟，内外量設黄麾仗，襲文宣公親伯叔兄弟並許陪位。”

臣按：古者天子所至稱幸，謂必有恩澤及於臣民也。然或於乘輿所駐賜復宥眚，或因巡行所過得免田租，傳諸史册，輒稱盛舉，未有巡行一方而普天率土並得邀浩蕩之恩者也。我皇上乘上元泰運，肇舉東巡，而覃敷德音，徧及於薄海内外。若減免四省之現漕，带徵十年之漕欠，全蠲所過之正供，恤民力也。舉嶽瀆之祀典，飭祠廟之修葺，答神貺也。赦罪，重民命也。復修理文廟及祭祀、行香、鄉飲各項之公費，重文教也。給解費，蘇民困也。寬吏議，惜人材也。推封典，廣孝治也。邺孤貧，惠煢獨也。仁至而義盡，博施而濟衆。教養兼資，神人胥悦。如春風之無不被焉，如甘雨之無不潤焉，如日月之無不照焉，誠所謂“樂以天下，澤及萬方”者也，又寧獨一人之稱幸已耶？臣等遭逢聖明，沐浴膏澤，唯有懽忭踴躍於堯天舜日之下而已矣。

幸魯盛典卷三

九月二十四日丁亥，聖駕發自京師，衍聖公孔毓圻率五經博士孔毓埏等迎駕至齊河。恭請聖安畢，上問衍聖公孔毓圻曲阜有何古蹟，毓圻悉數奏聞。上諭："衍聖公孔毓圻歸待於境。"毓圻等遵旨辭歸。遣太常寺寺丞張量馨、鴻臚寺鳴贊鉛布齎香、帛至闕里，飭執事有司演習禮樂，并攜國學所用樂舞袍服以往。十月初七日己亥，張量馨等至闕里。

先是，禮部等衙門題爲請旨事。先經禮部等衙門題前事，内稱"九卿、詹事、科道、太常寺官員會議具題，皇上東巡，鑾輿經過泰山、闕里，致祭泰山，照祀五嶽禮致祭，孔廟照本處祀典致祭"等語。查康熙八年，皇上幸學，致祭前一日，在宫内齋戒。親王以下，多羅貝勒以上，部院侍郎品級官員以上，武官都統、精奇尼哈番以上，漢文官三品以上，武官二品以上，翰林院七品以上，俱在本家齋戒一日。其不陪祀，固山貝子以下，滿洲、蒙古、漢軍、漢人文武各官，皆穿朝服，於皇上往來，俱跪，候過。皇上朝服出宫，鹵簿大駕，俱行陳設，迎神、送神，俱行兩跪六叩頭禮。四配十哲、兩廡、啓聖祠，俱遣官分獻。孔子、啓聖公，俱未用祝文。該臣等會議得，今皇上東巡，經過闕里，皇上敬祀先師，應於致祭前一日，於行宫齋戒，穿補服，帶數珠，行禮所帶行在儀仗，俱應陳設，迎神、送神，俱行兩跪六叩頭禮。今聖駕親詣闕里致祭，尊師重道，有關盛典，應用祝文。讀祝文畢，於跪處行三叩頭禮。其配位十哲、兩廡、啓聖祠，應遣官分獻。扈從内大臣、侍衛、文武三品以上官員，該地方現在彼處所有文官知府以上，武官副將以上，及衍聖公、五氏現有官職者，俱齋戒一日陪祀。其不齋戒文武各官，并現在彼處地方官員，於聖駕往來，俱穿補服，帶數珠，在行宮前兩傍列跪，候過。皇上親詣孔廟致祭，關係大典，若用本處之樂，與典禮不符，相應停用本處樂器。祭畢，候皇上還行宫，令衍聖公並五氏現有職官品級者謝恩。俟命下之日，孔子、啓聖公祝文由翰林院撰擬可也。奉旨：著會同内閣議奏。欽此。該臣等會議得，皇上東巡，經過闕里，致祭孔廟，皇上行禮，陳設儀仗，迎神、送神，俱行兩跪六叩頭禮，用祝文，讀祝文畢，就於跪處行三叩頭禮，遣官分獻，内外大小官員陪祀，列跪，候過，停用本處樂器，衍聖公、五氏現有官職品級者謝恩，祝文交翰林院撰擬等處[1],俱照禮部等衙門所議。既係巡歷之所，皇上前一日不必齋戒，於所到次日致祭可也。康熙二十三年九月二十四日題，本日奉旨：尊禮先師，應行三跪九叩頭禮，亦應用樂，著察例詳議具奏。欽此。該臣等會同再議，查漢高帝、光武幸闕里致祭禮儀，史册未經開載，漢章帝、宋真宗幸闕里致祭，禮俱再拜。今皇上聖學高深，神功炳奕，闡百王之道統，紹千聖之心傳。尊禮師儒，懋昭文治，規模邁於前代，憲章垂於來兹。大禮攸關，特加隆重。皇上經過闕里，致祭先師，迎神、送神，俱行三跪九叩頭禮。其彼處所用樂章，雖與國學所用樂章稍有不同，亦皆尊崇師道之詞，應仍用彼處樂章。但彼處樂工未諳禮儀，由太常寺量派官員人役騎驛馬前往闕里指示。

1 “處”，四庫本作“因”。

至彼處樂工袍服，恐陳舊不堪應用，將太學所用樂工袍服带往暫用。餘俱照前議可也。康熙二十三年九月二十六日題，本日奉旨：依議。

謹録：世祖章皇帝順治九年九月二十二日，頒定幸太學儀注。皇上前一日在宫齋戒一日。和碩親王以下，多羅貝勒等以上，在部院衙門滿洲、蒙古、漢軍侍郎等官以上，及武官都統、精奇尼哈番以上，漢文官三品以上，武官二品以上，及内院翰林官七品以上，各在家齋戒一日。工部先期將皇上御幄設於文廟大成門東傍，南向，設立皇上御椅一張。彝倫堂内正中設黄御幄，設皇上御椅，鴻臚寺官設經書黄案一張於堂内，傍設講書案二張，兩傍相向安設，國子監祭酒將所講經書於本日設於桌上。是日早，和碩親王以下，公等以上，穿朝服，於午門内齊集。滿洲、蒙古、漢軍、漢文武齋戒各官，先赴文廟丹墀下，兩傍相向排立。其不赴祀王等以下文武各官，俱穿朝服，在午門外齊集。畢，禮部官奏請皇上出。皇上具禮服陞輦，各様鹵簿大駕全設。出時，午門鳴鐘，齋戒王等以下，公等以上，在内金水橋兩傍排立，候過隨行，去在午門外齊集。衆皆跪，候駕過。皇上至文廟東成賢街，國子監滿、漢祭酒、司業率諸監生於成賢街左邊跪，候過。皇上至櫺星門，在門外降輦，由中門至大成門，入御幄少息，由大成門中入。進時，先入排班官員立，候駕過。皇上陞中階，進廟，詣孔夫子位，殿内正中立。王、貝勒等入兩傍門，升東、西階，殿外臺上排立，各官在臺下排立。引禮官引皇上行二次跪，六次叩頭，諸王、貝勒等併陪祀、釋奠行禮各官亦二次跪，六次叩頭。作樂，供帛官跪，在皇上右傍獻帛，皇上接，立，望上鞠，遞與供官，供官跪接，起，供於位前。畢，供酒官在皇上右傍跪，獻酒，皇上接，立，望上鞠，亦遞與供官，供官跪接，起，獻於位前。畢，送神，皇上行二次跪，六次叩頭，各官俱二次跪，六次叩頭。畢，駕出，進幄少歇坐。諸王、貝勒出大成門外，候皇上詣講書彝倫堂。釋奠行禮各官、衍聖公、五經博士、祭酒、司業、教官、監生，先赴太學門內階下兩傍排立。禮部官奏請詣講書彝倫堂。皇上换具常服，在欞星門外陞輦。來時，王、貝勒等隨至彝倫堂。太學門將入，兩傍排班文武各官、衍聖公、祭酒、司業、學官、諸監生俱跪，候過。皇上陞彝倫堂陞坐，諸王、貝勒等在堂內，各官在堂外臺下兩傍排立。聽鴻臚寺贊禮官贊衍聖公、祭酒、司業、學官、五經博士、五氏子孫及諸監生在臺下三跪九叩頭，立。皇上諭坐，諸王等叩頭，坐；文武各官、都統、大學士、尚書、精奇尼哈番以上及衍聖公俱分翼入彝倫堂，叩頭，坐；侍郎等官在彝倫堂外臺上叩頭，坐。祭酒、司業官、監生仍於原處立。鴻臚寺鳴贊贊“講經”，滿、漢祭酒從東邊門入，滿、漢司業從西邊門入，俱北面立。鳴贊贊“起案”，執事官將東傍經書案擡至正中黄幄門前安置。皇上諭講書官坐，滿、漢祭酒在東邊案前，滿、漢司業在西邊案前，各就案叩頭，坐。滿、漢祭酒講《易經》，滿、漢司業講《書經》，四品以下內院官、執事官、五經博士、學官、諸監生俱在行禮處排立聽講。講畢，鳴贊贊“起案”，執事官二員舉經案於原處安置。祭酒、司業俱出，於原班排立處立。禮部一官入於彝倫堂內東傍，西向跪，奏請傳旨。鳴贊贊“跪”，祭酒、司業、學官率諸監生跪。禮部一官在中外簷下東傍，西向立，宣諭旨。宣畢，聽鳴贊贊，祭酒、司業、諸監生就跪，三次叩頭，二次跪，六次叩頭，贊“退”，出兩傍門成賢街，在西大路排立。皇上飲茶，賜諸王等以下各官俱飲茶。畢，禮部官跪奏。禮畢，皇上陞輦，出國子監門，來時作樂，在成賢街大路排立祭酒、司業、學官、諸監生跪，候駕過。其不赴陪祭各官，仍在午門外跪，候駕過。諸王、貝勒等隨至。候皇上還宫，衆皆退。次日，行進表禮。是日早，鹵簿大駕全設，衍聖公、祭酒奏表，照常置於黄案上。和碩親王以下，輔國公以上，穿朝服，於常朝處齊集。民公、侯、伯以下，滿洲、蒙古、漢軍有頂带官以上，各監生等，俱穿朝服，於常朝處齊集。禮部官奏，皇上具禮服出宫，陞武英殿坐位。内大臣下内院、禮部、都察院、鴻臚寺官先不贊行三跪九叩頭禮。續聽鳴贊贊和碩親王以下文武各官行三跪九叩頭禮。叩頭畢，王等以下，公等以上，各歸原班立，衆官亦歸旗下處立。續聽鳴贊贊，衍聖公、祭酒、司業、學官、五經博士、五氏子孫、諸監生等俱排班跪。鳴贊贊“奏表”，宣表官將衍聖公奏表從案捧於殿簷下門外東邊，西向跪宣，續宣祭酒奏表。宣畢，鳴贊贊“叩頭”，衍聖公、祭酒、司業、學官、五經博士、五氏子孫、諸監生等跪，三叩頭。再聽鳴贊贊，二次跪，行六次叩頭禮。王等以下，衆皆各照坐處坐。飲茶畢，皇上還宫，衆皆退。本日，賜衍聖公、博士、族人及執事内院、禮部、太常寺、光禄寺、鴻臚寺、國子監等官宴於禮部，命内大臣、輔國公、三院大學士、六部尚書、左右侍郎、九卿、科道、都察院等官待次日午門前頒賜。皇上龍飛，康熙八年四月十五日幸太學，照順治九年儀注。

【附録】

〇漢章帝元和二年，東狩，過魯，祀孔子及七十二賢，作六代之樂。帝時升廟，西面立，群臣中庭北面，皆再拜。帝進爵而後坐。〇後周太祖廣順二年，至兖州，入夫子廟，再拜。近臣或謂天子不當拜異代陪臣，帝曰：“夫子聖人也，百王取則，安得不拜？”因幸闕里，復再拜。及幸孔林，又再拜。○宋真宗大中祥符元年，東封。禮畢，如曲阜謁先聖廟。帝具靴袍，行酌獻禮，有司定儀止肅揖，帝特再拜，以申崇奉之意。○仁宗天聖二年，慶曆四年，兩幸國子監謁孔子，有司言舊儀肅揖，而帝特再拜。○哲宗元祐元年，幸國子監，行釋奠禮，一獻再拜。○金熙宗皇統元年，帝謁廟奠祭，北面再拜，顧儒臣曰：“爲善不可不勉。孔子雖無位，以其道可尊，使萬世高仰如此。”○章宗明昌四年八月丙午，諭旨宣徽院曰：“明日親釋奠，有司議肅揖，朕以宣聖萬世帝王師，恐汝等未喻，可備拜裀，朕將拜焉。”丁未，上謁，北面再拜。○明太祖洪武十四年，脩太學成。十五年五月十一日，祀先師以太牢。十七日，上躬詣廟，禮行酌獻，再拜而退。○成祖永樂四年三月，將幸太學，命禮部詳議禮儀。尚書鄭賜言：“宋制：謁孔子，服靴袍，再拜。”成祖曰：“見先師禮不可簡。”必服皮弁，行四拜禮。以上拜禮。○漢章帝幸闕里，作六代之樂。奏《黄鐘》，歌《大吕》，舞《雲門》。奏《太簇》，歌《應鐘》，舞《咸池》。奏《姑洗》，歌《南吕》，舞《大韶》。奏《蕤賓》，歌《函鐘》，舞《大夏》。奏《彝則》，歌《小吕》，舞《大濩》。奏《無射》，歌《夾鐘》，舞《大武》。○宋文帝元嘉二十二年，皇太子釋奠，舞六佾，設軒縣之樂，從裴松議也。○齊武帝永明三年正月，詔立學，設軒縣之樂，六佾之舞，牲牢、器用，悉依上公，從范宣議也。○北齊天保元年，制春秋二仲釋奠，用軒縣，舞六佾。○隋文帝贈孔子爲先師尼父，制國子寺每歲以四仲月上丁釋奠，州縣學以春秋仲月釋奠，樂奏《咸夏》。○唐太宗貞觀二年，升孔子爲先聖，以顔子配，備干戚、俎豆之容。○高宗顯慶三年，詔孔子廟用《宣和》之舞，國子博士范頵撰樂章。○明皇開元二十二年，撰釋奠樂，用《姑洗》之均，三成。○二十七年，封孔子爲文宣王，被王者衮冕，二京之祭，特用太牢，樂用宫縣，舞八佾，頒四廂金石二十四架。○代宗永泰二年，脩國學祠堂成，行釋奠禮，奏宫縣於祠堂。○宋太祖建隆二年，有司請改樂章，竇儼上一十二樂曲，文宣王廟用《永安之曲》。○仁宗景祐元年,詔釋奠用登歌。○徽宗大觀三年,更撰釋奠樂章。○四年，大晟府擬撰釋奠十四章。衍聖公孔端友奏，朝廷稽考三代，制禮作樂，乞頒降大晟新樂，許内族人及縣學生咸使肄習。並乞降禮器，以備釋奠及家祭使用。乃遣孔子四十七代宣教郎若谷押賜堂上正聲大樂一副，禮器一副，罍一，洗一，勺全，帨巾二，篚全，尊壺二，龍勺、羃各全，毛血盤一，象尊一，犧尊一，簠簋并蓋、登瓦并蓋、箱篚并竹各一，鉶鼎三并蓋、杓三，籩十，羃全，豆十，篚全，胙案八，爵三，坫全。已上禮器也。柷一，椎全，敔一，籈全，編鐘、編磬各一架，栒虡、崇牙、流蘇等各全，搏拊、鼓、塤、篪、笛、簫、巢笙、和笙、一絃至九絃琴瑟二。已上大樂也。天下節鎮、州、縣學皆賜堂上樂一副，正聲樂曲十二章。春秋上丁釋奠，則學生登歌作樂。○金世宗大定十四年正月，國子監言：春秋仲月上丁釋奠，於文宣王、兖國公、鄒國公每位籩、豆各十，犧尊一，象尊一，簠、簋各二，俎二，祀版各一，皆設案。七十二賢、二十一先儒每位各籩一，豆一，爵一。兩廡各設象尊二，禮行三獻，樂用登歌。○章宗明昌四年八月，上親釋奠，初議不用牲牢，既而禮官云："籩、豆、脯、醢之數，既係中祀，若止用二籩、二豆，似太疏簡，禮體未備，擬全用十籩、十豆。"於是備數。○五年六月，禮官議："曲阜夫子廟脩蓋已畢，自來祭享行三獻禮，其獻官、衍聖公止用公服，親族二人各用儒服，及别無音樂。

即用國學釋奠，依古禮用法服及登歌雅樂。宋政和間，曾賜本廟三獻官祭服及登歌之樂，令族人及學生閲習。今尊崇聖道，度越前昔，而三獻止用常服，及無雅樂，恐未相稱。”六年四月，乃敕賜衍聖公以下三獻法服，仍給登歌一部。○元太宗九年，衍聖公孔元措奏：“燕京、南京等處尚有太常禮樂官及樂工人等，乞行拘刷。”奉詔：“若有前項人等及家屬，用鋪馬頭口起移，赴東平府地方住坐，分付孔元措收管，令本路課税所量給日糧養濟，就於本廟閲習，聽候朝廷不測用度。并自來有底辭章、樂器、鐘磬等物，盡行拘刷，見數申奏。”○成宗大德十年，命江浙行省製宣聖廟樂，秋八月，用於廟祀，其歌樂仍宋之舊。《元史》有新撰樂章，因循未用。○武宗至大三年冬十月，置曲阜宣聖廟登歌樂。○明太祖洪武四年，更定釋奠孔子祭器禮物。先是，孔子之祀像巍然高坐，而禮器陳於坐下，弗稱其儀，改爲高案，其籩、豆、簠、簋悉以磁代，牲用熟，樂舞生擇監生及文武大臣子弟在學者預教習之。○洪武七年十一月，奉旨：造送宣聖廟樂器、祭器、法服各給一副，四時祭祀合用樂舞生於府、州、縣儒學生員内選，或於民間俊秀子弟内選用，備行準取到濟寧、曲阜等州縣樂舞生張濤、陳慶等一百二十餘名内，將二十名起送太常寺協律郎處，習演樂舞熟嫺，欽賜寶鈔發回，在廟應充前役，俱照廩膳生員例，除本身優免，仍免本人户二丁。○洪武十年，奉旨：孔氏廟樂舞生衣冠，官府做與他，并做籥翟、應鼓等項。○洪武二十六年，詔定文廟祭祀，設高案，頒大成樂器於天下，令如式製造。其制，楹鼓一，執事一人；編鐘一，執事八人；編磬一，執事八人；壎二，篪二，執事共四人；鳳簫二，執事二人；笛、笙、簫各執事六人；琴六，瑟二，執事共八人；歌六人；搏拊二，柷一，敔一，麾一，共五人；舞三十六人。○憲宗成化十三年，祭酒周洪謨言：“孔子稱大成至聖文宣王，冕十二旒，衮十二章，既服天子之衣冠，當用天子之禮樂，擬合加十籩、豆爲十二籩、豆，六佾爲八佾。”乃增國學之祭爲八佾，十二籩、豆，郡縣用六佾、八籩、八豆，遣翰林學士王獻詣闕里祭告，又添樂舞生八十名。○孝宗弘治元年三月，帝將幸學釋奠，太子太保禮部尚書王恕言：“儀注，分獻官始終不拜，非禮。臣以爲分獻官拜位當在殿陛之下，列於陪祭官之前，迎神、送神，上拜於殿陛，分獻、陪祭官拜於殿階，似爲近禮。臣讀《禮記》有曰：‘凡學，春官釋奠於其先師，秋冬亦如之。’此言主於行禮，非報功也，故無幣。又曰：‘凡始立學者，必釋奠於先師、先聖，及行事，必以幣。’此言立學事重，故釋奠必以幣。今皇上初幸太學，即所謂‘始立學’也，臣以爲釋奠當用幣、爵，亦當三獻。今儀注内無獻幣之禮，似爲未安。”奉旨：分獻官拜禮準行，餘照舊。恕復疏請，乃令廷臣會議，欲行奠帛、三獻之禮，須讀祝、飲福受胙始爲全備，難以更改。請於聖駕幸學之前致齋一日，至期加帛一段，餘仍其舊。奉旨：尊先師當以禮，只孔子前加幣，用太牢，改分獻爲分奠，其餘俱照舊例行。○世宗嘉靖元年，幸學，謁先師廟，至欞星門外，即降輦步入。禮畢，仍步出欞星門外升輦。○嘉靖九年，從大學士張璁議，釐正祀典，改“大成至聖文宣王”曰“至聖先師”，盡去封爵，減國學十二籩、豆爲十籩、豆，天下府、州、縣八籩、豆，樂舞止用六佾。以上禮樂。

世祖章皇帝順治九年，幸太學，孔子廟樂章仍舊制。至順治十三年，欽頒國子監文廟大成歌章，皆用《黄鐘宫》。迎神，《咸平之曲》，無舞，其辭曰：“大哉至聖，峻德弘功。敷文元化，百王是宗。典則有常，昭兹辟廱。有虔簠簋，有嚴鼓鐘。”奠帛，初獻，《寧平之曲》，有舞，其辭曰："覺我生民，陶鑄前聖。巍巍泰山，實予景行。禮備樂和，豆籩惟静。既述六經，爰斟三正。"亞獻，《安平之曲》，有舞，其辭曰："至哉聖師，天授明德。木鐸萬年，式是群辟。清酒惟醑，言觀秉翟。太和常流，英材斯植。"終獻，《景平之曲》，有舞，其辭曰："猗與素王，示予物軌。瞻之在前，神其寧止。酌彼金罍，惟清且旨。登獻惟終，弗遐有喜。"徹饌，《咸平之曲》，無舞，其辭曰："璧水淵淵，崇牙業業。既歆先聖，亦儀十哲。金聲玉振，告兹將徹。嚴假有成，羹牆靡愒。"送神，《咸平之曲》，無舞，其辭曰："煌煌學宫，四方來崇。甄陶胄子，暨予微躬。思皇多士，敷奏厥功。佐予永清，三聖是隆。"以上樂章。

臣按：釋奠之禮見於《周官》《戴記》，注疏家大抵皆言設薦饌、奠酌而已，無食飲、酬酢之事。而鄭康成以《王制》之"釋奠"爲釋菜、奠幣，以《文王世子》之"釋奠者必有合"爲與鄰國合祭。孔穎達以《學記》之"釋菜"爲釋奠，其説相混。齊尚書令王儉言"釋菜禮廢，金石俎豆皆無明文"，而車、陸、二范議亦互異。歐陽脩作《穀城夫子廟記》，直謂釋奠、釋菜皆禮之略，釋奠有樂，而釋菜無樂。陳暘《樂書》則謂學校禮樂之所自出，小有釋菜而以食爲主，大有釋奠而以飲爲主，其習舞與聲，而大合六代之樂，一也。暘之兄祥道作《禮書》，考據諸經，言之最詳，以爲古者釋奠，或施於山川廟社，或施於學。《周官·大祝》："大會同，造於廟，宜於社，過大山川，則用事焉。反行，舍奠。"《甸祝》："舍奠於祖廟，禰亦如之。"此施於山川廟社者也。《禮記·文王世子》："凡學，春官釋奠於先師，秋冬亦如之，凡始立學者，必釋奠於先聖、先師，及行事，必以幣。凡釋奠，必有合也。天子視學，大昕鼓徵。乃命有司行事，興秩節，祭先聖、先師焉。有司卒事，返命。適東序，釋奠於先老。”《王制》：“出征執有罪，返，釋奠於學，以訊馘告。”此施於學者也。賈公彦曰“非時而祭曰奠”，此爲山川廟社而言之也。學之釋奠則有常時者，四時之釋奠也。有非時者，始立學天子視學、師還獻馘之釋奠也。釋奠有牲幣，有合樂，有獻酬。會同、出征，返而釋奠，告祭也。《曾子問》“凡告必用牲幣”，《文王世子》“凡始立學，釋奠行事必以幣”，此有牲幣之証也。《文王世子》“凡釋奠必有合也”，此有合樂之証也。《聘禮》“行釋幣，返釋奠，席於阼，薦脯醢，三獻”，此有獻酬之証也。非時之祭，釋奠於先聖、先師，四時則先師而已。此二陳之説也。然則祭先聖爲重，故禮加詳，而必有幣；祭先師爲輕，故禮稍略，而不必有幣審矣。而古之所稱先聖、先師者，亦不一其人。周有天下，立四代之學，虞庠則以舜，夏學則以禹，殷學則以湯，東膠則以文王。自魯哀公十七年立孔子廟於故宅，解經者即所見聞，云：“先聖，周公若孔子。”唐顯慶二年，長孫無忌之議云：“漢魏以來，取捨各異。顔回、夫子，互作先師；宣父、周公，迭爲先聖。求其節文，遞有得失。所以貞觀之末，親降綸音，正夫子爲先聖，加衆儒爲先師，其周公仍依别禮，配享武王。”蓋自是始罷並祀，而專祠夫子，其後配哲賢儒以次侑享，而先聖、先師咸定於一尊矣。然而古之釋奠，常時則所教之官爲祭主，非時則有司行事而已，未聞以天子而親祭也。漢高過魯，太牢躬祭，可謂卓然獨見，爲萬世作則。而大合六代之樂，惟一舉於章帝之時。論者蓋惜其當時之臣未能以古時釋奠之禮而推廣之，且亦惜其不定著爲律令，致使古樂自此而絶響也。魏之正始釋奠，始行於辟雍，率太常行事。厥後間有親承，而禮殊隆殺，樂異盈減。歷數幸魯十數君，屈尊申敬，則有之矣，亦未知考信於古而釐定夫釋奠之禮也。宋真宗天禧元年，嘗詔崇文館雕印《釋奠儀注》及《祭器圖》，頒行天下諸路，而其書不傳，無從考質。明臣王恕亦曾上疏，請行奠帛、三獻之禮，須讀祝、飲福受胙，禮始爲備，而議弗盡行，僅詔加幣而已。我朝臨雍典例，迎神、送神，俱二次跪，六次叩頭，尊師重道，已至於無可加。乃我皇上幸曲阜，一準臨雍儀注，復親定行三次跪、九次叩頭禮，而釋奠之禮，於斯爲極盛。仰見我皇上至聖至神，與天同體，與聖合一，故尊之如此其至，行之如此其決，非祠官之故事、曲臺之舊文所可同年而語矣。若乃樂懸舞列，闕里相沿，與太學小殊。兹經曠典，所司恐有紕繆，議停本處樂器。皇上特遣太常赴闕里廟庭指導肄習者四十餘日，然後擊拊俯仰，秩然倫次，五色成文，八風從律，此則古者合聲習舞之遺義。皇上所以脩明先王之教於千百年廢墜之餘者，豈復前代之所得而及也哉！

幸魯盛典卷四

十一月十二日癸酉，乘輿自南還，至宿遷，衍聖公孔毓圻率博士孔毓埏等奉迎。上方御舟渡河，顧視毓圻等拜伏於河干，命侍衛傳旨諭衍聖公孔毓圻曰："知爾不善騎，不能隨朕同行，可先歸於曲阜伺候。今日尚早，猶可趲行，不必至行宫請安矣。"毓圻等叩謝，遵旨先歸曲阜候駕。十六日丁丑，駕至費縣，諭内閣等衙門曰："闕里係聖人之地，秉禮之鄉，朕幸魯地，致祭先師，特闡揚文教，鼓舞儒學，祀典告成，講明經書文義，窮究心傳，符合大典，應行事宜，内閣各部院等衙門會同議奏。"議上，乃遣翰林院掌院學士常書、侍讀學士朱瑪泰至曲阜，會同衍聖公孔毓圻，於孔氏子弟内選舉講書二人，令撰次應講經書講義進呈。孔毓圻舉監生孔尚任、舉人孔尚鉝應詔講書。

內閣等衙門題爲欽奉上諭事。該臣等會議得，皇上躬行至德，潛心典學，兼具百王之道義，永垂至聖之政教。今皇上躬詣孔[1]里，致祭先師，敦崇典禮，超軼往古。仰見聖主重道右文，守德敷教，澤被群儒，化及四海，此非古帝王之所能及也。宜行講書之例。皇上祀禮告成，講書，令講四書、《易經》內二章。將講書之人員交與衍聖公，於五氏内不論有無品級，選擇學深講書明白者二人，應講書節令翰林院擬定，具題請旨。查

1 "孔"，四庫本作"闕"。

康熙八年，皇上臨雍講書畢，宣敕諭於國子監官員及監生等在案。今講書畢，亦宣敕諭於衍聖公及五氏官員子弟可也。敕諭漢語宣讀，漢大臣内何人宣讀，伏乞欽點。敕諭令翰林院繕寫，進呈御覽。所行禮儀，禮部議定具題。扈從文官大學士以下，京堂、科道等官以上，地方官巡撫以下，道員以上，及衍聖公、五氏名列官籍者，隨皇上進講堂，其餘文武官員免進可也。奉旨：敕諭著王熙宣讀，應講書節著翰林院、衍聖公會同選出，講書人員擬定具題。餘依議。

上自費縣至泗水東境，經泉林寺，駐蹕觀泉久之，乃行。

《御製泉林記》。文載第一卷。

【附録】

〇《通志· 泗水源流考》云："泗水縣城東五十里陪尾山下，泉四源並出，故曰泗水，即所謂泉林也。陪尾山之東爲漏澤湖，地在費縣，亦謂之雷澤。《水經注》曰：'魯國汴縣東南桃墟有澤，方十五里，渌水澂渟，三丈如減。澤西際阜，俗謂之嫣亭山。阜有三石穴，廣圓三四尺，穴有通否，水有盈漏，數夕之中，則傾波竭澤矣。居民識其將漏，預障穴口，魚鼈曝鱗，不可勝載。自此連岡通阜四十里許，岡之西際，便得泗水之源。'蓋謂陪尾山矣。山下有仁濟侯廟，以祀泗水之神。廟前石穴吐水，數泉俱導。其間有寺，深林茂樹，蔽虧蕭森。寺之左右，大泉十數，泓渟澄澈，互相灌輸。會而成溪，是爲泗水。西南經卞城，城東有橋，曰卞橋。水經卞縣南，有姑蔑城，水出二邑之間是也。自卞橋而西，至於邑城，復有大泉數十，南北交會，入於泗水，以達曲阜。大抵邑境數十里内，泉如星列，皆泗水也。" 〇明湯節《疏鑿泉林記》云："距泗水邑東五十里許，陪尾山之陽，有廟曰仁濟。廟之西有寺，曰泉林，其殿宇巋然，林木蓊鬱，鳥聲樵唱，雜焉於中。旁有珍珠、趵突諸泉，環繞映带寺之左右。而西南經卞橋，橋之西復有泉數十，合流於泗，會於曲阜之沂河，轉於天井閘、會通河，沿淮達海。永樂己亥，工部主事顧大奇等徧歷山川，疏濬泉源，以通水利。正統以後，復疏導之。”○戴璟《有本亭記》云：“泗水濱其泉最著者曰泉林，即《禹貢》所紀陪尾山者，泉出山下，相傳爲‘子在川上’處也。”

臣按：道體無窮，而與道爲體者，天與聖人而已矣。維天於穆不已，維聖人純亦不已。《易》曰“天行健”，健則天之性情也，蓋合此則爲天德，推此則爲王道。聖人所以教人之法此以自强者，其情恒見乎辭，而其自得之微妙，不可得而窺也。昔吾夫子轍環斯暇，逍遥水濱，有感於逝者之如斯。而孟子、徐辟，亦有“仲尼亟稱水哉”之問。此其留連咏嘆，杖履所及，觸境於俯仰，而非興懷於津梁可知矣。泉林在鄒、魯之間，相沿以爲即其地。或者魯謂之川上，而鄒謂之原泉，或春秋時謂之川上，戰國時謂之原泉，亦未可定也。聖師既往二千餘年，登臨者或等於濠濮之觀，疏導者或資爲轉漕之利，綴文之士，感物造端，托於知者之樂而止耳。皇上睿學淵深，同符先聖，上律下襲，時出皆宜，動察静存，混含太極。回鑾江表，至於陪尾，因泉流之不息，契道體之無窮，爰著聖謨，發皇天載。子思子之贊至誠，曰：“苟不固聰明聖知達天德者，其孰能知之？”然則昔者吾夫子不傳之意，不盡之言，固有待於今日也。

十七日戊寅，皇上幸曲阜，衍聖公孔毓圻率博士孔毓埏等諸職官及其族人、五氏子孫年十六以上，山東巡撫張鵬率司道以下及本處守令屬員，登州總兵官林宗率沂州協守都督僉事霍維鼐等，於東郊跪迎，士庶觀者，以數萬計。皇上按轡徐行，天顔霽悦。因見人衆，恐擁擠毓圻，命侍衛以鞭辟人。又諭毓圻曰："爾可起隨行，朕後從人多，慮或擠爾也。"毓圻叩謝，隨行。至城南行宫駐蹕，命侍衛分守曲阜城各門，不許一人入城擾民。

鴻臚寺咨爲公務事。蒙禮部劄開，據衍聖公府咨稱"宗族人等有承襲世職，有考授職銜，有未授職銜者，應否接駕"等語。查衍聖公宗族人等，有已經承襲世職及現授職銜者，令其接駕。其未經承襲與凡有職銜者，亦令其接駕。又稱"世襲五經博士并學録、管勾、典籍、司樂等官，應否接駕"等語。查世襲五經博士各官，年十六歲以上，已經承襲授職者，俱令其接駕。至一應接送朝見之處，係鴻臚寺職掌，相應劄行鴻臚寺，速行查明，移覆衍聖公可也等因。到寺，查得文武官員接送，本寺具題，奉旨：著五十里以内官員接送。欽此。相應咨會衍聖公府，率領宗族各官，預尋鴻臚寺報名接送可也。

衍聖公臣孔毓圻謹奏爲恭進世傳古器、墨蹟，仰祈睿鑒事。臣蒙聖恩，守祀祖庭，恭遇皇上東巡，鑾輿經過闕里，釋奠先師，真天下萬世所罕遘。臣獲邀寵榮，慶幸靡涯。仰見皇上睿知天縱，博物宏覽。惟是闕里之庭，所遺車服、禮器，世遠年湮，存者實少，媿無彝器、古蹟進呈御覽，以昭臣家世守之遺。秖有臣二十代族祖孔融，漢末爲北海相，性好琴理，曾蓄雅琴一張，歷世寶守。更有周簠一執，王羲之《樂毅論》墨蹟册頁一本，文與可山水畫卷一幅，及宋搨《聖教序》墨刻一本，劉松年畫《養正圖》手卷一軸，皆係家藏舊蹟。微臣愚昧，不識妍媸，秖因世傳之久，謹以恭進御前，伏乞皇上俯賜鑒覽，則臣榮荷無既矣。奉旨：衍聖公孔毓圻所進書字等項，俱留覽。該部知道。

十七日，夜始分，禮部、太常寺、鴻臚寺官會集廟庭，庀其執事，比其位次，申戒所司，省牲幣，眂滌濯，陳設祭器、祭品，展樂懸，整舞列，張御幄，寘講筵於詩禮堂，令進講者肄習進講儀節。其執事官：贊引内閣學士席爾達，對引太常寺卿葛思泰，典儀太常寺讀祝官張達，唱樂太常寺贊禮郎法山，讀祝文鴻臚寺少卿和西，奉御拜褥太常寺贊禮郎沙拜。獻孔子位帛太常寺典簿穆察，獻爵太常寺贊禮郎韓布。顔子位分獻内閣學士麻爾圖，導引太常寺寺丞張量馨，獻帛欽天監博士三保，獻爵聖廟司樂王國光。曾子位分獻翰林院學士常書，導引太常寺贊禮郎華善，獻帛國子監助教費揚古，獻爵聖廟典籍石琚。子思子位分獻都察院副都御史孫果，導引太常寺贊禮郎常禄，獻帛禮部員外郎郭世隆，獻爵四氏學教授沙濆。孟子位分獻翰林院學士孫在豐，導引太常寺七品筆帖式察爾器，獻帛國子監助教黑雅圖，獻爵聖廟管勾王自莊。東哲閔子等五位分獻内閣侍讀學士徐廷璽，導引太常寺七品筆帖式金泰，獻帛禮部七品筆帖式朱魯，獻爵禮部郎中觀音保。西哲冉子等五位分獻翰林院侍讀學士朱瑪泰，導引太常寺七品筆帖式羅奇，獻帛禮部七品筆帖式佛保，獻爵欽天監筆帖式李聞。東廡位分獻太僕寺少卿楊舒，導引太常寺八品筆帖式碩塞，獻帛候選縣丞王自恭，獻爵候選州同桂枝茂。西廡位分獻欽天監正安泰，導引禮部員外郎哈爾吉布，獻帛候選縣丞星永禄，獻爵曲阜監生張弘勷。捧舉饌盤數帛禮部八品筆帖式雅爾布，盥洗贊禮生趙承璧、李榮先。陳設：

大成至聖先師位前：其器，讀祝案一，篚一，爵并坫三，登一，鉶二，簠二，簋二，籩十，豆十，俎三，罍一，虚罇三，案一，因其故。又罇并案一，香罏、燭臺并几案二重。其品，帛一端，檀香一盒，大燭二對，小燭四對，酒三罇，牛一，羊一，豕一，大羹一登，和羹二鉶，黍飯一簠，稷飯一簠，稻飯一簋，粱飯一簋，榛一籩，菱一籩，芡一籩，鹿脯一籩，形鹽一籩，稾魚一籩，棗一籩，栗一籩，白餅一籩，黑餅一籩，韭菹一豆，芹菹一豆，菁菹一豆，笋菹一豆，醓醢一豆，鹿醢一豆，兔醢一豆，魚醢一豆，豚胉一豆，脾析一豆。

復聖顔子、宗聖曾子、述聖子思子、亞聖孟子位前：其器，篚一，爵并坫三，鉶二，簠二，簋二，籩八，豆八，俎三，香罏并几一，燭臺大小八，東西罇并案各一。其品，帛一端，檀香一盒，燭二，酒東西各一罇，羊一，豕一，和羹二鉶，黍飯一簠，稷飯一簠，稻飯一簋，粱飯一簋，榛一籩，菱一籩，芡一籩，棗一籩，栗一籩，鹿脯一籩，形鹽一籩，稾魚一籩，韭菹一豆，菁菹一豆，笋菹一豆，醓醢一豆，鹿醢一豆，兔醢一豆，魚醢一豆，芹菹一豆。各四壇。

東哲先賢位五：同一壇。其器同，篚一，獻爵并坫三，香罏并几一，大燭臺二，罇并案一，各鉶一，簠二，籩四，豆四，牲盤一，各小燭臺二，香罏一。其品同，帛一端，大燭二，檀香一盒，酒一罇，黍飯、稷飯各一簠，各棗一籩，栗一籩，各鹿脯一籩，形鹽一籩，各菁菹一豆，芹菹一豆，各鹿醢一豆，兔醢一豆，各豕肉一盤，小燭一對。

西哲先賢位五：其器、其品如之。

東廡先賢先儒位四十七：同一壇，二位爲一筵。其器同，篚一，獻爵三，香盒一，大香罏一，大燭臺二，罇并案一，罍并案一，各供爵一，牲盤一，筵各簠二，籩四，豆四，小燭臺一，香罏一。其品同，帛一端，酒一罇，檀香一盒，大燭一對，筵各黍飯一簠，稷飯一簠，栗一籩，棗一籩，鹿脯一籩，形鹽一籩，菁菹一豆，芹菹一豆，鹿醢一豆，兔醢一豆，各豕肉一盤，小燭一對。

西廡先賢先儒位四十八：同一壇，二位爲一筵，其器、其品亦如之。

啓聖公位：其器，篚一，爵并坫三，鉶二，簠二，簋二，籩十，豆十，俎二，香盒一，香罏并几一，燭臺大小六，罇、罍并案各一。其品，帛一端，檀香一盒，酒一罇，燭大小各一對，羊一，豕一，和羹二鉶，黍一簠，稷一簠，稻一簋，粱一簋，榛一籩，菱一籩，芡一籩，棗一籩，栗一籩，鹿脯一籩，稾魚一籩，形鹽一籩，白餅一籩，黑餅一籩，菁菹一豆，韭菹一豆，芹菹一豆，筍菹一豆，醓醢一豆，鹿醢一豆，魚醢一豆，兔醢一豆，豚胉一豆，脾析一豆。

啓聖東配先賢位：二位爲一壇。其器同，篚一，獻爵并坫三，罇并案一，香罏并几一，大燭臺二，香盒一，各供爵并坫一，鉶二，簠二，籩四，豆四，牲盤一，小燭臺二。其品同，帛一端，酒一罇，檀香一盒，大燭二，各和羹一鉶，黍一簠，稷一簠，栗一籩，棗一籩，鹿脯一籩，形鹽一籩，菁菹一豆，芹菹一豆，鹿醢一豆，兔醢一豆，豕肉一盤，小燭一對。

啓聖西配先賢位：二位爲一壇，其器、其品如之。

啓聖東西從祀先儒位：二位爲一壇，其器、其品亦如之。

凡先師位：獻爵三，羹次之，大羹居中，和羹居其左右，黍、稷次之，黍左稷右，稻、粱次之，稻左粱右。籩之實居左，形鹽、稾魚、棗、栗一行，榛、菱、芡、鹿脯一行，白餅、黑餅一行。豆之實居右，韭菹、醓醢、菁菹、鹿醢一行，芹菹、兔醢、筍菹、魚醢一行，脾析、豚胉一行。香燭在其前。幣奠於篚，在香燭之前。太牢又在其前，牛居中，羊左，豕右，牛解五體，羊、豕全體。大香罏又在其前，左右大燭，讀祝案又在燭之左。

四配位：減大羹一鉶，白餅、黑餅二籩，脾析、豚胉二豆。少牢在其前，羊左，豕右，饌盤在其右。香燭在其前，東、西各重設小几，置香燭，奠幣於其上。

十哲位：各供爵前列，和羹一鉶次之，黍稷次之，黍左稷右，豕肉次之，當其中。籩之實，形鹽、栗在黍之左，棗、鹿脯在豕肉之左。豆之實，菁菹、芹菹在稷之右，鹿醢、兔醢在豕肉之右。香燭在其前。壇同，豕首一，當五位之中。重設几，奠幣，獻爵，置香燭、饌盤，在帛之右。

兩廡位：各供爵前列，筵同，黍左稷右次之，形鹽、栗在黍之左，少次之，棗、鹿脯又次之，菁菹、芹菹在稷之右，少次之，鹿醢、兔醢又次之，豕肉二又次之，各於其筵供香燭。東、西壇同，豕首四。各重設一几，奠帛，獻爵，置香燭、饌盤，在帛之左右。

啓聖位：視廟祭去大羹，用少牢，其行列同。

啓聖四配位：視十哲亦東、西各豕首一，從祀位視四配減豕首，其行列同。

凡酒罇五，三在殿之東南隅，二在殿之西南隅。獻先師，酌東第一罇。獻東配，酌東第二罇。獻西配，酌西第一罇。獻東哲，酌東第三罇。獻西哲，酌西第二罇。張樂於露臺之上，楹鼓在東南隅，編鐘在東偏之南，編磬在西偏之南。東西各三次，面北。鳳簫、塤、篪東西各一次，面北。洞簫東西各三次，面北。瑟東西各二次，面北。琴東西各三次，面北。柷在東北，敔在西北。田鼓東、西各一，在其北，東、西面。麾旛在柷之北，西面。節一，東、西導引進止。文舞，籥翟三十六，舞列在中道之東西，退則立於樂懸之東西。樂懸既正，俾樂工各執其器，麾旛一人，節二人，田鼓二人，柷、敔二人，瑟四人，琴六人，洞簫六人，鳳簫、塤、篪六人，六人，笙歌十二人，編鐘、磬二人，楹鼓一人。

幸魯盛典卷五

十八日己卯昧爽，禮部乃至行宫，奏請皇上詣先師廟行禮。上御輦，設鹵簿，文武從官不陪祀者皆補服，於行宫前跪送。駕由曲阜南門入，陪祀官皆跪迎於櫺星門外。駕由櫺星門入大中門，至同文門，於奎文閣前降輦，詣齋宿所御幄内少憩。贊引官内閣學士席爾達、對引官太常寺卿葛思泰奉引，上由奎文閣下，步入大成門，迺由甬道中行，至大成殿。各官由東金聲門、西玉振門趨而入，俟於兩階之下，巡撫張鵬、布政使黄元驥、按察使吴毓珍、濟東道陳俞侯、兖東道李夢庚、提學道唐賡堯、運使胡瑾、兖州知府張鵬翮、衍聖公孔毓圻、五經博士孔毓埏、孔毓瑛、顔懋衡、曾貞豫、孟貞仁、仲秉貞、直隷口北道孔興洪、曲阜縣世職知縣孔興認、四氏學學録孔尚侃等班在阼階下，諸武臣班在西階下，各以序立，候隨班行禮。上升大成殿，贊引官、對引官引駕至拜褥前站立。典儀官唱“樂舞生就位，執事官各司其事”。唱畢，贊引官贊“就位”，皇上就拜褥上站立。典儀官唱“迎神”，唱樂官唱“迎神，樂奏《咸和之曲》”。唱畢，樂作，無舞。其辭曰：“大哉宣聖，道德尊崇。維持王化，斯民是宗。典祀有常，精純並隆。神其來格，於昭聖容。”贊引官贊“跪，叩，興”，上及王以下四配十哲、兩廡分獻、陪祀各官俱行三跪九叩頭禮，立。典儀官唱“奠帛、爵，行初獻禮”，捧帛、爵官就前，在上右邊站立。唱樂官唱“初獻，樂奏《寧和之曲》”。唱畢，樂作，有舞。其辭曰：“自生民來，誰底其盛？惟師神明，度越前聖。粢帛具成，禮容斯稱。黍稷非馨，惟神之聽。”捧帛官以帛捧舉，跪，贊引官贊“獻帛”，上立接，拱舉，授捧帛官，捧帛官跪接，捧舉至先師位前，奠。畢，行一跪三叩頭禮，退。捧爵官以爵捧舉，跪，贊引官贊“獻爵”，上立接，拱舉，授捧爵官，捧爵官跪接，捧舉至先師位前，立，獻。畢，退。讀祝官至安祝文桌前，行一跪三叩頭禮，將祝文捧起，樂止。贊引官贊“跪”，上及王以下分獻、陪祀各官、讀祝官、樂舞生俱跪。贊引官贊“讀祝”，讀祝官讀御製祝文。文載第一卷。讀畢，立，將祝文捧至先師位前，安於盛帛盒内，行一跪三叩頭禮，退。樂舞生立，奏樂。贊引官贊“叩，興”，上及王以下分獻、陪祀各官俱行三叩頭禮，立。四配十哲、兩廡分獻官各依序引至各位前站立，捧帛、爵官跪，遞分獻官，分獻官立接，拱舉，獻。畢，各復位，樂畢。典儀官唱“行亞獻禮”，捧爵官就前，在上右邊立。唱樂官唱“亞獻，樂奏《安和之曲》”。唱畢，樂作，有舞。其辭曰：“大哉聖師，實天生德。作樂以崇，時祀無斁。清酤惟馨，嘉牲孔碩。薦羞神明，庶幾昭格。”捧爵官以爵捧舉，跪，贊引官贊“獻爵”，上立接，拱舉，授捧爵官，捧爵官跪接，捧舉至先師位前，立，獻於左。畢，退。分獻官照初獻禮獻。畢，退，樂畢。典儀官唱“行終獻禮”，捧爵官就前，在上左邊立。唱樂官唱“終獻，樂奏《景和之曲》”。唱畢，樂作，有舞。其辭曰：“百王宗師，生民物軌。瞻之洋洋，神其寧止。酌彼金罍，惟清且旨。登獻惟三，於嘻成禮。”捧爵官以爵捧舉，跪，贊引官贊“獻爵”，上立接，拱舉，授捧爵官，捧爵官跪接，捧舉至先師位前，立，獻於右。畢，退。分獻官照亞獻禮獻。畢，退，樂畢。樂舞生執旌節引退，至兩列站立。典儀官唱“徹饌”，唱樂官唱“徹饌，樂奏《咸和之曲》”。唱畢，樂作，無舞。其辭曰：“犧象在前，籩豆在列。以饗以薦，既芬既潔。禮成樂備，人和神悦。祭則受福，率遵無越。”樂畢。典儀官唱“送神”，唱樂官唱“送神，樂奏《咸和之曲》”。唱畢，樂作，無舞。其辭曰：“有嚴學宫，四方來崇。恪恭祭祀，威儀雝雝。歆格惟馨，神馭還復。明禋斯畢，咸膺百福。”贊引官贊“跪，叩，興”，上及王以下分獻、陪祀官俱行三跪九叩頭禮，立，樂畢。典儀官唱“捧祝帛，各恭詣燎位”。唱畢，捧祝帛官至前，行一跪三叩頭禮，將祝帛捧舉，出中門，詣燎位。上向左邊站立，俟祝帛過。畢，上就位，站立焚帛。贊引官贊“禮畢”，上退，詣齋宿所。凡陪祀親王，拜於殿門之外，分獻官拜於杏壇之下，獻帛、爵，乃登殿廡，已獻，還拜於下。諸文武官各拜於其班次。

先是，太常寺卿葛思泰於本月十五日與奏事禪岱轉奏祭孔廟儀注，本日奉旨：事關與先師行禮，爾衙門與内閣各部院會議具奏。欽此。大學士明珠、王熙、學士麻爾圖、席爾達、尚書介山、學士常書、孫在豐、侍讀學士朱瑪泰、副都御史孫果、太常寺卿葛思泰會議得，詳看太常寺所題，與先師孔子行禮之典俱已相符，無庸改議等因，説與奏事禪岱轉行口奏，本月十七日奉旨：知道了。

内閣等衙門題爲奏聞事。禮部等衙門題前事，内開先經臣部等衙門題稱“皇上東巡，鑾輿經過闕里孔廟，應照彼處祀典致祭”等語。查康熙八年皇上幸學致祭，不曾用祝文，每年春、秋二季遣官致祭孔廟，祝文内不寫御名，止寫遣官之名，今皇上親祭孔廟，祝文内亦應不寫御名等因，於本月十五日題，本日奉旨：祭祀先師孔子之禮，關係甚大，爾部寺與内閣各部院衙門會同議奏。欽此。該臣等會議得，皇上軫恤生民，巡歷地方，訪問民俗，經過闕里，祭祀先師，此實聖世之鴻典、上古從無之隆事。但查順治九年世祖章皇帝幸學致祭，康熙八年皇上幸學致祭時，俱照《會典》，不曾用祝文，且每年春、秋二季遣官致祭孔廟[1]，祝文内止寫皇帝遣某人，從無填寫御名之例。今皇上親祭孔廟，祝文内亦應停其填寫御名。十六日，内閣大學士明珠、王熙、學士麻爾圖、席爾達、禮部尚書介山、翰林院學士常書、孫在豐、侍讀學士朱瑪泰、副都御史孫果、太常寺卿葛思泰等會議，寫摺子與奏事禪岱轉奏，本日奉旨：依議。

【附録】

〇宋真宗至兖州曲阜縣，取十一月初一日備禮躬謁。是日，廟内外量設黄麾仗，帝詣位，行酌獻禮，宰臣、親王而下文武百官各立班於殿庭，其文宣公伯叔、兄弟、子姪及孔氏宗族長者並許陪位。翼日，遣吏部尚書張齊賢以太牢致祭。明年八月，詔車駕幸曲阜，謁文宣王廟，扈從臣僚於廟内立石刻名。〇車駕謁廟，扈從臣僚并陪祀官静海朔州等軍節度使檢校太傅同中書門下平章事寧王臣元偓，宣德保寧等軍節度使檢校太傅同中書門下平章事舒王臣元偁，平海軍節度使檢校太傅同中書門下平章事廣陵郡王臣元儼，鎮安軍節度使檢校太尉同中書門下平章事駙馬都尉臣石保吉，殿前副都指揮使振武軍節度使檢校太保臣劉謙，武成軍節度使檢校太傅駙馬都尉臣魏咸信，武勝軍節度使檢校太傅駙馬都尉臣吴元扆，攝太傅吏部尚書臣張齊賢，攝太常卿太常少卿臣陳象輿，監祭使侍御史臣李虚己，攝光禄卿尚書兵部員外郎直史館臣張復，攝監禮博士秘書丞臣初暐；叔梁父獻官秘書丞臣張檝；十哲獻官秘書丞臣涂餗，十哲獻官秘書丞臣蘇國華；七十二弟子獻官殿中丞臣陳延賞，七十二弟子獻官殿中丞臣趙遂良，七十二弟子獻官殿中丞臣張延熙。左監門衛大將軍臣德雍、右神武軍將軍臣德文、右驍衛將軍臣德

1　四庫本“祭”下無“孔廟”二字。

存、左監門衛大將軍臣惟正、右監門衛大將軍臣惟忠、左衛將軍臣惟敘、右衛將軍臣惟和、左羽林軍將軍臣惟憲、右領軍衛將軍臣允升、左監門衛將軍臣允言、右監門衛將軍臣允成、右千牛衛將軍臣允寧、右千牛衛將軍臣允貞、右内殿崇班臣守節、永州團練使臣德彝、四十四代孫太常寺博士知縣廟事臣勗立石，翰林待詔朝散大夫國子博士司正騎都尉臣裴瑀奉敕書，御書院沈慶、潘進、王衍慶刻字。○唐高宗乾封元年，幸曲阜，追贈孔子爲太師，遣司稼正卿扶餘隆祝告，其文曰："皇帝遣司稼正卿扶餘隆以少牢致祭於先聖孔宣父，曰：'惟神玉鈎陳貺，靈開四時之原；金鼎流禎，慶傳三命之範。神資越誕，授山嶽以騰英；天縱攸高，藴河海而標狀。折衷六藝，宣創九流。睿乃生知，靈非外奬。於是考三古，裒一言，刊典謨，定風什，莊敬之容畢備，鐘鼓之音載和，父子爰親，君臣以穆。蕩乎焕乎，樂正雅頌，各得其所，可不謂至聖矣乎！朕以涼德，嗣膺神器，式崇祇祀，展義云亭。感周禮之尚存，悲素王之獨往。杼軸洙泗，如挹清瀾；留連舞雩，似聞金奏。昌門曳練，徒有生芻之疑；漢曲移舟，非復祥萍之實。慨然不已，爰贈太師。堂宇卑陋，仍命脩造，褒聖子孫，合門勿事。庶能不遺百代，助損益之可知；永鑑千年，同比肩而爲友。聿陳菲奠，用旌無朽。梅曙霞梁，松春月牖。德音暢而無斁，形神忽其將久。儻弗殊於生前，亦知榮於身後。'"○宋真宗謁宣聖廟，翼日，遣吏部尚書張齊賢致祭，其文曰："皇帝某遣推誠保德功臣光禄大夫行禮部尚書上柱國清河郡開國公食邑一千五百户食實封八百户張齊賢致祭於元聖文宣王，曰：'朕以有事岱宗，畢告成之盛禮；緬懷闕里，欽設教之素風。躬謁奠於嚴祠，特褒崇於懿號。仍令舊相，載達精誠，昭薦吉蠲，用遵典禮，以兖國公顔子等配饗。'"〇仁宗嘉祐六年，賜飛白書殿榜，遣官致祭，仍降祭文，其文曰："皇帝遣兖州通判田洵敢昭告於至聖文宣王，曰：'惟王淵聖難名，誠明易稟，敷厥雅道，大闡斯文，生民以來，至德莫二，教行萬世，儀比三王。闕里之居，祠宇惟焕。遐瞻牆仞，逖迎門扉，奮於飛染之蹤，新兹標榜之制。命工庀事，推策涓辰，敢議形容，盍申崇奉。仰惟降格，遥冀鑒觀。'"〇明憲宗成化十三年，加崇孔廟籩豆、佾舞，遣翰林院學士王獻致祭，出御製祝辭，其文曰："皇帝遣翰林院學士王獻敢昭告於大成至聖文宣王，曰：'惟王生知之資，天縱之聖，道德配於仁義，傚法昭於萬世。緬懷功烈，宜極褒揚。顧冕服之章數雖隆，而祀饗之儀物弗稱。爰考彝章，參合輿論，增樂舞爲八佾，加籩、豆爲十二。蓋用祭天饗地之禮樂，庶副尊師重道之本意也。特遣儒臣，遠詣闕里，用申祭告。'"〇孝宗弘治十七年，重建孔廟落成，御製祝文，遣内閣輔臣李東陽詣闕里祭告，其文曰："皇帝謹遣太子太保户部尚書兼謹身殿大學士李東陽致祭於先師大成至聖文宣王，曰：'惟我先師，代天立教，禮嚴報祀，四海攸同。嶽降在兹，廟貌自古，頃罹災變，實警予衷。爰敕有司，命工重建，越既五載，厥功告成。棟宇畢新，器物咸備，光昭儒道，用妥聖靈。特遣輔臣，遠將祭告。'"

臣按：聖廟祀典，歷代遞有加增，至我皇上而鑒古從宜，疇咨詳慎，至再至三。凡諸禮樂之修明，皆稟宸衷之裁定，然後至隆極盛，蔑以加焉。蓋祀先聖，備四代之禮。《樂記》曰"夏后氏尚明水，殷尚醴，周尚酒"，備酌也；"有虞氏祭首，夏后氏祭心，殷祭肝，周祭肺"，備物也；"泰，有虞氏之尊；山罍，夏后氏之尊；著，殷尊；犧、象，周尊"，備器也；"搏拊、玉磬、戛擊、大瑟、中瑟、小瑟、大琴、中琴、小琴"，備樂也。元和間於廟作六代之樂，元嘉時司徒吴雄設百石卒史掌禮器，此時廟庭猶存古之禮樂也。晉魏以降，大率頒自天子，而子孫世守之矣。自開元制，文宣被衮冕，正南面之坐，而後用王者禮樂。故唐以後至今所以祀孔子者，皆本於《開元禮》以增益之。然《開元禮》無親祀儀，但載有皇太子釋奠儀及州郡有司學官之祭，祭孔子爲籩、豆十，簠、簋、甄、鉶、俎三，七十二弟子爲籩、豆二，簠、簋、俎一，而後籩、豆之數備。至明成化加十二籩、豆，而亦旋設旋罷。於是十籩、十豆之數，歷代相因。按《開元禮》，用籩、豆十，則籩減糗食、粉食，豆減飽食、糝食，今孔子之祭是也。用籩、豆八，則籩減白餅、黑餅，豆減脾析、豚胉，今四配之祭是也。用籩、豆四，籩實食鹽、乾棗、栗、黄脯，豆實芹菹、兔醢、菁菹、魚醢，今兩廡之祭是也。《周禮》:“小胥掌樂懸之位，王宫懸，諸侯軒懸，大夫判懸，士特懸。”宫懸四面皆懸，如宫有牆；軒懸去其南面，以避王也；判懸又去其北面，以示其德半於君也；特懸又去其西面，以示特立之義也。宋、齊五代皆設軒懸之樂，六佾之舞。唐開元中，釋奠用宫架之懸，而不詳佾數之八與六。大曆之初，脩復盛事，仍設宫懸。宋設登歌之樂，不用軒架而用判架，有歌而無舞，非古人習舞合樂之意。元人因之。明初，協律郎冷謙考正雅樂並樂舞之制。洪武二十六年，始定舞用六佾，樂用登歌。成化間，增八佾。嘉靖間，復議改用六佾，而闕里仍沿舊制。其所用樂章，實宋大晟樂府，而元襲之，明亦採用之者也。祝文則始於貞觀二十一年，至德宗春秋釋奠，祝版御署訖，北面致恭。後世遣祭用祝文，書“皇帝謹遣”，而親祀無讀祝儀。我皇上之祭也，有行古釋奠之禮者，有事於先聖、先師必合樂是也；有行古幸宅之禮者，許孔氏子孫陪位及説經是也；有行今辟雍之禮者，酌獻、奠帛及分獻官隨拜於階墀是也；有從其鄉之禮者，祭器、樂章許從其舊是也。若拜行九叩，祭用祝文，此幸學典禮之所未有，出自睿裁，本於聖敬，以創非常之典，仁至而義盡，禮周而意洽，底於無可尚、尊於莫可加矣。祭之日，當嚴冬沍寒之際，昧爽向明之初，而陽和照燠，瑞靄蘢葱，煖律如吹，堅冰立散。聖人所至，則天地之氣應之。皇上端肅之容，儼乎如有所接也；陟降之承，洋洋乎如在其上也。聆贊唱於杏壇，如登清廟；奏雲韶於路寢，恍設鈞天。凡厥庶民，靡不感激歡欣，覲光恐後，而百辟萬騎之雲屯，璧水橋門之觀聽。禮既敘矣，樂既成矣。至矣哉！中和之極，㝢皇之觀也。

臣又按：漢高親紲萬乘，臨幸闕里，祀以太牢。事既創見，史乃特書。東京三帝，唐宋兩朝，率循有加，曠典時舉。然自建武以後，其不雜出於登封下禪、明堂五帝之餘者希矣。皇上稽古驗今，援據經傳，有事泰山，告至而已。爾乃迴鑾泗水，駐蹕稷門。盛禮隆文，必躬親於酌獻；説書講藝，復延訪於儒生。寵光逮其後人，恩數加於前古。昭垂簡册，不敢邀爲私家之榮；仰頌聖神，庶幾可見道揆之一云爾。

遣國子監祭酒阿禮瑚祭啓聖公祠，導引太常寺贊禮郎鐵圖，對引汶上縣監生郭璿，典儀太常寺八品筆帖式桑格，讀祝太常寺讀祝官雅奇，獻帛贊禮生田智德，獻爵贊禮生李敬先、李芝芳，東從祀分獻曲阜縣候選知縣吕坊之，西從祀分獻曲阜縣候選縣丞郭懋德，照應行儀注行禮。

御製祝文。文載第一卷。

先是太常寺題爲請旨事。皇上巡歷山東等處，經過闕里，鑾輿所到之次日，祭祀先師廟。其祭祀啓聖公，應派承祭官一員，於十一月十五日將祭酒阿禮瑚職名寫緑頭牌。太常寺卿葛思泰與奏事禪岱轉奏，本日奉旨：遣阿禮瑚行禮。

【附録】

〇宋真宗謁廟畢，幸叔梁大夫堂，封文宣王父爲齊國公，母爲魯國太夫人，制曰："朕以祇陟岱宗，親巡魯甸，永懷先聖之德，躬造闕里之庭。奠獻周旋，欽崇備至。惟降神之所自，亦錫命之有初。像設具存，名稱斯闕，宜加追封。遣都官員外郎王勵精虔祭告。"〇元文宗至順三年，加封聖父爲啓聖王，聖母爲啓聖王夫人，制曰："闕里有家，系出神靈之胄；尼山請禱，天啓聖人之生。朕聿觀人文，敷求往哲，惟孔氏之有作，集群聖之大成。原道統則堯授舜，傳之周文王；論世家則契至湯，下逮正考父。其明德也遠矣，故生知者出焉。有開必先，克昌厥後，如太極之生天地，如滄海之有本原。雲仍既襲於上公之封，考妣宜視夫素王之爵。於戲！君子之道，考而不繆，建而不悖，于以惇典而敘倫；宗廟之禮，愛其所親，敬其所尊，于以報功而崇德。尚篤其慶，以相斯文。齊國公叔梁紇可加封啓聖王，魯國太夫人顏氏可加封啓聖王夫人。主者施行。"〇明世宗嘉靖九年，從張璁議，去封爵，仍稱啓聖公，令國子監並天下學宫皆建啓聖祠，祀叔梁父，而以顏無繇、曾點、孔鯉、孟孫激配饗，程珦、朱松、蔡元定從祀。神宗朝增周輔成從祀。

臣按：啓聖之封，肇於真宗臨幸，自是建祠於殿之右。報本崇始，其義大矣。明制：學宫皆立啓聖祠，定以配饗、從祀之數。子雖齊聖，不先父食，以妥以侑，蓋在此矣。我皇上親祀闕里，啓聖祠遣官分祭，同時並舉，而祝文褒崇，宸章焜燿，所以尊聖人之親者，可不謂隆焉。

幸魯盛典卷六

禮部官奏請皇上御講筵。上由奎文閣東入承聖門，步升詩禮堂，御幄升座。鴻臚寺卿穆成格、少卿何璽引大學士明珠、王熙、吏部尚書伊桑阿、禮部尚書介山、工部尚書薩穆哈、内閣學士麻爾圖、席爾達、翰林院掌院學士常書、孫在豐、内閣侍讀學士徐廷璽、翰林院侍講學士朱瑪泰、高士奇、都察院左副都御史孫果、國子監祭酒阿禮瑚、太僕寺少卿楊舒、光禄寺少卿胡什圖、鴻臚寺少卿西安、吏科掌印給事中費揚古、陜西道御史喇占、山東巡撫張鵬等各官於左翼排立，衍聖公孔毓圻引翰林院世襲五經博士孔毓埏、顔懋衡、曾貞豫、孟貞仁、仲秉貞、原任五經博士孔毓瑛、口北道孔興洪、曲阜知縣孔興認、候選通判孔興謨、孔興詢、候選蔭生孔興滋、候選知縣孔興言、顔光昌、候選州同孔貞垣、孔尚鈺、顔紹徽、顔文豹、仲應甲、仲承烈、候選州判孔衍釪、孔興運、仲纘緒、候補教諭孔尚銑、候選訓導孔貞鑑、孔尚琯、孔興珩、孔興倘、孔貞耿、孔衍璽、孔尚讓、孟弘偉、四氏學學録孔尚侃、尼山書院學録孔毓璽、洙泗書院學録孔貞熻、舉人孔興璉、孔毓德、孔興瑄、孔興祥、顔光是、顔光敫、教習貢生曾聞進、貢生顔光岳、顔伯珣、曾聞迪、講書舉人孔尚鉝、監生孔尚任等各官於右翼排立，司、道、府、縣官俱候於門外。班既定，上諭：兖州府知府張鵬翮爲官清正，亦准聽講。遂傳入，列於巡撫之下。鴻臚寺鳴贊唱贊，衍聖公孔毓圻率五氏職員等行三跪九叩頭禮。畢，鳴贊唱"講書"，孔尚任、孔尚鉝由西階上，行一跪三叩頭禮，於講案西偏立。孔尚任先至講案前，北面對御陳書，進講《大學》聖經首節。畢，退。孔尚鉝進講《易經·繫辭》首節。畢，退，下階，歸右翼班次。

先是，禮部題請講書禮儀，前期陳設桌案，將講章敕諭安設。皇上致祭先師孔子。禮畢，部堂官二員導引皇上御更衣所少歇。講書處大學士以下，京堂、科道等官以上，巡撫以下，道員以上，於左翼排列；衍聖公、五氏有職及講書人員於右翼排列。畢，禮部堂官奏詣講書所，導引官引皇上詣講書所，皇上升御座。畢，鴻臚寺鳴贊唱贊，衍聖公、五氏有職及講書人員行三跪九叩頭禮。畢，鳴贊唱“講書”，講書人員由西邊至講案前，行一跪三叩頭禮。畢，講書。講畢，退就原立處。鴻臚寺堂官於東邊向西跪，奏請宣敕諭。鳴贊唱“衍聖公、五氏有職及講書人員俱跪，宣敕諭”，大臣就案捧敕諭，於東邊向西宣敕諭。畢，衍聖公、五氏有職及講書人員就於跪處行三叩頭禮，興，復行二跪六叩頭禮。畢，鴻臚寺官引出大門外排立。禮部堂官奏“禮畢”，皇上還行宫，衍聖公、五氏有職俱跪送，候過。爲此題知。康熙二十三年十一月十八日題，本日奉旨：依議。

禮部尚書介山説與禪岱口奏，皇上祀孔廟畢講書，宜在孔廟大成門東詩禮堂内講書。康熙二十三年十一月十七日啓奏，本日奉旨：依議。

孔尚任進講《大學》聖經首節：“大學之道，在明明德，在親民，在止於至善。”講義曰：“此一章書，是言脩己治人、内聖外王之要道，乃《大學》一書之綱領，此一節又聖經一篇之綱領也。孔子意謂大人統天下國家以立極，其爲學之道有三：一在明明德。德者，命於天而賦於人，至虚至靈，具衆理而應萬事，本明者也，但爲氣稟物欲所拘蔽，則明者有時而昏。然其本體之明，未嘗或息，必因其善端之發而遂明之，以復其初。此《大學》之所以立體也。一在新[1]民。德者，人人所同得。大人既自明其德矣，又必推以及人，鼓舞振作。使凡具是德者，皆有以去其舊染之污，而嘉與維新。此《大學》之所以致用也。一在止於至善。明德、新民，皆有至當不易之則，則純乎天理而毫無人欲，所謂至善也。大人於己之德，必無一理之不明，於民之德，必無一人之不新，皆造於至善之域，而主適不遷。此《大學》之所以體聖功而該王道也。孔子發明宗旨，溯千聖之心傳，開百王之治統。其綱領條目，燦然畢具。心法治法，悉備於此。欽惟皇上睿謨炳照，聖學緝熙，精一遠溯唐虞，性道親承洙泗。翠華時邁，懽騰萬姓之心；玉軸宏開，義暢六經之旨。固已誕敷文德，垂裕丕圖矣。臣愚伏願天保升恒，日躋豫泰。彌綸無外，群瞻四表之光；法則於昭，永耀千秋之鏡。則盛業同參天地，而大猷允越皇王矣。”

孔尚鉝進講《易經·繫辭》首節：“天尊地卑，乾坤定矣。卑高以陳，貴賤位矣。動静有常，剛柔斷矣。方以類聚，物以群分，吉凶生矣。在天成象，在地成形，變化見矣。”講義曰：“此一節書，是孔子從有《易》之後，原未有《易》之先，見天地有自然之易也。孔子意謂《易》之有乾坤，而乾坤之有貴賤剛柔，吉凶變化，豈自《易》始哉？天以陽處上，地以陰處下，一尊一卑，有健順之理，而乾坤已定於此矣。自是地與萬物之卑者陳於下，天與萬物之高者陳於上，而卦爻之上者貴，下者賤，已位列於此矣。天與萬物之陽者，性常主動；地與萬物之陰者，性常主静。而卦爻之陽爲剛，陰爲柔，已剖斷於此矣。人心一念向善，而衆善咸集，一念向惡，而衆惡皆歸，以類聚也。

1 “新”，四庫本作“親”。

人事善與善交，而不入於惡，惡與惡交，而不與於善，以群分也。聚分而善，則吉應之，聚分而惡，則凶應之，而吉凶之理已生於此矣。在天而日月星辰有成象，在地而山川動植有成形，而《易》中之陰變爲陽、陽化爲陰者，已見於此矣。造物自然之易如此，蓋六十四卦止一乾坤，乾坤止一易簡之理，有親有功，可久可大，皆從此出，此《易》所以與天地準也。欽惟皇上至德體乾，聖功開泰，省方觀民以敷治，教思容保以求寧。固已廣運無方，極效天法地之量；太平有象，弘開物成務之圖矣。臣愚伏願得一以貞，兼三而運。法天時御，大化雲行而雨施；率土承流，至治日晅而風動。則中和洋溢宇宙，而位育參兩乾坤矣。"

謹録：世祖章皇帝順治九年幸學釋奠。禮畢，升彝倫堂。諭講書官坐，滿、漢祭酒在書案東，滿、漢司業在書案西，各就案叩頭，坐。滿、漢祭酒講《易經》，滿、漢司業講《書經》，四品以下内院官、執事官、五經博士、學官、諸監生，俱在行禮處排立聽講。皇上龍飛，康熙八年幸學講書，俱照順治九年儀注。

【附録】

〇漢明帝永平十五年三月，東巡至魯，詣孔子宅。祀畢，親御講堂，命皇太子、諸王説經。〇章帝元和二年三月，過魯，詣闕里，命儒生講《論》。〇晉元帝大興二年，皇太子講《論語》通，釋奠太學。〇穆帝升平元年，帝講《孝經》通，釋奠如故事。〇唐貞觀十四年，釋奠於國子學，詔祭酒孔穎達講《孝經》。畢，穎達上《釋奠頌》，有詔褒美。〇二十年，詔皇太子於國學釋奠，既而就講，司業講《孝經》忠孝之義，許敬宗上四言詩以美其事。〇開元七年，命皇太子齒胄子學，謁先聖，詔右散騎常侍褚無量講《孝經》《禮記·文王世子》篇。〇宋太宗端拱元年八月，車駕幸國子監，謁文宣王。禮畢，升輦，將出西門，顧講坐左右，博士李覺方聚徒講書。上即召覺，令對御講，曰："陛下六飛在御，臣何敢輒升高坐？"上因降輦，令有司張帝幕，設别坐，召覺講《周易》之《泰卦》，從臣皆列坐。覺乃述天地感通、君臣相應之旨。上甚喜，賜帛百疋。至道三年，御書六經以賜之。〇元祐六年十月，謁孔子廟。禮成，幸太學，詔博士皆升堂坐，諸生兩廡下，命國子祭酒講《無逸》終篇。〇明洪武十五年，建廟學成，上躬臨廟酌獻，乃幸學。學官率諸生進拜堂下，博士執經。祭酒講經畢，頒敕諭太學生徒。〇永樂四年三月，上謁廟。禮畢，駕幸太學，賜祭酒、司業坐講，文武三品以上及翰林儒臣皆賜坐聽講。

鴻臚寺官奏請宣敕諭。衍聖公孔毓圻率五氏有職及講書人員俱跪，大學士王熙宣聖諭，諭衍聖公孔毓圻等曰："至聖之道，與日月並行，與天地同運，萬世帝王，咸所師法，下逮公卿士庶，罔不率由。爾等遠承聖澤，世守家傳，務期型仁講義，履中蹈和，存忠恕以立心，敦孝弟以修行，斯須弗去，以奉先訓，以稱朕懷。爾等其祗遵毋替。特諭。"衍聖公孔毓圻率五氏子孫叩頭謝恩。

【附録】

〇宋真宗幸廟，立殿之西，召孔氏子孫撫諭。〇明洪武元年十一月十四日，祭酒孔克堅詔對謹身殿，上曰："老秀才近前來，你多少年紀也？"對曰："五十三歲。"上曰："我看你是有福快活的人，不委付公事勾當，你常常寫書與你的孩兒，我看他姿質也温厚，是成家的人。你祖宗留下三綱五常、垂憲萬世的好法度，你家裏不讀書，是不守你祖宗法度，如何中？

你老也常寫書教訓者，休怠惰了。於我朝代裏，你家裏再出個好人可不好？”是月二十日，孔克堅於謹身殿西頭廊房下奏："曲阜進表的回去,臣將主上十四日誠諭的聖旨備細寫將去了。"上曰："道與他，少喫酒，多讀書。"○洪武元年，仍封孔子五十六代孫孔希學爲襲封衍聖公，制曰："古之聖人，自羲農至於文武，法天治民，明並日月，德化之盛，莫有加焉。然皆隨時制宜，世有因革。至於孔子，雖不得其位，會前聖之道而通之，以垂教萬世，爲帝者師。其孫子思又能傳述而明言之，以極其盛。有國家者，求其統緒，尊其爵號，蓋所以崇德而報功也。歷代以來，膺襲封者，或不能繩其祖武，朕甚憫焉。當臨御之初，訪其世襲者，得其五十六代孫孔希學，大宗是紹。爰行典禮，以致褒崇。爾其勤敏以進學，恭儉以成德，庶幾領袖世儒，益展聖道之用於當世，以副朕之至意，豈不偉歟？"○洪武六年八月二十七日，上御端門，百官早朝。上召衍聖公孔希學問曰："爾年幾何？"對曰："臣今年三十有九。"上曰："今去爾祖孔子歷年幾何？"對曰："僅二千年。"上曰："年代雖遠，而人尊敬如一日者，何也？惟爾祖明綱常，興禮樂，正彝倫，所以爲帝者師，爲常人教，傳至萬世，其道不可廢也。且爾祖無所不學，無所不通，故得爲聖人。如問禮於老聃，學琴於師襄之類，此謂學無常師。非特如此，楚王渡江得一物，其大如斗，其赤如日，其甜如蜜，衆皆不知，遣使問於爾祖，爾祖曰：'此萍實也。'問：'何以知之？'爾祖曰：'昔吾聞諸童謠云。'童子之言，爾祖尚記之不忘，況道德之奥者乎？今爾爲襲封爵至上公，不爲不榮矣，此非爾祖之遺蔭歟？朕以爾孔子之裔，不欲於流内銓注，以政事煩爾，正爲保全爾家也。爾若不讀書，辜朕意矣。且人生年自八歲至弱冠，多昏蒙未開，不肯向學。自冠至壯年有室，血氣正盛，百爲營營，亦無暇好學。爾年近四十，志慮漸凝定，見識漸老成，正好讀聖人之書，親近名師良友，蚤夜講明道義，必期有成。學成之後，四方之人知爾之能，俱來執經問難，且曰此無媿孔氏子孫，豈不美歟？然四體之動，乃德之符，步履進退，亦必用安詳，不可欹斜飛舞，久久習熟，遂爲端人正士。朕今婉曲教爾，爾其自繹，還家亦以此教子孫可也。勉之哉！勉之哉！”〇洪武十年，中書省官傳旨：“孔襲封，教他每年來走一遭。”〇洪武十二年，諭衍聖公孔希學曰：“卿家昭明，歷代不朽，富貴永張天地間，乃由陰騭之重，云何？以其明彝倫攸敘之精微，表萬世綱常於不泯也。故若如卿，當思祖道，可動人天。朕聞卿來朝，已敕中書下禮部，使所用如意，未知給否？雖從行者，務要懽心。故兹敕諭。”〇諭衍聖公孔希學曰：“昔卿之祖，能明綱常以植世教，其功大矣哉。故其後世子孫相承，凡有天下者，莫不優禮。今卿每歲來朝，不避嚴凍，可謂篤於君臣之大義，而不咈於祖訓者矣。已敕中書下禮部，賜卿日用。故兹敕諭。”

臣按：自古帝王幸宅臨雍，儲貳入學，齒胄講經説書，見於前史者，唯漢永平、元和，晉大興、升平，唐貞觀、開元，宋端拱、元祐，明洪武、永樂數朝而已。恭遇我世祖章皇帝順治九年暨我皇上康熙八年乃復舉行焉。然永平之説經者，皇太子、諸王也；元和之講《論》者，儒生也；大興以皇大子講《論語》通而釋奠，升平以帝講《孝經》通而釋奠，非因釋奠而講，故不著講者何人也；貞觀十四年之講《孝經》者，祭酒；二十年之講《孝經》者，司業；開元之講《孝經》《禮記》者，右散騎常侍褚無量；端拱之講《周易·泰卦》者，博士李覺；元祐之講《無逸》者，國子祭酒；自明洪武以後，幸學講書，率命祭酒、司業矣。元和之幸闕里，孔僖實從，孔氏男子會者六十三人，而未聞命講；貞觀之命孔穎達講《孝經》，乃因穎達適官祭酒，而非以其爲孔氏也。自古及今，未有命孔氏子孫進講者。皇上特恩異數，選孔氏子孫充講書官，而且聖諭煌煌，勉以弗墜先訓，所以鼓勵造就之者，又如此其至。仰見我皇上重道崇儒之心，推及苗裔，度越曩代，直接心傳于先聖，而極光榮於聖族矣。

鴻臚寺官引各官出，俟於東毓粹門外，候送駕。禮部官奏禮畢，請皇上還行宫。上諭大學士明珠、王熙等曰："孔尚任等陳書講説，克副朕懷，著不拘定例，額外議用。"又諭："朕初至闕里，祀典既成，意欲徧覽先聖遺蹟，著衍聖公孔毓圻、山東巡撫張鵬、口北道孔興洪、講書官孔尚任、孔尚鉝引駕。"於是駕由承聖門出，復入大成門。

【附録】

〇《水經注》云："洙、泗二水，交於魯城東北。闕里背洙、泗，牆南北一百二十步，東西六十步，四門各有石閫。北門去洙水百步。後漢初，闕里荆棘自闢，從講堂至九里。鮑永爲相，因脩饗以誅魯賊彭豐。"〇又云："孔廟即夫子之故宅也。宅大一頃，所居之堂，後世以爲廟。廟屋三間，夫子在西，面東向；顔母在中間，南面；夫人隔東一間，東向。獻帝時，廟遇火燒之。魏黄初二年，文帝令郡國脩起孔子舊廟。廟有夫子像，列二弟子，執卷立侍，穆穆有詢仰之容。漢魏以來，廟列七碑，二碑無字，栝柏猶茂。"〇《闕里志》："今至聖先師廟在縣城中央，中爲正殿九間。宋徽宗崇寧元年，詔殿名大成殿，牓御書也。先聖南面，四配十哲分侍左右。後爲寢殿七間，祀夫人亓官氏。寢殿之東爲祠三間，西向，以祀伯魚。寢殿之西爲祠三間，東向，以祀子思。又後爲聖蹟殿，壁上皆石刻也。正殿之前爲杏壇，即講堂遺址，漢明帝御此説經。壇左右爲兩廡，東、西皆五十間，祀先賢先儒。壇前爲宋真宗御贊。殿今廢，但存御贊刻石十有二碑。又前爲大成門,門凡五間。旁有掖門,左曰‘金聲’，右曰‘玉振’。大成門之外，有唐、宋、金、元碑，各覆以亭。碑亭之左爲居仁門,又左爲毓粹門。碑亭之右爲由義門,又右爲觀德門。碑亭之前爲奎文閣。閣凡五間,亦謂之藏書樓,東、西列明御製碑。亭、樓之左右各爲掖門三間。掖門東爲衍聖公齋戒所，掖門西爲有司齋戒所。樓前爲門五間，漢唐古碑在焉。門之前爲大中門三間，門牓宋仁宗御書。大中門之前有門三間，故金之舊制也。三門之前爲石橋三，以跨璧水。橋之前復爲大門五間，門圓洞如城門制，東、西各爲一坊，曰‘德侔天地’‘道冠古今’。其前有石坊，曰‘太和元氣’。前爲欞星門，東西大道也。左右各豎下馬牌，金章宗明昌二年立。南有石坊，鐫‘金聲玉振’四字。坊與城南門相直，門上鐫‘萬仞宫牆’四字。廟之西偏爲啓聖公廟。廟前爲金絲堂三間，以貯樂懸，宋時建五賢堂於此，弘治間改建也。堂前爲啓聖門。廟之東偏爲家廟五間，孔氏子孫私廟也。家廟之前爲詩禮堂五間,宋真宗曾駐蹕於此,既而去鴟吻,使爲齋室。堂前爲承聖門,四隅爲樓，如王公之制。廟左爲衍聖公第。第前爲闕里坊，古闕里也。自漢建寧四年魯相史晨修廣宅廟，歷魏、晉、南北朝、唐、宋，改築維新，必加爽塏。金貞祐之亂，廟貌盡燬。皇統、大定間，制乃大備。元至元丁卯、大德戊戌、至正己卯，凡三修焉。明洪武、永樂再修焉。成化十八年，始廣十楹之制。弘治十二年灾，奉詔大作新之，爲費一十五萬有奇。越五年，新廟成，遣大學士李東陽祭告。嘉隆以後，代有修葺，前後各有碑記。”

臣按：聖廟由魯哀公十七年始立，其後凡有隳廢，必官爲繕修。漢魏以降，亦代有增飾。孝建褒述，視諸侯之禮；開元册命，同王者之制。名數既備，廟貌斯弘矣。若乃展采東巡，悼荒蕪於燕寢；觀風廣魯，加恢廓於儒宫。則乾封之詔，遐慕猶存；天僖之敕，特賜斯紀。則又於歲修常典之外，而以崇峻爲廣厲者矣。自時厥後，一厄於金之貞祐，而鼎新於元之大德；再灾於弘治之己未，而落成於弘治之甲子。今之廟制，則猶是弘治所重建者也。由二百年以後，溯二千年以前，讀列代御府之文，覽遺告穹碑之記。南面之坐，正於唐宗；大成之額，錫於宋帝；門戟二十有四，政和之所命也；黌舍四百餘楹，明昌之所拓也。以至碧瓦丹櫺之璀璨，蛟龍蟠螭之鏤錯，廟門下馬之碑，城南待幸之路，致飾盡美，踵事增華。歲月已遥，規模未改。我皇上停輿兹土，親祀禮成，躬舉玉趾，周歷廊廡，徘徊路寢，儼對越之思，致羹牆之慕，於大成、承聖諸門，出而復入者三。此即峒山問道，渭水求師，軌轍斯遐，流連罕覯。自非夙契道妙、親接心傳，奚以俯詘宸嚴、偏承堦墄有如斯也！自有斯廟以來，曾未嘗降至尊以周覽，眄庭廡而永日。由是御蓋天章之錫，穹碑聖製之文，超軼百王，增高萬仞，誠與道德而常新，並乾坤而永大矣。

幸魯盛典卷七

上入大成殿，詣先師神座前，命侍衛啓帷拂塵，肅瞻塑像，顧問衍聖公孔毓圻曰："此像造於何年？"毓圻奏曰："相傳東魏興和三年，兖州刺史李珽始塑聖像。"以次觀顔子、曾子、子思子、孟子像。

【附録】

〇碑記："君姓李，字仲琁，趙國柏仁人也。其先帝高陽之苗裔，左車之綿緒。瑶光休彩，赫奕於上齡；若水嘉祥，扶疏於季葉。君以資解褐奉朝請，俄除定州平北府法曹參軍，仍歷郡功曹，諮議參軍事，定、相、雝三州長史，東郡、汲郡、恒農三郡太守，司徒左長史，中散大中大夫，營搆都將，雝、兖二州刺史。其隸兖部也，當未浹旬，言覲孔廟，肅恭致誠，敬神如在。遂軔車曲阜，飲馬沂流，周游眺覽，尚想伊人，乃命工人脩建容像。孔子曰：'從我於陳、蔡者，皆不及門也。'因歷敘其才，以爲四科之目。生既見從，没缺二字。侍。故'顔氏庶幾'著繫於《易辭》，'起予者商'紛綸於文誥，是則大聖人之道，須輔佐而成。故曰：'吾有由也，惡言不聞於耳。'所以雕壕十子，侍於其側。今於設像聖容仍奉進儒冠，於諸徒亦青衿青領。雖逝者如斯，風霜驟謝，而淪姿舊訓，曖似還新。廟宇凝静，靈姿嚴麗。夫道繫於人，人亡則道隱，斯大義以之而乖，微言以之而絶。今聖容肅穆，二五成行，丹素陸離，光輝清映，似微笑而將言，左右若承顔而受業，是以睹之者莫不忻忻焉有入室登堂之想，斯亦化行乎一隅也。天誕聖哲，作民師表，休風流闕里，播洙泗。至於歎鳳鳥之寂寥，傷河圖之莫出，屢應聘而不遇，知道德之不行，而乃正《雅》《頌》，脩《春秋》，刊理六經，懸諸日月。千載之後，莫不得其義以述作，服其訓以成身，兹可謂開闢之儒聖、無窮之文宗者矣。此地古號曲阜，是唯魯都。雖宫觀荒毀，臺池蕪没，然其廟庭也，蔚叢林於九冬，罩脩柯於百仞，類神桔之侵漢，同梧宫之巨圍。至夫鴻隨秋下，則月秀霜枝；燕逐春來，而風開翠葉。既以丕壯觀瞻，亦足以安樂聖靈。是以無代不加脩繕，謔億載以寧神。君清明在躬，精思入微，功被人神，德貫幽顯，豈惟營飾宣質，經創賢容？如虔脩岱像，崇奉元宗，敦素剪華，興存廢絶，視民如傷，躋之仁壽，體亡懷以幽詣，任萬物以爲心。爰自剌舉，未或斯同。然丹青所以圖盛蹟，金石所以刊不朽，文章不鐫，珉瑶焉述？略序義目，樹碑廟庭，俾後來君子知功業之若斯焉。”興和三年立。〇唐開元八年，司農李元瓘言：“七十子之像，文翁之壁尚不闕略，豈有文廟遂無圖繪？”自是顔子等十哲皆爲坐像，曾參以孝，特爲塑像，坐十哲之次，七十二子俱圖壁上。〇開元二十七年，追謚孔子爲文宣王，仍出王者衮冕之服以衣之。〇宋太祖建隆元年，詔增葺祠宇，塑繪先聖先賢之像。〇真宗幸廟時，帝斂衽北面，式瞻睟容，仍顧廟制度，嘉歎久之。至大中祥符二年春，加先聖冕服，桓圭，冕九旒，服九章。先是以木爲圭，至是始易以玉。〇徽宗崇寧四年，詔太常考正文宣王廟像冠服制度，用王者冕十二旒，衮服九章，畫圖鏤版印賜，仍頒降天下州縣學，咸使依圖改正。〇高宗紹興十四年，幸太學，祗謁先聖，内降玉圭。〇金世宗大定十四年，考正周禮王者之服，聖像冕十有二旒，其服十有二章，兖國公、鄒國公像九章九旒。○明洪武十四年，建太學於南京，定文廟之制，自孔子以下盡去塑像，用木主。○嘉靖九年，詔兩京國學及天下儒學文廟俱撤塑像，易以木主。

臣按：明臣丘濬言“像設起於佛教”，又云“自唐設塑像”，其實不然。上古帝王聖賢皆有圖畫遺像，殷宗夢説，肖象旁求，既有圖畫，則金石土木爲踵事矣。越勾踐以黄金寫范蠡之狀，而周太廟已有緘口銘背之金人，夫豈待休屠祭天之神乎？《戰國策》之言土偶、木偶，則固已神而明之矣，豈非摶土刻木爲之乎？朱子《白鹿禮殿塑像説》云：“成都府學先聖、先師像，文翁琢石所爲，皆席地跪坐。”文翁去古未遠，彼時佛教未入於中土也。朱子初意欲不爲塑像，臨祭設位，其後但以爲當倣成都之制，未嘗以塑像爲必不可也。先聖四十九表，賴端木氏以傳，而像設則相沿謂昉自元魏興和，彼時像教固盛行矣。迄今詳其碑記云：“乃命工人脩建容像，雕壞十子侍於其側，設像聖容，仍奉進儒冠，於諸徒亦青衿青領。”曰“脩”曰“仍”，則是前此已有之也。又云“營飾宣質，經創賢容”，明是聖像但加脩飾，十子乃經創雕塑耳。謂昉於興和者，尚未深考也，謂自唐設塑像可乎？此濬之失也。若宋濂以爲因開元八年之制，則尤爲失之遠矣。開元八年，准李元瓘之奏，改顔子等十哲爲坐像，又特塑曾子像坐於十哲之次，前此先聖之有坐像甚明也，至開元乃改衮冕之服耳。宋濂又謂開元二十七年，遷神於南面，失古者神道尚右之義，而未考詔文所謂“昔周公南面，夫子西坐，今位既有殊，豈宜依舊”之語。蓋貞觀、永徽先聖之位迭更，顯慶二年别祀周公，而西牖之位未改，至是乃正南面之位，非以西坐爲尊也。然此據京師及天下學校而言，若故宅之廟，則《水經注》云“廟屋三間，夫子西面，東向；顔母在中間，南向；

夫人隔東一間，東向”，亦是以南面爲尊，故啓聖夫人南向也。漢明帝時，猶未改築宗祊，故西面再拜耳。則是濂所著《夫子廟堂議》，皆未必爲考古者所據依也。濂與濬之失且如此，若張璁則不足道矣。要之，古人祭祀，有主有尸，像設事神，在尸禮既廢之後。尸以其氣類，像以其儀刑，其於求諸髣髴之義一也。尸既不可復，則像亦不可廢。明太祖惟建國學用木主，成祖遷都燕京，國子監塑像仍元之舊。改物創制之時，亦何難如我意而盡更之，而因循若此者，夫亦爲數千百年神靈之所憑依，天下之所瞻仰，帝王之所北面，一旦決然盡易之，而有所不忍也。至世宗更制定禮，通行學校，盡撤其舊，而獨闕里之像存而不議，廟殿之號沿而弗改，以至於今。恭遇我皇上親祀，肅觀遺像，徘徊歎慕，羹牆如見之思，親承於陟降中。像之廢而僅存，以待聖主之瞻顧者，蓋有天焉。自此於萬斯年，莫敢有議之者矣。

臣又按：碑文引“從我陳、蔡”之語，而云“大聖人之道，須輔佐而成，所以雕壉十子，侍於其側”，則是四科配享，始於興和此碑。而“十哲”之稱，乃見於開元追封之詔所云“門人三千，見稱十哲”者也。仲琁，東魏世家，《魏書》有傳，附《李順傳》後，《北史》有傳作“旋”，皆不著其字。碑云“字仲琁”，當是名與字同，故部民但舉其字。《闕里志》不知何據，以爲名珽，未敢定也。《魏書》：“天平初，遷都於鄴，以仲琁爲營構將作衛大將軍。出除車騎大將軍、兖州刺史，以孔子廟牆宇頗有穨毁，遂脩改焉。還，除將作大匠。”仲琁所歷，並著清勤。守弘農，以威惠伏宫、牛二姓，具有文武。而脩繕廟庭一事，史載弗遺。

上觀禮器，有犧、象、雲雷三罇，問何代法物，衍聖公孔毓圻奏曰："漢章帝元和二年親祀闕里所留祭器。"

臣按：犧、象，周尊也；雲雷，著尊，南尊也。先儒之釋"犧""象"異義。《詩正義》云："'犧尊'之字，《春官·司尊彝》作'獻尊'。鄭司農云：'獻，讀爲犧。犧尊飾以翡翠，象尊飾[1]以象鳳凰。或曰：以象骨飾尊。'《毛傳》曰'犧尊者，沙羽飾'，與司農'飾以翡翠'意同，則皆讀爲'娑'，傳言'沙'即'娑'之字也。阮諶《禮圖》云：'犧尊飾之犧[2]牛，象尊飾以象，於尊腹之上畫爲牛、象之形。'王肅謂：'太和中，魯郡於地中得齊大夫子尾送女器，有犧尊，以犧牛爲尊，然則象尊，尊爲象形也。'"今以廟器證之，則王肅之説是已，特陳祥道所謂"背上負尊"者失之耳。蓋被以鞍韉，故曰犧。範銅爲之，穴其背以受酒。有蓋有項，項有款環之，云："漢元和二年孔子廟祭器也。"雲雷今以貯初獻酒，犧、象今以貯亞獻、終獻酒。

上觀石刻吴道子畫魯司寇像，出殿北扉，過寢廟，至聖蹟殿，周覽圖畫石刻及憑几像、行教小影、立像、行像諸石刻，顧問衍聖公孔毓圻曰："何像最真？"毓圻奏曰："惟行教小影顔子從行者爲最真，乃當年端木賜傳寫、晉顧凱之重摹者。"上爲拂拭凝視，遂由左堦出。

【附録】

○明張應登《聖蹟圖記》曰："闕里故有《聖蹟圖》若干幅在，棗梨亦散在各籍。巡按御史何出光裒四千緡，辟殿後之隙爲殿，圖聖蹟入於石，爲久遠不磨計，知曲阜事弘復實肩厥役。壬辰十月朔，應登按部而來，釋奠告成，仍商之弘復，增

1　孔穎達《毛詩正義》"尊"下無"飾"字。

2　"之犧"二字，孔穎達《毛詩正義》作"以"一字。

舊圖所未有者，定爲百十二圖，列之俎豆之上，可瞻而謁，可搨而傳，升堂入室，開卷觀德，庶幾有徵。若聖不在圖，亦不在殿，則何以見之羹牆？乃作殿碑，復當圖敘。”〇元司居敬《尼山孔子像記》曰：“設像祀神，非古也，其尸禮既廢之後乎？漢文翁立學官成都，蜀有文翁石室，設孔子坐像。其坐斂蹠向後，屈膝當前，上古以來君臣及七十二弟子繪兩旁。晉王右軍嘗簡蜀守寫倣之。有宋嘉祐中，王公素爲《禮殿圖》，此像之最古者，然皆漢衣冠也。居敬學制鄒邑，遷學舍於城西，建孔子廟。時孔、顔、孟三氏教授張譞，習於禮者也。因問立像之制，曰：‘古人席地而坐，高臺隆扆，既已失之，冕服之度，傳訛甚矣。闕里行教像顔子從後者，顧凱之筆；杏壇小影像，吴道子筆；及近司寇像，皆漢晉衣冠耳。’《禮記·儒行》篇，孔子自言：‘少居魯，衣逢掖之衣。長居宋，冠章甫之冠。’此孔子衣冠也。‘逢掖’，深衣是已；‘章甫’，玄冠是已。”〇憑几像，先聖憑几坐，手執麈尾，侍十弟子，顧凱之畫。黄伯固云：“聖像無鬚髯，惟家廟小影爲真。”〇行教小影，衣燕居服，顔子從行，《孔庭纂要》稱其“於像最真”，亦顧凱之畫也。凱之去古未遠，《孔聖全書》謂“孔子存日嘗寫小影”，或有所本也。唐劉禹錫《新州廟碑》載“堯頸禹耳，華冠象珮，取之自鄒魯”者，即此像，宋時刻石。〇立像，吴道子筆；行像，米芾筆也。以上諸圖，俱在聖蹟殿内。

上問西偏是何處，毓圻奏曰：“前爲金絲堂，後爲啓聖公叔梁父祠。”上斂容駐望久之。

【附録】

〇宋仁宗慶曆八年，孔彦輔以齊國公像尚循舊制公卿服，乞正之，命九章之服，仍請齊國公與魯國太夫人同遷於殿後，立廟奉安。

上復南入大成殿北扉，至殿前左扉，南向立，召孔氏及五氏子孫有頂带者，皆入跪陛上。上諭曰："至聖之德，與天地日月同。其高明廣大，無可指稱。朕向來研求經義，體思至道，欲加贊頌，莫能名言，特書'萬世師表'四字，懸額殿中，非云闡揚聖教，亦以垂示將來。"隨命侍衛捧出卷軸，展開，御書"萬世師表"四字。群臣歡欣踴躍，同聲頌揚。衍聖公孔毓圻跪接，捧安神[1]座前。上復命大學士明珠宣諭曰："歷代帝王致祀闕里，或留金銀器皿。朕今親詣行禮，務極尊崇至聖，異於前代，所有曲柄黄蓋留之廟中，以示朕尊聖之意。"諭畢，命以御前常用黄繖留供廟庭，四時饗祀陳之。五經博士孔毓埏起接，恭置殿中。衍聖公孔毓圻率五氏職官及陪祀、聽講人等叩頭謝，群臣皆呼"萬歲"。

【附録】

○後周太祖廣順二年，幸闕里，留所奠祭器銀爐於廟。○宋真宗大中祥符元年，遣内侍殿頭張文質齎敕賜太宗皇帝御製書五百十七軸、九經書及疏、《釋文》、三史書并昨赴文宣王廟祭祀器物、金鍍銀香爐盒并香藥、緋羅綃金袱、黄袱等，留於廟中。敕曰："國家尊崇師道，啓迪化源，睠維鄒魯之邦，是曰詩書之國，尼山在望，靈宇增嚴。朕登岱告成，回鑾款謁，期清風之益振，舉縟禮以有加，式資誨誘之方，更盡闡揚之旨。宜以所賜太宗皇帝御製御書并《正義》《釋文》及器物等，并置於廟中書樓上收掌，委本州長吏職官及本縣令佐等同共檢校。如有講説、釋奠，並須以時出納，勿令損污。此敕文仍刊之於

1 "神"，四庫本作"先師"二字。

石，昭示無窮。”〇是年，又降曲阜廟桓圭一。

臣按：自開元追謚易侯而王，釋章逢而服衮冕，嗣後宸章寶翰錫自内庭，祭器宫懸出於天府。惟名與器雖邀榮於歷代，然未有如我皇上時巡還蹕，舍奠説書。禮成之後，殊恩異數，優渥頻煩，徘徊景慕，誠敬尊崇，務極於無可加，實前古之所未有。蓋以在昔先聖立人之極，爲法於天下後世，是以有御書“萬世師表”之賜也。素王無位，而祖述憲章，得其正統，是以有曲柄御蓋之賜也。斯其心通默契，發揮表章，備物典册，裔皇宣著。誠哉！有其德位，作之君師，而當議禮制度考文之時也。而先聖後聖，心源相接，若合符節，亦見於此矣。猗歟盛哉！

上出殿，至陛上，問大成殿牓，衍聖公孔毓圻奏曰：“此牓宋徽宗御書飛白字也。”上撫視盤螭石柱，移時始下階，至杏壇，衍聖公孔毓圻奏曰：“此先聖講道之所。”上覽金臣党懷英篆“杏壇”二字碑。上步下杏壇，玩壇前石鐫龍爐，毓圻奏曰：“此金章宗時巧工所製。”

【附録】

〇宋仁宗嘉祐六年，賜孔廟飛白御書殿牓併金字篆廟碑。至廟日，設祭奉安。帝寫牓時，必巾櫛而書。轉運使直秘閣校理張師中進《寶奎輝文歌》，降詔褒美。孔舜亮宰鄉邑，亦進詩百韻陳謝。〇徽宗政和四年，命後苑製造御前生活所造碑，御書大成殿額，頒降本廟，從舒州司曹事孔若谷之請也。及太學、辟雍，先聖殿皆御書。〇元成宗大德六年，脩廟殿七間，轉角複簷，重址基高一丈有奇，内外皆石柱，外柱二十六，皆刻龍於上。神門五間，轉角周圍亦皆石柱，基高一丈，悉用琉璃沿裹碾玉，粧飾焕然，超越前代。〇明弘治重建大成殿九間，殿前盤龍石柱，兩翼及後簷俱鐫花石柱。○杏壇在大成殿前，即先聖教授堂之遺址。漢明帝幸宅，亦嘗御此，命皇太子、諸王説經於堂上，後世嘗以爲殿。○宋天聖中，孔道輔監脩祖廟，增廣殿庭，移大殿於後，講堂舊基不欲毀拆，因甃爲壇，環植以杏。○金天會七年，兵狥東魯、兖州，堅壁而守。時睿宗爲元帥，帥師次城下，諭以禍福，戒軍士先聖所生地不得剽奪。城定，命曲阜尹衡雍引詣宣聖廟。廟皆灰燼，殿火猶未滅，元帥乃登杏壇奠拜。○金學士党懷英承安二年立“杏壇”二字碑於亭内。明隆慶三年，工部請脩孔廟，兖州府通判許際可以杏壇狹小，廓而新之。○金開州刺史高德裔《杏壇銘》曰：“周室下衰,王綱解紐。非大聖人,狂瀾莫救。天挺夫子,生民未有。立言範世，木舌金口。三千之徒，義由此受。我瞻遺壇，實爲教首。萬代護持，天長地久。”

上覽宋臣米芾所書《檜樹贊碑》及宋真宗君臣所製孔子與七十二弟子贊。

【附録】

○宋真宗大中祥符二年，詔曰：“朕乃者封巒禪社，昭列聖之洪庥；崇德報功，廣百王之彝制。洎言旋於闕里，遂躬謁於魯堂。瞻河海之姿，睟容穆若；出泗水之上，高風凛然。舉茂典之有加，期斯文之益振。由是推恩世胄，併錫寵章；祇事祠庭，增其奉邑。復念性與天道，德冠生民，議兹元聖之名，冀廣嚴師之禮。兼朕親爲製贊，以表崇儒。至於四科鉅賢，並起五等；七十達者，俱增列侯。仍命宷寮，分紀遺烈，式盡褒揚之旨，庶資善誘之方。宜令中書門下、樞密院、三司使、兩制丞郎、待制、閣館直館校理，分撰贊以聞。”○真宗御贊云：

“若夫檢玉岱丘，迴輿闕里，緬懷於先聖，躬謁於嚴祠。以爲易俗化民，既仰師於彝訓；崇儒重道，宜益峻於徽章。增薦崇名，聿陳明祀，思形容於盛德，爰刻鏤於斯文。贊曰：立言不朽，垂教無疆。昭然令德，偉哉素王！人倫之表，帝道之綱。厥功茂實，其用允臧。升中既畢，盛典載揚。洪名有赫，懿範彌彰。”○七十二弟子贊，群臣分撰，同勒石。

上前至大成門門左，觀先師手植檜。上問：“此樹未朽，何以無枝？”衍聖公孔毓圻奏曰：“自故明弘治十二年廟燬於火，御贊殿、大成門俱被焚，檜在門、殿之間，經火枝葉盡脱，孤幹獨存，今又二百年矣。不枯不榮，其堅如鐵，色亦如之，俗呼爲‘鐵樹’。”上命侍衛入欄，撫摩良久，稱其神異。

《御製闕里古檜賦》。文載第一卷。

【附録】

○手植檜三株，其二在御贊殿前，高數丈餘，圍一丈四尺，紋左者左紐，右者右紐。其一在杏壇東南隅，高五丈餘，圍一丈三尺，枝盤屈如虬龍，世謂之再生檜。○五十一代太常博士、衍聖公孔元措記曰：“貞祐二年甲戌正月，兵臨曲阜，焚我祖廟，延及三檜，幸收灰燼之餘，攜至闕下。至大甲申，内省知事、除開封府李世能令工刻爲先聖容及從祀賢像，召元措瞻仰，謹再拜以識歲月云。”○元三氏教授張頙銘序曰：“闕里手植檜，毁於甲戌之火，根或戕之，歲久無遺。後八十年，歲在癸巳，是爲至元三十年，導江張頙來爲教授。甲午春仲，東廡頹阯甓隙間茁焉其芽，躬徙復於故處，矢之曰：‘此檜日茂，則孔氏日興。’明年春，翠色葱然。又明年丙申，秩滿去，喜矢言之有徵也，銘以識之。”○孔涇記曰：“手植檜，歷周、秦、漢、晉幾千年，至懷帝永嘉三年己巳而枯。枯三百有九年，子孫守之，不敢有毀，至隋恭帝義寧元年丁丑復生。生五十一年，於唐高宗乾封二年丁卯再枯。枯三百有七年，至宋仁宗康定元年再榮。金宣宗貞祐二年甲戌，罹於兵燹，枝葉無遺。後八十載癸巳，是爲元世祖至元三十年，故根復發。至明洪武二十有二年己巳，凡九十七年，其高三丈有奇，圍四尺，紋仍左旋，與故本無異。廟中古檜殊多，惟是本異於尋常，聖人手澤，蓋有係於綱常名教，芘覆斯文，甄陶萬品。感導江張頚之言有徵也，因識之。”〇明學士李傑《弔手植檜辭序》云：“弘治己未歲六月十六日，闕里孔廟災，先聖手植檜燬焉。京師士大夫聞之，罔不驚惋，且曰：‘廟貌倐復，我朝崇儒右文，諒不容緩。但兹檜不可復得，惜哉！’予考志書，手植檜枯於晉，復榮於隋。又枯於唐，復榮於宋。元初，紫陽楊奂《東游記》云：‘金貞祐兵火焚撅，無復孑遺。好事者或爲聖像，或爲簪笏，而香氣特異，是則宋時復榮之檜，至是又不存矣。’後八十一歲，爲至元三十一年，復生於故處，教授張頚爲銘以識之。今所燬者，即此是也。然則他日之復生，其可必也夫！”

臣按：先師手植之檜，迄今二千餘年，遺根重萌，枯槎不朽，左旋右紐，不改其故。考祖庭之紀載，既祥異之屢書。與夫蓍草叢生，荆棘自闢，實至誠之道，可以贊化育、參天地之一端也。儒生學士，低佪瞻相，起敬起愛，形諸詩筆，匪直比於甘棠之勿剪、嘉樹之封殖而已。自聖製既出，而苞符啓秘；天文垂象，而奎婁增輝。紬繹聖神之幾深，闡發乾坤之靈奥。宫商經緯，極賦家之暉麗；琢磨斧藻，發道體之英華。故使螢爝因之失照，抑亦朽株從此向榮矣。

幸魯盛典卷八

上出大成門，問漢碑所在，衍聖公孔毓圻奏曰："漢碑在奎文閣前。"因引駕過唐碑亭，觀唐乾封碑，上嘉賞。前至奎文閣，衍聖公孔毓圻奏曰："此閣乃藏歷代書籍之所，皇上頒賜之書，皆謹藏其上。"

【附録】

○唐乾封元年《贈泰師魯國孔宣公碑》，文曰："臣聞形氣肇分，宗匠之塗遂廣；性情已著，名教之理攸興。是故雕刻爲妙物之先，粉澤成真宰之用。若其聃語棄智，則聖非攘臂之端；莊寄齊諧，則禮必因心之範。雖九流争長，百家競逐，而宗旨所歸，典墳攸繫。夫軒羲已謝，子姒迭微，步驟殊方，質文異轍。及流禁起誄，箕服傳訞，憲章板蕩，風雅淪喪。然而千齡接聖，崇朝可期；五百見賢，伐柯未遠。粤唯上哲，降生圯運，理接化先，德克造物。財成教義，彌綸之跡已周；組織心靈，範圍之功且峻。利仁以濟幽顯，垂訓以霑動植。自嘆起臨川，道窮反袂。西峰琰玉，幾燼蒼山；東野柔桑，多塵碧海。屬混元再造，休明一期，雅頌之音復聞，郊禋之禮還緝。跨巢胥之逸軌，邁龍鳥之遐風，瞻白雲而升介丘，翼蒼螭而過沂上。而令千祀之外，典册遂隆；九泉之下，哀榮方縟。斯乃命爲罕説，道不預謀。豈如箕山之魂，空成寂寞；信陵之墓，徒復經過。將知龍蛇之蟄，潛契於天壤；聖智所游，高懸於日月。言不可極，其惟孔泰師乎！泰師諱丘，字仲尼，魯國郰人，有殷之苗裔也。分於宋，則孔父嘉爲大司馬，弗父何以國讓其弟厲公，正考父佐戴、武、宣而受三命。居於魯，則有防叔、伯夏、叔梁紇，紇生泰師。若夫天命玄鳥，玉筐隆其濬哲；瑞啓白狼，瑶臺繁其錫類。武王覆夏，仍遷象物之金；有客在周，復奏桑林之樂。滋恭喻尸臣之鼎，高讓挹延吴之風。令緒昌源，焕乎已遠。至如象緯凝質，則傅説、巫咸；嵩華降神，而申伯、吉甫。在於郊臨巨蹟，鬱符中野之祥；水带丘阿，遥均返宇之慶。韫乾坤之精粹，陶陰陽之淑靈，度九圍十，河目海口。放勳、文命，有喻於儀型；子産、皋繇，微詳於具體。孟孫言其將聖，太宰辨其多能。神關繫表，性與道合。時初撰屨，已訓魯鄉；年未裘裳，先窺周室。猶且學期上達，業遵下問。龍如藏史，或訪禮經；碧准萇弘，言詢易象。曲臺、相圃，廣陳揖讓之容；師摯、師襄，屢辨興亡之極。網羅六藝，經緯十倫。加以思入無方，情該至賾。陳庭矢集，懸驗遠飛；季井泉開，冥占幽怪。新萍泛日，能對於楚賓；舊骨淪風，旋訓於越[1]使。藏往知來之際，微妙玄通之旨，不可以龜策求，不可以筌蹄得。及其譽聞曲阜，南宫展師資之敬；應務中都，西鄰化諸侯之法。冬官效職，五土得其攸宜；秋令克宣，兩觀展其刑政。溝疏墓道，但抑季桓；田歸汶陽，遂陵齊景。尊君卑臣之訓，自家刑國之術，每惆悵於興周，亦留連於韶管。然而高旻不惠，彼日寖微。起哀怨於王風，絶歸飛於鳴鳥。是邦可化，斯道欲行，暖席興憂，問津匪倦。俎豆嘗説，空及三軍之容；季孟有言，不接雙雞之膳。晏平推士，尚或相排；子西讓王，終成見拒。亦有宋朝司馬，喬木難休；衛國匡人，

1 “越”，四庫本作“吴”。

逆旅焚次。荷蕢微者，翻嗟擊磬之心；儀封細人，潛明木鐸之意。既而在斯興感，用輟棲遑，狂簡斐然，彌嗟穿鑿。旋驂舊館，掃筵闕里。杏壇居寂，緇林地幽，知十稽微，得二承妙。科斗所載，方閱舊文；睢鳩在篇，徧詳雅什。河漢鞉鼓，鏗鏘之響復傳；宗廟衣裳，升降之儀還序。博約無倦，誘喻多方。后稷躬耕，近關勵物；伯夷餒死，猶可激貪。周公其人，則神交於夢想；管仲小器，歎微之於征伐。信立德立言，太上謂之不朽，曰仁與義，前哲以之周旋。覆簣爲山，喻天階而不陟；讀《易》無過，假日蝕以鳴謙。茨嶺峒山，寄言於獨善；岐情風御，未涉於通莊。妙臻數極，作侔易簡。是知縫掖乃兼濟之途，華衮非爲政之要。及其愚智齊泯，椿菌如一。南楚狂狷，舊辨鳳衰；東魯陪臣，奄成麟斃。晨興負杖，知命發於話言；夕寐奠楹，將萎傷其湓慮。崇山化谷，小天下而無由；殞石沉星，架大梁而何有。門人議服，俱纏至極之哀；國史制詞，永錫憖遺之誄。及埏深夏屋，樹列遠方，五勝迭遷，六籍無准。席間初闃，已舛微言；入室且分，遄乖大義。秦人蛙沸，遺燼翳然；漢代龍驤，挾書未剪。元封有述，殘缺載陳；甘露嗣蹤，搜揚復起。春陵受命，先訪於膠庠；譙郡膺符，多招於文學。逮江馬南渡，泉鵝北飛，鴞入環林，鯨衝聖海，有隋交喪，中原剪覆。東序南雍，鞠爲茂草；六樂五禮，皆從燬室。欽若皇唐，肇膺明命。祖武宗文之業，天成地平之勳，圖書因樂推重，干戈由亂集寧。刳舟創浮，芹藻之詩先逮；戎衣初捲，羽籥之節旋興。皇上以聖敬而撫璇圖，文明而膺寶曆，夏啓挹其光兆，姬誦讓其惟清，化入龍沙，風移鯷海，金丘展賮，瓊田薦賝，潛馬飾黄芝之封，浮龜吐緑文之籒。虞庠殷塾，廣賓龐叟；蓬嶺石渠，朋延敦誨。垂衣裳而凝思，虚旒纊以永懷。至於大道寖微，流風遂往。嬴譏紫色，膠踐云阿；劉風白金，徒遵高里。黄初、正始，時多間然；建武、永平，業非盡善。而迺作樂崇德，殷薦之禮畢陳；有孚載顒，觀下之訓齊設。肆類群望，孝享之義益隆；歸功三后，尊祖之誠愈切。詔寰中而徵萬玉，譯荒外以召百靈，一茅分茹，雙鶼共羽，翠華遠昇，秸席虛位。上帝儲祉，泰壹有暉；山祇傳聲，海神會氣。九皇之況榮可嗣，三代之闕典還屬。迺使朱鳥詳日，蒼威戒路，七萃騰景，八鸞鏘風。過大庭以省方，掩洙上而觀藝，晏居莫辨，祠堂巋然。見馬鬣於荒墳，識欃檀於古隧，歎重泉之可作，聞盛德而必祀。言敷訓典，廣命杍材。贈以泰師，式旌幽壤；改制神宇，是光令德。於時皇唐之御天下四十有九載，即乾封之元年也。攝提處歲，勾芒獻節。兖州都督霍王元軌，大啓籓維，肅承綸誥，庀徒揆日，疏閑蕹遠，接泮林之舊壝，削靈光之前殿。徂徠新甫，伐喬木而韻流嚶；岱畎泗濱，采怪石而喧浮磬。頳紫施絢，黝黛飛文。沓拱重櫨，春窻秋幌，陰櫚積霧，複閣懷煙。几仍度室，席遵函丈，壽宫澹然，睟容有穆。至如襄城有訪，七聖接其騑驂；汾水言游，四子冥其衡軛。將謂布衣黄屋，名器則殊；卷領素王，感召宜一。顔子侍側，似發農山之談；季路承聞，如興浮海之説。西華束带，尚以要賓；言偃裼裘，猶爲得禮。避席延其不敏，舍瑟睠其幽情。共列昇堂，齊參睹奥。歲時蘋藻，復雜菖蒲；平日絃歌，還聞絲竹。皇儲一德，聿隆三善。博望邀裾，肅成講義，發揮鎔造，照贊事業。而以周穆之觴王母，尚勤西弇；漢帝之展稷丘，因書東嶽。遂迺思建隆碣，上聞天扆；言由國本，理會沖情。副震宫之德聲，命芸閣以紬頌。元堂辟兮神靈傻，揚教思兮兩儀配。煽皇綱兮融帝載，堯可履兮舜爲佩。晝而明兮夜而晦，吁嗟業兮麗萬代。其辭曰：赫赫上帝，悠悠天造。神集鴻名，聖居大寶。循性稱教,率性爲道。政若鎔金,化侔偃草。爻畫先起,律吕創陳。禮節天地,樂和人神。成期用簡,業尚日新。繹無聲臭,騖有彝倫。水火朝變,憲章時革。周廟傷禾,殷墟悲麥。褒艷紕雅,嬴荷淪瀆。散亂紀言,支離方册。自天生德,由縱成能。賓筵恪嗣,銘鼎家承。蹲龍運舛,振鐸冥膺。闕典攸緝,斯文載興。廣訓三千,徧于七十。歷階東會,藏書西入。楚將分社,齊聞與邑。接輿自狂,長沮空執。在智伊妙,惟神乃幾。羊因魯觸,鳥向陳飛。聃傳頌管,編照書韋。卜商承絢,顔子參微。堯則不追,昌亦遂往。名教潛發,心靈泛獎。德配乾坤,業暉辰象。麟悴遥泣,山隤夐仰。三統昌日,千齡聖期。禋宗有昊,展禮崇基。覲宣時邁,神緘孝思。絳螭承軛,翠鳳翻旗。上浮龜蒙,遥集鄒魯。翹勤真蹟,惆悵今古。舊壁迷字,荒墳翳斧。綸賁宗師,詔緝靈宇。虹梁野構,翬翼林舒。雕櫳繡桷,圓井方疏。沂童浴早,泮鳥鳴初。俎豆蠲潔,丹青藹如。墨檢前蹤,莊放遺轍。於昭遐訓,允歸聖烈。肅穆仁祠,陰沉象設。隨四序以潛運,懸三光而不跌。祕書少監通事舍人内供奉臣崔行功奉敕撰文,奉敕直秘書行秘書省書學博士臣孫師範書。”○金學士党懷英《修廟碑記》略云:“廟有層閣,以備庋書,願得賜名,揭諸其上,以觀示四方。詔以奎文名之,而命臣懷英記其事。”○明大學士李東陽《重搆奎文閣賦》曰:“闕里宣聖廟舊有奎文閣,以貯古今圖籍,在大成殿之前,杏壇之南,金章宗重建,規制頗精。國朝置衍聖公府,其屬有奎文閣典籍一人,凡朝廷有事於廟,則禮迓香、帛,庋於閣中,以俟行事。弘治己未,廟災而閣存。工既就緒,殿廡閎麗,皆加於舊。按察僉事黄君繡謂閣獨弗稱,欲撤而新之。衆議譁然,以爲故物不可廢。黄執之益力,巡撫都御史徐公源實主之。閣成,高八丈有奇,略與殿等，棟宇相埒，金碧交映。向之譁者，始翕然歸之，稱全功焉。東陽奉敕祭告，乃登於兹閣，欲賦其事，未暇也。徐公既購書數百卷，付衍聖公聞韶，令典籍孫世忠守之，四方藩郡聞而致者日益富。徐公使告於予曰：'閣不可負也。'乃爲之賦，令刻石立於閣中。辭曰：偉新廟兮既宫，突高閣兮麗空。海之右兮山之東，極灝溔兮争巃嵸。納沆瀣兮超鴻濛，表日觀兮來天風。忽秋令兮始肅，見奎星兮正中。初徙倚兮欄前，暫徘徊兮户外。殿庭兮巍峩，與兹閣兮相對。亭碑矗兮林立，壇屋隱兮如蓋。昔金元兮始搆，幾歲序兮更代。歎軒楹兮未燼，紛瓦礫兮浮瀣。及輪奂兮鼎成，藹冠裳兮咸萃。覽舊蹟兮無餘，撫孤根兮一檜。吁嗟乎！靡麗兮娉婷，彼齊雲兮落星；悵望兮怔營，或籌邊兮見京。夫豈若覩羹牆兮故宅，誦典則兮遺經。宛蝌蚪兮孔壁，恍金絲兮魯聲。感《春秋》兮絶筆，憶《詩》《禮》兮趨庭。存奇文兮籀史，脱虐燄兮秦坑。藉神鬼兮呵護，閟山川兮精英。乃有韋編兮竹簡，石墨兮溪藤。汗牛充棟兮不可以數計，又奚問乎何名？幽并兮青兖，渺宫牆兮在眼。景行兮高山，每爲憾兮不淺。金書兮玉節，幸吾生兮未晚。遡秋霄兮愈沉，恨夏日兮猶短。仰聖道兮彌高，思古風兮漸遠。閱千載兮一時，曾一慨兮不滿。睠逸駕兮可攀，尚頽波兮在挽。噫嘘嚱！靈有地兮傑有人，賢有象兮國有賓。下有土兮上高旻，軼倒景兮離塵氛。博典册兮窮皇墳，厲夕惕兮求朝聞。豈徒析蟲魚兮隱義，辨豕亥兮疑真。訝雨粟兮天半，降青藜兮夜分。蓋方舞干羽兮七旬，徧絃歌兮八垠。占聚緯兮周髀，聽圜橋兮成均。殆將興兮吾道，庶不朽兮斯文。巍乎高哉！勢不可以極兹閣之名兮，並列宿而俱存。"

臣按：明洪武間，秘書監發下奎文閣書籍，經止於《易》《書》

《詩》《春秋》《禮記》《周禮》,史則《資治通鑑》及《元史》《古文左傳》而外，惟韓、柳文，視宋、金、元所頒九經、三史爲少。其時庶事草創，書版未行，中書省咨送内開《元史》一部，别科印造未完，候裝潢完備，另行發付可知也。以後奎文閣重建。正德十五年，山東巡按御史熊相、巡撫都御史王珝相與謀廣其藏，與提學副使江潮等醵金購書以實閣，記云:“凡若干金，市之於四方，以庚辰九月至。”又云:“經書與諸子百家、稗官、《爾雅》皆備。惜二百年以來，篇章殘缺，而其籍不存。”又按：御製書，惟宋有賜太宗御製御書共五百十七軸，仁宗累賜三聖御書。然《孝經》而外，多唄誦之言及法帖、飛白、詩卷、棋譜之類,卷帙已湮,徒其目在耳。至我皇上亶聰迪哲,體道性成,而撰述弘博。仰見宸翰之所臨摹，與内府之所刊刻，皆經史之要，傳心之録，篇帙浩瀚，富有日新。今四子、五經、日講諸書既宣賜廟庭，聖製降於纂修之館，御書奉於宸翰之樓，題額廟碑，卷軸輝麗，尚冀金匱石室之藏，蘭臺西清之本，頒降自天，流光億禩。不敢冒昧，實所仰望云爾。

上由奎文閣西偏門出，閱永樂、弘治碑。前至同文門。同文門在奎文閣前，由欞星門入，第三門也。觀門右漢碑，孔尚任奏曰：“此漢元嘉三年《魯相乙瑛始置卒史碑》,今謂之‘百户碑’。”上問何爲百户碑，尚任奏曰：“歷代優崇之典，於廟庭設官四員，典籍以教習禮儀，司樂以典司樂舞，管勾以經理屯田，百户以守衛林廟，謂之禮、樂、兵、農四司。”衍聖公孔毓圻奏曰：“今典籍、司樂、管勾皆奉朝選，惟百户止由臣劄委，於典制未全。伏望皇上特恩，一體選設。”上命毓圻具疏上請。是月，詔復設聖廟百户，與典籍、管勾、司樂一體咨部題授。

吏部題爲欽奉上諭事。據衍聖公孔毓圻奏稱，孔廟設立百户一員，掌管祭器及灑掃、守衛；典籍一員，掌管書籍及禮生；司樂一員，掌管碑刻及樂舞生；管勾一員，掌管祭田及祭品，謂之禮、樂、兵、農四科。至故明洪武年間，典籍、司樂、管勾俱由部選，其俸禄在衍聖公祭田支給，而百户止由衍聖公委用，並未達部，至今相沿。禮、樂、兵、農未全，誠爲缺典。今現有供事之人，但求職名達部，而祀典有光矣。奉上諭：交與吏部議奏。欽此。欽遵。該臣等會議得，查吏部定例内，衍聖公所屬應補官員，照咨補授。今衍聖公既稱“百户姓名達部，而祀典有光”等語，應將現在供事百户姓名咨送兵部注册，所給俸禄照别官員於祭田内支給可也。奉旨：依議。

兵部咨爲欽奉上諭事。職方清吏司案呈，奉本部送准衍聖公咨開，將現在供事百户陳治世姓名咨請具題給劄前來。查孔廟百户，先經吏部會同本部覆准，將現在供事百户姓名咨部注册在案。今衍聖公既將現在供事百户陳治世姓名咨部，無庸具題，相應將百户陳治世注册給與劄付可也。

【附録】

○《漢魯相置孔子廟百石卒史碑》，其文曰：“司徒臣雄、司空臣戒稽首言：‘魯前相瑛書言：詔書崇聖道，勉六藝，孔子作《春秋》，制《孝經》，删述五經，演《易·繫辭》，經緯天地，幽贊神明，故特立廟。褒成侯四時來祠，事已即去。廟有禮器，無常人掌領，請置百石卒史一人，典主守廟，春秋饗禮，財出王家錢，給大酒直，須報。謹問太常祠曹掾馮牟、史郭玄，辭對：故事，辟雍禮未行，祠先聖師。侍祠者，孔子子孫、太宰、太祝令各一人，皆備爵。太常丞監祠，河南尹給牛、羊、豕、雞缺二字。各一，大司農給米祠。臣愚以爲如瑛言，孔子大聖，則象乾坤，爲漢制作，先世所尊，祠用衆牲，長史備爵。今欲加寵子孫，敬恭明祀，傳于罔極，可許。臣請魯相爲孔子廟置百石卒史一人，掌領禮器，出王家錢，給大酒直，他如故事。臣雄、臣戒愚戇，誠惶誠恐，頓首頓首，死罪死罪。臣稽首以聞。'制曰：'可。'" ○元嘉三年三月廿七日壬寅，奏雒陽宮。元嘉三年三月丙子朔廿七日壬寅，司徒雄、司空戒下魯相，承書從事下當用者：選其年卌古"四十"字。已上，經通一藝，雜試通利，能奉弘先聖之禮，爲宗所歸者，如詔書。書到言。○永興元年六月甲辰朔十八日辛酉，魯相平、行長史事卞守長缺一字。叩頭死罪，敢言之司徒、司空府。壬寅詔書爲孔子廟置百石卒史一人，掌主禮器，選年卌以上，經通一藝，雜試通利，能奉弘先聖之禮，爲宗所歸者。平叩頭叩頭，死罪死罪。謹按文書，守文學掾魯孔龢、師孔憲、户曹史孔覽等雜試。龢修《春秋嚴氏》，經通高第，事親至孝，能奉先聖之禮，爲宗所歸，除龢補名狀如牒。平惶恐叩頭，死罪死罪，上司空府。贊曰：巍巍大聖，赫赫彌章。相乙瑛，字少卿，平原高唐人。令鮑疊，古"叠"字。字文公，上黨屯留人。政教稽古，若重規矩。乙君察舉守宅，除吏孔子十九世孫麟廉，請置百石卒史一人，鮑君造作百石吏舍，功垂無窮，於是始。" ○《孔門僉載》云："按此文蓋魯相乙瑛上書，請置卒史一人，典主守廟，司徒吴雄、司空趙戒以聞，制從之，乃在元嘉三年三月。後魯相平補以孔和，上書於司空府，則永興元年六月也。考之《范史 · 桓帝紀》，元嘉惟有二年，碑云'元嘉三年三月'者，蓋是年五月始改永興，至十月而雄、戒亦罷免矣。" ○初，公府止設掌書一人，書籍、音樂無專司。元仁宗延祐間，孔思晦請用辟雍故事，置管勾、典籍、司樂三人分掌之。中書、集賢、吏、禮部、冑監往復諮問，數年始得置設。○元仁宗延祐七年六月十八日，中書禮部准户部關，承中書省判送户部呈，准吏、禮部關，襲封衍聖公申，照得至大四年省部降到廟庭登歌樂及獻官法服並執事、樂藝人等禮服，緣爲本廟别無設立樂師，就選到國子陪堂生員白惟潛充樂師。本部議得，合依國子學例，設司樂一員，教習生員，以備春秋祭祀。令司樂白惟潛於延祐六年八月十三日公參勾當外，本人合得俸給比依國子監司樂俸例給降，相應奉都堂鈞旨，付蒙古必闍赤[1]房，依例出給劄付。議得先聖祖廟既已降登歌雅樂，依准所擬，設立司樂一員，比依國子監司樂出身。又議得先聖祖廟司樂白惟潛雖是劄設，緣係教習生徒，春秋祭祀人員，吏部照勘參詳，所索俸給，依所指國子監司樂月支俸至元鈔一十六兩六錢六分，自呈准月日爲始，令濟寧路支付。覆奉都堂鈞旨，依例施行。除已行下濟寧路依上施行，合下照驗，下襲封衍聖公府劄到奉行。○至大二年三月，中書禮部承奉中書省劄付，本部呈，襲封衍聖公申，朝廷降到書籍數多，缺人掌管，選到本學生員任性善權行掌管。如蒙照依國子學例，就將見管生員任性善設充典籍，通行掌管，送據吏部呈參詳。如准禮部所擬相應，覆奉都堂鈞旨，連送吏部，依上施行。奉此，本部議得，襲封衍聖公申，保生員任性善充廟學典籍，既已依准勾當，本人例受都省劄付給降，相應具呈照詳，得此除外，合下都省仰照驗，依上施行。○元歐陽玄《林廟創設管勾序》曰："曩余讀《魯相置孔子廟卒史碑》，載司徒臣雄、司空臣戒言'魯相瑛書稱孔子廟褒成侯四時來祠，事已即去，廟有禮器，無常人掌領，請置百石卒史一人典守之'，此元嘉中事也。

1　"必闍赤"，四庫本作"筆且齊"。

余頃代國子博士中，春、秋祀上丁，中書奉上命代祀，御史二人糾儀物，禮部主符，户部器皿，兵部車駕，工部帟幄，光禄醴齊，宣徽兔鹿脯脩，留守燎烜薌，宗正卒徒，大興尹粢盛犧牲事，視古加詳。禮器則常置管勾一人司其事，實與百石卒史同。方是時，衍聖公言曲阜祠事倣辟雍，獨器服無常職，請用辟雍故事，置管勾。中書、集賢、吏、禮部、胄監往復咨問，數年始決。於是朝士大夫會辭薦蜀士簡君當其選，簡名實理，又詩歌以送之。”〇明洪武七年二月二十二日，禮部尚書、給事、御史等官於奉天門東板房奏，衍聖公合設官屬孔、顔、孟三氏子孫教授一員，學録一員，屬官管勾一員，典籍一員，司樂一員，又掌書一名，書寫一名，奏差一名，知印一名，學司一名。尼山、洙泗二處，各設教諭一員。奉旨：您寫出漢、唐、宋待孔氏子孫典故，將來我就定奪將去。本月二十四日，各官於武英殿將漢、唐、宋待孔氏子孫典故進奏，議得衍聖公府屬内掌書一名，前元照依六部令史，月給禄米二石，俸鈔一百二十五兩，典吏、知印、奏差共三名，俱係創設，屬官典籍、管勾、司樂三員，各給月米一石，俸鈔八十兩，元設孔、顔、孟三氏子孫教授、學録，並洙泗、尼山書院設立教諭等四員，上項教官，止於贍學田内所收籽粒養贍。奉旨：孔、顔、孟三氏教授，其餘所屬官吏，著衍聖公孔希學保舉來准用，月俸就於免粮田内自行量撥。

臣按：《卒史碑》，宋張稚圭據《圖經》定爲魏鍾繇書。《隸釋》考鍾繇之卒，去永興七十八年，《圖經》非也。碑中間行布空處有文二行，云：“司徒公河南缺一字。字季高，司空公蜀郡成都缺一字。字意伯。”其缺文皆當是人字也。稚圭云雄與戒俱未載姓，考之《漢書》，雄乃吴雄，戒乃趙戒。趙明誠《金石録》云："按《華陽國志》《後漢書注》皆言'趙戒字志伯'，而此碑乃作'意伯'，疑其避桓帝諱，故改焉。"今按碑文，是前相瑛實始其事，既得請而去官，後相平乃牒補孔龢，是相平亦有功於聖門者，而不與乙君並列於後，遂逸其姓，亦不知其何處人，爲可惜也。

臣又按：元嘉始置百石卒史，其職掌領禮器，黄初之詔則云"令魯郡修起舊廟，置百石卒史以守衛之"，蓋以漢之制，禄秩自二千石至百石，百石以下爲斗食。碑文是"百石"，非"百户"，而其職則今之百户職也。歷代復民供灑掃、守衛，率百户有差。卒史初置，選於孔氏子弟，其後選於諸儒生。弘治十一年，准於灑掃户才德兼優者委用，其職掌專司林廟户籍，訓以武事，守衛林廟，司掃除、啓閉、收掌禮器，凡祭祀則造酒餇牲，燎烜滌濯，陳設省眎，至期充監宰官，瘞埋毛血。其服如各衛所百户，其禄與管勾同，在免糧田内支給。蓋本於漢魏之百石卒史，以其管灑掃百户之人，故亦謂之百户云。我皇上考古驗今，隸其籍於司馬，重其職於朝選，責以游徼干掫之任。禮、樂、兵、農，爛然並列，而祠官無不備之物，所以尊我夫子者，百代莫與京也已。

幸魯盛典卷九

上以次觀漢永壽二年《韓勑造禮器碑》、漢永興二年《諸郡史孔謙碑》、魏黄初元年《宗聖侯孔羨碑》。

【附録】

○漢永壽二年《魯相韓勑造立禮器碑》，其文曰："維永壽二年，青龍在涒灘，碑作"歎"，古字借用。霜月之靈，皇極之日，魯相河南京韓君追惟太古，華胥生皇缺一字。顔缺一字。育缺一字。寶，俱制元道，百王不改。孔子近聖，爲漢定道。自天王以下，至於初學，莫不驙疑古"慨"字。思，嘆仰師鏡。顔氏聖舅，家居魯親里，亓官聖妃，在安樂里，聖族之親，禮所宜異。復顔氏、亓官氏邑中繇發，以尊孔心。念聖歷世，禮樂陵遲，秦項作亂，不尊圖書，倍道畔德，離敗聖輿食糧，亡於沙丘。君於是造立禮器，樂之音符，鐘磬瑟鼓，罍碑作"雷"，古字省文。洗觴觚，爵鹿柤豆，籩柉音"凡"。禁壺，脩飾宅廟，更作二輿，朝車威熹，宣抒玄汙，以注水流。法舊不煩，備而不奢。上合紫臺，稽之中和，下合聖制，事得禮儀。於是四方士人，碑作"仁"，古與"人"通。聞君風燿，敬咏其德，尊琦大人之意，卓彌之思，乃共立表石，紀傳億載。其文曰：皇戲古與"羲"字通。統華胥，承天畫卦。顔育空桑，孔制元孝，俱祖紫宫，太一所授。前闓古"開"字。九頭，以升言教，後制百王，獲麟來吐。制不空作，承天之語。乾元以來，三九之載，八皇三代，至孔乃備。聖人不世，期五百載。

三陽吐圖，二陰出讖，制作之義，以俟知奥。於穆韓君，獨見天意，復聖之族，卓越紀思。脩造禮樂，胡輦器用，存古舊宇，慇懃宅廟，朝車威熹。出城造作，漆不水解，工不争賈，深除玄污，水通流注。禮器升堂，天雨降澍。百姓訢和，舉國蒙慶。神靈祐誠，竭敬之報，天與厥福，永享年壽。上極華祀，旁脩碑作"攸"，古字省文。皇代。刊石表銘，與乾煇燿。長期蕩蕩，於盛復授。赫赫罔窮，聲垂億載。"

臣按：永壽，桓帝紀年也。桓帝永興三年正月戊申改元永壽，明年丙申曰"歲在涒灘"也。"霜月之靈，皇極之日"，歐陽修云"疑是九月五日"也。碑正面及碑陰俱列姓名，出錢若干。韓明府名勑，字叔節。"勑"，音"賚"，與"勞徠"之"徠"同。答勤曰"勞"，撫至曰"勑"，示有節也，故字"叔節"。

魏立《孔子二十一世孫羡爲宗聖侯碑》，其文曰："維黄初元年，大魏受命，胤軒轅之高蹤，紹虞氏之遐統，應曆數以改物，揚仁風以作教。於是揖讀"輯"。五瑞，班宗彝，鈞衡石，同度量，秩群祀於無文，順天時以布化。既乃緝熙聖緒，昭顯上世，追存二代三恪之禮，兼紹宣尼褒成之後。以魯縣百户，命孔子廿一世孫、議郎孔羡爲宗聖侯，以奉孔子之祀。制詔三公曰：'昔仲尼負大聖之才，懷帝王之器，當衰周之末，而無受命之運缺二字。乎魯、衛之朝，教化乎洙泗之上，栖栖焉，皇皇焉，欲屈己以存道，貶身以救世。於是王公終莫能用，乃退考五代之禮，修素王之事，因魯史而制《春秋》，就太師而正《雅》《頌》，俾千載之後，莫不采其文以述作，仰其聖以成謀，咨可謂命世大聖、億載之師表者已。遭天下大亂，百祀墮壞，舊居之廟，毁而不脩，褒成之後，絶而莫繼，闕里不聞講誦之聲，四時不睹烝嘗之位，斯豈所謂崇化報功、盛德百世必祀者哉？

嗟乎！朕甚閔焉。其以議郎孔羨爲宗聖侯，邑百户，奉孔子之祀，令魯郡脩起舊廟，置百石吏卒以守衛之。’又於其外廣爲屋宇，以居學者。於是魯之父老、諸生、游士，睹廟堂之始復，觀俎豆之初設，嘉聖靈於髣髴，想貞祥之來集，乃慨然而嘆曰：‘大道衰廢，禮學滅絶卅餘年。皇上懷仁聖之懿德，兼二儀之化育，廣大苞於無方，淵深淪於不測。故自受命以來，天人咸和，神氣烟熅，嘉瑞踵武，休徵屢臻。殊俗解編髪而慕義，遐方越險阻而來賓。雖太皞游龍以君世，虞氏儀鳳以臨民，伯禹命玄宫而爲夏后，西伯由岐社而爲周文，尚何足稱於大魏哉！若乃紹繼微絶，興脩廢官，疇咨稽古，崇配乾坤，況神明之所福祚，宇内之所歡欣，豈徒魯邦而已哉！’爾乃感殷人路寢之義，嘉先民泮宫之事，以爲高宗、僖公，蓋嗣世之王、諸侯之國耳，猶著德於三頌，騰聲於千載。況今聖皇，肇造區夏，創業垂統，受命之日，曾未下輿而褒美大聖，隆化如此，能無頌乎？乃作頌曰：煌煌大魏，受命溥將。繼體黄虞，含夏苞商。降釐下土，上清三光。群祀咸秩，靡事不綱。嘉彼玄聖，有邈其靈。遭世霧亂，莫顯其榮。褒成既絶，寢廟斯傾。闕里蕭條，靡歆靡馨。我皇悼之，尋其世武。乃建宗聖，以紹厥後。脩復舊堂，豐其甍宇。莘莘學徒，爰居爰處。王教既新，群小遄沮。魯道以興，永作憲矩。洪聲登假，神祇來和。休徵雜遝，瑞我邦家。内光區域，外被荒遐。殊方慕義，搏拊揚歌。於赫四聖，運世應期。仲尼既没，文亦在兹。彬彬我后，越而五之。垂於億載，如山之基。”

臣按：此碑張稚圭以爲曹植撰詞，梁鵠書，鍾繇刻。

又於門左觀漢建寧二年《史晨祀廟碑》、漢永壽三年《韓勑脩墓碑》及漢泰山都尉孔宙、博陵太守孔彪墓碑。

【附録】

○《魯相史晨奏出王家穀祀孔子廟碑》，其文曰："建寧二年三月癸卯朔七日己酉，魯相臣晨、長史臣謙，頓首死罪上尚書。臣晨頓首頓首，死罪死罪。臣蒙厚恩，受任符守，得在奎婁，周孔舊寓。不能闡弘德政，恢崇壹變，夙夜憂怖，累息屏營。臣晨頓首頓首，死罪死罪。臣以建寧元年到官，行秋饗，飲酒泮碑作"畔"，古字通。宮缺一字。復禮孔子宅，拜謁神坐。仰瞻榱桷，俯視几筵，靈所馮依，肅肅猶存，而無公出酒脯之祠。臣即自以俸錢脩上案食醊具，以敘小節，不敢空謁。臣伏念孔子乾坤所挺，西狩獲麟，爲漢制作。故《孝經援神契》曰：'玄丘制命，帝卯行。'又《尚書考靈燿》曰：'丘生蒼際，觸期稽度，爲赤制，故作《春秋》，以明文命。綴記撰書，脩定禮義。'臣以爲素王稽古，德亞皇代。雖有褒成世享之封，四時來祭，畢即歸國。臣伏見臨辟雍日，祀孔子以太牢，長吏備爵，所以尊先師、重教化也。夫封土爲社，立稷而祀，皆爲百姓興利除害，以祈豐穰。《月令》'祀百辟卿士有益於民'，矧乃孔子玄德煥炳，光於上下，而本國舊居，復禮之日，闕而不祀，誠朝廷聖恩所宜特加。臣寢息耿耿，情所思維。臣輒依社稷，出王家穀，春秋行禮，以共禋祀，餘胙賜先生執事。臣晨頓首頓首，死罪死罪。臣盡力思惟庶政，報稱爲效，增異輒上。臣晨誠惶誠恐，頓首頓首，死罪死罪上尚書。時副言太傅、太尉、司徒、司空、大司農府治所部從事。昔在仲尼，汁光黑帝曰"汁光紀"。之精。大帝所挺，顔母毓靈。承敝遭衰，黑不代蒼。轍環應聘，嘆鳳不臻。自衛反魯，養徒三千。獲麟趣作，端門見徵。血書著紀，黄玉韹音"響"。應。主爲漢制，道審可行。乃作《春秋》，復演《孝經》。

删定六藝，象與天談。鈎河擿雒，却揆未然。巍巍蕩蕩，與乾比崇。”○其《碑陰》云：“相河南史君諱晨，字伯時，從越騎校尉拜。建寧元年四月十一日戊子到官，乃以令日拜謁孔子。望見闕觀，式路虔跪。既至升堂，屏氣拜手。祗肅屑僾，髣髴若在。依依舊宅，神之所安。春秋復禮，稽度玄靈，而無公出享獻之薦。欽因春饗，導物嘉會，述脩辟雍，社稷品制。即上尚書，參以符驗。乃敢承祀，餘胙賦賜。刊石勒銘，并刻本奏。大漢延期，彌歷億萬。”○時長史廬江舒李謙敬讓、五官掾魯孔暢、功曹史孔淮、户曹掾薛東門榮、史文陽馬琮、守廟百石孔讚、副掾孔綱、故尚書孔立元世、河東太守孔彪元上、處士孔裒文禮，皆會廟堂。國縣員缺一字。吏無大小，空府竭寺，咸俾來觀。并泮宫文學先生、執事諸弟子，合九百七人。雅歌吹笙，考之六律，八音克諧，蕩邪反正。奉爵稱壽，相樂終日。於穆肅雝，上下蒙福。長享利貞，與天無極。○史君饗後，部史仇誧、縣吏劉耽等，補完里中道之周左牆垣壞決，作屋塗色，脩通大溝，西流缺一字。里外，南注城池。恐縣吏斂民，侵擾百姓，自以城池道濡古“壖”字。麥給，令還所斂民錢材。古“財”字，通用。○史君念孔瀆顔母井去市遼遠，百姓酤買，不能得香酒美肉，於昌平亭下立會市，因彼左右，咸所願樂。○又敕：瀆井，復民飭治，桐車馬於瀆上東行，道表南北各種一行梓。○假夫子冢、顔母井舍及魯公冢守吏凡四人，月與佐除。

臣按：漢元嘉、永壽、建寧及魏黄初碑各缺數字，餘皆完好可讀。至永壽三年脩墓碑，乃魯相韓勑脩孔子墓碑也。碑陰載輸錢人名及孔子冢下復民吴仲初等十餘人，字差可辨。歐陽脩録林廟漢碑皆有跋尾，此碑獨無，則在宋時已無完本。其碑在墓前，久仆地，今移置同文門。又漢《泰山都尉孔宙碑》文云：“宙字季將，孔子十九世孫，北海相融之父。”漢《博陵太守孔彪碑》文云：“彪字元上，孔子十九世孫，潁川君之元子。”蓋《魯相晨碑》所云“河東太守孔彪元上”者也，與漢《諸郡史孔謙碑》皆自林中移至同文門。《宙碑》點畫完者尚多，《彪》《謙》二碑剥落不可次第。

上閲碑竟，問門外尚有古蹟否，孔尚任奏曰：“前仰高門有璧水一曲，無源易涸，若導城東文獻泉西北入城以注之，斯璧水常盈，藻芹有託。但未奉明旨，不敢疏鑿。”上曰：“此有何妨？”顧大學士王熙曰：“衍聖公孔毓圻等所奏曲阜城外泉水既不關係運河，著准其開通入城，交與該撫遵行。”駕自同文門回，閲洪武、永樂碑。復由奎文閣東偏門入，觀宋、金、元脩廟碑。行數武，問廟基廣闊，何處是先師故宅，衍聖公孔毓圻奏曰：“皇上所御講筵之後有魯壁遺址，乃先師燕居之所。”復入承聖門，觀堂前太初石、唐槐及銀杏樹。由中階升詩禮堂，衍聖公孔毓圻奏曰：“此當日夫子獨立，伯魚趨庭，得聞《詩》《禮》之處。”

【附録】

〇詩禮堂，初名壽堂，藏夫子衣冠、車服、禮器，諸儒講禮、飲射於中，舊制甚狹。宋真宗幸闕里，改建駐蹕便殿，帝還次兖州，有司奏令撤毁，命去鴟吻，爲孔氏延賓齋，於東偏别設屋以藏禮器。〇李東陽《詩禮堂銘》云：“闕里孔廟之東有詩禮堂，蓋舊名也。嘗聞故衍聖公弘泰言，金章宗謁廟時，爲行幄以駐蹕，比去，有司請撤之，章宗云‘留孔氏爲延賓齋’，遂止勿撤，近毁於火。今稍移而東南數武許，加崇廣焉。因爲銘以遺今衍聖公聞韶，俾識之，銘曰：惟孔有庭，聖訓攸在。父立子過，其徒是賴。其訓維何，維《詩》及《禮》。手所删定，教自家始。

聖不可作，庭名固存。萬世是師，矧惟子孫。有齋延賓，金所駐蹕。新廟既闢，新堂亦遷。有來繩繩，世守勿愆。”○太初石在詩禮堂前，高丈餘，唐槐在其傍。又銀杏一株，亦千餘年樹也。

臣按：詩禮堂藏車服、禮器，祥符、明昌皆於此駐蹕。恭逢我皇上臨幸，設黄幄，御講筵，端拱穆若，威顔下霽，論説從容，觀聽竦肅。皇上周視廟庭，凡三履其地，徘徊慨慕，有無窮之思。而臚唱班聯之盛，都俞拜颺之隆，皆在此堂。千載而下，聞風贊嘆，況生逢其會者乎？今恭懸聖諭於上，而奉“萬世師表”碑石立於中，聖謨祖訓，咸式臨焉。登兹堂者，益肅然起敬，而仰頌聖澤之宏深無盡矣。

上於堂後觀孔宅遺井，憑欄歎羡，衍聖公孔毓圻奏曰：“此臣祖當年所飲之井也。”上命汲水嘗之。

【附録】

○夫子舊宅在大成殿之東偏，宅大一頃，今毓粹門外南向小門，夫子舊宅門也。井在詩禮堂後，明兗州府知府童旭護以石欄。

上問魯壁遺址，孔毓圻奏曰：“昔秦始皇焚《詩》《書》，臣九世祖孔鮒預藏《尚書》《論語》《孝經》諸書於壁中。至漢魯恭王欲毁臣祖故宅以廣其宫，聞壁中有金石絲竹之聲，發之，得竹簡古文，故後世名其堂曰‘金絲’。”

【附録】

○明李東陽《金絲堂銘》曰：“金絲堂，舊在孔廟左廡之東，東直井，前直詩禮堂，嘗掘地得石刻，知爲孔子故宅。蓋世所傳魯恭王聞金石絲竹之聲者也，故歷代之樂器藏於其間。比者廟燬而堂猶存。新廟之闢，堂地皆入左廡，金絲則移而西，與詩禮堂正相直。東陽既爲篆額,復爲銘。金絲之銘曰:惟孔有宅，曰惟聖門。魯恭何人，欲壞更存。維壁有書，四代之文。維堂有聲，八音是聞。此事茫昧，書則真有。有堂載新，宅固其舊。聞樂知德，斯言已久。金絲在焉，名不可朽。昔堂在東，今堂在西。欲究厥初，觀我銘詩。”

上顧衍聖公孔毓圻曰：“爾家古蹟看完未？”毓圻等奏曰：“先聖遺蹟湮没已多，不足當皇上御覽。但經聖恩一顧，從此祖廟增輝。書之史册，傳之萬世。仰頌皇上尊師重道，匪直臣一家之榮幸。”大學士王熙、翰林院學士孫在豐、侍講學士高士奇咸跪奏曰：“毓圻言是。”上微笑頷之。又登詩禮堂，升御幄，衍聖公孔毓圻等出候承聖門外。上取《聖製過闕里詩》，命大學士王熙捧出，賜衍聖公孔毓圻。毓圻等跪接展讀。詩載第一卷。讀畢，咸叩頭謝恩，奏曰：“從古帝王過闕里,惟唐明皇有詩一章,不過感慨嗟歎之言,並無尊崇聖學之意。伏覩御製新詩，超今軼古，景仰聖道，不啻羹牆。臣家何幸，膺兹寵錫。臣謹奉爲子孫世世永寶。”群臣咸曰：“天章睿藻，雲漢昭回，洵非開元一詩所可幾及也。”

【附録】

〇唐明皇過魯，祭孔子廟而歎之，詩云：“夫子何爲者，栖栖一代中。地猶鄹氏邑，宅即魯王宫。歎鳳嗟身否，傷麟怨道窮。今看兩楹奠，當與夢時同。”〇張説《應制奉和詩》曰：“孔聖家鄒魯，儒風藹典墳。龍驂過舊宅，鳳德咏餘芬。入室神如在，升堂樂自聞。懸知一王法，今日待明君。”張九齡《應制詩》曰：“孔門泰山下，不見登封時。徒有先王法，今爲明主思。恩加萬乘幸，禮致一牢祠。舊宅千年外，光華今在兹。”以下并附歷代孔氏世裔承恩奏對事略。○漢孔安國，明達淵博，雅學絶倫。少學《詩》於申公，受《尚書》於伏生。長則博覽經傳，問無常師。年四十，爲諫議大夫。雖與群臣並參侍武帝爲侍中，見待崇禮，遷博士。後魯恭王壞孔子故宅，於壁中得古文虞、夏、商、周之書及傳《論語》《孝經》，乃不壞宅，悉以書還孔氏。安國承詔作《書傳》，又著古文《孝經》《論語》訓解。○孔霸治《尚書》，漢昭帝時爲博士，宣帝時爲大中大夫，以選授皇太子經。遷詹事，爲高密相。元帝即位，徵拜太師，賜爵關内侯，食邑八百户，號褒成君，賜黄金二百斤，第宅一區，徙名數於長安。霸上書，求奉先聖祠，詔令以所食邑祀孔子，故霸子福名數於魯，奉孔子祀。○孔光，霸少子，漢成帝時爲光禄勳，領尚書。凡典樞機十餘年，守法度，脩故事。上有所問，據經法，以心所安而對。時有所言，輒削藁，以爲章主之過以干忠直，人臣大罪也。有所薦舉，惟恐其人知之。沐日歸休，兄弟、妻子燕語，終不及朝省政事。或問光:“温室省中樹皆何木也？”光默不應，更答以他語。平帝年少，太后稱制，徙爲太師，稱疾辭位。太后詔曰：“太師光，聖人之後，先師之子，德行純淑，道術通明，居四輔職，輔帝於道。今年耆有疾，其令太師毋朝。十日一賜餐，賜太師靈壽杖。”光凡爲御史大夫、丞相各再，一爲大司徒、太傅、太師，歷三世，居公輔前後十七年。○孔僖與崔駰因游太學，習《春秋》。隣房生梁郁陰上書，告駰誹謗先帝，刺譏當世。事下有司，駰詣吏受訊。僖以吏捕方至，恐誅，乃上書自訟，詣闕待罪。詔勿問，拜僖蘭臺令史。元和二年春，帝東巡狩，還過魯，幸闕里。僖因自陳謝，帝曰：“今日之會，寧於卿宗有光榮乎？”對曰：“臣聞明王聖主，莫不尊師貴道。

今陛下親屈萬乘，辱於敝里，此乃崇禮先師，增輝聖德，至於光榮，非所敢承。”帝大笑曰：“非聖者子孫，焉有斯言？”遂拜僖郎中，詔從還京師，使校書東觀。〇孔損爲褒成侯，漢章帝東巡狩，損助祭。〇唐孔穎達，太宗朝爲文學館學士，封曲阜縣男，轉給事中，數以忠言進。帝問：“孔子稱‘以能問於不能，以多問於寡，有若無，實若虚’，何謂也？”對曰：“此聖人教人之謙耳。己雖能，仍就不能之人，以咨所未能；己雖多，仍就寡少之人，更咨其多；内有道，外若無；中所實，容若虚；非特匹夫，君德亦然；若其據尊極之位，衒聰輝明，恃才以肆，則上下不通，君臣道乖，自古滅亡，莫不由此也。”帝稱善。除國子監司業。歲餘，以太子右庶子兼司業與諸儒議曆及明堂事，多從其説。皇太子令穎達撰《孝經章句》，因文以盡箴諷，帝知數争太子失，賜黄金一斤，絹百疋。久之，拜祭酒，侍講東宫。帝幸太學，親釋奠，命穎達講經。畢，上《釋奠頌》，有詔褒美。穎達先與顔師古、司馬才諸儒受詔撰定五經義訓，凡一百八十卷，名曰《五經正義》。太宗降詔曰：“卿等博綜古今，義理該洽，考前儒之異説，符聖人之幽旨，實爲不朽。付國子監施行，賜穎達物三百段。”〇五代孔仁玉，九歲通《春秋》，爲人嚴整，臨事有斷。後唐明宗長興元年，爲曲阜主簿。三年，遷龔丘令，襲文宣公。晉高祖天福五年，改曲阜令。後周太祖廣順二年，幸曲阜，拜孔子廟及墓，召仁玉，賜五品服，復以爲本縣令。〇宋孔宜，舉進士不第。乾德中，詣闕上書，述其家世，詔以爲曲阜主簿。歷遷司農寺丞，掌星子鎮市。宜上言：“星子當江湖之會，商賈所業，請建爲軍。”詔以爲縣，就命宜知縣事，後以爲南康軍。宜代還，獻文賦數十篇，太宗覽而嘉之，召見，問以孔子世嗣，謂左右曰：“家世之遠，有如此者乎？”因下詔曰：“素王之道，百代所崇。傳祚襲封，抑存典制。文宣王四十四代孫司農寺丞宜服勤素業，砥礪廉隅，承歷官聯，洽聞政績。聖人之後，世德不衰，俾登朝倫，以光儒胄。”可太子右贊善大夫，襲封文宣公，復其家。太平興國八年，詔脩曲阜孔子廟，宜貢方物爲謝，詔褒之。宜弟勗，進士及第，歷官五十年，博學能文，尤工於詩。任曲阜縣令。初，真宗東封謁廟，求孔氏子孫，令主廟事。有司言勗即文宣公宜之弟，謹愿可任。詔以殿中丞知仙源縣兼檢校先聖廟，賜緋魚袋，後以工部侍郎告老。○孔延世，爲許州長葛令。至道三年，真宗諭侍臣，令訪先聖子孫。吕端奏有世嫡延世，見任長葛令。宣赴闕，詢以家門故事，授曲阜令，襲封文宣公。制曰：“叔敖陰德，尚繼絶於楚邦；臧孫立言，猶有後於魯國，豈聖人之後可獨遠於陵廟？許州長葛令孔延世鍾裔孫之慶，仕文理之朝，能敦素風，甚有政術，宜在桑梓之地，以奉烝嘗之儀。”上親諭之曰：“汝宜精心以典祖廟，無惰。”面賜白金、束帛及太祖御書并九經書。延世子聖祐，景德初，始九歲，賜同學究出身。大中祥符元年，東封泰山，特賜聖祐衣緑陪位，綴京官班。還至兖州，幸曲阜，擢爲太常寺奉禮郎。後襲封文宣公，改名祐。又録其近屬進士渭同三傳出身，習進士延佑、習學究延渥、延魯、延齡並同學究出身，共賜銀一百兩，絹三百疋，以充奉祠廟。延魯，大中祥符五年復舉進士及第，後改名道輔，爲御史中丞。○孔宗翰，知仙源縣，爲治有條理，王珪、司馬光上章論薦，由通判知虔州，時章、貢兩江歲爲水齧，宗翰伐石爲址，冶鐵錮之，由是屹然，詔書褒美。哲宗初立，求言，吏民上書以百數，詔司馬光閲其可用者十五人，獨稱獎其二，乃宗翰、王鞏也。元祐初，詔爲司農少卿，遷鴻臚卿，言：“孔子之後，自漢以來，有‘褒成’‘奉聖’‘宗聖’之號，皆賜實封或縑帛，以奉先祀。至於國朝，益加崇禮。真宗東封臨幸，賜子孫世襲公爵。然兼領他官，不在故鄉，於名爲不正。請自今襲封之人，使終身在鄉里。”詔從之，改衍聖公爲奉聖公，不領他職，給廟學田萬畝，賜國子監書，立學官，誨其子弟。○元孔思晦，資質端敏，受業於導江張頵，講求義理，舉茂材，爲范陽、寧陽兩地教諭。於是族人議思晦適長且賢，宜襲封爵奉祀。事狀上，政府未決。仁宗在位，雅尚儒道。一日，問：“孔子之裔今幾世，襲爵爲誰？”廷臣具對曰：“未定。”帝取孔氏譜牒觀之，曰：“以嫡襲封者，思晦也，復奚疑？”特授中議大夫，襲封衍聖公，月俸一百緡加至五百緡，賜四品印。泰定三年，山東廉訪使王鵬南言：“襲爵上公而階止四品，弗稱，且失尊崇意。”明年，陞嘉議大夫。至順二年，改賜三品印。○孔克堅，至元時授嘉議大夫，襲封衍聖公。至正八年，朝廷謂公爵與階不稱，制授中奉大夫，賜以銀章。十五年，平章薦克堅明習禮儀，徵爲同知太常禮儀院事，攝太常卿，遂拜治書侍御史，辭歸。拜山東廉訪使，又辭。會山東亂，北行抵藁城，召入爲直賢學士。十九年，遷禮部尚書、國子祭酒，謝病歸。有明定鼎，太祖屢詔促入覲，待以賓禮而不名，賜廪禄，慰勞甚至，郊社必致膰肉。上嘗謂曰：“爾有福快活人也，政事不以煩爾。”○明孔希學，朝謁行在，太祖問民利病，希學條對有序，上甚嘉納，賜雜綵六端，命回守祖庭。歲入覲，始至，中使慰勞，賜予稠叠，館餼至僕隸，累敕禮部用意禮待。歲旦朝賀，班亞上相。○孔訥，丁父憂，以馬后喪赴京祭陵。既竣事，入覲，太祖顧謂廷臣曰：“孔訥，真聖人子孫也。”賜膳光禄，命館於太學，遣尚書劉仲質勞問，日繼庖廪，賜衣物、鈔錠，將使襲封，以居喪辭，乃止。服除，朝京師，上喜，命禮官擇日授爵。拜命之日，大廷百僚班列，敕教坊樂送至太學，學官率諸生二千餘人迎於成賢街。初行誥詞，吏部請用資善階，上曰："既爵公，勿事散官，但誥以織文玉軸爲異耳。"遂爲故事。○孔涇，仕元爲翰林簡閱。洪武時，以公事至京師，上問襲封與世職相應典故，衆皆失常，涇獨出班應對，敷奏詳明。上喜，賜燕及楮幣。及回，賜藤枴，遣吏部尚書王昂賫敕諭之曰："到家好生管理族屬，務要遵守祖訓，著將這枴令後世子孫以爲故事。"○孔彦縉，其名，仁宗爲太子監國時所命也。永樂八年，襲封。年尚幼，成祖觀其言動進退從容，喜謂侍臣曰："真聖人裔也。"館之太學，禮待甚厚。洪熙元年，賜第於東安門北。景泰二年，視學陪祀，賜三臺銀印、玉帶、織金麒麟服。○孔諤，永樂六年舉人，明年會試，副榜第一。時太宗行在北京，仁宗以太子監國事，謂近臣曰："我朝孔子子孫未有出仕者，今有此一人，何不取進士？"對曰："考試至公，雖父子不容私。"吏部欲除諤教官，仁宗召見，曰："孔諤少年偉俊，務著中進士。"命冠帶送國子監肄業。未幾，左春坊左中允員缺，仁宗顧謂東宫官曰："春坊中允幾品？"對曰："正六品。"曰："著孔諤做。"教皇子、諸王，賜宅一區及器皿諸物。諤嚴正不阿，後轉大理評事，改監察御史。○孔弘緒，年八歲，景帝遣使驛召之。陛見之日，賜冠服於東角門，俾襲封爵，弘緒進止應對如成人。帝見其垂髫，命中官即廡下賜膳，使歸遺母。又賜玉带，以其軀小，去二銙授之。又賜金圖書印，其文曰："謹禮崇德。"念弘緒稺幼，敕戒族人共保護之，如有恃强挾長以陵害者，許具實以聞。令懸之公堂，永爲法守。命吏部特簡教授一員誨之。天順丁丑，英宗復辟，弘緒入覲。上召見便殿，親握其手置膝上，與語久之，賜白金、綵帛。以弘緒賜第湫隘，易以大第。凡南城賞花，西苑較獵，皆從。親祀郊壇，亦與分獻。○孔公恂，景泰朝進士。比殿試，聞母疾，遂不入。上知之，問禮臣：“孔公恂何爲不入對？”禮臣具實以聞。上曰：“聞疾，未有訃音，可召入對。”遣錦衣賫金牌召之。比入，日已晡矣。試卷弗及備，命禮官賜以紙筆。恂條對詳明，賜進士出身。服闋，擢禮科給事中。天順癸未，東宫缺左、右詹事員，上遂以孔公恂、司馬恂超授少詹事。拜命之日，上入宫，謂孝肅皇后曰：“朕爲爾子得二好先生，爾知喜乎？”后問爲誰，上曰：“孔公恂，聖人之後也；司馬恂，賢人之後也。二人故家後裔，且有才名，斯授之耳。”后斂容謝。懽宴樂作，夜分始罷。中貴喧傳，以爲太平美事。公恂在東宫，講明聖學，開陳善道，輔導有成。凡三入詹事，稱名臣焉。○孔弘泰，入朝，憲宗見所佩玉带，遣人問焉。泰對曰：“臣家門故事，累朝恩數，不敢廢也。”再值郊壇，上親定命爲分獻。及辭歸，上曰：“卿其進學循禮，表率宗族，無忝聖裔，以副朕懷。”○孔聞韶，襲爵，方弱冠。陛見，儀度秀整，稱上意，面賜玉带、麒麟服，兼賜制誥曰：“爾聞韶儒宗正嫡，嗣膺封命，茂年美質，足紹前休。爾尚克勤進脩，永終令譽，以副四方之觀禮，以光百代之宗祀。”武宗改元，幸學禮成，命坐彝倫堂聽講，御賜回文詩以寵其行。

臣毓圻按：家傳，漢時自褒成君霸至議郎昱，歷東、西京，爲卿相、牧守者五十三人，列侯七人。自後宗子之承恩，賢達之遇主，列朝具有，不可勝載。述其尤著，若親幸闕里，得膺寵眷者，漢肅寧時爲臨晉令僖、褒成侯損，周太祖時爲曲阜令仁玉，宋真宗時爲侍郎勗、文宣公佑、司諫道輔，至於釋奠太學，講經上頌者，則爲唐國子監祭酒穎達，皆輝映家乘，以爲美談。然求其遭逢之異，禮數之隆，則未有過於臣毓圻者。臣襲爵時，年甫十二，即蒙皇上召入瀛臺，命坐賜茶，問臣年幾何，師事何人，臣時應對多有失措。皇上曲賜涵容，慰勞軫恤，德意優渥。嗣後每歲入朝，必蒙垂問，嘗隨御仗。皇上問臣家傳世緒，諭令嚮學。臣自媿愚昧荒落，無以仰答聖恩。今恭遇鑾輿臨幸闕里，親承聖諭，諄諄訓勉。且獲侍皇上歷覽廟庭，天顏怡悦，温旨優容，凡有顧問，令臣從容奏對。霽堂陛之威嚴，等君臣於父子，即虞廷之都俞颺拜，成周之來游來歌，亦無以方斯恩遇之隆，匹此寵光之渥也。臣敢不夙夜黽勉，訓導子姓，相與策礪駑鈍，仰思祖德，以上答聖恩於萬一耶?

幸魯盛典卷十

聖駕出承聖門，大學士王熙宣諭曰：“聖駕即日幸孔林，仍著衍聖公孔毓圻及口北道孔興洪、講書官孔尚鉝、孔尚任引駕。”於是上由毓粹門出，御涼輦，鹵簿前導。經襲封第門，上謂衍聖公孔毓圻曰：“此爾家耶？爾可進去，恐人多擁擠。”毓圻叩謝。駕遂東過鼓樓北，從陋巷街出曲阜城北門。萬姓喜見天顏，夾道懽呼。有周公後裔東野沛然扶掖其父東野雲鵬匍匐道左，上疏請得以世官奉先廟如四氏，上曰：“周公姬姓，爾疏稱東野，何也？”沛然奏曰：“昔伯禽之季子魚，食采於東野，因以爲姓。”上問：“周公廟何在？”沛然奏曰：“東望高阜，松柏鬱然者，即魯公世廟也。”上問曰：“此老人誰也？”沛然奏曰：“臣父東野雲鵬，年七十有五，特來瞻仰天顏。”上曰：“爾族衆幾何？”沛然奏曰：“族人不及百丁。”上覽奏訖，付侍衛交部即議。前行一里，至聖林門，命從臣皆下馬。又半里，入觀樓門，衍聖公孔毓圻等跪迎道左，上顧笑曰：“爾等已先到此耶？”毓圻奏曰：“臣等從間道先來伺候。”駕至洙水橋，即命降輦，毓圻奏曰：“此去先師墓尚遠。”又引駕前至墓門，上降輦步入，詣先師墓前，北面跪，大學士明珠捧金椀酒，上三酹酒。畢，行三叩頭禮。恭親王及諸大臣、衍聖公孔毓圻等，皆陪位行禮。

【附録】

〇先聖林在今縣城北二里許，背泗面洙。林門直縣北門，夾道檜樹。林地圍徑數里，繚以周垣。林中無荊棘鳥巢，古木千章，多有莫能名者。○《禮記·檀弓》:“孔子之喪，有自燕來觀者，舍於子夏氏。子夏曰:‘聖人之葬人，與人之葬聖人也，子何觀焉？昔者夫子言之曰:吾見封之若堂者矣，見若坊者矣，見若覆夏屋者矣，見若斧者矣。從若斧者焉，馬鬣封之謂也。今一日而三斬版，而已封，尚行夫子之志乎哉？’”○《史記》:“孔子葬魯城北泗上,弟子心喪三年,相訣而去。子貢廬於冢上，凡六年，弟子及魯人從而家者百餘室。魯世世相傳，以歲時奉祀孔子。”○王充《論衡》曰:“孔子當泗水而葬，泗水爲之卻流。”○《皇覽》曰:“孔子冢去魯城一里，冢塋百畝。冢南北廣十步，東西廣十三步，高一丈二寸，如鳥卵、馬鬣。今增周圍五十步，高一丈五尺。塋中不生荆棘、刺人草，樹以百數，皆遠方弟子各持鄉土異種所植。惟楷木爲多，餘則柞枌、雒離、女貞、五味、毚檀之木也。”○先聖没,弟子於冢前以瓴甓爲壇，方六尺。至漢永壽元年,魯相韓勑易之以石,方三尺,縱横各七。石上刻出錢人姓名，今猶隱隱可見。墓前一室東向，相傳子貢廬墓處也，外有壖垣環之。墓之東南爲享殿三間，殿前翁仲二，左執笏，右帶劍，石麟、石虎四，華表二，漢永壽元年魯相韓勑建。殿之前有門三間，門之左爲思堂，壁上石刻，唐宋時物也，有宋真宗駐蹕亭。門之前爲洙水，水上有橋，橋東有輦路，路南爲觀樓。樓在周垣之上，魯故北城也。樓南爲林坊，扁曰“宣聖”。林坊之前爲大石坊五，洞鐫“萬古長春”四字，萬曆二十二年建。○《孔聖全書》曰:“孔子葬魯城北,公西赤爲識。”注云:“識，音誌，後世墓誌之祖。”○伯魚墓在先聖墓東稍南，相去僅數步。墓前有碑，鐫“泗水侯墓”，孔子商人，蓋尚右也。○子思子墓在先聖墓南，相去數十步。墓前有碑，鐫“沂國述聖公墓”。○漢桓帝永壽三年，魯相韓勑脩孔子墓，復民吴仲初等若干家給掃除。○靈帝建寧二年，魯相史晨置夫子守冢吏四人。○宋文帝元嘉十九年，詔曰："昔之賢哲及一介之善，猶或衛其土壟，禁其芻牧，況尼父德表生民，功被百代，而墳塋荒蕪，荆棘弗剪。可蠲墓側數户以掌灑掃，並栽種松柏六百株。"○後魏孝文帝太和十九年，幸魯城，命兖州起園栽柏，脩飭墳壟。○唐明皇開元十三年，給近墓五户灑掃。懿宗咸通四年，給灑掃五十户。○周太祖廣順二年，幸林拜奠，敕所屬以時脩葺墓所、祠宇。○宋真宗大中祥符元年，帝拜文宣王墓，給近便十户以奉塋域。○真宗幸孔林，以林木擁道，降輿乘馬，以後馳道，遂名輦路，皆甃以石。○《兖州府誌》曰："洙水出泰山蓋縣臨樂山，西南流於卞城西。泗水亂流，至魯縣東北分爲二水，西北流至孔里。又南經瑕丘城東，而南入石門。又西南經平陽縣。又南洸水注之。洸水出東平，上受汶水於岡縣西闡亭，西南流經盛鄉城。又南經寧陽縣城西。又東南流注於洙水。按瑕丘石門，今府城東金口壩也。"○明世宗嘉靖二年，御史陳鳳梧重脩洙水橋，創建洙水石坊三架。

臣按：魯哀公葬孔子於魯城北泗上，即所居之堂立廟。歷代致祭咸在廟庭，罕有幸林者。唯周太祖詣林再拜，敕禁樵採。宋真宗親降鑾輿，輿嗟展敬。寂寥千祀，遐哉尚矣。雖松楸動色，猶存馳道之碑；而典册靡徵，莫悉當時之禮。皇上釋奠告成，勾陳式道，撫故封於馬鬣，愾遺表於龍蹲。降輦徐行，備爵登拜，聖心致慤，聖容有嚴。頓使幽壤一抔，酹沃上尊之醞；清洙一曲，周環七萃之屯。宜乎臣庶師儒之感頌咏歌，不能自已也。

上瞻仰墓碑，問墓上是何草木，衍聖公孔毓圻奏曰："孔林草木，皆當年群弟子各自其國徙植，種類繁多，不能悉辨。其最著楷木、蓍草二種。”上問楷木何所用之，毓圻奏曰:“楷木可爲杖，又可爲棋。其萌可爲蔬，又可爲茶。其癭可爲瓢。其子榨油，可爲膏燭。”

【附録】

〇墓碑書“大成至聖文宣王墓”，永嘉黄養正書。〇楷木縱横有紋，可爲手板及杖。宋濂《楷杖銘》云：“托根兮孔林，有紋横横兮如玉如金。千載寂寥兮，孰白爾扶持之心。”又銘曰：“生孔林，承聖澤。文庚庚，光繹繹。扶顛持危資爾德。”〇楷木，一名文木，唯孔林及南海有之。

上又問:“有蓍草否? 取來朕看。”衍聖公孔毓圻自墓側取蓍草一莖，進呈御覽。上曰:“大衍之數五十，其用四十有九。蓍草一叢五十莖者，以筮方驗，今果有否? ”毓圻奏曰:“林中雖多蓍草，其叢生五十莖者，謂之瑞草，不能常有。今蒙鑾輿經過，瑞草必生。有則臣即馳進。”

【附録】

〇《洪範五行》曰:“蓍之爲言耆也，百年一本生百莖，此草木之壽，亦知吉凶者，聖人以問鬼神。”〇《逸禮》曰:“天子之蓍九尺，諸侯七尺，士三尺。”〇《淮南子》曰:“上有叢蓍，下有伏龜。”〇《説文》曰:“蓍，蒿屬也。生千歲，三百莖，可以爲卜策。”〇蓍草唯産伏羲陵及孔子墓乃靈。

上由聖墓西偏至先賢端木賜廬墓處，有奉祀生端木植、端木謙跪廬外，上疏請得比四氏以博士侍祠。上問:“子貢後人何以在此? ”衍聖公孔毓圻奏曰:“委係端木嫡支，今奉此處香火。”上覽奏畢，手付侍衛。

【附録】

〇廬墓處在聖墓西南，後人建堂其上。

上過宋真宗駐蹕亭，徘徊良久，命侍衛登高遠眺。

臣按：真宗駐蹕亭在聖墓東南，相傳真宗奠謁畢，坐此地，宣兩府及兩制賜茶。見墓傍古碑，命詞臣拂蘚辨認，此其處也。我皇上躬親至此，徘徊憑眺，既而衍聖公孔毓圻請建皇上駐蹕亭，以紀隆遇。今建於古亭之南。雖聖德峻極，不藉土木之崇閎；神功巍焕，不假雕鏤之飾美。而氣象峥嶸，俯窺前製；丹青炳蔚，遠蓋舊觀矣。

上見樹上蔓草，親摘一葉，問此草何名，衍聖公孔毓圻奏曰："此名文草，冬夏不凋，根、葉、花、實具五色五味。"

【附録】

○文草生聖墓上，蔓生，柔細如絡石。葉出似十字，冬夏不凋。深秋結子纍纍，五色，具五味，得五行之正也。

上至楷亭，衍聖公孔毓圻奏曰："此端木賜手植楷木，枯而不朽，後人建亭其傍。"

【附録】

○古楷，在聖林東南享殿後，高四丈五尺，圍一丈，枯而不朽。《水經注》："孔子既葬，弟子異國各持其土所宜植於墓前。"此蓋子貢植也。

上又問："有蓍草生地上者，可更覓一觀。"衍聖公孔毓圻遂引駕至楷亭之西，岡隴崎嶇，榛莽深密，披叢指奏曰："此即蓍草。"上親摘一莖，玩其枝幹。又採子盈掬，辨其氣味，曰："細嗅之，亦有異香。"上遂親採三株，付近侍擕歸。又問："此大樹爲何木？"

毓圻奏曰："此皆橡樹。"上笑曰："本名槲樹，乃'木'傍加'斗斛'之'斛'。"上瞻眺。過午，出享殿，至階下，南面立，衍聖公孔毓圻等叩頭奏謝。大學士明珠、王熙等跪奏曰："先師孔子，道大德隆，爲萬世師，爲百王法，然猶有其德而無位。我皇上德位兼隆，心契聖學，躬備至道，作君作師，以立人極。是以尊聖重道，典禮隆備，度越前古。[1]歷代帝王幸闕里者，[2]儀文之盛，[3]未有如我皇上者也。臣等遭逢聖明，備員扈從，不勝欣忭。"掌院學士孫在豐、侍讀學士高士奇等跪奏曰："至聖之道，昭垂萬世，而振興文教，實賴一人。皇上躬詣闕里，盛舉儀章，正以宣揚聖化，烝育群生。凡有血氣，莫不感發。誠海内嚮風之自，億載太平之基，不獨孔氏子孫感沐皇恩已也。"衍聖公孔毓圻等跪奏曰："從來臨幸之君，但詣廟庭。若幸林則秪有宋真宗，已爲古來希覯之事。皇上祀廟之後，臨御林坰，酹酒親拜，周覽良久，咨訪陳蹟，愛及草木。仰見體道之誠，尊聖之至，海隅日出，無不感慕興起，以副文明之化，不獨臣等忝爲聖裔，感戴高厚之無涯也。"上觀亭前石儀、翁仲、華表、角端、文豹。

【附録】

○自林門折而西，渡洙水橋，有石坊。其北即墓門三間，門内列石儀，華表二，角端二，文豹二，又名"金光獸"。翁仲二，左執笏，右帶劍，石鼎一，皆宋時造。宋宣和五年立石儀，碑曰："孔子舊墓無石儀，有司請於朝，命工鐫造。已成，委林外污泥中。一日，通判襲慶府王衣、衍聖公孔端友與廟宅族人同議，揆日卜地，立於宣聖墳前，實雅奉朝廷尊師重道之意也。"

1 四庫本"歷"上有"凡"字。
2 四庫本"儀"上有"其"字。
3 四庫本"未"上有"皆"字。

上於墓門竚立東望，問是何所，衍聖公孔毓圻奏曰："臣家春秋祭掃，族姓燕會之所，名曰'思堂'。"上入思堂，問壁上有何名碑，衍聖公孔毓圻奏曰："皆宋元題名。"上周覽訖，在堂中南向坐，問曰："此林周圍幾許？"衍聖公孔毓圻奏曰："共地十八頃，今二千餘年，族人日繁，祔葬無所。"上曰："何不開擴？"毓圻奏曰："皇上垂問及此，聖恩高厚，遠逮臣家百世子孫。但林外皆版籍民田，欲擴不能，尚望皇上特恩賜給。"上曰："即具本來。"毓圻等叩頭謝恩。上步出思堂，升輦出林門，即西發幸兖州府，衍聖公孔毓圻等跪送道左。是日申刻，命内務府大臣偕禮部尚書介山等，於詩禮堂頒賜。賜衍聖公孔毓圻、五經博士孔毓埏、顏懋衡等及曲阜縣知縣孔興認《日講四書》《易經》《書經解義》各一部。賜衍聖公孔毓圻狐腋蟒服一領，黑貂掛一領，表裏各五疋。賜五經博士孔毓埏等、曲阜縣知縣孔興認及四氏子孫在仕籍者蟒服有差。賜孔氏子孫進士、舉人、貢生袍服有差。賜孔氏子孫監生、生員白金各五兩。賜曲阜縣康熙二十四年地丁銀盡行蠲免。

先是，内閣等衙門題爲欽奉上諭事。臣等伏惟皇上典學右文，崇儒重道，紹唐虞之治統，接洙泗之心傳，車駕東巡，躬詣闕里，致祭先師，祀禮告成，所有應行事宜及頒賜衍聖公等儀物，命臣等集議者。謹議得，歷代帝王致祀闕里，或親製贊文，及四配十哲，命宰相等分撰贊詞，勒石廟中，或賜書籍、銀幣、器皿，或牓書御筆，或加恩孔氏子孫不等。我皇上至德在躬，尊崇先聖，睿學緝熙，天章炳焕，所有《日講四書》《易經》《書經解義》，應行頒賜衍聖公、曲阜縣知縣及四氏博士等，並恭請《御製先師孔子贊》勒碑廟庭，或宸翰刻石，或賜衍聖公御書。至於加恩賜物，出自聖裁，非臣等所敢擅議。奉旨:《日講四書》《易經》《書經解義》，著翰林院預備賫往賜給。朕所製《先師孔子贊》勒石廟中。及朕所書字刻石，並賜與衍聖公書字，俱在内頒發。其應作何賞賚之處，爾等定議具奏。欽此。欽遵。仰見我皇上文治誕敷，聖澤弘被，躬行至道，學契先師，寵臨禮義之邦，恩及聖賢之胄。光生簡册，喜溢簪紳。今臣等議得，衍聖公擬賜狐腋蟒袍一件，貂掛一件，表裏各五疋；曲阜縣知縣、五經博士孔氏及四氏子孫名列仕籍者，擬賜羊皮蟒袍各一件，蟒綿掛各一件；孔氏子孫進士、舉人、貢生，擬賜鑲領袖綿緞袍各一件，綿緞掛各一件；孔氏子孫監生、生員，擬賜銀各五兩；曲阜闔縣康熙二十四年地丁銀兩，擬賜恩免。臣等未敢擅便，謹題請旨。奉旨：依議。

【附録】

○漢高祖自淮南還，過魯，謁孔廟，封九代孫孔騰爲奉聖君。○光武東巡，詣孔子舊宅，賜酒肉。○章帝大會孔氏男子年二十以上者六十三人，令以儒者巾服見，賜孔氏男女錢帛，留祭器於廟。○安帝幸闕里，命孔氏宗族榮以衣冠悉會，賚帛有差。○唐高宗詣孔子廟，免孔氏子孫賦役。○明皇詣孔子宅，詔孔氏子孫並免賦役。○周太祖至闕里，詔留所獻銀酒器及爐於廟中，訪孔子四十三代孫孔仁玉爲曲阜令。○宋真宗謁先聖廟，詔文宣公伯叔、兄弟、子姪及孔氏家族長者，並許陪位，以御香一盒並銀爐祭器皆留於廟，賜其家錢三十萬，帛三百疋。

大學士明珠、王熙等奏曰："臣等叨隨法駕，屢奉綸音。仰惟我皇上纘承洪緒，統御萬方，聖德誕敷，遠至邇安，興禮樂，明教化，允釐庶績，表章六經，至治再見唐虞，心傳上接洙泗，固已躬備至德，丕揚聖教。玆者臨幸闕里，尊尚先師。萬乘之尊，特行九拜禮。牲牢樂舞，隆舉儀章，謁林奠爵，拜跪致敬。周覽廟庭車服、禮器，緬然長想。牓書御筆，懸額殿中；聖製詩章，寵錫宗胄。撤鑾儀曲蓋，留置殿庭，永光俎豆。進生徒於詩禮堂，講説經書，宣傳天語，煌煌訓誡。頒賜講筵經書解義及袍服、文綺、白金，蠲復曲阜租徭。曠典殊恩，超軼前古。漢高之祀太牢，明皇經鄒魯賦詩，宋真宗製贊詞，留祭器，雖傳爲盛事，禮猶闕略，孰有如今日者哉！臣等恭逢鉅典，不勝踴躍慶幸之至。”

孔子六十七代孫、太子少師、襲封衍聖公臣孔毓圻等，康熙二十三年十一月十八日，恭遇聖駕臨幸闕里，釋奠先師。臣等四氏子孫赴廟陪祀觀禮，恩賚備至，謹奉表稱謝者。臣等誠惶誠恐，稽首頓首上言：伏以聲教誕敷，虞廷勤省方之駕；文明震耀，漢世隆幸宅之儀。玉輅臨而洙水流光，鑾輿降而尼山焕彩。曠典幸逢，顓蒙罕覯。兹蓋伏遇皇帝陛下，執中布度，得一含真。文武聖神，協車書於海澨；寬仁哲惠，沛雨露於寰區。一統隆無外之規，猶軫民瘼而巡草野；萬國仰同文之治，彌尊至道以御宫牆。循過魯詣宅之蹟，舉太牢親祀之儀。五色彩雲，雙鳳夾爐香而旋繞；九天瑞靄，六龍護衮冕以親承。隆儀肇舉，肅瞻北面之崇；雅樂初聞，頒習太常之奏。髦士奉璋以景從，野老扶藜而觀化。一十四君之駐蹕，無此顯懿；二千餘載之弘規，始爲峻極。臣等質慚樗櫟，學愧箕裘。恭迎法駕於層霄，歡呼相慶；親近天顔於咫尺，悚惕靡寧。膺御賜之殊榮，率賢裔而沾被。聖恩優渥，感戴無涯。伏願念典愈勤，宏文日焕。親接羹牆，道脈奚止禮樂三千；聿開奎璧，光華永奠河山百二。四海傾誠，祝地久天長之福；萬邦拭目，仰王馳帝驟之勳。臣等無任瞻天仰聖、激切屏營之至，謹奉表稱謝以聞。

幸魯盛典卷十一

衍聖公臣孔毓圻謹奏爲恭謝天恩高厚逾涯事。臣於本年十一月十八日，恭遇皇上臨幸闕里，釋奠先師。臣按史册及《闕里誌》，自宋真宗臨幸以後，曠典久虚，懿軌難再。我皇上降萬乘之尊，而儼然親臨，鉅禮隆儀，出於創舉。御纖御書，賜懸廟庭。自古以來，尊師重道之君，未有如此之顯懿昭爍者也，而臣何幸遇之！祀典既竣，臣侍皇上周閱宫牆，稽詢舊蹟。仰見天顔嘉悦，容臣次第奏對，撫恤顧復，至再至三，真如家人父子之誼。即古都俞之朝，君恤其臣，亦未必有如此之深至也，而臣又何以當之！荷蒙聖諭訓誡，令臣祗承祖德，以克副聖訓。又寵臣以聖製詩篇，睿藻奎章，如日星之昭回，雲漢之炳耀。臣敢不時刻奉持，如日覲天顔？聖恩無已，頒賜講義諸書與蟒袍貂裘，加賜臣身及五氏子孫。伏念聖恩隆重優渥，臣等生生世世感戴不忘，非陳謝之所可罄也。爲此具本恭謝。奉旨：覽卿奏謝，知道了。該部知道。

臣按：從來幸宅，俱承恩賚，或賜酒肉、錢帛，或留香爐祭器。陪位一見於宋世，賦役僅免其子孫，未聞優渥并乎數者，浩蕩均乎一邑也。乃若臨雍典制，鈔錠、衣冠溥及四氏者，始於明之孝宗。然綵緞表裏，聽自裁造，非出上方制度。自世祖章皇帝釋奠太學，賜先臣蟒袍貂帽，博士族人賜袍帽，白金賚予，已踰舊制。洎我皇上臨雍，循例有加。兹遇臨幸釋奠，祀事告成，大澤攸降。臣毓圻既受貂裘之錫，有職俱邀蟒服之榮。御筆爰勒貞珉，經義復頒秘本。朱提白鏹，徧逮膠庠；夏税秋糧，全邀蠲貸。隆施殊賞，稠叠溥徧。豈特幸宅之典所莫兼，實乃臨雍之恩所鮮遘。爲聖人之鄉之民，亦相與式歌且舞。況爲其後嗣者，宜何如感激也哉！

上駐蹕兖州府，是日申刻，於行宫御書“節並松筠”坊額，賜衍聖公孔毓圻祖母陶氏。

先是，衍聖公孔毓圻奏爲上籲聖恩，題賜御書，表揚母壽事。臣聞立身始於事親，顯親在於揚名。伏念臣祖母誥封一品夫人陶氏，作配臣祖，克相厥家，勤儉温和，潔蠲蘋藻。國恩優渥，延及三世。臣蒙皇上敕命守祀祖庭，年甫成童，一事未諳，實賴臣祖母及臣母誥封一品夫人吕氏提攜護持，以至於今。今臣祖母年齊七十，恭遇皇上東巡，臨幸臣里，臣祖母及臣踴躍歡呼，共爲慶幸，豈非千載適逢，曠世罕覯！臣之微忱，欲恭籲聖恩，欽賜御書題字，表揚母壽。臣自行建坊，以光皇上孝治錫類之仁，以慰臣顯親揚名之至願，則臣生生世世啣感天恩於無疆矣。奉旨：朕今既來闕里，這所奏俱准行。該部知道。

衍聖公臣孔毓圻奏爲恭謝天恩事。臣於本年十一月十八日，伏蒙皇上頒賜御書，賜臣祖母陶氏節壽坊額“節並松筠”四大字，臣謹祗領，於行宫叩頭謝恩。隨於十二月初一日，親捧至臣第，臣率族屬人等恭設香案，望闕叩頭。隨捧至臣宅内中堂，臣侍臣祖母陶氏、臣母吕氏及臣妻葉氏恭設香案，望闕叩頭祗受訖。臣惟立身之義，在於顯親揚名。然自古迄今，從未有邀天書睿藻以榮其親者。恭遇我皇上純孝性成，錫類廣愛，特俯俞臣請，立賜龍章，題獎節壽。丹詔擎來，焜耀日星之彩；黄封賁處，輝煌蓬蓽之門。臣祖母及闔家族屬老幼，歡呼踴躍，慶出非常。即普天之下，見臣獲受異數殊恩，無不驚羨感激，動其忠孝之心。臣何以仰答高厚！惟日侍臣祖母叩祝皇上萬壽無疆，以抒臣感慕之誠而已。爲此具本恭謝。奉旨：覽卿奏謝，知道了。該部知道。

臣按：歷代賢君誼辟推恩臣下，多手詔褒美，飛白章草，往復報可。唐太宗好右軍書，御府臨本，輒以賜人；宋仁宗以各種御書賜聖廟；明宣宗出御製《猗蘭操》《招隱詩》賜廷臣，史册往往傳爲盛事。若夫閨幃之德，上徹主知；彤管之芳，邀榮宸翰，則自古迄今，未之前聞。我皇上永言孝思，弘於錫類；廣敬博愛，推於采蘩。嘉其家壺之能循法度，喻以松筠之晚節貞恒。大書坊額，旌厥徽音。維天澤之高深，實爲人倫之勸勵矣。若乃寸管之中，四時之氣皆備；尺幅之上，萬有之象胥涵。則昔人所謂乾坤之容，日月之光，難以繪畫。是豈百王所能彷彿，亦非觀者所得名言也！

衍聖公臣孔毓圻謹奏爲恭進摹石御書聖製，仰祈睿鑒事。竊臣恭遇皇上臨幸，賜臣聖製《闕里詩》一軸，經天緯地之弘文，鳳翥龍騫之鉅筆。臣榮被畢生，光輝蓬室。當即恭捧卷軸，安於臣第廳事，時刻敬奉。隨於臣第之東建造宸翰閣一座，已經起工，俟工完之日，捧安閣上，以慶臣遭際之寵榮，以永臣子孫百世之瞻仰。今先購良工，鈎勒副本，鐫石豎碑於詩禮堂内，以便四方人士之快覩。皇上御筆，結撰渾成，如天球拱璧，斗轉星回，豈臨摹所能彷彿？臣實滋懼。今將鐫就御書摹搨恭進，伏祈皇上睿覽鑒宥。又蒙賜廟庭牓額“萬世師表”四大字，已經鏤匾，懸設大成殿正中，一面仍在勒石，尚未竣工。俟刻成摹搨，另疏恭進。又蒙賜臣祖母陶氏“節並松筠”坊額，安於臣内宅堂中。臣闔家恭奉，擬建立石坊於臣第之西南，在古闕里坊之北，以肅萬禩之觀瞻。其林内皇上駐蹕之所，擬建駐蹕亭一座，俱經擇吉起工。至廟中蒙欽留御繖，臣謹製繖櫥一座，安設殿内。每逢丁祭之期，遴員捧張，以昭皇上尊師重道鉅典，相應一併奏明。奉旨：該部知道。摹搨留覽。

康熙二十三年甲子十一月，命以孔尚任、孔尚鉝爲國子監博士。

吏部題爲欽奉上諭事。康熙二十三年十一月十八日奉上諭：舉人孔尚鉝、監生孔尚任既經講書，應給官職，著交與吏部議奏。欽此。欽遵。查定例内舉人會試三科不中式，情願就教職者，以州學正、縣教諭用，如五科不中式者，揀選以知縣用，監生期滿之日考試，以州同、州判、縣丞等缺挨次録用等語。該臣等議得，恭遇皇上法駕時巡，躬詣闕里，致祭先師孔子廟。大禮告成，命講經義，闡揚聖教，振起儒宗，誠曠古之希逢，爲盛朝之鉅典。而舉人孔尚鉝、監生孔尚任陳書講説，克副聖衷，應將伊等不拘定例，俱從優額外授爲國子監博士。查定例内，例監未經保舉者，不准陞轉正途。今監生孔尚任因講繹聖經，既不拘定例，即從優陞授國子監博士，陞轉時應停其保舉，照常陞轉可也。奉旨：依議。

臣按：紀載幸魯録用孔氏者，於後魏文帝太和元年，詔拜孔氏四人、顔氏二人官是也；於宋真宗大中祥符元年，録孔氏近族進士孔渭同三傳出身，習進士延佑、習學究延渥、延魯、延齡並同學究出身是也。别代幸魯無聞。我皇上特用監生孔尚任、舉人孔尚鉝爲國子監博士，使聖裔得備員成均而陞轉，復停其保舉，以優異之恩至渥也。乙丑禮闈，尚任、尚鉝俱入外簾辦事，時孔氏舉子例迴避不與試，以臺臣洪之傑言，詔以後孔氏博士不必開列入簾，以便計偕之入試者，仰見我皇上於孔氏人材尤加意焉。

康熙二十四年乙丑六月，詔議敘聖廟陪祀人員，以五氏生員孔衍溥等十五人送監讀書；口北道孔興洪以應陞之缺先行陞用；候選廕生孔興滋、通判孔興謨等，知縣孔興言等，州同孔貞垣等，州判孔衍釪等，教諭孔尚銑等，以應選之缺先用；舉人孔毓德等，以應得知縣之缺先用；貢生顏光岳等，監生孔尚琨等，以考職之日先用；五經博士孔毓埏等，曲阜知縣孔興認、四氏學教授沙瀇、學録孔尚侃等，各加一級。

衍聖公臣孔毓圻奏爲恭逢聖駕臨幸，典禮重大，上籲特恩，以優聖裔，以邀異數事。臣於本年十一月十八日，恭遇皇上臨幸闕里，釋奠先師。隆禮既出非常，殊恩尤爲浩蕩。臣伏按從前臨幸共一十四君，未有如是之顯懿昭爍者。我皇上生知安行，接千聖之心傳；重道崇儒，超百王之懿軌。精微獨契，禮數攸崇，創制顯庸，誠亘古所未聞，奚獨一時之遭際！臣叨沭寵榮，感戴靡涯，何敢再有陳請？惟是鑾輿親幸，千載希遘，所以臣族望澤彌切。臣特爲籲請，如臣族及五氏族屬，應否容臣選擇學行兼優者，照陪祀例邀恩，准其送監讀書？其臣族見任及世職官員并候補、候選未經考職舉貢人員在廟陪祀聽講者，其異姓職官監生在廟分獻執事者，應否一體邀恩？臣從皇上臨幸曠典起見，不敢不備陳舊例，仰冀新恩，伏乞皇上睿鑒。奉旨：該部議奏。

衍聖公臣孔毓圻奏前事。康熙二十四年三月十六日，准到部咨開，查康熙八年，皇上幸學，陪祀人員俱有加恩，賜袍帽、銀兩。現任候補官員、監生等，曾經議敘陞補。今康熙二十三年，皇上東巡，躬詣闕里，釋奠先師，崇儒重道，誠曠古之希逢，實盛朝之鉅典。應將孔氏族屬及五氏族屬照康熙八年臨雍陪祀例，請敕下衍聖公，選擇學行兼優生員十五名，將姓名開列，到部之日，送監讀書。其孔氏等族陪祀、聽講，異姓分獻、執事等官，並舉貢、監生人員，亦應照例俱准加恩。但未經開列職名，難以懸議。俟命下之日，行令衍聖公將實在陪祀、聽講，異姓分獻、執事各職名詳查分晰，造册具題，到日再議可也。奉旨:依議。欽此。欽遵。備咨到臣。臣仰惟皇上臨幸闕里，千古罕逢。今將臣族及五氏族屬並異姓在廟陪祀、聽講、分獻、執事人員部議查照。康熙八年，皇上臨雍盛典行，臣將實在各職名詳查分晰，造册具題。臣謹遵將實在陪祀、聽講、分獻、執事各職名核造清册，進呈御覽，並送吏、禮二部外，臣更有請者。臣查在廟陪祀、執事，臣屬現任曲阜縣知縣、管勾、典籍、司樂，俱係七品職銜，並四氏學教授、學録等官，例由臣選擇賢能，咨部題補之員，實非世襲可比，現與有司一例考成，似宜同其陞轉。歷來原有陞轉之例，而銓政未載，遂使任職者由壯至老，竭蹷供職，而陞轉無階。今遇皇上臨幸闕里，典禮隆重，既際昌期，又逢曠典。請敕下該部，將曲阜縣知縣及管勾、典籍、司樂，並四氏學教授、學録等官，既在陪祀、執事之列，應與陪祀現任各官一體邀恩，應否准照有司一例陞轉，則現在者既蒙不次之格，將來者益勉上進之階。再查候選、候補官員，往例俱得遇缺先補，内有應補知縣吕坊之，係久應頂補之員，今復遇皇恩，應否准其遇應陞之缺補用？凡此等執事人員，皆臣遴選，以供駿奔，合無免其保舉，與正途一體陞轉。出自睿裁，以光大典。奉旨：該部議奏。

吏部題前事。查得康熙八年，皇上幸學，將聖賢後裔陪祀各官議敘具題，現任候選、候補、考職等官，俱准先用，及四氏學學録，准加一級，各在案。今亦照康熙八年例，將現任直隸口北道孔興洪遇應陞之缺，先行陞用；候選廕生孔興滋，知縣孔興言、顔光昌，通判孔興謨、孔興詢，州同孔貞垣、孔尚鈺、顔紹徽、顔文豹、仲應甲、仲承烈，州判孔衍釪、孔興運、仲纘緒，訓導孔貞鑑、孔尚瑄、孔興珩、孔興侗、孔貞耿、孔衍璽、孔尚讓、孟弘偉，候補教諭孔尚銑等，俱應遇伊等本項應得之缺先用；舉人孔興璉、孔毓德、孔興瑄、孔興祥、顔光是、顔光敩等，亦以伊應得知縣之缺先用；貢生顔光岳、孔尚琨、孔興濱、孔興謙、孔興論、孔毓堃、孔毓壎、孔毓玠、孔毓堦、顔懋循、孟貞佩等，俟考定職銜後，亦以伊應選之缺先用。至疏稱在廟陪祀、執事，臣屬曲阜縣知縣及管勾、司樂、典籍，并四氏學教授、學録等官，由臣選擇賢能題授之員，實非世職可比，既在陪祀之列，似宜照現任有司一例陞轉等語。查品級考内，衍聖公所屬官員原無陞轉之處，應照康熙八年例，將在廟陪祀、聽講世襲官五經博士孔毓埏、顔懋衡、曾貞豫、孟貞仁、仲秉貞，學録孔毓璽、孔貞燗，執事官曲阜縣知縣孔興認、管勾王自莊、司樂王國光、典籍石琚、四氏學教授沙澮、學録孔尚侃等，各准其加一級。又疏稱異姓執事官内，有應補知縣吕坊之，係久應頂補之員，今復遇加恩，應否准其遇應陞之缺補用，至於分獻、執事人員，皆臣遴選，以供駿奔，合無免其保舉，與正途一體陞轉等語。查得康熙八年，異姓人員並無給賞議敘之處，相應將異姓執事官候選小京職沙汝洛等，照正途一體陞轉，加恩之處，均無庸議。奉旨：依議。

謹録：世祖章皇帝順治九年幸學，詔聖賢後裔陪祀生員十五人，俱送監讀書。仲氏族人向無陪祀，至是一體選入。改觀禮刑部員外郎孔胤樾爲禮部員外郎，刑部主事孔自洙爲兵部主事，從衍聖公孔興燮之請也。皇上康熙八年幸學，詔陪祀生員孔興詢等十五人俱送監讀書觀禮。中書舍人顔光敏以應陞主事同知缺先用，運同孔貞來、縣丞孔尚義遇缺先用，監生孔胤璐俟考定職銜先用。

【附録】

○明世宗幸學，詔衍聖公、四氏博士陪祀，日選取老成族人五人，顔、曾、孟族人二人，至期陪祀。○熹宗時，詔以生員孔聞範等三人爲恩生，餘二人照恩貢例送監，從禮部侍郎署祭酒事蔡毅中之請也。時行人司行人孔聞謤、吏部進士孔聞詩呈請觀禮，聞謤授南禮部主事，聞詩授吏科給事中。○懷宗幸學，以生員孔聞俊等四人准入監，餘三人給冠帶。行人司孔聞籍咨請觀禮，授主事。十四年，再幸學，始詔四氏族人亦得一體送監。

臣按：從來臨雍釋奠，必推恩孔氏，備載往牒，至我朝而加隆矣。伏自皇上臨雍，典制尤盛。恩監先止及孔氏，今則五氏子孫彬彬十五人，皆得鼓篋而入成均矣。觀禮先止及京官，今則外吏及監生皆得觀光而邀先用矣。至幸魯親祀，則非常之恩，無微不逮。既特賜孔尚任、孔尚鉝爲京官，而五氏族屬一命而上得即陞選者二十四人，舉貢而下得即授職者二十人，而加級者不在焉。猗歟盛哉！爲聖人之後者，其思報稱，讀聖人之書者，可相勸勉矣！

幸魯盛典卷十二

聖駕發曲阜，晚，駐蹕於兗州府之西關，諭大學士明珠曰："周公，古大聖人，制禮作樂，垂示萬世。今廟在曲阜，應行致祭。此係重大典禮，爾衙門會同禮部、翰林院詳議來奏。"各該衙門議得，道統之傳，上自堯舜，逮於周孔，我皇上備堯舜之德，明周孔之道，躬祀闕里，復命致祭周公廟庭，禮儀隆盛，洵爲萬世章程，應令該衙門即撰祭文，遣官致祭。上曰："致祭周公，禮宜隆重。其遣恭親王長寧及禮部尚書介山偕往，以見朕尊崇先聖之意。"十九日庚辰，駕至汶上縣，駐蹕李家莊。是日，命和碩恭親王長寧、禮部尚書介山往曲阜周公廟致祭。

《御製祭元聖周公文》。文載第一卷。

【附録】

○孔廟東北三里許有周公廟，蓋魯太廟故基。○宋真宗大中祥符二年十月，敕中書門下曰："方嶽盛儀，克脩於封謚；古先茂烈，允尚於追甄。周公昔在宗周，蔚爲上聖。營鼎邑之宅，王制建中；秘《金縢》之書，忠規蓋世。誥東征而法正，輔南面以道尊。創禮樂之懿文，配日月之久照。姬誦所倚，宣尼式瞻。焕乎舊章，垂之千載。今以詳求古典，昭報元休。陟降告成，撫巡問俗。弭節岱宗之域，鳴鑾少皞之墟。遐覽遺風，緬懷前哲。始公胙土，實惟是邦。故其嗣君，得用王祭。而祠宇未構，闕孰甚焉。特議褒崇，以申旌顯。盛德不泯，載欽可久之賢；列爵有加，爰晉通王之號。式宣殊禮，永耀鴻徽。可追封爲文憲王，於曲阜縣建廟，春秋委本縣致祭。”

臣按：周公以元聖成文、武之德。易象之演，上繼羲文；官禮之垂，範圍萬世。治統集三王之盛，道統開尼山之先。其廟而祀之，宜也。唐顯慶以前，與夫子並祀學宫。開元以後，别祀配享武王。而追封建廟，則自宋之大中祥符始。相傳其地即魯之太廟，以地勢度之，理或然也。歲久傾圮，祀事漸缺。祼薦僅屬其雲仍，俎豆幾委於草莽。歷有歲年，罔或計及。皇上深宫宵旰，勵精政治，與兼三施四、仰思坐待之勤，有默契潛通焉者。過少皞之墟，攬大庭之庫。瞻言啓宇，眷念碩膚。特命親王，精意致享。宸章雲爛，輝映几筵。樂備禮隆，度越前軌。數千年廢墜之典，一旦得聖天子修舉之，豈非亘古未有之盛事哉？

康熙二十四年乙丑二月，命以周公後東野沛然爲世襲五經博士。

禮部題爲籲恩求録，乞賜襲封，以培聖脈，以補缺典事。據周公七十三代嫡孫奉祀生員東野沛然奏前事，奉旨交與吏部。欽此。該臣等議得，據周公嫡孫奉祀生員東野沛然奏稱，切惟堯、舜、禹、湯、文、武之道，傳之周公。自周公而傳之孔子，至於顔、曾、孟、仲，得聖道之傳，皆有世襲博士，以優其後。宋儒程、朱有表章聖道之功，子孫亦得以博士世其官。臣祖周公，以元聖之德，制作經緯，固與孔子並列久矣。而今祠宇頹壞，拜謁寂寥，主鬯僅一青衿，祭田不及百畝，不惟不能並尊於孔子，而且不得比備於顔、曾、孟、仲之班。倘蒙垂念周公傳道之功，斟酌於顔、曾、孟、仲之間，稍加優隆等語。查得《會典》内開載周公於歷代帝王廟配享，凡係配享前代帝王功臣後裔，並無承襲博士之例。且查東野沛然所奏《東野誌》内，至東野沛然已經七十三代以上，歷代並無議有承襲之處，相應將東野沛然奏請照顔子等先賢承襲之處，無庸議。奉旨：周公承接道統，繼往開來，功德昭著，其子孫應否給與職銜，著九卿、詹事、科道會同確議具奏。

禮部等衙門題前事。臣等議得，仰惟皇上道兼君師，德隆今古，媲唐虞之勳業，接周孔之心傳，治定功成，禮明樂備，創垂無前之盛烈，肇舉未有之隆規。周公兼三王而施四事，承武烈而顯文謨，其後裔古來雖無給有官職，恭遇我皇上崇文重道之時，周公後裔應授官職，撥給祀田，修葺廟宇，以彰皇上之殊恩曠典。俟命下之日，行文該撫詳查周公嫡派，取具各結，併《東野氏宗譜》送到之日，禮部查明，將應授之人題請授爲世襲五經博士，祀田照顔子祀田例由户部撥給，廟宇交與該撫設法修理可也。奉旨：依議。

【附録】

漢東野環撰《東野氏世系》曰："昔吾先祖后稷，姬姓，諱棄，始封於邰。后稷生不窋，失其官守。不窋生鞠陶，鞠陶生公劉，克脩先業，往遷於豳。公劉生慶節，慶節生皇僕，皇僕生差弗，差弗生毀隃，毀隃生公非，公非生高圉，高圉生亞圉，亞圉生公叔祖類，公叔祖類生太王，徙都於岐。太王生王季，王季生文王，作邑於豐。文王生周公，受封於魯。周公生伯禽，襲封至國。伯禽生魚，受東野田一成以自養。魚生宗，世居東野，因以爲姓。宗傳至質，計一十八世矣。時當戰國，遭楚滅魯，幸而天意不絶，惟質得存以免禍，自竄東吴，至秦末而還魯。於是懼其綿遠失其真傳，特命環考訂譜牒，編爲《世系》，俾本宗支庶秩然不紊。爲後世子孫者，奚可不知所重耶？"

臣按：東野環所撰《東野譜序》，推本周家始封，迄於文、武、周公，世次秩然。又《誌》載祥符間真宗適魯，祀孔子，以東野氏數世同居，詔旌其門閭。方是時，帝敕中書門下，追封周公爲文憲王，令曲阜建廟祀之。仍令有司備儀禮，擇日册命。若東野氏得以公裔沾一命備祠官，恩至便也。而竟絶不聞，豈非前代之缺略耶？我皇上幸魯，親祀先師，而東野以三千年後之餘裔，得以邀纂組之榮，循世禄之例，恩出非常，典斯鉅矣！

康熙二十四年乙丑八月，詔增廣孔林地一十一頃有奇，免其税糧。

衍聖公臣孔毓圻奏爲遵旨奏明增擴林地事。臣祖賜塋在曲阜縣城北，即古魯城北泗上也，子孫例得祔葬林内。臣查孔林原額地一十八頃，俱係歷朝賜地，相沿至今，狹隘殊甚。恭遇皇上鑾輿親臨林内，俯軫情形。臣面奉恩旨，准賜增擴。仰見我皇上優邮聖林，澤及綿遠，臣闔族人等世世銜感。但林以外，除南一面近城無可增廓，其東、西、北三面爲地不等，有臣祭田在内者，亦有臣自置之地現在行糧者，亦有民間之地參錯在内者。除臣地自應併入林内，其民間之地，恭候皇上俞旨允行，臣願自備價值，會同地方有司酌照時價交易置買。俟陸續置買之後，容臣彙齊造册。及所擴林地，一併奏請欽賜豁糧可也。奉旨：該部議奏。

户部題前事。該臣等查得，衍聖公孔毓圻疏稱等因，前來查先師孔林地一十八頃，亦爲不少。但孔毓圻面奉恩旨，准賜增擴，相應行令該撫將孔林之地一面增擴幾丈。此增擴内有民地若干之處，確議具題，到日再議可也。奉旨：依議。

户部題前事。該臣等議得，該撫張鵬疏稱，孔林東、西、北三面酌量增擴地一百五十五丈七尺，共一十一頃一十四畝九分零。内除孔毓圻自置地一頃一十畝零不議價外，孔氏並百姓地一十頃四畝零，每畝價銀二兩一錢五分，共價銀二千一百五十八兩八錢零，孔毓圻自照數給價。至於應徵銀米，每年共該徵銀二十四兩五錢零，共該徵米二石五斗零，相應聲明聽候部議等因。前來查增擴林地一案，既經該撫酌量增地一十一頃一十四畝零，俱係孔毓圻給價置買，無容議。每年應徵銀二十四兩零，米二石五斗零，相應豁除可也。奉旨：依議。

【附録】

○明洪武間，衍聖公孔希學《增廣林田記》曰：“曲阜祖林鬱然，在魯城龍門北，繚以周垣，代禁樵採，蓋將二千年於兹矣。嗣續繁衍，祔葬纍纍，而東西形勢漸狹，方議規斥以廣其地。邑人居文約等聞其有是舉，僉言曰：‘凡吾徒日用之間，父父子子，夫夫婦婦，懽然有恩，粲然有文，而能弗畔道者，寧可不知其所自耶？願以各家世業廣袤若干畝，永爲來雲甫竁之所。’核其地五十大畝入林内。”○永樂間，孔諤《創建林圍牆記》曰：“祖林一區，周迫居民，煙爨千家，樵青採緑，薪乾櫄腐，日不絶蹟，雖申之以禁戒，然難於防虞。曲阜世尹孔克中捐己貲萬緡，傳集耆老，乘此農隙，創建圍牆，以孟冬朔旦起工。至其日，邑之父老各率子弟千餘人，悉荷版鍤，聖公亦以廟丁百餘人來會。日不彌旬，千堵皆興。於是檢族屬，驗佃力，復得堅薪千餘車，併工聚力，刻日以完。”○崇禎間，衍聖公孔胤植《重修林垣碑記》曰：“塋自春秋以至於今，幾歷三千之歲。族屬蕃暢，林垣浩大。歲月經久，不無頹廢，思更新之。而獨力難肩此任，賴諸宗人共襄其事。陶瓦甓，勤垣墉，一時百堵俱興，焕然新矣。”

臣按：宋鴻臚卿孔宗翰狀云："夫子墳林，今一千六百餘年，子孫皆葬其間，周圍十餘里。"可見宋時規制已大。但歷朝增廣，與孔氏子孫所自恢擴者，《家乘》略而不書。以至於今，狹隘滋甚。自非我皇上親幸，俯軫情形，特頒涣號，而欲式廓往古之封，上損國税，下易民田，不亦難乎？前代加意林廟，輒增置守户，命有司禁樵牧，以時修飭而止。若其中廣狹，從未有過而問者。皇上敦崇先聖，而念及其子孫，澤逮於泉壤。衍聖公臣孔毓圻猶逡巡未敢陳乞，而皇上親發德音，准其增擴，蠲其常賦。所廣地一十一頃有奇，較之於舊，又十之六七矣。蓋三千年以來，未逢此曠典；七十世以上，未沐此殊恩。雖滄溟峻極，無以喻其崇深；圓象方儀，難以形其高厚者矣。

山東巡撫張鵬疏請停止開濬渠河，詔從之。

山東巡撫張鵬題爲欽奉上諭事。據布政司呈稱，蒙撫院張案驗，康熙二十三年十一月十八日，上親祭至聖先師孔子。行禮畢，該衍聖公孔毓圻等奏稱，聖廟前有橋，池中無水，曲阜城外有泉，可以開通，引入城内廟前池中。奉諭：准其開濬入城，交與該撫遵行，欽此等因。到院，案行到司。蒙此，久經檄行，曲阜縣欽遵開通去後。又蒙撫院案驗，康熙二十五年五月初四日，准衍聖公咨，據曲阜縣世職知縣孔尚愉呈詳前事。詳稱，據闔縣紳衿耆老孔衍堉、孔衍標等呈爲開河工大難就，民房拆毁宜籌，懇申酌奪，以重地方，以祈善後事。呈稱，恭照聖廟渠河引泉灌注，奉有成命，欽遵在案。現延堪輿踏勘形勢，雖稱風水無礙方向，但按水道由城外文獻泉開濬入城，以注廟河，復由廟西出水以匯入沂河，開濬數里之遥。城内居民房屋，當其衝者，勢必拆毁。且城當高阜，泉在下窪，激使上流，大費工力。而尤可慮者一，當霪雨連綿，山水暴漲之際，泉流横溢入城，勢所必至。則目前既有蕩析之苦，日後能無泛濫之虞，地勢民居，俱有未便。伏乞俯順輿情，轉申撫院，爲民請命，則地方有善後之圖，而民生戴安全之德矣。據此，該曲阜縣世職知縣孔尚愉，看得欞星門内渠河向來乾涸，於康熙二十三年聖駕臨幸闕里，釋奠先師，駐蹕渠旁，衍聖公孔毓圻等擬欲媲美圜橋泮水之隆，因有導泉入河之對，荷蒙俞旨允行，實爲萬世光榮，宫牆曠典。卑職履任以後，叠奉檄催，日在相度形勢，酌議興工。今據紳衿耆老等具呈前來，職復核水源，自城東文獻泉入城，自城入廟河，自河又西流以匯於沂，開鑿數里之遥。雖據堪輿元氏縣生員平章等謂無礙方向，但民居稠密，闤廂廬舍當由衝掘者，不下數百餘家，一旦盡令拆毀，老幼失所，棲止無地，情實可矜。且城在高阜，泉在下窪，引之上流，大費工力。使當霪雨水漲，勢必横溢入城，誠爲可慮。事關城社民生，卑職身任地方之責，鑒此輿情，敢不鰓鰓過計？隨於本月具詳各憲去後。蒙撫院批，據詳有礙民舍，仰即就近會商妥確詳報繳。又蒙布政司批，仰候移明衍聖公，咨覆到日，轉詳撫院批奪繳各等因，批行到職。蒙此，合具詳本府裁酌轉咨等情到府。據此，查得此案於康熙二十三年十一月内，恭遇聖駕臨幸闕里，釋奠先師，駐蹕渠邊，親承天語垂問渠水，因而啓奏開濬城外文獻泉，可以入渠，奉旨准行，欽遵在案。本府踴躍從事，延請堪輿，相度形勢，至再至三，務求有裨祖廟，無害地方，庶爲不負聖恩。而形家議論不一，所以斟酌踏勘，多費時日。今擬引城外文獻泉由東而入，另鑿水門一座，開濬入城，迤西而行，引入渠内。又自渠内西流出水，以歸注沂河，無礙方向。業經檄行該縣，報明院司。今該縣據闔邑紳衿耆老人等具呈稱，目前有礙民房,久後恐慮水患等情。本府又延老成堪輿復勘形勢,城内街道窄狹，而民居稠密，當水道之衝，房屋必須拆毁，且開濬水道延袤數里，虧額之地税無從辦納，民間之車轂難以行走，此闔邑人民所以有切膚之籲也。至稱當霪雨連綿之際，水勢暴漲,惟恐横溢入城,此雖該縣過慮及此,但爲地方城社起見,自應詳慎。本府既經覆核，伏念聖天子堯舜在上，重道與愛民之心，時廑聖念中，爲臣子者敢不仰體！但因有礙地方而請停開濬，本府即有負聖恩。若果毁拆民房，諸所不便，不爲酌議萬全，又非仰體皇上堯舜之心以爲心也。擬合移咨等因，到院，案行到司。該本司布政使黄元驥查看得，曲阜縣開濬文獻泉水，導之入城，引注聖廟池中，原係衍聖公奏准，已奉有俞旨，欽遵在案。本司日事督催，聿觀厥成。今蒙院准衍聖公咨，據闔邑紳衿耆老之呈，請停開濬。既經衍聖公覆核，以聖天子重道與愛民之心無二。今據咨有拆毁民房，後來霪雨水溢，不無意外之虞，酌議萬全。仰體皇上愛民之心，不欲以私廢公，斟酌於利害輕重之中，請停前來。皆爲地方城社永遠所關，似應允行，題請以聽部覆遵行者也等因，呈詳到臣。該臣看得，曲阜縣城外泉水開通入城一案，原係衍聖公孔毓圻奏，奉上諭允行。到臣。臣隨檄布政司遵行去後。今據布政使黄元驥詳稱，衍聖公移據闔邑紳衿耆老人等公呈，僉稱若開引文獻泉水，由城外入城，以注廟河，復由廟西出沂，經過城内，街道窄狹，居民稠密，當水道之衝，房屋必須拆毁，且城外延袤數里，有虧額内民地税無從辦,更慮往來車轂難以行走,且城高泉下,大費工力,尤慮霪雨水漲,横溢入城,有關城社民生。經衍聖公咨,臣覆核,仰體皇上愛民之心，不敢以私廢公，請停開濬。既據布政司呈詳前來，理合具題，伏乞皇上睿鑒。敕部議覆施行。奉旨：該部議奏。

工部題前事。查該撫既稱闔邑紳衿耆老人等俱稱若開泉水，必致房屋拆毀，有虧民地，車轂難行，衍聖公孔毓圻亦仰體皇上愛民之心，不欲以私廢公，請停開濬等語，應如所題可也。奉旨：依議。

臣按：辟廱、泮宫，皆取諸水以爲名者也。圓則爲辟，半之爲泮，以止觀聽者於水南，非僅溝而環之也。班固之詩曰："乃流辟雍，辟雍湯湯。聖皇涖止，造舟爲梁。"辟雍得有舟梁，蓋非一勺而已。金宣宗於洛立宣尼廟，尚書省委襲封衍聖公董其役，未幾告成，命導蔡水以圜其廟，其取於水之有源審矣。闕里之南溪，爲魯泮宫故址，亦可舟可梁，水落之際，未之竭也。我皇上駐蹕橋門，從容諮訪，有考於古辟、泮之制，業奉俞旨，許鑿文獻之泉以通廟渠矣。迺魯城形勢，連岡紆迴，故名曲阜。城高泉下，難於疏導。郭外四山環匝，水潦灌河。奔泉引之入城，爲慮不細。所勘開濬之路，應毀居人廬舍不下數十百家。皇上重地方，即所以重林廟，崇聖道，正所以衛民生。俯察情形，即回成命，於兹益見聖聽之轉圜、睿謨之周至焉。

幸魯盛典卷十三

康熙二十四年乙丑二月，詔以御書“萬世師表”扁額摹搨，頒天下文廟。

康熙二十四年正月，左副都御史張可前題爲聖德遠邁千古，睿謨宜昭億祀，請敕編輯成書，以丕示遐邇，式訓臣民事。竊惟古帝王建非常之功德者，必備非常之法守，用以啓迪海内臣民，俾遵循於至善也。臣伏見皇上盛德巍巍，參天兩地，事郊廟則致敬，奉兩宫則盡孝，蠲租省刑之詔屢下，經筵講學之勤弗輟，神謀獨運，文武遐昭，猶復宵衣旰食，安不忘危，諮諏民隱，肅清吏治，却登封而罔舉，讓尊號以弗居。鳳輦東巡，閭閻被德，恩加前代之園陵，澤逮先師之苗裔，乃至一動一言，無不仰企天心，俯協輿望，固已光輝史册，美不勝書。然非彙輯成編，頒布海内，則率土臣民有身被生成而未能仰體制作之精意者矣。臣謹按：明太祖洪武七年日歷告成，承旨詹同侍講學士宋濂請將當日聖政輯成一書，分爲四十類，名曰《寶訓》，傳示天下。夫明祖以武功開國，其所行政事，猶且允臣下之請，編爲《寶訓》。況我皇上合創守而同揆，裕文武而兼濟，超越明祖萬萬哉！今《起居注》諸臣雖已詳記聖績，而金匱石室之藏，人間無由窺測。即近者奉詔纂修方略，然止載伐叛之武功，而未紀歷年之仁德。臣竊謂宜敕内閣、翰林院諸臣，備輯皇上御極以來睿謨聖政，彙成一書，分條編類，如宋濂等所集《寶訓》例，刊布寰宇，一以迪四海之臣民，一以垂億祀之法守，煌煌乎並二《典》三《謨》而焜燿於覆載間矣。抑臣更有所請者，駕幸闕里，御書“萬世師表”四字，懸額孔廟，曠典盛事，振古所無。並請敕部勒石，徧頒各省，懸之學宫，不獨尊師重道之盛德昭示士類，更見龍飛鳳翥之寶篆光垂寰區也。奉旨：朕御極以來，孜孜圖治，勤政愛民，日理萬幾，常懷兢業。雖海宇底定，漸致昇平，但風俗人心，未臻上理。這所請將歷年政事彙集成書，是否可行，内閣、翰林院會議具奏。

内閣等衙門題前事。臣等伏惟皇上德隆廣運，化洽時雍，言與道俱，動與法合，自御極以來，敬天法祖，勤政愛民，極兩宫孝養之隆，著萬幾明作之實。典學是懋，以法古聖賢爲心；巡省時勤，以問民疾苦爲事。用致百僚愼憲，九有承風。三方梗化之臣，仗淵謨而獻馘；跨海逋誅之寇，服駿略而輸誠。道冠百王，功被六合。誠宜俯從所請，彙輯歷年政事編纂刊布，以慰中外臣民想望之忱。臣等伏查明洪武時日曆告成，命詞臣編輯《寶訓》一書，隨命禮部刊刻頒布。凡以修明典法，垂示子孫，意至深遠也。我皇上神功聖烈，遠超前代，無一念不切於蒼黎，無一事不原於墳典，緝熙懋學，懿爍鴻猷。傳之天下，爲丕顯之聖謨；垂之萬世，即不刊之法鑑。允宜特啓纂修之局，勒成聖代之書，昭宣海宇，頒示臣民者也。一切應行事宜，伏祈敕下該部詳查典例，具覆舉行。至於駕幸闕里，御書“萬世師表”題額，聖教自此益光，儒風於焉丕振。龍章鳳藻，光騰泗水之濱；鐵畫銀鉤，彩耀尼山之上。一時風聲之所樹，四海觀感之所生，宜徧揭於黌宫，使士子咸知瞻仰。相應亦如所請，敕部勒石，頒給直隸各省、府、州、縣儒學，懸置扁額可也。奉旨：九卿、詹事、科道會議具奏。

禮部等衙門題前事。臣等伏惟皇上御極以來，勞心敷治，鋭意圖安，仰體上天仁愛之心，俯答下民敉寧之望，孝養兩宮，愛育兆姓，此誠治超三代，法垂萬年者也。邇來遐方向化，薄海來同，問俗觀風，崇師重道，中外瞻依，臣民踴躍。應照内閣等衙門所議，將歷年政事彙輯成書，宣布中外。并將御書“萬世師表”之字勒石，頒給直隸各省、府、州、縣儒學，懸置扁額。俟命下之日，將纂修開館及應行事宜，該部詳查典禮具奏可也。奉旨：依議。

禮部題前事。臣等議得，歷年政事彙輯成書，所派監修、總裁、副總裁官、纂修、收掌、謄録官員、書辦等役，彙輯事宜及開館之所，俱聽内閣、翰林院議覆。開館吉期，臣部由欽天監選擇開館。所有監修等官員，相應照監修聖訓官員筵宴之例，遣内大臣一員主席，在臣部筵宴一次。桌飯銀兩，内閣具題到部，移咨該部照例支給。其每月公用錢糧，應行停止。所遣内大臣一員之處，應交與領侍衛内大臣彙輯，告竣進呈之日，再爲刊刻印刷，宣布中外。其御書“萬世師表”之字，應敕下該撫在闕里勒石印刷，送至臣部，頒發各直省巡撫，轉行各府、州、縣學宫懸置扁額可也。奉旨：依議。

衍聖公臣孔毓圻題爲宸翰同天，摹搨恭進，仰祈睿覽事。康熙二十三年十一月十八日，恭遇皇上臨幸闕里，釋奠先師，御筆親題“萬世師表”四字扁額。臣謹製扁，涓吉躬捧，懸設大成殿正中，率領族屬，恭設香案，望闕叩頭謝恩訖。一面選工礲石摹搨，臣於恭進摹石御書聖製一疏内已經題明。今臣旋里，親督工人摹刻“萬世師表”四字告成，謹裝裱卷軸，恭進睿覽。臣仰瞻皇上御筆，字畫端勁，戈法渾成。挫萬象於毫端，含位育中和而立極；調元化於行墨，覩日星河漢以爲文。光彩肆映而莫測其端，結撰天然而莫窺其蹟。以頒天下，則合臣民嚮往，如親雲日以觀摩；以設廟庭，當與泰岱宸章，同亘乾坤而永奠。體製卓越，大矣至矣，此豈臨摹之所能彷彿？臣即親督鐫勒，猶恐失真，恭進之際，實滋惶懼，仰祈皇上鑒宥。奉旨：該部知道。摹搨留覽。

臣按：史臣之贊舜曰："帝乃誕敷文德。"其贊禹曰："文命敷於四海。"聖王致治，未有不以文先天下者也。我皇上典學右文，遜志時敏，日就月將，聖躬率先，寓内共遵文教。兹允廷臣請，以御書"萬世師表"扁額懸置天下學宫，使遐陬僻壤之民，無不曉然於天子崇師重道如此，而仰法我皇上，則古稱先之聖心，以共臻一道同風之雅化，洵乎得振興文治之本焉。昔明太祖讀《漢書》，謂侍臣宋濂、孔克仁曰："漢治何以不比隆三代？"孔克仁對曰："以其雜霸耳。"明太祖曰："然。高祖創業，未遑禮樂。孝文時當制作，復三代之舊，乃逡巡未遑，使漢治終於如是。三代有其時而能爲之者也，漢文有其時而弗爲者也。"然明太祖雖爲斯言，乃洪武之治，絜諸三代以上，猶有不醇不備之憾。豈若我皇上緬考百王之迹，深明致治之原，凡所建立創制，無不損益質文，盡美盡善，可爲萬世法程，建皇極之師表。文德之敷，文命之被，曷以過此？臣閲邸抄，讀諸省撫臣建置懸額之疏，天下蒸蒸然嚮風矣。

康熙二十五年丙寅正月，上親於西山選孔子廟碑材，特發内帑，鳩工採運。二月碑成，運至通州水次，命内務府廣儲司員外郎皁保、工部都水司員外郎卞永式運送御碑於闕里。特賜衍聖公孔毓圻廣儲司庫銀六百五十兩，爲運碑旱船之費。上諭皁保曰："聖廟碑事關大典，以爾任事謹慎，特遣爾去，務期敬慎。運至濟寧，暫置在彼，爾可回都。俟冬天地凍再往，以旱船運至曲阜。”

先是，御史任玥題爲闕里既蒙臨幸，萬國咸仰文明，特請御製碑記，改正墓號，以光典册，以垂不朽事。恭惟我皇上神明天縱，文德武功，直紹唐虞三代，兹當普天率土文教覃敷之日，猶深已治已安一夫未獲之慮。邇者車駕東巡，惟一一以洞悉民隱爲念，因思二帝三王治民之道，至孔子而益彰，乃於尼山毓粹之區，特行尊師重道之禮。入廟而躬親九拜，儀既備矣；當祀而寵頒御織，禮更渥焉。此雖一時異數，實係萬世同風。蓋自漢唐以來，臨幸闕里之盛，未有隆於今日者也。臣考宋真宗祥符元年，臨幸闕里，具有碑記，垂諸闕里誌書。況我皇上道合勳華，心傳洙泗。既蒙御書扁額賜懸廟庭，必賴宸翰製碑光垂萬代。臣懇皇上撰立碑記，勒之貞珉，庶鉅典與日星同耀，而睿藻並雲漢爲昭矣。抑臣更有請者，孔子稱號，自唐開元時追謚爲“文宣王”，宋真宗加“至聖文宣王”，元武宗加“大成至聖文宣王”，推崇不爲不隆。但“文宣”僅一節之謚法，而“大成”亦借樂之偶稱，且孔子以尼山一布衣爲萬世帝王師，原以德不以位，似非僅爵位所能揚扢也。明嘉靖九年，釐正祀典，定爲“至聖先師孔子”，誠名正言順，萬世不可易之論矣。我國朝定鼎以來，自國學及天下郡縣州衛儒學，所設孔子牌位，皆稱“至聖先師孔子”，亦以斟酌既定，可無容損益於其間也。乃牌位皆稱“至聖先師孔子”，而孔林墓前所立之石猶稱“文宣王墓”，豈所以妥神靈，昭畫一乎？今皇上親臨聖林，隆禮既出於創舉，名號實賴以欽定。臣請敕諭將“文宣王墓”改正爲“至聖先師孔子墓”，並請於聖製碑記中詳載改正緣由，則萬代瞻仰，益與天地同其無疆矣。奉旨：該部議奏。

禮部題前事。臣等議，臺臣任玥疏内稱皇上神明天縱，文德武功，直紹唐虞三代。普天率土，文教覃敷。邇者車駕東巡，洞悉民隱，特行尊師重道之禮，寵頒御纖。自漢唐以來，臨幸闕里之盛，未有隆於今日者也。既蒙御書扁額賜懸廟庭，必賴宸翰之碑光垂萬代。臣懇皇上撰立碑記，勒之貞珉等語。欽惟皇上睿藻焕於日星，宸翰燦若雲漢。新經臨幸闕里，恩禮咸隆；允宜勒諸貞珉，以垂永久。俟命下之日，將碑文交與翰林院撰擬。碑文撰出之日，交與該撫刊勒建立。又疏稱牌位皆稱“至聖先師孔子”，而孔林墓前所立之碑猶稱“文宣王墓”。皇上鑾輿親臨聖林，隆禮既出於創舉，請敕諭將“文宣王墓”改爲“至聖先師孔子墓”，並請於聖製碑記中詳載改正緣由等語。查孔林墓前文宣王碑係從來所有，且改“文宣王”爲“至聖先師”以來，並無改立墓碑之處，應無容議。奉旨：孔子聖集大成，道隆德備，參兩天地，卓冠古今，歷代帝王，咸所師法。朕研精經籍，志切欽崇，應勒廟碑，朕俱親行撰文書寫，以昭景行尊奉至意。餘依議。

工部會同内務府衍聖公題爲請旨事。該臣等會議得，先經衍聖公臣孔毓圻議，此碑以我力量運送，恐有疏虞，惟過閘時，令地方官同看，協助過去，可到濟寧，從濟寧運至曲阜，恐力不能運送等語。到冬十月内，内務府、工部差官支取廣儲司銀兩，節省錢糧，修造旱船，運至曲阜縣等因，議奏。奉旨：會同衍聖公議奏。欽此。欽遵。伏念皇上尊崇先師，御製碑文，親灑宸翰，重道右文，自古以來未有之盛典也。其沿途運送碑石，恐勞民力，給發内帑，雇夫運送，應於過閘之處，行文直隸、山東巡撫，行令所屬閘口官員同看，協助過去。其從濟寧州至曲阜縣百里有餘，此運送脚價，修造旱船，搭橋修路，共銀六百五十兩，於廣儲司支取，給發衍聖公孔毓圻運去可也。

康熙二十五年三月三十日題，於四月初四日奉旨：依議。著差工部、内務府官各一員前往敬慎運送。

四月庚午，御碑自通州發，遵運河而南。直隸巡撫于成龍令所過之處協助牽挽，山東巡撫張鵬令濟寧以北沿河州縣有司詣河干協運。閏四月二十一日乙巳，衍聖公孔毓圻率僚屬迎御碑於張秋。越三日丁未，御碑至於濟寧，欽使員外郎阜保、卞永式同衍聖公孔毓圻及濟寧道董安國、兖州知府祖允圖、濟寧州州同張仲達，相度置碑之所於濟寧城南。五月丙申，碑登於陸，構廠護之，使人司巡徼焉。是月，欽使馳還復命。衍聖公孔毓圻既領内帑以備冬運，乃令輪人度碑制爲負重之車四乘，所謂旱船也。車既成，乃除道成梁，方軌廣涂，咸俾如砥。十一月，欽使復至。衍聖公孔毓圻率纂修官金居敬、俞兆曾、叢克敬、孫致彌、葉滉、沙汝洛、章綍、曹晃、博士孔毓埏等馳迎濟寧州，試演車牛，覆視道路，用戒儲備，無有不供，以候起運。十二月朔辛亥，大雪地凍，始發碑，藉茅束絙，衍聖公孔毓圻乃偕員外郎阜保、卞永式、總督河道靳輔、濟寧道董安國及地方各官，親督人役，升碑於車。碑身長一丈八尺，廣六尺五寸，厚一尺七寸，重七萬觔有奇，聯二乘以載。贔屭長一丈一尺五寸，廣於碑三寸，重四萬觔有奇，亦載以兩車。水盤石二，各重萬觔有奇，别載二車。碑身凡用牛二百五十頭，贔屭半之，水盤石又半之。辰而駕，及午而税。午而駕，及酉而税。一牛一圉，五圉一僕，建旆於前，執綏於後，防閑左右，鳴金以節之。前驅具脂秣，繕扉屨、餱糧。共用人六百餘，牛五百餘，皆傭之民間而酬其直。凡運十有五日，二十日庚午，御碑至曲阜，衍聖公孔毓圻率纂修諸臣及族屬官生，具朝服，張樂，叩迎於南郊。遂導以入，安置於廟庭。

孔子六十七代孫太子少師襲封衍聖公臣孔毓圻奏爲恭謝天

恩事。伏蒙皇上頒賜至聖廟碑石，命内務府員外郎臣皁保、工部員外郎臣卞永式賫運。臣遵將内庫發給銀兩奉旨内事理，先期備造旱船，搭橋修路，於康熙二十五年十二月初一日，自濟寧州起送。欽差與臣同隨碑後，敬慎督理，安車徐行，不煩民間一夫一役，於本月二十日抵闕里城南。臣遂率領纂修諸臣及闔屬官員、紳衿、臣族人等，張樂建旗，郊外跪迎，請入臣祖聖廟。是日也，雲開雪霽，日暖風和，觀者遮道，歡聲徹天，無異曩者我皇上駕幸闕里時。此固欽差調度之宜，實皆皇上尊師重道之誠，有以格天心，洽輿情也。臣敬慎安置穩妥，即於詩禮堂前恭設香案，望闕叩頭謝恩訖。因思臣祖廟内帝王碑記歷代不乏，要不過近境開山，有司礱石，從未有鑿貞珉於神京，發朱提於内帑，而煩皇華命使，歷水陸，閱寒暑，如今日者也。而且碑石之聳崒敦龐，甲衆碑以獨尊；石理之精瑩細潤，較他石而增美。真可並犧象、瑚璉用垂不朽矣，況行將灑宸翰而焕天章者乎？臣當此恩復加恩之代，無以答我聖不自聖之君，惟有效萬壽嵩山之呼，祝一統磐石之奠而已。爲此具本恭謝。奉旨：覽卿奏謝，知道了。該部知道。

臣按：由濟寧至曲阜地僅百里，而陸運之艱，非三冬嚴凍，不能負重以致遠也。故舟行則乘水盛碑，由通達濟宜於夏；車行則恃冰堅碑，由濟至阜利於冬。而以農隙休暇之月，庀材斵輪，以待臨事。仰見聖心之律天時、襲水土而恤人力，即一事也，睿思周至若此。碑行順適，入廟之日，風日晴和，靄雲五色，闔邑抃舞，四方之人，亦有重趼來觀者，莫不懽忻鳧藻，稱希覯矣。

二十七日丁丑，員外郎皁保、卞永式回京復命，并呈聖廟圖，請立碑之所。上命廷臣集議，立碑於聖廟大成門左，發内帑銀五百兩建造碑亭，仍命員外郎阜保、卞永式監造。

廣儲司員外郎阜保轉奏衍聖公孔毓圻奏稱，臣觀聖祖廟内，自古至今，碑石雖多，從未有壯麗堅緻如御賜之碑者。今蒙皇上頒下御筆，山東亦無名手堪任摹勒，求皇上御前選擇良工，發下鐫刻，方稱皇上非常之恩典等語。奉旨：公言甚是。爾與内務府、工部會同將鑿碑、刻字、蓋碑亭之人帶去之處會議具奏。欽此。欽遵。該内務府、工部會議，應將刻字人并鑿碑、蓋碑亭各人役，令阜保帶往曲阜可也。奉旨：依議。

員外郎阜保又奏，漢唐以來，歷代帝王在聖廟立碑甚多，俱未按朝代次序。今皇上所立之碑應在何處，以圖樣進呈。奉旨：立碑事宜重要，有關典禮，著内閣大學士、翰林院掌院學士、禮部、工部、内務府會議面奏。

工部等衙門題爲遵旨會議事。奉旨：立碑事宜重要，有關典禮，著内閣大學士、翰林院掌院學士、禮部、工部、内務府會議面奏。欽此。該臣等會議得，自古帝王褒崇先聖，或車駕臨幸釋奠，或儒臣撰文立碑，垂之簡編，已不多見。我皇上以勳華之上聖，契洙泗之心傳，臨幸講堂，瞻謁林廟，禮隆九拜，事軼千秋，躬製碑文，親灑宸翰，發金礱石，遣官董治，此百王希覯之盛事，史册未有之隆規也。兹以立碑處所，令臣等酌議。謹考前史、《實録》《闕里志》諸書及廟堂圖繪，歷代建碑，惟擇寬適之地，非有前後次第。今相度得大成門外左廂，金聲門之右，高明爽塏，可以建立碑亭，昭垂來許，伏候命下遵行。入宫牆者，逾生嚴敬；陟廟庭者，益肅觀瞻。請動内帑五百兩，差内務府廣儲司員外郎阜保、工部都水司員外郎卞永式督修，帶刻匠二名、石匠四名給驛前往，悉如前議。奉旨：依議。

衍聖公臣孔毓圻題爲請旨事。臣前閱邸抄，禮部題覆臺臣任玥疏，奉旨：孔子聖集大成，道隆德備，參兩天地，卓冠古今，歷代帝王，咸所師法。朕研精經籍，志切欽崇，應勒廟碑，朕俱親行撰文書寫，以昭景行尊奉至意。餘依議。欽此。欽遵。今碑石已運至廟内，則夫頒降御書聖製以光寵廟庭者，業有成命，無容微臣再請矣。但天章宸翰之重，必得琢月鏤金之手方能摹勒。山左僻陋，實無其人。而臣又尠見寡聞，知識短少，敢不預行題請？至於御碑建立處，必擇和會爽塏之地，始足以焕日星而式觀仰。此皆事出特典，非微臣所敢擅專，謹題請旨。奉旨：已有旨了。該部知道。

康熙二十六年丁卯二月十二日庚戌，廣儲司員外郎阜保率匠役至曲阜興工蓋造碑亭，五月初六日癸亥完工，阜保回京覆旨。上以御書聖廟碑文發出，令阜保率刻字人往曲阜勒碑。阜保請賫捧御書，儀注并請碑亭用琉璃瓦，皆命廷臣會議。阜保等求列名碑陰，上許之。又命阜保於山東採周公、孟子二廟石碑。

員外郎阜保以五月十六日啓奏，上諭曰："爾來正好。聖廟碑適書就，爾可先带鐫字人往鐫刻。朕於周公、孟子廟亦欲立碑，此二廟碑石，爾可就近在山東採取。俟採得碑石，鑿成之時，再來請碑文。"諭畢，上將書就孔廟碑文付阜保領出。阜保又奏云："臣觀聖廟中，自古帝王，多有碑刻，然如今日皇上御製御書之碑，乃從來所未有。臣應作何請去，請定儀注。又碑亭蓋完，應用琉璃瓦，山東並無燒造之人，一并請旨。"奉旨：琉璃瓦著該部即速燒造，於回空糧船带去。其作何請去之處，著與内務府、禮部、工部會同議奏。阜保又奏云："臣見漢唐以來聖廟碑刻，監造之臣俱得列名碑陰。今臣等遭逢聖世，親見曠典，真乃人臣罕有之奇遇。臣等名字，應否亦附刻碑陰？”奉旨：爾等名字，准刻於碑陰。皁保奏曰：“皇上御製御書，昭垂萬古，與天地同久。小臣何幸，附刻姓名，亦得隨皇上御筆永遠不朽。臣不勝感激，謹奏謝恩。”奉旨：是。

工部等衙門題爲請旨事。本年四月二十二日，廣儲司員外郎皁保將孔子廟碑亭圖樣進[1]呈御覽，口奏山東地方無燒造琉璃瓦之土，亦無會燒之人。奉旨：琉璃瓦料從此帶去之處與工部會議。欽此。欽遵。該臣等會看孔廟圖樣，歷代建立碑亭俱用緑瓦，建造碑文，敕令文臣撰擬。今皇上躬製碑文，又親灑宸翰，勒諸貞珉，爲萬世法寶，合用黄瓦以崇盛典，相應照依建造碑亭官員所估數目，此處速燒黄色瓦料，交與造碑亭官員可也。奉旨：仍用緑琉璃瓦。

工部等衙門遵旨會議得，康熙二十六年五月初三日，廣儲司員外郎皁保奏，周公、孔子、孟子廟碑文，皇上御製文章，親灑宸翰，關係重大，一應頒行御書儀制，禮部應有定例，合行請旨。奉旨：工部、内務府會同議奏。欽此。欽遵。該臣等議，查典禮，頒送御書，應用黄繖、御仗等執事。皇上御製周公、孔子、孟子碑文賫去，應用儀仗照例迎送。奉旨：依議。

1 “進”，四庫本作“恭”。

幸魯盛典卷十四

五月二十六日癸卯，命廣儲司員外郎皁保恭賫御書聖廟碑文，設御仗，黃蓋鼓吹，率鴻臚寺序班朱圭赴闕里鐫刻。六月初六日壬子，衍聖公孔毓圻率纂修諸臣、五經博士孔毓埏及屬員師生人等，兖州府知府祖允圖率該屬有司，奉迎於汶上縣。二十二日戊辰，御書至於闕里。於是山東巡撫錢珏、布政使黃元驥、濟東道陳俞侯、提學道宫夢仁、督糧道胡介祉、兖東道李煒、鹽運使鮑復昌、濟寧道董安國及各屬文武官員，咸赴闕里，瞻仰御筆。員外郎皁保令朱圭等即摹御書勒石。

山東巡撫錢珏題爲恭報微臣出省日期等事。臣惟前者聖駕東巡，親詣闕里，尊崇至聖。兹接邸抄，奉旨差廣儲司員外郎皁保賫捧御製碑文，馳到曲阜。臣隨於康熙二十六年六月初二日，單騎减從，前往曲阜，瞻仰龍翰。至泉林、周、孟二廟造碑，今臣亦親往督令如式置造，理合題報。奉旨：該部知道。

七月二十四日庚子，御碑告成，廣儲司員外郎皁保恭賫摹搨樣本進呈御覽。二十八日甲辰，工部筆帖式昂機圖運送緑琉璃瓦一萬五千至於廟庭。

衍聖公臣孔毓圻奏爲恭謝天恩事。切蒙皇上欽賜聖廟碑石，本年二月内，工部等衙門會議得，大成門外左廂金聲門之右，高明爽塏，可以建立碑亭，動支内帑五百兩，差内務府廣儲司員外郎皁保、工部都水司員外郎卞永式督修等因。奉旨：依議。欽此。欽遵。隨於二月二十八日礱石蓋亭，一體興工。復蒙皇上命内務府廣儲司員外郎皁保带領鴻臚寺序班朱圭前來勒石，於五月二十五日豎碑，於七月初十日鐫完訖。復蒙皇上賜到緑琉璃瓦一萬五千，於九月二十八日，碑亭俱已完工。仰惟皇上聖明天縱，學問性成。觀風廣魯，既肇稱親祀之儀；眷注尼山，復重以穹碑之錫。鑿翠琰於恒嶽，秀韞崑岡；騰寶氣於端門，瑞符黄玉。爰賁龍章，直探星宿；並揮鳳藻，上轢瓊霄。至言浩瀚，弘《道德》之五千；妙楷端嚴，本羲疇之一畫。發明綱常彝教，若布帛菽粟之並陳；昭示會極臣民，化偏黨競緑而遵路。千年祠宇，昭聖撰而重光；歷代文章，待宸篇而立極。睠兹碑制之隆，已逾前古；邇者碑亭之建，復費天心。屢頒内府金錢，制其經費；仍敕皇華修建，董以成功。特遣名手以臨摹，法傳鐘鼎；載命尚方而燒造，瓦致瑠璨。跪誦御書之搨，適逢傑構之成。重檐複栱，輝於大成之門；碧甃丹櫨，坐鎮奎文之後。遐邇咸觀，曩今共仰。考明堂辟雍之制，樹弘規於興聖之區；即鼓鐘彝鼎之間，敷寶訓於觀摩之地。一夫不役，自仰體於聖衷；兩載經營，顧猶煩乎天使。軼前王之制作，炳焕千秋；冠廟寢以巍峩，垂休百代。謹以報成，恭陳奏謝。奉旨：覽卿奏謝，知道了。該部知道。

【附録】

〇唐高宗乾封元年，贈孔子爲太師。是年封岱，車駕幸闕里，駐蹕，謁先聖祠廟。皇太子弘上表乞樹碑以彰聖德，曰："臣聞周師東邁，商閭延降軾之榮；漢蹕西旋，彝門致抱關之想。況泣麟曾躅，歌鳳遥芬，被縟禮於昌辰，飾殊榮於穹壤者。伏惟陛下資靈統極，稟粹登樞。乃聖乃神，體陰陽而不宰；無爲無事，均雨露之莫私。六符薦而泰階平，百寶臻而天祚永。靈臺所以偃伯，延閣由其增絢。尚齒尊賢，邁鴻名於萬古；興亡繼絶，騰峻軌於千齡。大矣哉！茂實英聲，固無得而稱矣。日者封金岱畎，會玉梁陰，路指沂川，途經闕里。回鑾駐蹕，式鑑堯禹之姿；闢纊凝旒，載想温良之德。於是特紆宸涣，贈以太師；爰命重臣，申其奠醊。廟堂卑陋，重遣修營。褒聖侯德倫子孫，咸蠲賦役。臣恩均扈從，迹濫撫軍。舊烈遺塵，躬陪瞻眺；雩壇相圃，欣覿前聞。又昔歲承恩，齒胄膠塾，歷觀軒屏，具列門徒。想仁孝於顔曾，彌深景慕；採風猷於竹帛，冀啓顓蒙。所以輕敢陳聞，庶加褒贈，天慈下濟，無隔異時。咸登師保，式光泉夜，敢以前恩，重兹干請。竊謂宣尼之廟，重闡規摹。桂殿蘭羞，永傳終古；崇班峻禮，式賁幽埏。而翠琰莫題，言猷靡暢，詢諸故實，有所未周。且將聖自天，惟幾應物，拯人倫於已墜，甄禮樂於既傾。祖述勳華，三千勵其瞻仰；憲章文武，億兆遵其藏用。豈可使汾川遺碣，獨擅於無慚；峴岫餘文，孤標於墮淚？伏見前件孔廟，營搆畢功，峻業增徽，事資刊勒，敢希鴻澤，令樹一碑。但遼海清平，久無徵發；山東豐稔，時踰恒歲。況鄒魯舊邦，儒教所起，刊勒之費，未足爲多，許其子來，不日便就。乞特矜照，遂此愚誠。臣識昧恒規，言慚通理，塵黷聽覽，追增竦戰。"敕旨：依請。〇明太祖洪武元年二月，遣祭酒孔克堅致祭闕里，敕諭曰："仲尼之道，廣大悠久，與天地相並。故後世有天下者，莫不致敬盡禮，修其禮事。朕今爲天下主，期在明教化，以行先聖之道。今既釋奠於國學，仍遣爾修祀事於闕里。爾其敬之！"〇成祖永樂十五年九月，御製孔子廟碑文，曰："道原於天，而畀於聖人。聖人者，繼天立極而統承乎斯道者也。若伏羲、神農、黄帝、堯、舜、禹、湯、文、武、周公，歷聖相傳，一道而已。周公没，又五百餘年而生孔子。所以繼往聖，開來學，其功賢於堯、舜，故曰：‘自生民以來，未有盛於孔子者也。’夫四時流行，化生萬物，而高下散殊，咸遂其性者，天之道也。孔子參天地，贊化育，明王道，正彝倫，使君君臣臣、父父子子、夫夫婦婦，各得以盡其分，與天道誠無間焉爾，故其徒曰：‘夫子之不可及也，猶天之不可階而升也。’又曰：‘仲尼，日月也，無得而踰焉。’在當時之論如此，亘萬世無敢有異辭焉。於乎！此孔子之道所以爲盛也。天下後世之蒙其澤者，實與天地同其久遠矣。自孔子没，於今千八百餘年，其間道之隆替，與時陟降。遇大有爲之君，克表章之，則其政治有足稱者，若漢、唐、宋致治之君可見矣。朕皇考太祖高皇帝，天命聖智，爲天下君，武功告成，即興文教，大明孔子之道。自京師以達天下，並建廟學，徧賜經籍，作養士類，儀文之備，超乎往昔。封孔氏子孫世襲衍聖公，秩視一品。世擇一人爲曲阜令，立學官以教孔、顏、孟三氏子孫。嘗幸太學，釋奠孔子，竭其嚴敬。尊崇孔子之道，未有如斯之盛者也。朕纘承大統，丕法成憲，尚惟孔子之道，皇考之所以表章之者若此，其可忽乎？乃曲阜闕里在焉，道統之系，實由於兹。而廟宇歷久，漸見墮敝，弗稱瞻仰。往命有司，撤其舊而新之。今年畢工，宏邃壯觀，庶稱朕敬仰之意。俾凡觀於斯者，有所興起，致力於聖賢之學，敦其本而去其末。將見天下之士，皆有可用之材，以贊輔太平悠久之治，以震耀孔子之道。朕於是有深望焉。遂書勒碑，樹之於廟，并系以詩曰：‘巍巍元聖，古今之師。垂世立言，生民是資。天將木鐸，以教是畀。謂欲無言，示之者至。惟天爲高，惟道與參。惟地爲厚，惟德與含。生民以來，實曰未有。出類拔萃，難乎先後。

示則不遠，日用攸趨。敦敘有彝，遵於聖模。仰惟皇考，聖道實崇。禮樂治平，身底厥功。曰予祇述，詎敢或懈。聖緒丕承，儀憲永賴。巖巖泰山，魯邦所瞻。新廟奕奕，飭祀有嚴。鼓鐘喤喤，璆磬戛擊。八音相宣，聖情怡懌。作我士類，世有才賢。佐我大明，於萬斯年。'" ○成化四年，御製重修孔子廟碑，曰："朕惟孔子之道，天下不可一日無焉，何也？有孔子之道，則綱常正而倫理明，萬物各得其所矣。不然，則異端橫起，邪説紛作，綱常何自而正，倫理何自而明，天下萬物又豈能各得其所哉？是以生民之休戚係焉，國家之治亂關焉。有天下者，誠不可一日無孔子之道也。蓋孔子之道，即堯、舜、禹、湯、文、武之道，載於六經者是也。孔子則從而明之，以詔後世耳。故曰：'天將以夫子爲木鐸。'使'天不生孔子'，則堯、舜、禹、湯、文、武之道，後世何從而知之？將必昏昏冥冥，無異於夢中，所謂'萬古如長夜'也。由此觀之，則天生孔子，實所以'爲天地立心，爲生民立命，爲往聖繼絶學，爲萬世開太平'者也。其功用之大，不但同乎天地而已。噫！盛矣哉！誠生民以來之所未有者。宜乎弟子形容其聖，不一而足，至於《中庸》一書而發明之無餘藴矣。自孔子以後，有天下者無慮十餘代，其君雖有賢否智愚之不同，孰不賴孔子之道以爲治？其尊崇之禮，愈久而愈彰，愈遠而愈盛，觀於漢魏以來褒贈加封可見矣。逌我祖宗益興學校，隆祀典，自京師以達於天下郡邑，無處無之。而在闕里者，尤加之意焉。故太祖高皇帝登極之初，即遣官致祭，爲文以著其盛而立碑焉。太宗文皇帝重修廟宇而一新之，亦爲文以紀其實而立碑焉。朕嗣位之日，躬詣太學，釋奠孔子。復因闕里之廟歲久漸敝而重修之，至是畢工，有司以聞，深慰朕懷。嗚呼！孔子之道之在天下，如布帛菽粟，民生日用，不可暫闕。其深仁厚澤，所以流被於天下後世者，信無窮也。爲生民之主者，將何以報之哉？故新其廟貌而尊崇之。尊崇之者，豈徒然哉？冀其道之存焉爾。使孔子之道常存而不泯，則綱常無不正，倫理無不明，而萬物亦無有不得其所者。行將措斯世於雍熙太和之域，而無異於唐虞三代之盛也。久安長治之術，端在於斯。用是爲文勒石，樹於廟庭，以昭我朝崇儒重道之意焉。系以詩曰：‘天生孔子，縱之爲聖。生知安行，仁義中正。師道興起，從游三千。往聖是繼，道統流傳。六經既明，以詔後世。三綱五常，昭然不替。道德高厚，教化無窮。人極斯立，天地同功。生民以來，卓乎獨盛。允集大成，實天所命。有天下者，是尊是崇。曰惟聖道，曷敢弗宗？顧予渺躬，承此大業。惟聖之謨，於心乃愜。用之爲治，以康兆民。聖澤流被，萬世聿新。報典之隆，尤在闕里。廟宇巍巍，於兹重美。文諸貞石，以光於前。木鐸遺響，餘千萬年。’”〇孝宗弘治十七年，重建聖廟，大學士李東陽疏請刻御製碑，曰：“先該山東巡撫徐源奏，闕里孔子廟修建落成，續該禮部題請御製碑文及遣官祭告。奉旨：是遣李東陽祭告。臣竊惟修建孔廟，朝廷重事，而御製碑文及遣祭祝文，尤陛下隆師重道之盛心。是宜刻之金石，以昭示萬世。但本廟僻在一方，恐無善寫楷書之人，不能揚勵宸章，有辜恩典。臣奉將使命，事體相關，乞令制敕房中書舍人喬宗賫捧前項御製文字，往彼書寫上石，仍乞帶領工部文思院副使閻傑就彼鐫刻。事畢之日，即令回京。該部通行照例應付廩給、脚力。”制曰：可。〇孝宗御製碑文，曰：“朕惟古之聖賢，功德及天下後世，立廟以祀者多矣。然内而京師，外而郡邑，及其故鄉，靡不有廟。自天子至於郡邑長吏，通得祀之。而致其嚴且敬，則惟孔子爲然。蓋孔子天縱之聖，生當周季聖賢道否之日，而不得其位以行。乃歷考上古以來聖人之君天下者，曰堯，曰舜，曰禹、湯、文、武，已行之迹，并其至言要論，定爲六經，以垂法後世。自是凡有天下之君，遵之則治，違之則否，蓋有不能易者，真萬世帝王之師也。故自漢祖過魯之後，多爲之立廟。沿及唐宋，英明願治之君屢作，益尊而信之，孔子之廟遂徧天下，爵號王公，禮視諸侯而加隆焉。蓋天理民彝之在人，有不能自泯也。我皇祖以至神大聖，植綱常於淪斁之餘，武功方戢，即遣人詣闕里祀孔子，風示天下，規度可謂宏遠矣。列聖相傳，益嚴祀事，先後一軌。暨我皇考憲宗，詔增廟之舞佾爲八，籩、豆十二，禮樂盡同於天子。褒崇之典，至是蓋無以加。我國家百有餘年之太平，端有自哉！闕里有廟，建自前代，規制尤盛。弘治己未六月，燬於火。朕聞之惕然，特敕山東巡撫、巡按暨布政、按察司官聚財庀工，爲之重建。越五年甲子正月工畢，巡撫右都御史徐源、巡按監察御史陳璘以其狀來上，宏深壯麗，視舊規有加，朕懷乃慰。既遣內閣輔臣、太子太保、户部尚書兼謹身殿大學士李東陽往告，復具顛末爲文，俾勒之廟，用昭我祖宗以來尊師重道之意，并繫之詩曰：‘聖人之生，天豈偶然。命之大君，俾贊化權。二帝三王，君焉克聖。繼天立極，道形於政。大化既洽，至治斯成。巍巍蕩蕩，渾乎難名。周政不綱，道隨時墜。孔子聖人，而不得位。乃稽群聖，乃定六經。萬世之師，於焉足徵。自漢而下，數千餘歲。褒典代加，有隆無替。於皇我祖，居正體元。六經是師，卓爾化原。列聖相承，先後一揆。逮及朕躬，思弘前軌。廟貌載崇，祀事孔禮。經言典訓，彌謹彌敦。俗化治成，日升川至。斯道之光，允垂萬世。’”

臣按：自黄初俾侯宗聖，刻石始承制書。乾封追贈太師，樹碑亦奉敕旨。累朝刊勒，並出儒臣撰述。歷宋、金、元，但傳祥符一贊。至明永樂、成化、弘治，遂有御製三碑。然而視草率由詞苑，揮毫付之中書，豈有天藻宸翰，雙輝交美？肇自亘古，實惟今日。皇上德躋極天之峻，道造逢原之深，既博於文，復游於藝，紫極幾暇，黄屋務閒，纂堯湯之典誥，追羲昊之圖書，孔思周情，日新富有。而於廟碑親撰親書，發天地之大文，兼古今之至美，自有聖廟以來所未覯也。而且鑿名山之翠珉，陶上方之碧瓦，既發内府之金，重遣皇華之使，周爰咨度，伻來以圖，曰止曰時，可規可矩。乃經始於寅夏，爰落成於卯秋。碑既屹立，亭斯穹蓋。制作大備，如睹赤虹黄玉之文；苗裔永存，匪同白馬丹書之誓。紫微懸映，軼賜札之十行；金薤琳瑯，異寫經之三體。爾乃翼淩雲之傑構，靈光遜其巋然；承應宿之高甍，景福慚於並峙。軒車塞路，但有拜瞻；鉛槧徒懷，無能仰頌者矣。

康熙二十六年丁卯五月十五日，廣儲司員外皁保恭齎到御製御書周公、孟子廟碑文，仍同工部都水司員外郎卞永式監造。

先是，山東巡撫張鵬題爲曠典一時並舉，孟廟亦應修葺，謹一并題明，恭請龍章，以垂不朽事。該臣准到部咨，周公廟宇交與該撫設法修葺等語。臣有請者，堯、舜、禹、湯、文、武之道，成於周公，集於孔子。百餘年後，百家争鳴。聖教幾熄，賴一人焉。起而正之者，實惟孟子。其著書七篇，包羅天地，揆敘萬類，故歷代尊爲亞聖者，以其大有功於聖教也。臣考孟子廟建自宋景祐四年，歷代皆加修葺。今則牆垣倒塌，殿宇傾圮，棲石像於小屋，仆斷碑於空庭。因思皇上闡明道脈，遠紹心傳，孔子、周公二聖之典禮既崇，則亞聖之廟貌宜肅。臣等幸際昌時，敢不仰體聖心，設法修葺，以襄盛典？擬與周公廟一併鳩工，但扁額、碑記非御製宸章，無以永垂萬世。伏冀皇上親撰頒賜，勒之貞珉，奕禩取法無窮，聖賢光被不朽。奉旨：該部議奏。

禮部題前事。仰惟皇上天縱聖明，勤學稽古，紹唐虞之道統，闡孔孟之心傳，表章六經，垂教萬世，崇尚德報功之典，弘承先啓後之模，天章與雲漢同昭，宸翰偕日星並麗。今孟廟既稱修葺，允宜御製扁額、碑記，永垂不朽。俟命下之日，交與翰林院，將御製扁額、碑記發出，行文該撫製造、懸掛、刊勒可也。奉旨：依議。

【附録】

○古鄒城，在今縣東南二十五里嶧山之陽。《水經注》曰："嶧周圍二十里，高秀特出，積石相臨，殆無土壤。石間多孔穴，洞達相通，有如數間屋，甚奇觀也。"由山而北，群山絡繹，直接四基、馬鞍二山。而九龍山之旁有大澤曰溪湖，袤廣數里，流爲白馬湖，西南以達於泗水。湖之西，孟母泉出焉。孟子舊居在此，今子孫世居之。○宋仁宗景祐四年，孔道輔守兖州，求孟子墓，於四基山得之，始就山建廟，泰山孫復記曰："龍圖孔公爲東魯之二年，公，聖人之後，以興復斯文爲己任，謂：'諸儒之大有功聖門者，莫先於孟子。吾當訪其墓而表之，新其祠而祀之，以旌其烈。'於是符下，俾鄒之官吏博求之，果於邑之東北三十里，有山曰四基，得其墓焉。遂去榛莽，肇其堂宇，以公孫丑、萬章之徒配。"○宋神宗元豐六年，封孟子爲鄒國公，下制曰："自孔子没，先王之道不明。發揮微言，以紹三聖。功歸孟氏，萬世所宗。厥惟舊邦，實有祠宇。追加爵號，以示褒崇。"元豐七年，始以孟子配享孔廟。○元文宗至順二年九月，加贈孟子爲鄒國亞聖公，制曰："孟子，百世之師也。

方戰國之縱橫，異端之充塞，不有君子，孰任斯文？觀夫七篇之書，惓惓乎致君澤民之心，凜凜乎拔本塞源之論，黜霸功而崇王道，距詖行而放淫辭，可謂有功聖門，追配神禹者矣。朕若稽聖學，祇服格言，乃著新稱，以彰渥典。於戲！誦《詩》《書》而尚友，緬懷鄒魯之風；非仁義則不陳，期底唐虞之治。英風千載，蔚有耿光。可加封鄒國亞聖公。”○宋徽宗宣和四年，縣尹朱缶始徙廟於南門外道左，孫傳記略曰：“孟子葬鄒之四基山，傍冢爲廟，歲久弗治。廟距城三十餘里。先是，嘗别營廟於邑之東郭，以便禮謁。元豐七年，詔更新廟貌，而地頗湫隘。宣和三年，縣令朱缶謀諸邑人、諸生，咸謂廟瀕水亟壞，不四十年，凡五更修矣，若許改卜爽塏之地，則願任其事。令許之，遂徙廟於邑。”○明孝宗弘治九年，修復孟廟。至熹宗天啓二年，白蓮、聞香妖黨突起，盤據鄒、滕者半載，孟廟及中庸書院、斷機諸祠悉罹兵燹，一切廟廡垣墉無不殘毁。賊平，兖守孫朝肅修復之，大學士文震孟爲之記。○鄒縣治東舊有子思講堂，相傳思、孟授受於此。元成宗元貞間，縣尹司居敬以縣東南隅暴書臺處世傳爲孟子故宅，因建子思祠於暴書臺東，榜曰“中庸精舍”，堂曰“淵源”，實爲書院之始。張頙記曰：“鄒人相傳，孟子故宅在縣東南隅。其宅前臨因利溝，南揖文賢岡，泗川掩抱，好事者築暴書臺其間，則昔日故有廬舍。又縣治東隙地，舊名‘子思講堂’，謂孟子傳道於此，受學故當在魯，豈子思時至鄒耶？今千六百餘年，邑人猶曰‘此故宅’‘此講堂’，洞洞屬屬，如將見之，可不因人心所向以存其蹟乎？東陽司居敬來尹兹邑，復故宅遺蹟，闢門修垣以表之。寄講堂於暴書臺旁，名曰‘中庸精舍’。子思子南面，孟子西向侍，皆章甫元端危坐，儼然昔日授受之容矣。”○司尹既去，縣尹宋彰繼之，始建講堂於淵源堂之後，曰“率性堂”。又爲學官居室於其左，齋舍、廚庫翼爲東西。請於朝，總名爲“中庸書院”，時成宗大德六年也。○元仁宗延祐二年，詔改“中庸書院”額爲“子思書院”，設山長以司祭祀及教事。○文宗至順二年，封子思爲沂國述聖公。○明武宗正德元年，以衍聖公次子襲封翰林院五經博士一員，奉子思書院廟事。

臣按：宋神宗元豐六年，朝散大夫吏部尚書曾孝寬上言：“孟軻氏自古嘗以其書置博士，朝廷亦以其書勸學取士，而未有封爵載於祀典。”章下禮官，禮官言：“孟子傳聖人之道，有功天下後世，今若止加廟額侯爵，恐未盡褒崇。檢會顔子封兗國公，十哲益封郡公，欲乞自朝省詳酌，特封公爵，以示褒顯。”天子從之，封鄒國公。七年，以孟子配享孔子。度宗咸淳三年，升曾子、子思子並配孔子，位在孟子上。初，高、孝間，洪邁嘗謂孟子配食與顔子並，而其師子思、子思之師曾子皆在其下，於禮儀實爲未然。至是，始以四子並配。此封爵配饗之原始也。元祐間，龍圖閣學士孔道輔守兗州，求孟子墓於四基山，就墓旁立廟。元豐七年，知兗州軍事李椗請曰：“孟子廟在鄒鎮東北隅，制度極陋。下仙源縣勘會，有室七間，皆已倒塌。請於修文宣王廟剩錢内支錢三百貫，增修孟子廟，以稱今來爵命。”朝議從之。考鄒自熙寧五年地入仙源，此時廟猶在墓前。至後復爲縣，别營廟於邑之東郭。而今南門外之廟，則徽宗宣和四年所移置。此祠廟更置之本末也。子思子中庸書院與孟母斷機堂，則肇造於元鄒尹司居敬。夫鄒魯授受之迹迥不可追，而講堂故址於一千六百餘年之後，人咸稱述弗忘，於斯見大道之不泯於人心，而守先待後，聞風興起之説驗矣。兗守表祠墓於前，鄒尹修書院於後，桑梓敬止，几杖儼然，二賢之功，其可忘乎？

二千餘年後，幸遇我皇上秉大聖之制作，明斯道之淵源，推之孔子之前之後，而周、孟二碑同時並建。鄒魯之邦，御碑鼎峙，如日月之並行，五星之齊耀，風聲所樹，已足振起愚蒙，漸被九有，矧錫之敷言，發皇震動。凡厥庶民，靡不是訓是行，以近天子之光者矣。

康熙三十五年丙子六月，國子監祭酒孫岳頒、司業張豫章疏請，皇上以三次親征，勦滅噶爾丹，朔漠永清，告捷聖廟，且請紀聖德神功，御製御書碑文，勒石國學，頒示天下。命禮臣議。議上，制曰：可。遣大學士張玉書祭告聖廟，翰林院侍讀學士史夔祭告闕里。文載第一卷。

禮部題爲聖算無遺，天威遠震，凱旋振旅，邊徼永清，請酌古制告捷學宮事。禮科抄出，國子監祭酒孫岳頒、司業張豫章題前事，内稱：竊惟自古聖帝明王，爲國計民生，謀久安長治，則有負固逆命者，必命將出師，恭行天討，殲厥醜類，以奠安中外。然或近在封域之間，非盡遠踰邊庭之界。即使躬親鞍軡，亦必歲久成功。故漢之武帝，唐之太宗，未嘗不開疆拓宇，而不能迅奏膚功。明之成祖，亦屢出塞征討。地猶未遠，不寧惟是。殷高宗之克鬼方也，以三年；周宣王六月興師以伐玁狁，亦僅至於太原而已。未有親統大軍，出險涉遠，不數十日而大功告成，廓清沙漠，乂安邊境，如我皇上之神武首出，敻邁百王者也！我皇上自御極以來，削平三逆，掃蕩臺灣，南朔東西，並奉正朔。凡戴髪含齒之儔，咸思向風而效順。乃有厄魯特噶爾丹者，辜恩背德，獨自外於聲教，狡謀出没，擾亂邊陲，逆天虐民，罪在不赦。皇上念逆寇一日不靖，則邊氓一日不安，非速行勦滅，曷由共享太平？雖諸王、大臣請緩親征，而睿謀獨斷，衆論不撓。且軍儲皆出天庾，轉餉數十萬石，時頒賞賚，師有餘資。總以安四海生靈之命,綿宗社無疆之庥。故不憚六飛遠邁,身先士卒,而天人叶應,自誓師以迄大捷,僅七十日耳。從此邊塞不聞金鼓之聲,斥堠永無烽火之警,胥游化日,共樂堯天。是從來未有之大仁也。師出之日,水凍草枯。及御蹕經臨,掘地則泉湧,牧馬則草肥,蓋天時地脈,已早決於宸算之中,非臣下所能測識萬一。且分布諸軍爲三路,調度規畫,並出皇上之指授。噶爾丹既凛天威之降臨,復聞大軍之四繞,釜炊不及餐,妻孥不暇顧,棄而宵遁,自謂可以免脱,不知神策秘謨,預定於前。逆寇西奔,天戈東指。諸軍會合,環而擊之。背水阻山,擒斬殆盡。餘黨星散,絡繹就降。子女牛羊,俘獲無算。搗其巢穴,沙磧一空。是從來未有之大智也。巴顔烏喇、黑魯倫河等地最爲險遠,行間持戟,尚憚馳驅。乃皇上親舉玉趾,櫛風沐雨,日進一餐,勞苦與軍士共之。率數十萬貔貅之衆,踰天山,渡瀚海,如履平地而走康莊,莫不忠義激發,驍騰百倍。兵刃未接,先已披靡。乘勝窮追,摧枯拉朽。逆寇既就滅亡,塞外諸藩,益復畏威懷德。是從來未有之大勇也。十五日,午門宣捷。二十三日,又午門宣捷。跪聽嵩呼,誠懽誠忭。凡屬臣民,舉翹首皇上回鑾,告成功以彰顯烈。臣等一介腐儒,荷蒙聖恩簡擢,不獲負弩執殳,効力塞外。伏查《禮記·王制》曰:"天子出征,執有罪反,釋奠於學,以訊馘告。"即《魯頌·泮水》之詩亦曰:"矯矯虎臣,在泮獻馘。淑問如皋陶,在泮獻囚。"是三代時告捷於學也。漢唐以來,僅於丹鳳樓前及午門外受俘,未有告成於國學者,似於《詩》《禮》爲未符。皇上建千古未有之功,則漢唐未舉行之盛事,請自皇上始之。即聖朝寬仁,不必有事於訊馘,而專行釋奠之禮,昭告文廟,勒石太學,原本六經,非由臆説,不妨與祭告闕里並行,將見文德武功,益光昭史册於無既矣。臣等愚鈍無知，遭際聖明，謹據經生之見，仰塵天聽，因係條陳事宜，字多踰格。如果臣言可採，伏祈敕部議覆施行。康熙三十五年六月二十五日題，七月初四日奉旨：該部議奏。欽此。欽遵。於本月初五日到部。該臣等議得，國子監祭酒孫岳頒、司業張豫章疏稱，我皇上自御極以來，削平三逆，掃蕩臺灣，凡戴髮含齒之儔，咸思向風而效順。乃有厄魯特噶爾丹者，辜恩背德，逆天虐民，罪在不赦。皇上念逆寇一日不靖，則邊氓一日不安，故不憚六飛遠邁，身先士卒，而天人叶應，自誓師以迄大捷，僅七十日耳。師出之日，水凍草枯，及御蹕經臨，掘地則泉湧，牧馬則草肥，蓋天時地脈，已早決於宸算之中，非臣下所能測識萬一。噶爾丹釜炊不及餐，妻孥不暇顧，棄而宵遁，自謂可以免脱，不知神策秘謨，預定於前。諸軍會合，環而擊之。餘黨星散，絡繹就降。子女牛羊，俘獲無算。搗其巢穴，沙磧一空。逆寇既就滅亡，塞外諸藩，益復畏威懷德。午門宣捷，跪聽嵩呼，誠懽誠忭。凡屬臣民，舉翹首皇上回鑾，告成功以彰顯烈。伏查《禮記・王制》曰："天子出征，執有罪反，釋奠於學，以訊馘告。"即《魯頌・泮水》之詩亦曰："矯矯虎臣，在泮獻馘。淑問如皋陶，在泮獻囚。"是三代時皆告捷於學也。皇上建千古未有之功，則漢唐未舉行之盛事，請自皇上始之。即聖朝寬仁，不必有事於訊馘，而專行釋奠之禮，昭告文廟，勒石太學，原本六經，非由臆説。不妨與祭告闕里並行，將見文德武功，益光昭史册於無既等因。前來查祭告闕里，臣部以聖謨廣運等事一疏請旨，俟命下舉行外，其祭酒孫岳頒等所請，不必有事訊馘，專行釋奠之禮。查康熙八年四月內，皇上親詣太學舉行釋奠在案。仰惟我皇上親統六師，將噶爾丹刻期勦滅，武功既盛，文德益彰。應遣大臣一員，詣文廟祭告成功。自皇上徂征以至回鑾,一切訏謨勝算,及將士之踴躍,百神之効靈,允宜纂集大綱,進呈御覽,勒石國學。更將碑文摹搨,頒發各直省總督、巡撫,轉發各府、州、縣學,俾萬代士子咸知皇上遠踰瀚海,迥出絶域,屏去幃幄,晝夜躬擐甲胄,身先士卒,聖武神謀,殄滅逆寇,創此開闢以來未有之盛烈也。恭候命下,虔辦祭品,選擇吉日,遣大臣之處,由太常寺衙門啓奏。其告祭祭文,勒石碑文,由翰林院撰擬呈覽。其碑石由工部備辦。勒石之處,交與國子監刊刻。俟勒成之日,摹搨轉送臣部頒發直省可也。臣等未敢擅便,謹題請旨。康熙三十五年七月十五日題,三十六年六月初六日奉旨:依議。

【附録】

○《詩・魯頌・泮宫》曰:“矯矯虎臣,在泮獻馘。淑問如皋陶,在泮獻囚。”毛公傳曰:“囚,拘也。”鄭康成箋云:“馘,取格者之左耳,囚所虜獲者。僖公既伐淮而反,在泮宫,使武臣獻馘,又使善獄之吏獻囚。”孔穎達正義曰:“《釋詁》云:‘馘,獲也。’《皇矣》傳曰‘殺而獻其左耳’,故云‘馘所獲者之左耳’,謂臨陣格殺之而取其左耳也。‘囚所虜獲者’,謂生執而係虜之,則所謂執訊者也。”○《禮記・王制》曰:“天子將出征,類乎上帝,宜乎社,造乎禰,禡於所征之地,受命於祖,受成於學。出征執有罪反,釋奠於學,以訊馘告。”鄭氏於“受成於學”注曰:“定其謀也。”“釋菜於學”二句注曰:“釋菜奠幣,禮先師也。訊馘,取生獲斷耳者。”孔穎達正義曰:“‘受成於學’者,謂在學謀議兵事好惡可否,其謀成定。受此成定之謀於學裏,故云‘受成於學’。”○“‘出征執有罪’者,謂出師征伐,執此有罪之人,還反而歸,釋菜奠幣在於學,以可言問之訊,截左耳之馘,告先聖、先師也。”○又曰:“案《周禮・宗伯》:‘師還，獻愷于祖。’《司馬職》云：‘愷樂獻于社’。此記不云祖及社者，文不具。《周禮》不云獻愷於學者，亦文不具。”

臣按：猾夏之咨，征苗之役，見於《虞書》。鬼方之伐，垂於《易象》。玁狁于襄，昆夷之喙，荆舒之懲，撻伐之績，著於《雅》《頌》。自古聖帝明王盛德大業昭垂經籍者，曷常不以攘外安内爲亟亟哉？然率由命將徂征，未聞親臨絶域，亦且積有歲月，然後克之，不過驅之遠遁，受其歸款，未聞盡其種類殄滅無遺者。至於獨斷之決，料敵之明，成功之速，戰必勝，攻必取，俘其子息，殲厥渠魁，一勞永逸，而且心切好生，恩敷並育，受數百萬之降，闢數萬里之地，則自五帝三王以來，未有如我皇上親征之役功最高、德最厚者也。伏稽釋奠於學，以訊馘告之文，載在《王制》。獻囚獻馘，《魯頌》歌之。典綦鉅矣，而三代以下未有行之者，豈惟古禮久湮，罕能修舉？良由後世帝王功烈卑淺，不足以稱此隆儀也。幸遇聖朝，創行此禮，詎非超越萬古之盛事哉？吾夫子自言以戰則克，而《春秋》之作，尤謹内外之防。然則皇上之天威遠震，建此大功，與先聖之心若合符節，固有默契焉者，匪獨聲靈之赫濯而已也。臣等跧伏東魯，俯慚儒懦，不能執殳屬鞬，効力疆場，親見聖天子廟謨之神妙，功業之崇隆，第伏讀諸臣恭賀大捷之疏，懽忭踴躍，不能自禁。念自先聖立廟學宫以來數千餘年，乃得覯兹曠典，洵屬萬世未有之遭逢。且仰見我皇上文德武功，事事皆傳聖人之心法，上邁唐虞三代之隆，而奎章宸翰，亦且與《典》《謨》《雅》《頌》照耀兩間，乾坤俱永矣。

幸魯盛典卷十五

康熙二十八年己巳秋八月，詔修闕里孔子廟。

衍聖公臣孔毓圻奏爲聖主重道極隆，籲請敕修闕里聖廟，以光盛朝大典事。臣竊惟我皇上以不世出之聖，當大有爲之時，文治炳隆，聲教翔洽，亘古爍今，參天兩地，蓋先聖集堯、舜、禹、湯、文、武、周公之道，而皇上更統備堯、舜，禹、湯、文、武、周、孔之全。惟聖知聖，惟道重道，務極效法敦崇，以勵世善俗。是以恩數超軼百代，典章炳煥千秋。大矣至矣，蔑以加矣！而臣更有請者，臣按闕里聖廟，歷代以來，凡遇隳敝，例由襲封之臣報明上請，或撤舊更新，或因仍修葺，所以歷年逾久，廟貌常新。今按廟自明季弘治十七年被災重建，歷今三百年，歲月久遠，日漸毀敝，殿寢多有漏損，廊廡皆已傾頹，齋舍全荒，舊亭廢墜，邇年以來，尤極敝壞不堪，及時修理，似不容緩。臣伏思天下州縣文廟，仰賴皇上盡皆修整完備，況茲闕里興聖之區，關係尤重。幸遇皇上聖明在上，千載一時，正廟貌重新之日，宫牆完美之期也。臣特敢備悉情形，亟行陳請，伏乞皇上睿鑒施行。康熙二十八年六月二十日題，本月二十九日奉旨：該部議奏。禮部題前事。該臣等議得，衍聖公孔毓圻疏稱，闕里聖廟，歷代以來，凡遇隳敝，例由襲封之臣報明上請。廟自明季弘治十七年被災重建，歷今三百年，歲月久遠，日漸毀敝，殿寢多有漏損，廊廡皆已傾頹，齋舍全荒，舊亭廢墜，邇年以來，尤極敝壞不堪，及時修理，似不容緩等因。前來竊惟皇上尊師重道，駕幸闕里，釋奠先師，加恩聖裔，尊崇之典，無所不極。今衍聖公孔毓圻既稱闕里聖廟歲月久遠，漏損傾頽等語，理應工部差官勘明確估，將修理之處議覆。但今值大行皇后喪禮，工部事務繁多，應暫行停止可也。康熙二十八年七月二十三日題，八月初五日奉旨：闕里聖廟，崇奉先師，萬代瞻仰。今既日漸毀敝，理宜修葺，著差工部、内務府官員前往確估，到日再議具奏。

九月，遣内務府郎中皁保、工部郎中壽鼐赴闕里聖廟估計。十二月，皁保等賫聖廟估計册回京復命。康熙二十九年庚午，工部議以今年不宜蓋正，請將闕里聖廟修理暫行停止。上命再議。

工部等衙門爲請旨事。闕里聖廟估計修理之處，内務府郎中皁保、筆帖式王世遵、工部郎中壽鼐、筆帖式班塔等，俱騎驛馬前往等因。康熙二十八年九月二十三日題，本日奉旨：依議。

工部爲請旨事。衍聖公孔毓圻疏稱，闕里聖廟敝壞等因，禮部議覆修理之處，暫行停止。奉旨：闕里聖廟，崇奉先師，萬代瞻仰。今既日漸毀敝，理宜修葺，著差工部、内務府官員前往確估，到日再議具奏。欽此。欽遵。隨差内務府郎中皁保、臣部郎中壽鼐估計去後。于康熙二十八年十二月十三日，郎中皁保、壽鼐回來料估之處轉奏，奉旨將料估之處交與該部等因。到部查得，郎中皁保等估内共需用大小松檄木九千八百餘件，架木一萬三千三百餘根，城磚、方磚、沙滚子磚、斧刃磚共十五萬四千二百餘件，布筒板瓦七萬六千六百餘件，白灰三百九十萬四千二百餘觔，各項匠役九萬三千二百餘工，壯夫四萬六千四百餘工。其大成殿、大成門琉璃瓦脊料全换，并换圍房脊料，鑲邊瓦，共琉璃瓦二十萬三千二百餘件等因。該臣等查得，郎中阜保等估計内需用琉璃瓦料、松欆木植、架木之數甚多，一時難以挽運。且今年不宜蓋正，將修理闕里聖廟暫且停止，俟修理之日，將修理之處再行詳確估計議覆可也。康熙二十九年二月初二日奉旨：明年修造之處再議具奏。

工部題爲請旨事。先經臣部具奏，修理闕里聖廟，據郎中阜保等估册内需用琉璃瓦料、松欆木植、架木之數甚多，一時難以挽運。且今年不宜蓋正，將修理闕里聖廟暫且停止，俟修理之日，將修理之處再行詳確估計議覆等因，繕寫摺子具奏，奉旨：將明年修理之處再議具奏。欽此。欽遵。隨行欽天監選擇明年修理吉期去後。據欽天監文内開，康熙三十年四月十二日丁卯，宜用未時修理闕里聖廟吉，先從東南巽方動土起吉等語。該臣等再議得，先經臣部以今年不宜蓋正，將闕里聖廟修理之處暫行停止等因，具奏，奉旨：將明年修理之處再議具奏。欽此。查得郎中阜保等估計帶來册開，闕里聖廟大成殿等殿五十四間，大成門等門六十一間，圍房八十八間，内挑換朽爛欆柱、望板、椽子等木，拆卸瓦片重瓷，照原舊油飾彩畫修理等語。其修理所需顔料、銅鐵等項，于户部支取不算價值外，共用松欆木植九千八百六十八根，價銀二萬四千三百二十四兩八錢；杉木、椴木、榆木一百三十根，價銀一百八十一兩五錢；琉璃瓦料二十萬三千二百九十七件，價銀三萬一千八百四十五兩；磚瓦二十三萬九百二十八個，價銀三千四百八十九兩六錢九分六釐；白灰三百九十萬四千觔，價銀四千九百十九兩零四分；繩觔、蓆片、家伙等項，價銀一千七百二十兩；打造銅鐵等項匠役工價併煤炭，價銀二千七百六十七兩四錢；各項匠夫工價銀一萬六千七百七十兩零六錢四分五釐。以上共需用物料價值銀、匠夫工價銀八萬六千零十八兩零八分，相應差總管内務府官一員、臣部司官一員，照欽天監所擇，于康熙三十年四月十二日開工。所用磚灰瓦、繩蓆、家伙等物，煤炭價值併各項匠夫工價銀兩，行文山東巡撫，動用司庫錢糧，交與管工官預行燒造磚瓦灰觔，備辦物料。其匠夫開工之時僱覓修理。查先造闕里聖廟碑亭，所用琉璃瓦料，于回空糧船裝載運至濟寧州。今修理需用琉璃瓦料、松木、檄木、杉木等木、顏料等項，預備得日，交與倉場侍郎，于回空糧船裝載運至濟寧州。此等物料，差出官員前往驗收，會同濟寧道自泗河僱覓運至闕里工所。又查得江南、江西、湖廣、浙江歷年解京架木各一千六百根，此四省所解架木六千四百根，行令各該巡撫將康熙二十九年分應解架木，照數于本年内送至闕里工所。此修理之處，令管工官員敬謹堅固修理。工完之日，將實用過錢糧細數造册到部，確查銷算具題可也。康熙二十九年二月十八日奉旨：修理闕里聖廟所用物料工價，不必動支部内錢糧，照數發内帑銀兩採辦修理，其物料著令回空糧船載運。餘依議。

夏六月，遣内務府廣儲司郎中皁保、工部虞衡司郎中阿爾粺、内務府筆帖式王世遵、工部筆帖式查爾奇、昂吉圖監督修理聖廟。八月，皁保等至曲阜。九月，回空糧船運琉璃瓦料、松木、檄木、杉木、顏料、物料至濟寧州，江南、江西、湖廣、浙江所解架木六千四百根亦至，郎中皁保等驗收，同濟寧道韓作棟等由泗河運至兖州府，由兖州府起車運至闕里。康熙三十年辛未夏四月十二日丁卯，郎中皁保、阿爾粺督同濟南府同知金世揚、兖州府通判許嗣華、曲阜縣知縣孔尚愉等起工修理聖廟，康熙三十一年壬申秋八月二十日丁酉告成。

【附録】

〇宋文帝元嘉十九年，詔魯郡修孔子廟及學舍。〇齊世祖永明七年，詔曰：“宣尼誕敷文德，峻極自天，發揮七代，鈞陶萬品。英風動舉，素王誰匹！功隱於當年，道深於日月。前王敬仰，崇修寢廟。歲月亟流，鞠爲茂草。今學校興立，實稟洪規。可改築宗祊，務在爽塏。”〇唐高宗乾封元年，詔大修文宣公廟，以兖州都督霍王元軌董其役。〇懿宗咸通七年，鄆、曹、濮等州觀察使孔温裕上修廟奏狀。〇周太祖廣順二年，敕兖州修葺孔子祠廟。〇宋太宗太平興國八年，詔近臣曰：“朕嗣位以來，咸秩無文，徧修群祀，惟魯之夫子廟堂未加營葺，闕孰甚焉！可詔大將作恢敞儒宫。”〇真宗天禧五年，詔以封禪行宫遺材，於轉運司支官錢修葺。〇神宗元豐元年，詔兖州以省錢修葺宣聖祠廟。先是，州縣憚於申請，廟久不修，至是始完葺。〇元豐五年，詔轉運使於絲絹錢内支錢二千貫，又賜度牒三十本，給兖州重修本廟，及於本路雜差役、兵士、工匠等，以四十七代孫孔若升監修。〇徽宗政和元年，令運司於係省錢内應付修完本廟，及於本路諸州軍差、雜役、兵士、工匠、和傭百姓修造，委四十八代孫孔端友監修。〇金熙宗皇統元年，詔於行臺撥錢一萬四千貫修理聖廟，委四十九代孫孔璠監修，并禁官司侵占聖廟地者，著爲令甲。〇章宗明昌元年，詔曰：“比聞曲阜縣孔聖廟興蓋多年，廡門位次，阨陋極壞，蓋彼處官提控修補，所用錢於泰山香錢内支。如以後更有損壞，委本縣申部支錢修補。”又令夫子廟係省錢修蓋，有司出錢七萬四百貫有奇，擇幹臣典領匠役，制度大備於歷朝。〇元世祖至元四年，東平路曲阜縣尹兼主祀事孔治請將宣聖廟奎文閣、廟學等修蓋。奏准，委官張焕與達魯花赤[1]管民官估計合用磚瓦、木植等物，

1 “達魯花赤”，四庫本作“達嚕噶齊”。

價銀錢鈔五十六錠四十餘兩。又於本路曆日錢内支鈔二十錠，仍委能幹人員，與總管府委定官員，并曲阜尹兼主祀事孔治等，起蓋奎文閣、杏壇、齋廳、爨舍，皆即舊而新之，而殿廡未及。○成宗大德元年，大中大夫濟寧路達魯花赤按擅不花[1]行部至曲阜，瞻拜祠下，見其荒涼，乃上言願自修葺，一切所資，首先出備，如有不敷，勸率好事者捐助，申准許令修蓋。遂自輸錢幣萬緡，儲材選匠間，忽奉御史臺參詳，祖庭林廟與他處不同，修理盛事，當出自朝廷，不可使臣下獨專其美，奏罷之。大德四年，工部符下，官爲給降錢物，命按擅不花[2]詣闕里度工起蓋。十二月欽奉詔書，不急之役，停罷。五年，奉中省判送本部參詳，濟寧路奉詔書時，聖廟工役已及八分，若今住罷，經值霖雨損壞，就用元化錠鈔僱工修蓋，於六年九月落成，費十萬金有奇。○明太祖洪武七年，衍聖公孔希學奏請修理聖廟，奉旨：明年時和年豐，與他修造。洪武十年，布政司委兗州判官袁良督所屬州邑鳩工修理，踰三月而成。○二十九年，諭工部侍郎秦逵："闕里先聖降神之地，廟宇廢而不修，何以妥神靈、昭來世？爾工部即爲修理，以副朕懷。"遂差行人張敏引工匠千人，修蓋一新。○成祖永樂九年，衍聖公孔彦縉咨部，以祖廟洪武年間修理，經今年久，殿宇、廊廡、樓閣等毁壞共四十六處，計二百八十七間。工部覆奏，於永樂十年撥囚三百三十名，遣行人雷迅管領，赴廟修理。迅核洪武年修廟，係孔氏族人孔思用等提領修蓋，具奏。永樂十三年正月，奉旨：工部照洪武年間例與他修蓋，法司裏撥一千名囚人，著孔家自管，原去的行人著回來。乃委族人孔思桓督修。本年十二月，奉旨：孔廟是

1 "達魯花赤按擅不花"，四庫本作"達嚕噶齊阿勒坦布哈"。

2 "按擅不花"，四庫本作"阿勒坦布哈"。

致敬去處，囚人每作踐不便，恁每還著文書鋪馬裏去問工部家，怎麼只撥這幾個囚人去修，幾時得完？便著山東布政司官一員，與曲阜知縣孔克中隸齊民三千人典役於廟，仍令囚人聽役於外，至永樂十五年畢工。○英宗天順八年，詔巡撫山東都察院左副都御史賈銓重修闕里先聖廟。○憲宗成化十九年，衍聖公孔弘泰因廟制年久，請復修廣，乃命方面官督營造之役。○孝宗弘治十二年六月，孔廟災，燬殿廡等處一百二十三間。御史余濂題請重修，奉旨：該衙門看了來説。禮部尚書徐瓊等覆奏，令巡撫都御史何鑑親詣災所，相計該造殿宇、廊廡、碑亭等合用料價、工食銀兩，共該一十五萬二千兩有奇。遂將荆州、蕪湖、杭州各抽分厰木植，江西九江、蘇州滸墅並臨清鈔關船料錢鈔，及山東起運夏税折鈔，户口、食鹽并各司府在庫無礙錢糧，委官前去提取支用。委布政司參議程愈、按察司僉事李宗泗、按察司僉事黄繡督工。始工於弘治十三年二月，訖工於十七年正月。

臣按：《水經注》："孔廟即夫子故宅。宅大一頃，後世以爲廟。廟屋三間而已。"此魯哀公即孔子宅立廟以祀之遺制也。司馬遷登夫子講堂，觀車服、禮器，諸生以時習禮於此，輒低徊留之不能去。祠宇雖隘，而去古未遠。其流風遺教淪浹於人心者，如此其至也。漢章帝幸宅，祀孔子及七十二弟子，作《雲門》《咸池》《韶濩》六代之樂。於時萬乘親臨，六軍扈蹕，生徒樂懸，畢集於庭，則廟寢當已恢廓，非復從前樸陋，而考漢世别無修廟之文。魏黄初二年，始詔魯郡修起舊廟，又於其外廣爲學舍。自後代有修葺。至唐擴正廟爲五間，兩廡二十餘間，後爲寢廟，前爲廟門，規制寖大，洊歷數朝，踵事增華。至於宋、金、元、明，制度弘敞，已倍於昔。後復移城衛廟，闢廟以南之隙地入於欞星門内，延袤益廣，林木蓊鬱，重門洞達，真爲萬仞之宫牆矣。廟制既大，易以頹壞。列代以來，或曠世而一修，或數年而輒舉，載諸廟誌，釐然可考。若夫補塞塗茨，隨時繕治，亦有如孔温裕之自出私財，按擅不花[1]之率先倡助者。然元之臺臣有言，祖庭林廟與他處不同，修理盛事，當出自朝廷，不可使臣下專其美，可爲獨識大體，千古不易之正論矣。以後廟當修復，襲封之臣必以上請。明洪武時，請者爲衍聖公孔希學；永樂時，請者爲衍聖公孔彦縉；天順時，請者爲衍聖公孔弘泰。蓋請命於朝，所以重聖廟，崇國體。我皇上本尊聖之淵衷，軫遺祠之隳敝，鑒前代修建，經費出於雜税，工徒役於民間，遷延歲月，徒循具文，責成地方，動多草率，或旋作而旋罷，或工完而輒毁，非所以妥神靈，昭來世也。於是俞衍聖公孔毓圻之請，章下所司。時部臣請暫停止，皇上排衆議而力行，遣官估計。估計已定，又有以天時不宜蓋正爲言者。皇上命欽天監擇日於來年起工，而先一年預發帑金，庀治工料。其材木、琉璃瓦料及丹漆、銅鐵諸物，皆於漕艘運載至濟寧，由濟而水運至兖，由兖而陸運至闕里。又截留江、楚、南、浙四省歲輸架木，同時畢至。凡兹孽畫之盡善，咸本睿慮之周詳。監督諸臣，奉命而行。不越二年，大工告竣。蓋維時和年豐，雨暘時若，故趨事赴工，百毁具舉。不役一夫，不擾一物，不勞而理，不速而成。於是四方觀化，咸仰聖聰；率土聞風，群歌帝力。蓋自有聖廟以來，歷經修建，從未有特發帑金，專官監督，刻期竣事，盡善極華如今日者矣。

九月初六日壬子，衍聖公孔毓圻率族屬翰林院五經博士孔毓埏、

1　“按擅不花”，四庫本作“阿勒坦布哈”。

太常寺博士孔毓琮、國子監博士孔尚任、國子監博士孔尚鉝、候選州同孔聞訏等，候選知縣孔尚基等，舉人孔毓榮等，歲貢生孔衍經等，生員孔聞賢等，奉祀生孔尚元等，凡一百十六員名，赴闕謝恩。上命賜宴於禮部。

衍聖公臣孔毓圻奏爲廟工告成，微臣恭率族屬，匍匐闕下，叩謝天恩事。康熙二十八年九月，蒙皇上遣内務府廣儲司郎中臣阜保、工部營繕司郎中臣壽鼐前赴闕里聖廟估計修葺。於二十九年七月奉旨：遣内務府廣儲司郎中阜保、工部虞衡司郎中阿爾稗監督工役。於三十年四月起工，今於三十一年八月報完訖。臣欽惟我皇上執中立極，廣運乘時。位在德元，既參天而兩地；道綜群聖，實作君而作師。致郅隆而幾刑措，上臻熙熙皞皞之風；由成功而焕文章，端邁蕩蕩巍巍之盛。遠人歸化，徧於日出之區；視民如傷，屢下蠲租之詔。遂使含哺鼓腹之倫，咸蒙怙冒；海晏河清之宇，共樂昇平。文治莫備於今日，而重道彌勤於聖衷。以闕里爲毓聖之域，固祠宇之宜崇；亦宫牆當清蹕之臨，豈汙莱之弗剪？特遣天使，相度工程；旋發水衡，以爲備物。朱提十萬，皆頒内府之金；碧瓦千車，盡出尚方之賜。巨材運以漕艘，架木輸於外省。以至銅鉛丹漆，咸採厥土之良；匠作工徒，亦選冬官之勝。若夫廩餼僱直之微，扉屨餱糧之細，悉歸經費，仰給羨錢。纖毫不擾民間，地方不知工作。凡兹經畫之盡善，皆本睿慮之周詳。而臣阜保、臣阿爾稗等，肅將欽命，晝夜靡寧；監理大工，成功甚速。由是殿廡輪奂，昭車服禮器之遺；堂寢深嚴，容宗廟百官之富。飛甍傑閣，朗耀奎文；碧檻層扉，增輝魯壁。重光塑像，羹牆之色儼臨；整飭講壇，《詩》《禮》之風如溯。塗茨丹雘，無非見聖之思；盡美極華，允稱妥神之地。謁者斂容以對越，觀者駭矚而怡愉，靡不感仰皇恩，歡呼帝德。蓋自建廟以來，從未有完美莊嚴如今日者，洵極天壤之大觀，亘古今而罕覯者矣。臣生逢聖世，歷被寵榮，兹更蒙恩修理祖廟，大典事關天下，而遭遇幸在微臣。臣即捐糜頂踵，末由仰報高深。惟慶作覩重新，振儒風於四表；貞恒永固，祝聖壽於萬年。率土咸依，名言莫罄。今當完工落成之日，臣謹率族屬翰林院五經博士臣孔毓埏等匍匐闕下，叩謝皇上隆恩。爲此具本，跪捧恭謝。康熙三十一年九月初六日題，本月初十日奉旨：覽卿奏謝，知道了。該部知道。

工部題爲請旨事。該臣等查得，修理闕里聖廟大成殿等殿五十四間，大成門等門六十一間，兩廡八十八間，共房二百零三間，欞星門一座，牌坊二座，龕案一座。原估需用物料、匠夫銀八萬六千零十兩八分，交與内務府郎中皁保、臣部郎中阿爾稗等修理去後。今工完，據郎中皁保等造具細册呈報到部，照例核算，除户部取用顔料、銅鐵等項，及湖廣等四省解到架木不算價值，并泗河僱覓船車裝載木植、琉璃瓦、顔料等項運價令山東巡撫另行題銷外，辦買用過松欑木植銀二萬四千三百二十四兩八錢，杉木、榆椵木銀一百八十一兩五錢，琉璃瓦料銀三萬一千八百四十五兩，磚料、布瓦銀三千五百二十一兩一錢三分六釐，白灰銀四千七百十五兩八錢八分九釐，繩觔、葦蓆銀一千六百零二兩一錢七分六釐，家伙、葦箔等項銀一百零八兩三錢，打造銅鐵物料工銀一千九百六十一兩六錢四分七釐，各項匠夫工價銀一萬五千八百五十八兩零一分五釐，共實用過銀八萬四千一百十八兩四錢六分三釐，與例相符，應准開銷。節省銀一千八百九十九兩六錢一分七釐，令管工郎中皁保等繳回内帑。餘剩松木一百十九根半，江米九斗七升二合五勺，鐵二千三百四十八觔十二兩，存貯聖廟，如有應用之處，令其應用。其長短架木八千一百八十七根，行令山東巡撫速行運至張家灣木廠可也。康熙三十二年二月二十二日題，本月二十五日奉旨：依議。

工部題前事。該臣等議得，山東巡撫桑格疏稱，修理聖廟，運送物料，動用地丁銀三千兩。自濟寧運至滋陽，水路八十五里，運過物料，用銀一千二百三十三兩九錢零。自滋陽運送曲阜縣，陸路三十里，用銀一千一百二十三兩七錢零。共用銀二千三百五十七兩六錢零。餘剩銀六百四十二兩三錢零，應彙行解部等因，造册具題。前來查該撫將所用物料陸路、水路運送脚銀，既經查核題明，應准開銷。餘剩銀六百四十二兩三錢零，應解户部可也。康熙三十二年三月初七日題，本月初九日奉旨：依議。

【附録】

○明成祖永樂十五年五月，修理孔廟畢工，衍聖公孔彦縉率知縣孔克中及族人等奏謝，命頒膳於光禄，復賜宴於禮部。仍命衍聖公孔彦縉、知縣孔克中上殿面對。○孝宗弘治十七年五月，重建孔廟成，衍聖公孔聞韶上表奏謝，曰："伏以文教誕敷，離照普臨於海宇；儒宗大慶，鼎新復見於宫牆。誠千載之偉觀，匪一家之私幸。光覃鄒魯，遠邁金元。兹蓋伏遇陛下體備中和，志兼謨烈。乾綱獨運，闢四門以廣忠言；涣號孔揚，奉兩宫而隆孝治。登延耆俊，屏斥異端，講籍田之禮以厚民生，却貢獻之私而恢邦計。加崇釋奠，重師表百王之功；常御經筵，究删述六經之旨。當廟宇落成之日，應治元初紀之期。載念先皇，舉斯盛典；屢勤大吏，督彼群工。出官帑以佐經營，發役人以充輸作。禮庭中起，視昔有加；寢殿相高，於文斯稱。像設儼衣冠之肅，歲時增俎豆之輝。文星遠映乎奎壁，化雨再沾於洙泗。總賴乾坤之力,致兹輪奂之休。臣爵與上公,身叨主祀。孔林無恙，企聞《詩》聞《禮》之風；闕里有嚴，愧肯構肯堂之業。侍虞庠而觀盛舉，已被鴻恩；瞻嵩嶽以祝蕃釐，載申微悃。伏願配乎天，配乎地，慶無疆之治於一人；作之君，作之師，享有道之長於萬世。”

幸魯盛典卷十六

康熙二十九年庚午四月，世襲翰林院五經博士孔毓埏請創建述聖廟，詔許之。

世襲翰林院五經博士加六級臣孔毓埏謹奏爲述聖未有專廟，懇敕鼎建，以隆祀典事。伏念臣祖述聖子思子乃至聖之嫡孫，家學淵源，授受最真。且從學於曾子，傳道於孟子，晚年作《中庸》一書，極天人性命之精微，與《大學》《論》《孟》並垂學宫。其功較諸賢猶稱最著。至宋大觀二年，始從祀孔廟。端平二年，陞入十哲。咸淳三年，又陞入四配，在顔、曾、孟三賢之列。蓋其道德相同，則其食報似不可或異。今顔、曾、孟三賢，自孔廟配享之外，又各有敕建專廟，故録其子孫世爲五經博士，主奉祀事。今臣亦蒙聖恩，備員博士，而臣祖子思子獨未有專廟，每至春秋丁期，俎豆闕如。備查顔、曾、孟三廟之制，皆前有殿而後有寢，列及門之賢於廊廡，又别立祠宇，並祀三賢之父若母。今子思既無專廟，而其父伯魚以大聖爲父，以大賢爲子，乃不得如顔路、曾點、孟孫氏者，享一日堂上之尊。其母與夫人，亦不得各備寢位之榮。即門人如孟子者，亦不得侍坐於師側。曠古缺典，未有如斯之甚者也。幸遇我皇上重道崇儒，研精經傳，以治術而闡心法，以君道而行師教。凡前代未舉之典，靡不燦然明備。其於魯之周公廟、鄒之孟子廟及先儒書院等處，既皆修葺一新，並賜敕撰碑文及御書匾額。近又蒙特發帑金，庀材儲料，重修臣始祖先師孔子廟。伏考歷代帝王加意聖門，隆恩厚賚如我皇上今日者，實所罕覯。今臣祖子思子未有專廟，是數千年之闕略留以待今日。臣不於此時懇請，更俟何時？是以不揣卑微，冒昧上瀆，伏乞皇上垂念子思子傳道之功，准照顔、曾、孟三賢祀典，許其一體設立專廟。其廟基即在闕里孔廟西北之隅，臣衙署之左，與顔廟相爲輔翼。至於建造之資，臣不敢再望内帑，亦不敢重煩有司，衹用孔廟之殘材餘料。其不足者，臣自行設處。積年累歲，漸就規模，以爲臣奉祀獻爵之地。但望皇上恩比周公、孟子兩廟及先儒書院之例，亦敕撰碑文，御書匾額，以照耀四海，垂示來兹，則述聖之道德彌光，而萬世之祀典攸賴矣。康熙二十九年三月二十六日奏，四月初五日奉旨：該部議奏。欽此。欽遵。於本月初六日到部。該臣等竊考，子思子從祀孔子廟，自宋大觀二年始。至端平初，陞入十哲，祀於堂上。咸淳初，同曾子陞入顔、孟之列，是爲四配。而顔子廟初建於兖，在唐開元二十七年，嗣建於曲阜，在元泰定三年。孟子廟建於鄒縣，在宋景祐四年。曾子廟建於嘉祥縣，志稱創始無考，至明正統以後，屢經修葺。惟子思子向未有專廟。元元貞初，因鄒縣舊有子思講堂祠，後改稱書院。明正德元年，始以衍聖公次子世襲五經博士，奉鄒縣書院祀事，而曲阜之廟祀缺焉。今博士孔毓埏疏稱，數千年之缺略留待今日，乞照顔、曾、孟三賢祀典一體立廟。廟基即在闕里西北隅。其建廟之資，自行區處。應如所請，倣顔、曾、孟三廟規制，建立子思子廟，春秋致祭，載諸祀典。至於疏請敕撰碑文，御書匾額，用以昭示來兹，應俟廟宇報竣到部之日，臣部恭請睿裁。康熙二十九年四月二十一日題，本月二十三日奉旨：依議。

【附録】

○宋馬端臨《經籍考》:"《子思子》七卷。晁氏曰:魯孔伋子思撰。載孟軻問:'牧民之道何先?'子思子曰:'先利之。'孟軻曰:'君子之教民者,亦仁義而已,何必曰利?'子思曰:'仁義者,固所以利之也。上不仁則不得其所,上不義則樂爲詐。此爲不利大矣。故《易》曰:'利者,義之和也。'又曰:'利用安身,以崇德也。'此皆利之大者也。'温公采之,著於《通鑑》。夫利者有二,有一己之私利,有衆人之公利。子思所取,公利也,其所引援《易》之言是也。孟子所鄙,私利也,亦《易》所謂'小人不見利不勸'之利也。言雖相反而意則同,不當以優劣論也。"○楊時曰:"孔子殁,群弟子離散,分處諸侯之國。雖各以所聞授弟子,然得其傳者蓋寡。故子夏之後有田子方,子方之後有莊周,其去本寖遠矣。獨曾子之後子思、孟子之傳得其宗。子思之學,中庸是也。"○朱熹曰:"曾子大抵偏於剛毅,這終是有立脚處。所以其他諸子皆無傳,唯曾子獨得其傳。到子思也恁地剛毅,孟子也恁地剛毅。惟是有這般人,方始輳合得著。惟是這剛毅之人,方始立得定。子思别無可考,只如孟子所稱,如'摽使者出諸大門之外,北面再拜稽首而不受',如云'事之云乎,豈曰友之云乎'之類,這是甚麼剛毅。"黄幹曰:"論道統,至于子思,則先之以戒懼謹獨,次之以智仁勇,而終之以誠。至於孟子,則先之以求放心,次之以集義,終之以擴充。此又孟子之得統於子思者然也。"

臣按:子思子親炙聖祖,卒業曾門,弘《詩》《禮》之訓,紹一貫之傳,闡義利之辨,授之孟氏,於吾道絶續之關,承先啓後,以一身任之,使聖人之道昭垂萬古,其功最鉅。宋儒楊時稱其獨得聖學之宗,朱熹尤極推其剛毅,有以也。抑臣於其居衛一節，窺見其學力堅定，忠義凜然，有非後世慷慨激烈之士所能及者。至今讀其言曰：“如伋去，君誰與守？”明乎義之無所逃，而節之不可奪也，豈非傳先聖事君以忠之家法，而立萬世人臣之鵠者歟？顧歷代追崇，視諸賢獨後，且廟貌缺如，豈非極盛之舉固留以待超越百王之聖主乎？今博士臣毓埏具疏籲恩，即奉俞綸，准其建造。臣毓埏鳩工庀材者數年矣。數千年未舉之典禮創見於聖朝，而四配之廟乃全備無缺。子思子始獲有棲神之地，而伯魚始得享推恩之榮。於是羽翼聖廟，猶四時之成歲序，四瀆之奠坤輿，代嬗無窮，流行不息，於萬斯年。聖賢之道統，皆載天澤之汪洋，以永垂不朽矣。

康熙三十二年癸酉冬十月，以聖廟告成，詔遣皇子胤祉至闕里告祭。

衍聖公臣孔毓圻奏爲廟工既經告竣，遣祭應籲特恩，謹據例陳請，仰祈睿鑒事。臣查舊例，明季弘治十七年，修建闕里聖廟落成時，遣閣臣李東陽前詣祭告，歷今三百年來。今蒙我皇上鑒廟貌隳敝，特發内帑，遣官監督修理，於康熙三十一年八月内完工，經臣題報在案。臣思前代修建，率多因仍舊制，塗茨丹雘而已，未有鼎新輪奐，崇閎美備如今日者也。其經費出於地方，取於税課而已，未有朱提十萬，特發帑金如今日者也。其鳩工董成，責於有司，辦於守土而已，未有煌煌聖諭，特遣耑官如今日者也。其開工修理，或時作而時止，或經年而累月，未有不役一人，不擾一物，而成工迅速如今日者也。然於其落成，猶遣大臣以展祭祀，告成功。況我皇上之曠典隆恩，有踰前代；而廟庭之輝煌壯麗，度越曩時。典既尊崇，禮宜隆重。天下之所欽仰，四方之所觀瞻，以及臣族衆人，無不引領翹首，恭候遣祭落成，以爲聖代之盛典，以垂萬世之弘規。特敢循例題請，應否照例遣祭，出自皇上特恩，事關鉅典，不獨微臣之私望而已。且臣自聖廟新成之後，未奉恩綸，即春秋丁祭，未敢入廟供事，暫在洙泗書院内致祭。擬合一併題明，仰祈皇上睿鑒施行。謹題請旨。康熙三十二年三月二十八日題，四月初七日奉旨：該部議奏。

禮部題前事。該臣等議得，衍聖公孔毓圻疏稱，皇上鑒闕里廟貌隳敝，特發内帑，遣官監督修理。皇上之曠典隆恩，有踰前代；而廟庭之輝煌壯麗，度越曩時。典既尊崇，禮宜隆重，特敢題請，照例遣祭等語。查明季《實録》，弘治十七年，聖廟落成，遣閣臣李東陽前往致祭。我皇上之稽古右文，崇儒重道，治統立帝王之極，心傳接洙泗之宗。聖域鳩工，特重耑員之選；良材庀具，爰頒内府之金。廟貌改觀，几筵增麗，規制倍隆於往昔，模楷永著於來兹。今當落成之時，應遣大臣告祭。恭候命下之日，其應行典禮，再行具題可也。康熙三十二年四月二十三日題，本月二十五日奉旨：依議。

禮部題前事。該臣等議得，據欽天監回稱，本年六月初七日己卯，用卯時致祭聖廟等因。前來查定例，内開文廟春秋二祭，開列滿漢大學士具題，欽點一員致祭[1]，傳心殿開列滿漢大學士、部院尚書等，欽點一員致祭等語。又查致祭先師孔子闕里，應遣大臣開列職名，恭候欽點，差往致祭。其祭文由翰林院撰擬，木匣、罩袱等物由工部預備，降真等香由户部預備，祭帛由太常寺預備，看守祭文、香、帛派筆帖式一員，祭品行文地方官照例備辦等語。該臣等議得，應照欽天監選擇日期致祭，其祭

1　“祭”下原衍“祭”字，據四庫本删。

文翰林院撰擬，香、帛等項於該部寺衙門移取，看守祭文、香、帛派臣部筆帖式一員前往，祭品行文該地方官照例備辦。應遣大臣開列職名具題，恭候欽點一員，祭文、香、帛由臣部交付，起行先期齋戒三日，朝服虔誠致祭可也。康熙三十二年五月初四日題，九月二十九日奉旨：闕里聖廟修建鼎新，遣皇子前往告祭，著再議具奏。

禮部題前事。該臣等再議得，闕里聖廟落成，皇上崇儒重道，特遣皇子前往告祭。今據欽天監回稱，擇得本年十月十五日乙酉，宜用卯時，皇子起行，十一月初六日乙巳，宜用辰時告祭等語。應照欽天監選擇本月十五日卯時起行，先期齋戒二日，於十一月初六日辰時致祭。此致祭時，隨去大臣、侍衛官員、地方官員及衍聖公併五氏官員俱隨行禮。其引禮、帛、酒等事，俱派太常寺官員。其餘俱照前議可也。康熙三十二年十月初四日題，本月初六日奉旨：遣胤祉告祭，餘依議。

太常寺謹題爲皇三子祭闕里孔聖廟儀注。祭日辰時，皇子穿便服補掛，至大門外下馬處。贊引官引皇子從東邊門入，至盥洗處。贊引官唱“盥手”。盥手畢，贊引官引至臺堦上行禮處站立。典儀官唱“樂舞生就位，執事官各司其事”。唱畢，贊引官贊“就位”，皇子就位站立。典儀官唱“迎神”，唱樂官唱“迎神，樂奏《咸平之曲》”。唱畢，奏樂。樂畢，贊引官贊“跪，叩，興”，皇子行三跪九叩禮，興。典儀官唱“奠帛、爵，行初獻禮”，捧香、帛、爵官捧舉香、帛、爵就前，向神位站立。唱樂官唱“初獻，樂奏《寧平之曲》”。唱畢，奏樂，贊引官贊“陞壇”，引皇子從東邊門入，就香案前。司香官在案左邊跪。贊引官贊“跪”，皇子跪。贊“上香”，皇子將香盒拱舉，仍授與司香官，皇子站立，將柱香拱舉，插爐内。又三次進塊香上。畢，捧帛官跪，贊引官贊“跪”，皇子跪，行一叩頭禮，興。贊引官贊“奠帛”，皇子站立，接帛拱舉，獻于案上。畢，贊引官引皇子至爵案前。捧爵官跪，贊引官贊“獻爵”，皇子站立，接爵拱舉，獻於中間，跪，行一叩頭禮，興。贊引官贊“詣讀祝位”，引皇子詣讀祝位站立。讀祝官至安祝文案前，行一跪三叩禮，將祝文捧舉，就前站立。樂止，贊引官贊“跪”，皇子跪，讀祝官亦跪。贊引官贊“讀祝”，讀祝官讀祝。畢，將祝文捧舉，至帛案前跪，安於盛帛盒内。畢，行三叩禮，退。奏樂，贊引官贊“皇子行三叩禮”。畢，興。贊引官贊“復位”，引皇子復位站立。樂畢，典儀官唱“行亞獻禮”，捧爵官將爵捧舉就前，向神位站立。唱樂官唱“亞獻，樂奏《安平之曲》”。唱畢，奏樂，贊引官贊“陞壇”，引皇子從東邊門入，就爵案前。捧爵官跪，贊引官贊“跪”，皇子跪，行一叩禮，興。贊引官贊“獻爵”，皇子站立，執爵拱舉，獻于左邊，跪，行一叩禮，興。贊引官贊“復位”，引皇子復位站立。樂畢，典儀官唱“行終獻禮”，捧爵官將爵捧舉，過神位前，在右邊向神位站立。唱樂官唱“終獻，樂奏《景平之曲》”。唱畢，奏樂，贊引官贊“陞壇”，引皇子從東邊門入，過神位，至右邊爵案，就前。捧爵官跪，贊引官贊“跪”，皇子跪，行一叩禮，興。贊引官贊“獻爵”，皇子站立，接爵拱舉，獻于右邊。畢，跪，行一叩禮，興。贊引官贊“復位”，引皇子復位站立。樂畢，典儀官唱“徹饌，樂奏《咸平之曲》”。唱畢，奏樂。樂畢，典儀官唱“送神”，唱樂官唱“送神，樂奏《咸平之曲》”。唱畢，奏樂，贊引官贊“跪，叩，興”，皇子行三跪九叩禮，興。樂畢，典儀官唱“捧祝、帛、饌，恭詣燎位”。唱畢，捧祝、帛、香、饌官就前，捧祝、帛官跪，行三叩禮，捧香、饌官不叩，俱跪請接。次捧舉出中門，詣燎位。皇子至西邊站立，俟祝、帛、饌過畢，皇子照舊就位站立。焚祝、帛，贊引官贊“禮畢”，皇子退。爲此謹題。于康熙三十二年十月初九日題，奉旨：著穿蟒袍。皇子並不曾祭過，在伊府内演禮。隨去官員，亦令皇子認識。皇四子、皇八子在承祭皇三子後，陪祀行禮。

【附録】

〇明弘治十七年，禮部尚書張昇等題覆山東巡撫都御史徐源題爲恤災異以崇正道事一疏。本部已經會議，題准通行修蓋去後。今該前因，案呈到部，看得命官祭告陞擢官員，係吏、禮二部掌行，合行移咨貴部，煩照各官題奉欽依内事理徑自查照，覆奏施行等因。移咨送司，案呈到部，切照巡撫都御史徐源、巡按御史陳璘等題稱孔廟落成，乞要御製宸章，勒之堅珉，及命館閣儒臣捧敕祭告一節。臣等看得，闕里孔廟，自古尊崇，歷代修建，其創造廟宇，嚴設聖像，不知幾千百年矣。皇上崇重聖道，即命修蓋，大出帑藏之資，積至四年之久，然後厥工告成。雖仍舊址，實乃重建，輪奂鼎新，壯麗堅緻，倍蓰往昔，非尋常修蓋之可倫也。仰惟我朝每歲春、秋二丁，於在京孔廟猶傳制，特遣内閣大臣祭祀。況東魯闕里，寰宇欽仰。茲孔廟新成，又天下觀望所繫，曠數百年希有之事，理當異其禮儀，極其崇重，以爲一代之盛典，垂萬世之成規。今都御史徐源等所言，誠知所重，合無允其所請，比照在京孔廟時祭事例，仍請敕一道，命文職大臣一員前往祭告，行移翰林院撰御製碑文并祝文，太常寺關領香、帛，仍行本布政司轉屬支給官錢，買辦祭物，至期致祭。兵部應付船隻并扛擡人夫等項所據，遣大臣捧敕祭告。伏乞聖裁。奉旨：是遣大學士李東陽祭告，著欽天監擇日來看。

十月十五日乙酉，皇子在京起行。

禮部咨，爲照皇子於本月十五日起行告祭闕里孔廟，所有祭文在皇子前行，其經過地方官員照例迎送祭文之處，相應知會山東巡撫，作速遞傳轉行祭文，所經過地方官員，一體遵照可也。

禮部咨，該本部查得，康熙二十三年，皇上親祭聖廟，穿補掛常服致祭在案。今遣皇子前往致祭，或穿朝服，或穿補服，恭候命下，交與總管内務府預備可也。康熙三十二年十月初七日題，本日奉旨：著穿補服。欽此。欽遵到部。其隨去侍衛大臣官員及地方官并衍聖公、五氏官員，俱穿補服可也。

十八日戊子，兵部傳皇子諭曰："我皇父尊崇先師，重新聖廟，今告成，特遣予等前往恭祭。凡一切應用物件，俱係皇父耑差官員動支帑銀採買，一概不須動用地方。沿途地方各官，或有不知，妄稱預備，苛派小民，或有扈從官員指稱我等索求地方官員，俱未可定。爾等曉諭經過地方官員，一切應用物件禁止，不須預備。倘有扈從人等指稱我等索取地方官員者，許地方官即行拿送。如地方官不行拿送，或被傍人首告，或被我等訪出，即將地方官一併指名奏聞。至扈從大臣，侍衛以下，護軍當差人等以上，所需草料等物，俱著用本身銀兩，照依時價採買。已經申飭，又恐不肖之徒違禁强行勒買，耑派官兵，嚴行查拏。務使閭閻不擾，仰副我皇父加惠元元之至意。著通行曉諭沿途村莊人民知悉可也。"

幸魯盛典卷十七

衍聖公孔毓圻率五經博士孔毓埏等恭迎皇子於德州，叩請聖安，請皇太后安、皇太子安及請皇子安。畢，皇子賜坐賜茶，毓圻等叩謝訖，即馳歸，候於曲阜。十一月初三日壬寅，皇子至兖州府，衍聖公孔毓圻率五經博士孔毓埏等族屬各員、五氏子孫迎於境。本日，皇子抵曲阜縣城南安營，先遣官分守曲阜縣城門，不許隨從人員入城騷擾。毓圻等赴皇子行營，恭於皇上欽頒祝文、香、帛前行三跪九叩頭禮。畢，又於皇子前行二跪六叩頭禮。皇子賜衍聖公孔毓圻及五經博士孔毓埏、太常寺博士孔毓琮、國子監博士孔尚任等飲茶。畢，毓圻啓進家藏書畫、家刻書籍及土産牲隻、果蔬。奉皇子諭，止收闕里誌書三部、蓍草三束。初四日癸卯，皇子在行營齋戒，禮部、太常寺官奉請欽頒祝文、香、帛，虔供於奎文閣上。初五日甲辰，皇子在行營齋戒，傳衍聖公孔毓圻、博士孔毓埏、孔毓琮、孔尚任等至行營，賜茶。是日，衍聖公孔毓圻率族屬各官會同禮部、太常寺官，飭禮器，演樂舞，視濯具，省牲牢，拂拭陳設，咸遵舊典。又設皇子拜位於露臺之中，又設皇三子獻帛、爵位於神座前，以候行禮。初六日乙巳辰時，皇子皆蟒袍補服，詣聖廟行告祭禮。至欞星門下馬，禮部侍郎席爾達、内務府郎中阜保引導入，過奎文閣，由大成門東偏門入，至大成殿前。贊引官贊“盥手”，皇子俱盥手。畢，贊引官引至堦上行禮處站立。典儀官唱“樂舞生就位，執事者各司其事”。唱畢，贊引官贊“就位”，皇三子及皇四子、皇八子各就位站立。典儀官唱“迎神”，唱樂官唱“迎神，樂奏《咸平之曲》”。唱畢，奏樂。樂畢，贊引官贊“跪，叩，興”，皇子俱行三跪九叩頭禮，陪祀各官俱行三跪九叩頭禮，立。典儀官唱“奠帛、爵，行初獻禮”。唱畢，捧香、帛、爵各官俱恭捧就前，向神位站立。唱樂官唱“初獻，樂奏《寧平之曲》”。唱畢，奏樂。贊引官贊“陞壇”，引皇三子從東旁門入，將至香案前，司香官在香案左邊跪。贊引官贊“跪”，皇三子跪。贊“上香”，皇三子接香盒往上拱舉，仍遞與司香官。皇三子復立，將柱香拱舉，插爐内。又將塊香三次拱舉上。畢，捧帛跪。贊引官贊“跪”，皇三子跪，行一叩頭禮，站立。贊引官贊“獻帛”，皇三子將帛捧舉立獻。贊引官引皇三子至獻爵桌邊，捧爵官跪，贊引官贊“獻爵”，皇三子接爵拱舉，立獻於案中間。畢，行一跪一叩頭禮。贊引官贊“詣讀祝位”，引皇三子詣讀祝位。讀祝官至祝文桌前，行一跪三叩頭禮。畢，將祝文捧起，就前站立。樂止，贊引官贊“跪”，皇三子跪，讀祝官、陪祀各官俱跪。贊引官贊“讀祝”，讀祝官讀御製祝文。文載第一卷。讀祝畢，捧舉祝文，至獻帛案前跪，安盛帛匣内，行一跪三叩頭禮，退。奏樂，聽贊引官贊時，皇三子行三叩頭禮，陪祀各官俱行三叩頭禮。畢，站立。贊引官贊“復位”，引皇三子復位站立。樂畢，典儀官唱“行亞獻禮”。唱畢，捧爵官捧爵就前，向神位站立。唱樂官唱“亞獻，樂奏《安平之曲》”。唱畢，奏樂。贊引官贊“陞壇”，引皇三子從東旁門入，將至爵案前，捧爵官跪。贊引官贊“跪”，皇三子行一跪一叩頭禮。贊引官贊“獻爵”，皇三子接舉，立獻於左邊。畢，行一跪一叩頭禮。贊引官贊“復位”，引皇三子復位站立。樂畢，典儀官唱“行終獻禮”，捧爵就前，過神位，向上站立。唱樂官唱“終獻，樂奏《景平之曲》”。唱畢，奏樂。贊引官引皇三子從東旁門入，過神位，至右邊，將至爵案前，捧爵官跪。贊引官贊“跪”，皇三子行一跪一叩頭禮。贊引官贊“獻爵”，皇三子接爵，舉，立獻於右邊。畢，行一跪一叩頭禮。贊引官贊“復位”，引皇三子復位站立。樂畢，典儀官唱“徹饌”，唱樂官唱“徹饌，樂奏《咸平之曲》”。唱畢，奏樂。樂畢，典儀官唱“送神，樂奏《咸平之曲》”。唱畢，奏樂。贊引官贊“跪，叩，興”，皇三子行三跪九叩頭禮，陪祀各官俱行三跪九叩頭禮。禮畢，立。樂畢，典儀官唱“捧祝、帛、饌官恭詣燎位”。唱畢，捧祝、帛、香、饌各官就前，捧祝、帛官行一跪三叩頭禮，捧香、饌官跪，不叩。起，香、饌各依序恭捧，由中門出。皇三子退，就西邊站立，祝、帛、饌、香過。畢，復位站立。焚祝、帛時，贊引官贊“禮畢”，皇子皆退出。是日，贊引官則贊禮郎法山、吴達禪。捧爵、帛官兼司拜褥則贊禮郎傅爾特、太常寺博士傅和禮、張韜。禮生司罇罍，樂舞生奏樂，用本廟樂器、樂章并冠服。陪祭，皇四子、皇八子拜於堦上，公福善、額駙尚之隆、副都統吴達禪、御前納爾泰、御前侍衛三十餘員、禮部侍郎席爾達、兵部侍郎朱都納、内務府郎中皁保、工部郎中阿爾稗、户部員外郎登德、禮部員外郎晉布等，及山東巡撫桑格、東兖道涂銓、提學道朱雯、運使李興祖、兖州府知府祖允圖、衍聖公孔毓圻、五經博士孔毓埏、太常寺博士孔毓琮、國子監博士孔尚任等，率五氏有頂帶官生，皆拜於殿門之外。祭畢，皇子就東齋房更衣，復入聖廟閱視工程，内務府郎中皁保前導。至大成殿至聖神座前，皇子俱行三跪九叩頭禮。畢，前後閱視，良久乃出。本日，詣孔林，傳諭曰：“先師墓道，不宜馳騁。”從官俱於林門外下馬，皇子至洙水橋下馬，步行詣先師墓前，行三跪九叩頭禮。禮部侍郎席爾達捧爵，皇子三酹酒，行三叩頭禮，諸大臣及衍聖公孔毓圻等陪位行禮。禮畢，衍聖公孔毓圻啓曰：“伏覩前代修葺廟庭，經費多出諸有司，制度或仍其故舊，未有特發帑金十萬，丹雘焕然聿新如今日者也。前代告成釋奠，不過遣大臣行禮而已，從未有皇子親行，百僚陪位，禮明樂備，萬姓聳觀如今日者也。伏惟皇子行路風霜，鞍馬勞頓，願攀留一日，少憩而行。"皇子諭云："未奉父皇旨意，不敢稽留。"遂行。即日，皇子至寧陽南驛下營，衍聖公孔毓圻率五經博士孔毓埏、太常寺博士孔毓琮、國子監博士孔尚任等送至南驛。皇子賜坐賜茶，諭云："初八日仲冬上丁，聖廟祀事重大，爾等速回祭廟，不必遠送。"孔毓圻等叩謝，馳歸。初八日祭畢，衍聖公孔毓圻親赴闕廷，具疏謝恩。

孔子六十七代孫太子少師襲封衍聖公臣孔毓圻謹奏爲恭謝天恩事。康熙三十二年十月，蒙皇上以闕里聖廟新成，特遣皇子祭告，恭賫御頒祝文、香、帛，于十一月初三日至闕里。臣恭率五氏官員及諸生人等迎于境上。齋戒三日，於初六日辰時致祭于聖廟。臣率五經博士臣孔毓埏等，曲阜縣知縣臣孔興認等，咸列陪位。禮成，謹望闕叩頭謝恩訖。臣欽惟我皇上神靈天亶，智勇性成。日御講筵，契《詩》《書》《易》《禮》《春秋》之奥；躬親庶政，接堯、舜、禹、湯、文、武之傳。德施遍于寰區，既風移而俗易；聲教訖于四海，更近悦而遠來。詔裁五色，雲中垂萬年之金石；制定九重，天上焕數仞之宫牆。慶溢臣民，歡騰裔嗣。乃聖心益隆俎豆，而寵光遂賁几筵。當兹廟貌之維新，爰舉盛朝之曠典，特遣皇子祭告，綵綸焕發于彤庭，香帛遠頒乎闕里。皇子肅膺祀事，祼獻加虔。升降從容，欣覩素嫻之大禮；始終恭恪，共欽精白之淵衷。維時風清雲朗，日麗星輝，于金聲玉振之餘，獲人豫神歡之慶。凡夫幽明交感，莫非誠敬所孚，快兹贄幣之追隨，愜彼圜橋之觀望。臣竊惟歷代修廟工成祭告，或遣禮官，或遣大臣，從未有崇儒重道，皇子代祭如今日者也。仰惟遣告之隆儀，實屬振古之異數。臣遭逢盛事，歡躍難名；感戴天恩，涓埃莫報。伏願金甌永固，頌昇平于億萬年；玉燭常調，卜昌熾以千百世。爲此具本，跪捧親賫，詣闕恭謝，謹具奏聞。康熙三十二年十一月初六日題，十二月初五日奉旨：覽卿奏謝，知道了。該部知道。

臣按：古者有釁廟之禮，謂作廟初成，則升屋刲牲以釁之，所謂血祭也，不行久矣。《左傳》“下管新宫”注：“新宫，逸《詩》篇名。”謂文王初作豐而考之。或曰宫室既成而飲酒以落之謂之考，然《春秋》書“考仲子之宫”，是廟亦有考。蓋室成而落焉，與廟成而祭焉，皆可謂之考。故唐顧況《補新宫》詩亦以爲新廟成而考之。然則廟成告祭，其來也尚矣，所以妥神靈而昭誠信也。至於聖廟告成，必行釋奠。然行事者不過主鬯之孫，分符之吏。明孝宗以建修孔子廟成，特遣大學士李東陽行祭告之禮，即已當時侈爲盛事，後世傳爲美談矣。我皇上特發帑金，鼎新修建，旅楹松桷，皆被寵光，恩至渥矣。當大工既成，循例籲恩，部臣請照文廟、傳心殿之例，開列大臣，恭候欽點。而皇上乃特命皇子親行祭告，御製祝文，内頒香、帛，備極隆重。及祭之日，執事有恪，禮度克嫻。對越之間，恍聞肸蠁，振古未見，創自聖朝。圜橋觀聽者，不啻數萬人，咸仰皇上尊師之至。皇子將命之恭，益使聖廟增光，儒風振起。唐哉，皇哉，非大聖人其孰能行之！至若皇子經臨，先期傳諭，自備日用，不擾民間，亦皆仰體皇上愛民至意。使燕齊千餘里之民，不知有供億之煩費，而但頌典禮之裔皇，且自慶其幸生堯舜之世焉。

幸魯盛典卷十八

康熙三十八年己卯正月二十八日，上命内閣大學士伊桑阿、阿蘭泰領出《御製御書重修闕里聖廟碑文》，口傳上諭："聖廟告竣立碑，事關大典，仍著皁保带鑿字人員前往曲阜鐫碑。"皁保叩領，即奏曰："皇上現今親閱河工，令臣管理夫役。臣願先扈聖駕閱河，俟回鑾之日再往曲阜。"上許之。

先是，重修聖廟告成，衍聖公臣孔毓圻疏請御製碑文，得奉俞旨。毓圻即親赴東山採取碑材，斲礱成碑，搆亭覆之，以待頒發刊刻。

二月，上南巡至德州，衍聖公孔毓圻、五經博士孔毓埏叩迎，恭請聖安。

是月二十三日，纂修官原任庶吉士臣孫致彌於濟寧州叩迎聖駕，蒙恩召對。皇上垂問修書之事，致彌奏曰："書稿已完，因蒙皇上重修聖廟，恩旨許賜碑文，未奉頒發，此書中未載此一篇御製大文章，所以未敢進呈御覽。"奉旨：碑文已有，回宫即發。致彌叩謝而退。

五月，皇上回鑾，衍聖公孔毓圻、五經博士孔毓埏迎駕，即扈送而北。皇上過先賢仲子廟，賜匾曰"聖門之哲"。至東昌，賜衍聖公孔毓圻匾曰"詩書禮樂"，五經博士孔毓埏匾曰"遠秀"。毓圻等叩領歸，具疏謝。

孔子六十七代孫太子少師襲封衍聖公臣孔毓圻謹奏爲恭謝天恩事。臣濫膺世職，恪守家法，自愧庸陋，無補聖朝。荷蒙皇上殊恩下逮，渥寵叠頒，天高地厚，莫能仰報。乃者邊隅永靖，四海隆平。皇上復念黄淮巨浸，未遂安瀾；東南奥壤，宜宣德惠。特舉時巡之典，相視河淮，巡行江浙，翠華所臨，大小臣工，億萬黎庶，咸遂就日瞻雲之願。臣於五月初七日恭迎聖駕，祇候東昌府境，蒙賜御書“詩書禮樂”四字，龍蟠鳳翥，焕如日星，光照淵源，榮及宗世。臣弟世襲五經博士臣孔毓埏亦蒙欽賜“遠秀”二字，凌雲垂露，超聖入神。臣等何人，叨此異數！謹率臣弟肅捧歸家，擬鐫匾額，以昭曠賚，隨於路次望闕叩頭謝恩訖。領到原賜字幅，什襲敬藏，以示子子孫孫，永爲珍寶。理合繕疏奏謝。奉旨：覽卿奏謝，知道了。該部知道。

十七日，皇上回宫，旋命内務府廣儲司郎中兼參領佐領皁保、工部都水司郎中紀賽及内務府筆帖式王世遵、工部筆帖式岳色、鐫碑人梅裕鳳等往曲阜刊刻。是日，設御仗，黄蓋鼓吹，賫送《御製御書重修聖廟碑文》赴闕里勒碑。又奉旨：許皁保、紀賽列名於碑陰。以六月二十八日至曲阜，衍聖公孔毓圻率族屬、纂修各官迎入聖廟，即日鈎勒起工。八月，御碑成，郎中皁保搨樣本進呈御覽，并恭繳御筆。十月，上命郎中皁保賫裝成《御書聖廟碑文墨蹟》一軸，特賜衍聖公孔毓圻。

御碑以八月二十四日告成，郎中皁保遵旨先搨樣本進呈，并繳御書。時衍聖公臣孔毓圻口奏：“皇上御筆乃萬世之寶，前者御碑真蹟蒙聖恩特賜與臣，寵榮無極。今次御筆亦求皇上特賜，永爲子孫世守。”皁保爲之轉奏，上命以墨本交南書房校對，以真蹟付養心殿裝潢用寶，賜與毓圻。又賜梅裕鳳爲序班，列名碑陰。十月十八日至曲阜，衍聖公孔毓圻率族屬、纂修各官、郎中紀賽等及序班梅裕鳳皆叩迎謝恩，毓圻即具疏奏謝。

孔子六十七代孫太子少師襲封衍聖公臣孔毓圻奏爲恭謝天恩事。竊惟闕里聖廟，仰荷聖恩重建。復蒙御製碑文，親灑宸翰，命内務府郎中兼佐領參領臣阜保、工部郎中臣紀賽等齎捧前來，監視鐫刻。於康熙三十八年八月二十四日告竣，搴搨進呈，恭繳御書。復蒙皇上特用寶璽裝潢，命内務府郎中兼佐領參領臣阜保，於十月十八日頒賜到臣。謹率臣弟世襲翰林院五經博士臣孔毓埏並闔族官員人等，郊外跪接到家。恭設香案，並闔家老幼望闕叩頭謝恩訖。臣欽惟我皇上德懋羲軒，治隆堯舜。作君宏作師之統，化浹臣民；後聖合先聖之符，心傳精一。念尊師而重道，必隆禮而竭誠。親駐六飛，躬行九拜。春生林廟，澤被宫牆。御書遥映乎奎婁，華蓋增輝乎俎豆。凡兹大典之創舉，皆屬前代所未聞。特發帑金，重新聖廟。簡近臣以董役，夙夜惟勤；凛天語以鳩工，經營盡善。當乘輿之臨幸，已銘聖製于穹碑；及新廟之落成，更播天章於貞石。闡聖賢之精義，皆成帝典王謨；發天地之大文，不異星紈雲爛。遵道遵路，胥瞻皇極之光；希聖希天，共仰宸修之粹。千言書就於頃刻，掣電飛雲；八法變通乎神明，超今邁古。更遴良工摹勒，備傳御筆精神。洵爲萬世鉅觀，彌彰九重曠典。爰相度于大成門外，仍位置於幸廟碑西。若日月之並明，榮光交映；與乾坤而永奠，聖澤常新。誠廟庭創見之殊恩，而典册莫傳之盛事也。何期恭繳御書，乃更仰叨天眷。特頒真蹟，寵錫微臣。鈐以金泥，彩焕螭蟠之璽；裝來玉躞，珍逾馬負之圖。琅軸精瑩，如獻河宗瑞寶；錦褾璀璨，疑分織女杼機。卷舒而色映雲霞，瞻仰而光摇金碧。殫人工之巧藝,成天府之奇珍。誠乃振古莫儔,豈特當今罕覯！恍如虹玉,重臨闕黨之堂；直比麟書，更吐昌平之里。光榮已極，抃舞難勝。此皆仰荷我皇上褒崇先聖，垂有加無已之恩；因而施及微臣，膺過分逾涯之寵。臣敢不勉思祖德，虔戴君恩。奉爲宗祐，珍藏重於車服；永勗子孫，世守寶過璠璵。仰惟高厚難名，自愧涓埃莫報。唯頌太平之有象，祝聖壽之無疆而已。奉旨：覽卿奏謝，知道了。該部知道。

十一月十五日，山東巡撫王國昌、布政使劉暟、署按察使事青州道張聖猷、東兗道傅作楫、兗州府知府李世敬、通判許嗣華等，恭詣闕里，瞻仰御碑，兼拜觀御筆。二十四日，郎中皁保等賫奉御碑搨本進京復命。

初，郎中皁保奉旨，將御碑搨二十本。時方嚴冬，或以冰凍皸瘃爲虞。乃自十月十九日始，皆和風晴旭，盎然春和，搥紙上墨，並得其宜。每成一幅，古香異采，晃朗心目。從來玉枕銀鋌號爲珍奇者，莫能望其萬一也。至十一月十八日始竣，是夕即微霰零而堅冰至矣。聖德感召先天，而天弗違如此，豈非聖神功化之極哉！皁保等乃什襲弆藏，載以歸獻。於是衍聖公臣孔毓圻等，巡撫臣王國昌等，咸口奏曰："皇上此碑乃亘古未有之異寶，伏求皇上特恩，准臣等自備工料，各搨一本，奉以珍藏，傳之世世子孫，永戴天恩於罔極，不勝激切屏營之至。"又纂修官候補内閣中書臣叢克敬、原任庶吉士臣孫致彌各恭進頌聖詩文册頁，俱交皁保代奏。十二月初五日，皁保到京奏聞訖。

臣按：先聖廟庭，碑版林立，然罕有出自九重者。宋真宗一贊，未聞親書。明代三碑，雖云御製，但多出詞臣代言，至於揮毫,則委諸中書而已。我皇上心符前聖,天縱多能,甲子冬,臨幸闕里，賜匾賜詩，皆杼軸于聖衷，揮灑於御筆，已爲古今曠典。又賜以廟碑，皆御製御書，更令奎壁增輝，宫牆生色矣。至於聖廟鼎新，紀厥成績，衍聖公臣孔毓圻仰荷天寵，復丐殊恩，拜疏之餘，實深悚息。乃蒙我皇上俯賜寬容，曲垂優渥，重焕經天緯地之文，更運羲畫禹碑之筆，制作則典墳讓古，結構與造化争奇。猶窺天者，時序改而日月長新；如觀海然，挹取多而淵源彌永。殷殷乎重道尊師之旨，拳拳乎化民成俗之源。大哉王言，洵足以超姚姒而軼羲軒矣。臣民相慶，咸以得瞻拜天章而涵泳聖澤懽忭踴躍，不自知其手之舞之足之蹈之也。至矣盛矣，蔑以加矣。

幸魯盛典卷十九

康熙二十五年丙寅四月，命以宋儒周惇頤後爲世襲五經博士。

左僉都御史姚締虞題爲聖心重道方殷，先賢表彰未盡，亟請敕議褒恤，以昭盛治之曠典事。臣惟我皇上德盛化神，治隆道備，崇重先師之典禮，録恤周公之子孫，恩綸屢沛，炳若日星。猗歟盛哉！真千載一時矣。乃有以一人而當理學絶續之關，躬繼往開來之任，上接孔、孟，下啓程、朱，厥功甚鉅，而表揚未及。若不及今陳請，徒令世遠人湮，臣請得爲皇上陳之。臣按道學之傳，孔、孟而後，荀、楊之徒，不精不詳。洎乎五季，昏昧已極。宋儒道州周惇頤出，直接孟氏之傳。《太極圖説》，闡河洛之精微；易理《通書》，闢天人之秘藴。潛修默契，闇極而章。洛人程珦遣二子顥、頤受學焉，皆能唱鳴道學，以大發有宋一代之盛。故朱熹之序惇頤曰："世所謂二程先生者，其原蓋自先生發之也。"可謂不忘所自矣。臣又按宋嘉定十三年，謚惇頤爲元公，其辭曰："先生博學力行，會道有元。脈絡貫通，上接乎洙泗；條理精密，下逮乎河洛。以'元'錫名，庶幾百世之下，知孟氏之後明聖者，必自濂溪始。"淳祐元年，追封汝南伯。元延祐六年，加封道國公。明正統元年，葺理惇頤祠墓，優免子孫差役。景泰六年，查道州周惇頤嫡長子孫一人周冕，授翰林院五經博士世襲，撥給墓田。至明季而遂失其傳矣。竊念先有惇頤，然後有程、朱。今二氏世襲勿替，而惇頤子孫淪落，祠地荒圮，揆之典章，不無掛漏。幸逢我皇上崇儒重道，理學修明，臣請敕廷臣集議，詳考惇頤當理學絶續之際，啓程朱道脈之傳，即行楚撫查其子孫果否曾世授五經博士，特賜洪恩，酌加恤録，不惟慰先儒於地下，亦可以勵百世之人心矣。奉旨：九卿、詹事、科道會議具奏。

禮部等衙門題前事。臣等議得，查順治十二年，禮部題明將朱文公十五代嫡孫朱邦相之子煌承襲博士；又查康熙九年，據河撫郎廷相題請，禮部題覆，將程顥、程頤之後裔程宗昌、程延祀准襲五經博士，各在案。周惇頤上接孔、孟，下啓程、朱，其後裔亦應照程、朱之例，准給博士之職，以彰皇上闡明理學之盛典。俟命下之日，行文該撫詳查周惇頤嫡派，并取各結及周氏之宗譜一併移送。到日，由禮部查明，將應授之人具題，准授世襲五經博士可也。奉旨：依議。

【附録】

○周惇頤，字茂叔，號濂溪，道州人，輔成之子。累官至廣東轉運判官，提點刑獄，以洗冤澤物爲己務。尋因疾求知南康軍。爲學不由師傳，默契道體。所著有《通書》《太極圖説》。嘉定十三年，賜謚曰元公。淳祐元年，封汝南伯，從祀孔子廟庭。

臣按：宋儒黄幹曰："道之正統，待人而後傳。自周以來，任傳道之責者，不過數人。而能使斯道之較著者，一二人止耳。由孔子而後，曾子、子思繼其微，至孟子而始著。由孟子而後，周、程、張子繼其絶，至朱子而始著。"則濂溪處絶續之交，能肩荷斯道，開闢肇端，以待來者，誠理學之功臣，宋儒之領袖也。我皇上聰明時憲，道積於躬，秉一中而允執，集千聖之大成，亦既參天兩地，窮神知化矣。在昔先師，鈎河摘洛，以啓苞符之秘。而惇頤《太極》《通書》,闡揚窔[1]奧,復乃曲暢旁通。皇上萬幾之暇，緝熙亶心，統貫於三古四聖之微言，而博採於有宋諸儒之緒論。伏見往者嘗親書《太極圖說》以賜廷臣，蓋惇頤之書久矣有當於聖心，夫是以加恩後人而錫之世爵也。越一年，而張載之後亦授官，自是濂、洛、關、閩之子孫皆食其舊德，而其源流倫敘，釐然秩然矣。

康熙二十六年丁卯五月，命以宋儒張載後爲世襲五經博士。

户科給事中汪晉徵題爲聖心重道日隆，先賢表彰有待，仰祈敕議褒録，以全一代之鴻規，以重百世之大典事。切臣於本月二十二日，隨九卿齊集内閣，仰瞻我皇上御撰《至聖先師孔子廟碑》，親灑宸翰，臣口誦心維。其文則日星雲漢，其詞則訓誥典謨，其書則銀鈎鐵畫，玉粹珠圓，洵足籠罩古今，蘊含造化。以孔子而得此至文，實聖道之大幸。臣等生際唐虞之世，得覩光華復旦之章，尤臣等之大幸也。總由我皇上天縱聖明，於堯、舜、孔、孟之傳實有心得，故尊崇之典，有加無已。切思自孔、孟以後，道學之緒，至宋周、程、張、朱而始著。此四姓五人者，名號並懸於天壤之間，學問皆徹乎性天之始，以故祀典均昭，藝林咸頌。乃程、朱二氏固已久置世襲博士，即周惇頤復蒙我皇上允憲臣姚締虞之請，録其子孫亦爲博士。是四姓五人，同功一體，而四人者，俱承雨露，世襲勿替。獨張載一人，子孫淪落，褒恤未加。按張載係陝西鳳翔府郿縣人，學者稱爲横渠先生。其所著《正蒙》《西銘》諸書，闡往聖之精微，爲後學之津筏。程顥曰:“《西銘》之言，極純無雜，秦

1 “窔”，原作“突”，據四庫本改。

漢以來學者所未到。”其推重如此。且見我皇上頒賜先賢書院“學達性天”匾額，周、程、張、朱、邵五人，均屬一例，則知聖心藻鑑，原無二視。伏乞敕廷臣集議，即行秦撫查其子孫，特賜洪恩，使得與周、程、朱三氏一體恤録，則萬年理學之所尊崇，即萬世人心之所振起矣。奉旨：九卿、詹事、科道會議具奏。

禮部等衙門題前事。該臣等會議得，户科掌印給事中汪晉徵疏稱，皇上天縱聖明，於堯、舜、孔、孟之傳實有心得，故尊崇之典，有加無已。自孔、孟以後，道學之統，至宋周、程、張、朱而始著。此五人者，名號並懸於天壤之間，學問皆接乎性天之始，以故祀典均昭。乃程、朱二氏固已久置世襲博士，其周惇頤子孫亦爲博士。獨張載一人，子孫淪落，褒恤未加。其所著《正蒙》《西銘》，闡往聖之精微，爲後學之津筏。皇上頒賜先賢書院“學達性天”匾額，周、程、朱、張、邵五人，均屬一例，其子孫與周、程、朱三氏一體恤録等語。查順治十二年八月内，據江南布政使司呈請朱熹子孫朱煌承襲博士等因，禮部具題，授爲世襲五經博士；康熙九年五月内，禮部題覆，臺臣條奏，程顥、程頤子孫程宗昌、程延祀授爲世襲五經博士；康熙二十四年四月内，九卿、詹事、科道會議，都察院左僉都御史姚締虞條奏，周惇頤後周嘉耀擢爲世襲五經博士，俱在案。張載，關中大儒，與濂、洛並重，相應將張載子孫亦照周、程例授爲博士。俟命下之日，行文該撫詳查張載嫡派，並取各結及張氏宗譜。移覆到日，由禮部查明應授之人具題，准給世襲五經博士可也。奉旨：依議。

【附録】

○張載，字子厚，長安人，舉進士，爲祁州司法，歷渭州僉判，召爲崇文殿校書，同知太常禮院。爲人志氣不群，初喜談兵及釋、老書，反而求之六經。既見二程子，盡棄異學而學焉。神宗立，詔問治道，以漸復三代爲對。與執政不合，告歸。危坐一室，潛心精思，教人以禮，關西之士翕然宗之。所著有《東銘》《西銘》《正蒙》，擴聖賢所未發。嘉定十三年，賜謚曰明公。淳祐初，封郿伯，從祀孔子廟庭。

臣按：宋代理學，啓於濂溪，盛於二程，而横渠起於關中，羽翼而倡和之，游酢至稱其學成德盛，比諸孟子，非阿所好也。觀其言曰："爲天地立心，爲生民立極，爲前賢繼絶學，爲萬世開太平。"此其任道之勇，救民之切，與孟子亦何以異耶？周、程、朱氏皆得世職，以奉烝嘗，而張氏缺焉莫問。幸遇我皇上崇禮至聖，推及於聖賢先儒，而横渠之後始得與諸儒裔一體邀千古未舉之典，待聖明而乃備焉。此則振起文教之大用，匪但儒門生色而已也。

康熙二十九年庚午二月，命宋儒朱熹閩派嫡孫朱潆復襲翰林院五經博士。

福建巡撫張仲舉題爲懇賜轉請題襲，以沐聖恩，以昭盛典事。該臣竊見宋儒朱熹，述聖學之淵源，綜諸儒之精奥，傳注同符於删定，正誠昭示於來兹，其有裨於世道人心者甚鉅。是以歷來祀典，備極敦崇。爰録後裔，俾之廕襲，蓋功既獨隆，報宜世享。乃考其裔派。熹祖籍係江南徽州府之婺源，自父松歷官閩土，遂家於閩。熹以理學振起，實在閩中。長子塾之後世居閩之建安，次子埜之後于元至元中詔回婺源祖籍，故有閩、徽二派之分。查閩派熹之九世孫名梃者，明景泰六年詔爲五經博士，世襲主祀。其徽派至熹十一世孫名墅者，明嘉靖二年亦以五經博士主婺源祖祀。此熹裔原有廕襲博士二員，而閩派之録廕居先，七傳至之儁，廕襲則明天啓間事也。迨至本朝定鼎，閩派未邀恩命。續有朱濚呈稱係熹十八世嫡孫，伊父金鉉早亡，伊祖之儁曾於順治九年具呈建安縣，由府轉送，請給文赴部，年老病殂，維時濚尚幼稚，遂致稽延，今籲請襲等情，并稱徽郡子孫業蒙廕襲之語，緣司府縣叠加駁覆，始爲轉詳。臣行司確覆，始則據族鄰紳士之僉結，再考誌乘記載之世系，復移咨江南查徽派廕襲原委。今查《福建通誌》四十二卷，自梴至之儁，于順治九年呈請給文赴京，有府存印册可據。再准江省咨覆，徽派今襲職朱坤呈明閩派之原襲廕可據，與誌載、圖、結及司詳情節相符。是朱濚實爲閩派應襲之人，而前此之稽遲，似有由也。伏惟我皇上神聖首出，重道崇儒，邇歲以來，駕幸闕里，頒額學宫，旁及耑祀書院，悉蒙宸翰表彰。而元聖周公暨宋儒周惇頤諸後裔，并邀世職之録。此皆前代所未行而皇上行之，右文之盛，超軼百王，真千載一時也。臣思皇上既行前代所未行，臣何敢以已行中缺之典？因其稽久，泯不上聞。況徽派業蒙廕襲，而閩地紫陽書院亦荷欽頒匾額。是熹裔之有閩派，久在皇上睿鑒之中，必不令其主祀子孫獨遺恩澤之外。伏乞敕查舊典，熹裔原有博士之例，仰邀俞允，俾朱濚得叨承襲，不獨熹之祀典增輝，而益昭聖世崇儒之盛矣。除圖、結送部外，臣謹會同閩浙督臣興永朝合詞具題，伏乞敕部議覆施行。康熙二十九年正月二十四日奉旨：該部議奏。欽此。欽遵。該臣等議得，宋儒朱熹祖籍徽州之婺源，以父松官于閩，遂居閩之建安。熹長子塾之後世居建安，守熹之墓，次子埜之後還居婺源，守熹祖墓，故熹之裔有閩、徽二派。《明實録》開載，景泰六年，以塾之後梴爲五經博士，主建安祀。嘉靖二年，照建安例，以埜之後墅爲五經博士，主婺源祀。原有博士二員。我朝順治十二年，部覆准朱煌襲五經博士于婺源縣奉祀在案。今據福建巡撫張仲舉會同總督興永朝題稱，有建安原襲博士朱之儁，于順治九年曾起文赴部，因病旋卒，而其子金铉又經早亡，時其孫瀠尚在幼稚，致稽請襲。至康熙十九年，瀠始具呈申請，叠經移查駁覆，誌乘、宗圖悉相符合，朱瀠實係閩派應襲之人等語。仰惟皇上崇奬先儒，廣勵正學，以朱熹有功經傳，特于徽、閩二處各賜御書匾額，褒崇之典，踰於往代。熹十八世嫡孫瀠既經該督撫查明具題，應准承襲五經博士，以奉建安祀事。恭候命下，臣部轉行吏部察例給劄可也。臣等未敢擅便，謹題請旨。康熙二十九年二月初七日題，本月十一日奉旨：依議。

【附録】

〇朱熹，字元晦，一字仲晦，徽州婺源人。少依父友劉子羽，寓建之崇安，徙建陽，殁即葬焉。登第五十年，仕於外僅九考，立朝僅四十日，官至焕章閣待制，奉祠。謚曰文，追封徽國公。初，父松病亟，屬熹於胡憲、劉勉之及子羽，熹皆從之游。延平李侗嘗學於羅從素，熹罷同安主簿歸，不遠數百里徒步往從之。其爲學，大抵主敬以立其本，窮理以致其知，反躬以踐其實，而敬又貫乎三者之間，所以成始而成終也。嘗謂聖賢道統之傳，散在方策，聖經之旨不明，而道統之傳始晦，於是竭其精力以研窮聖賢之經訓。所著有《易本義》《啓蒙》《蓍卦考誤》《詩集傳》,《大學》《中庸章句或問》,《論語》《孟子集注》,《太極圖》《通書》《西銘解》,《楚辭集注辨證》《韓文考異》。所編次有《論孟集議》《孟子指要》《中庸輯略》《孝經小學書》《通鑒綱目》《宋名臣言行録》《家禮》《近思録》《河南程氏遺書》《伊洛淵源録》。又有《儀禮經傳通解》未脱藁，亦在學宫。平生爲文一百卷，生徒問答八十卷，别録十卷。淳祐元年，理宗視學，手詔以張、周、二程及熹從祀孔子廟。黄幹曰："道之正統，待人而後傳。自周以來，任傳道之責者，不過數人。而能使斯道章章較著者，一二人而止耳。由孔子而後，曾子、子思繼其微，至孟子而始著。由孟子而後，周、程、張子繼其絶，至熹而始著。"識者以爲知言。

臣按：朱熹集宋代諸儒之大成，上繼孔、孟不傳之道統。其所撰集，皆足以羽翼聖經，闡明正學，有大醇而無小疵。魏了翁稱其功不在孟子下，信矣。自宋理宗時即已追封從祀，而遺墓在閩，其長子塾之裔世守焉，明景泰時得博士世職，在徽派博士之先承襲。至之儁而明祚忽諸。迨八閩道通，之儁將請朝命，未行而卒。嫡子早世，孤孫方乳，遂以奉祠生主𨚗書院且四十年，赴訴大吏，莫爲陳請。幸遇吾皇上親祭闕里，推恩先儒[1]，頒賜御書"學達性天"匾于紫陽書院，儒裔朱潆始備陳顛末。撫臣再四查覈，據以請命。此皆仰沐皇上崇儒右文之德化，始能觀感奮興。舉此曠典，而先儒子孫復得叨命服之榮，以奉其祠墓，九曲巖壑，增榮益觀，直與尼防、鄒嶧同沐恩光，遥相輝映，猗歟盛哉！

康熙三十九年庚辰五月，命先賢閔子裔閔衍籀、端木子裔端木謙俱世襲翰林院五經博士。

先賢閔損六十四世奉祀嫡孫閔煌謹奏爲援例陳情，乞賜襲封，以光祀典，以廣皇仁事。竊見崇儒固昭於歷代，尊聖莫隆於我朝。孔、顔、曾、孟以及先賢仲子、先儒朱子後裔，久膺世襲爵秩。我朝復録先儒程子後裔，聖駕至魯，録元聖周公後裔，

1　四庫本"里"下無"推恩先儒"四字。

近又録先儒周子、張子後裔，真所謂不朽之盛事，而萬古爲昭者也。俯念臣祖閔損，緣係魯人，爲聖門高弟。德並顔淵，有以紹千古之心學；孝媲曾子，足以扶萬世之名教。且其辭費留介介之節，侍側傳誾誾之容，載在《魯論》，班班可考。是以稱爲大賢，從祀聖殿，居十哲之首壇，爲諸賢之領袖。歷代皆有公衮之褒，聖朝尤重釋奠之典。臣忝係嫡裔，世居東魯，承掌宗譜，歲赴歷城廟墓，躬承祭祀。奈貧窶難堪，孝思莫展。因思聖廟四配以及先賢仲子並先儒後裔，皆受翰博之職，長爲俎豆之光。而臣祖德冠聖門，位首群賢，尚以布衣承祀，几筵無色，此所爲日望九重而冀恩榮之下逮也。前二十三年冬，駕幸聖林，臣同十哲諸賢後裔跪進表章，又於二十八年春，聖駕南巡，臣復爲瀆奏，皆未得蒙御覽。今幸天顔再覩，千載奇逢，臣不揣愚賤，匐匍陳情。伏惟聖上德冠古今，孝治天下，懇乞天恩，軫念先賢功德，特賜世廕，以承俎豆。臣敬君孝祖之忱於焉得盡，皇上崇儒重道之典於玆益彰矣。臣草茅下賤，不諳朝儀，冒瀆天顔，悚懼待罪，伏乞鑒宥施行。爲此具本，並家譜恭進，上奏請旨。

先經禮部題爲乞彰功德，俯賜襲封，以光祀典，以廣皇仁事。據先賢端木子嫡裔奉祀生員端木謙奏前事，奉旨：交與吏部。欽此。該臣等議得，據先賢端木子嫡裔奉祀生員端木謙奏稱，伏見歷代崇儒之盛，我朝重道之隆，每於先聖、先賢後裔賜予恩禮，有加無已。臣祖端木賜負資穎異，功德特著，不惟不等乎孟、仲，而且不及乎程、朱。伏乞特賜爵秩，照仲氏子孫、程朱後裔一體承襲博士，以奉祭祀等語。又據先賢端木賜裔孫奉祀生員端木植奏稱，臣祖端木賜，字子貢，聰明特達不亞曾、仲，羽翼道德遠過程、朱，子孫未沾一命之榮，伏乞皇上俯念先賢功德，敕部照依仲由、程、朱之例，亦賜恩廕，以奉烝嘗，以光俎豆等語。查康熙十三年五月内，衍聖公孔毓圻奏請子張子嫡裔顓孫好賢援仲氏例請襲五經博士一疏，臣部議覆，内開聖門弟子内歷代俱定有等第，授爲博士，其奏請顓孫好賢授爲博士之處，應無庸議等因在案。查歷代聖門弟子内，閔損、冉雍、卜商、冉耕、宰予、冉求、言偃、顓孫師俱與端木賜在十哲之列，伊等之後亦未曾授爲博士之處。此端木謙、端木植奏請照仲子裔孫例承襲博士之處，應無庸議可也。奉旨：依議。至是，先賢端木賜七十代嫡孫奉祀生員臣端木謙謹奏，爲援例陳情，乞賜襲封，以崇先賢，以廣皇仁事。竊惟道統之傳，自孔子而下，先賢有四配十哲以傳其統，先儒有周、程、張、朱以闡其緒，此誠有功於天下後世者也，歷代莫不尊崇。孔、顏、曾、孟之子孫，或封於唐，或封於宋，或封於元、明，皆賜以世爵，主奉烝嘗，可謂隆矣。然數十朝而霑恩者，止有四氏。若仲由、朱熹之後裔，則襲封於我朝定鼎之初。程顥、程頤之子孫，則承廕於皇上御極之始。且駕幸闕里，於至聖孔子則祭以太牢，賜以金帛，御書“萬世師表”以尊之。於元聖周公，則封其主祀之人，大其棲神之所，撥給祀田、户人以崇之。繼此而邀恩者，則又有周惇頤之苗裔，張横渠之後嗣，兼有陪祀恩貢，錫予恩禮，有加無已。是崇儒重道，誠爲前代之所未有，而後世之所莫加者也。臣係先賢端木賜嫡孫，前駕幸孔林，臣在廬墓堂叩接聖駕，得覲天顔，仰承顧問，復蒙洪恩，准臣奏章，誠千古之罕覯，人世之奇逢也。臣草茅下士，當此隆遇，雖捐糜頂踵，猶不能仰報高厚于萬一，何敢復瀆天聽！但念臣祖在聖門，道傳一貫，學聞性天，承前聖之統緒，開後世之心學，至于表章聖治，有立道綏動數語，可謂傳聖人之心法，兼得聖人之治法矣。在十哲中，而諸賢未能或之先也。即後世周、程、張、朱，或亦莫之及也。况三年廬墓，實聖門之孝子，説楚兵迎，解陳蔡之重圍，其於聖人，功匪小矣，而後裔未獲邀一命之榮。是前既不能比於四配，後復不克同於五儒，即十哲之中，更不得並于子路，此千百年未舉之曠典，正留以待今日者也。恭遇我皇上修明典禮，表章先哲，實臣之幸也。但九閽遠於萬里，草野難達楓宸。今幸聖駕南巡，見鑾輿之遥臨，遂生平之仰望，謹修短表，匍匐接駕。伏乞聖裁，俯念先賢之功德，照依仲由子孫、周、程，張、朱例一體恤録，雖臣一家之私榮，實天下萬世之同慶，道統丕顯，聖德增輝。臣愚蒙寒賤，不諳朝儀，冒瀆天顏，悚息待罪，伏乞恩宥施行。爲此具本，跪捧以聞，並端木誌譜恭呈御覽。

山東巡撫王咨爲前事，准禮部咨稱，該禮部等衙門會覆山東巡撫王題前事。内開該臣等會議得，先經禮部議覆，閔煌、端木謙請給博士之處，毋庸議。具題，奉旨：九卿、詹事、科道會議具奏。欽此。該臣等議覆，恭遇皇上崇儒重道之時，兩賢後裔似應授與官職，以彰曠典。但其後裔歷世久遠，是否嫡派，亦未可定。應行文該撫會同衍聖公確查嫡派，將應授之人保送，到日再議等因。具題，奉旨：依議。欽此。欽遵。隨行文山東巡撫、衍聖公去後。隨據該撫咨稱，閔煌、端木謙寄籍濟寧，各止五世，况直隸、江南、河南皆有宗派，東省不便遽爲保送前來。禮部復行文該撫會同衍聖公確查保送去後。今據該撫疏稱，原叩閽之端木謙實係端木子嫡裔，其閔子嫡裔閔煌又稱伊兄子閔衍籀係長房嫡子，閔衍籀應膺曆典，閔煌出具甘結等語。既經該撫會同衍聖公確查，將端木謙、閔衍籀保題前來，相應將端木謙、閔衍籀准授爲五經博士世襲。俟命下之日，禮部轉咨吏部照例給劄。其端木謙、閔衍籀之宗譜併通族甘結、印結，仍行文該撫會同衍聖公照例送部可也等因。康熙三十九年五月二十四日題，本月二十六日奉旨：依議。欽此。欽遵到部。相應行文山東巡撫可也等因，呈堂奉批行送司，擬合就行。爲此合咨前去，遵照旨内事理欽奉施行等因到部院，案行到司。蒙此，隨行兖州府轉行查取去後。今據該府申，據濟寧州申稱，遵即轉行端木謙、閔衍籥知照外，復移濬縣取到端木謙通族甘結、濬縣印結，并將取到閔衍籥通族甘結加具卑州印結，同二氏宗譜一併具文申送等情到府。據此，擬合轉送等情到司。據此，該本司布政使劉暟查得，奉院案准禮部咨開，端木謙、閔衍籥准授爲五經博士世襲。仍取端木謙、閔衍籥宗譜並通族印、甘各結，會同衍聖公照例送部等因，當即檄行兖州府查取去後。今據該府申送端木謙、閔衍籥二氏宗譜并通族印、甘各結前來，相應呈祈本部院俯賜會同衍聖公照例咨送禮部可也等情到部院。據此，擬合咨送。爲此會同衍聖公合咨貴部，煩請查照施行。

禮部咨同前事，祠祭清吏司案呈禮科抄出，該禮部等衙門會覆山東巡撫王國昌題前事。内開該臣等會議得，先經禮部議覆，閔煌、端木謙請給博士之處，毋庸議。具題，奉旨：九卿、詹事、科道會議具奏。欽此。該臣等議覆，恭遇皇上崇儒重道之時，兩賢後裔似應授與官職，以彰曠典。但其後裔歷世久遠，是否嫡派，亦未可定。應行文該撫會同衍聖公確查嫡派應授之人保送，到日再議等因。具題，奉旨：依議。欽此。欽遵。隨行文山東巡撫、衍聖公去後。隨據該撫咨稱，閔煌、端木謙寄籍濟寧，各止五世，況直隸、江南、河南皆有宗派，東省不便遽爲保送前來。禮部復行文該撫會同衍聖公確查保送去後。今據該撫疏稱，原叩閽之端木謙實係端木子嫡裔，其閔子嫡裔閔煌又稱伊兄子閔衍籥係長房嫡子，閔衍籥應膺曠典，閔煌出具甘結等語。既經該撫會同衍聖公確查，將端木謙、閔衍籥保題前來，相應將端木謙、閔衍籥准授爲五經博士世襲。俟命下之日，禮部轉咨吏部照例給劄。其端木謙、閔衍籥之宗譜併通族甘結、印結，仍行文該撫會同衍聖公照例送部可也等因。康熙三十九年五月二十四日題，本月二十六日奉旨：依議。欽此。欽遵到部。相應移咨衍聖公，遵照旨内事理欽奉施行。

臣按：四科之目，著於漢儒；十哲之稱，見於北魏。後世躋顏子于四配，而以有若補之。其見於孟子之書者，或云具體而微，或云善言德行，或云有聖人之一體，或云似聖人，或云智足以知聖人，皆篤論也。顧歷代以來，雖膺封爵之榮，享堂上之祭，而未有録其後裔者。唯仲子之後，得襲世職于明末，相傳至今。而諸賢皆僅以諸生奉祠，殊未稱朝廷尊崇之意。今我皇上因親祀孔子而廣及先賢，子騫、子貢乃得與子路一體邀恩，澤及苗裔，俎豆增光，何其盛也！且竊溯幸魯迄今已十有六年，而皇上推恩先聖之心，久而彌勤若斯，豈萬古所能幾及哉！

康熙四十一年壬午二月，命以先儒邵雍後裔邵文學爲世襲五經博士。

掌江南道監察御史杜之昂謹題爲先賢闡明聖學，懇祈一視同仁，以溥皇恩，以光史册事。欽惟我皇上崇儒重道，講學右文，先聖先賢，無不留心表揚。曾有御書匾額“學達性天”四字頒賜周惇頤、程顥、程頤、張載、朱熹、邵雍六子，煌煌宸翰，奎璧生光，其榮一也。是邵雍内聖外王之學，與五子同功，已在聖明洞鑒之中。臣一介迂儒，何能翼贊高深？然仰體聖心，崇祀先賢，表揚聖學，有加無已。凡先賢子孫，均沐隆恩。如周、程、張、朱，俱有博士以主其祀，而邵雍獨無博士以及其後。臣因不辭冒昧，敢爲邵雍博士之請。惟恩出聖裁，或可與五子一視同仁，敕部確查邵雍正支嫡派，以承祀典。邵雍有靈，感恩無既。垂之史册，光昭千古矣。如果臣言不謬，伏乞敕部議覆施行。康熙四十年五月二十八日奉旨：該部議奏。

禮部題爲先賢闡明聖學，懇祈一視同仁，以溥皇恩，以光史册事。禮科抄出掌江南道事河南道監察御史杜之昂題前事，奉旨：該部議奏。欽此。該臣等議得，河南道監察御史杜之昂疏稱，欽惟我皇上崇儒重道，講學右文，先聖先賢，無不留心表揚，曾有御書匾額“學達性天”四字頒賜周惇頤、程顥、程頤、張載、朱熹、邵雍六子，煌煌宸翰，奎壁生光。是雍内聖外王之學，與五子同功，已在聖明洞鑒之中。周、程、張、朱子孫，俱有世襲博士以主其祀，而邵雍獨無博士以及其後。恩出聖裁，或可與五子一視同仁，敕部確查邵雍正支嫡派，以承祀典等語。查順治十二年八月内，據江南布政使呈送朱熹子孫朱煌承襲博士，臣部題覆，授爲五經博士；康熙二十九年二月内，臣部題覆，福建巡撫張仲舉疏請，朱熹子孫朱瀠授爲世襲五經博士；康熙九年五月内，臣部題覆，臺臣傅世舟條奏，程顥、程頤子孫程宗昌、程延祀授爲世襲五經博士；康熙二十四年四月内，九卿、詹事、科道會議，都察院左僉都御史姚締虞條奏，周敦頤子孫周嘉耀授爲世襲五經博士；康熙二十七年九月，九卿、詹事、科道會議，户科掌印給事中汪晉徵條奏，張載子孫張守先授爲世襲五經博士，俱各在案。臣等恭惟我皇上治隆今古，學貫天人，上接堯、舜之心傳，遠承孔、孟之道統，凡屬後裔，悉叨聖世隆恩。今御史杜之昂條奏周惇頤、程顥、程頤、張載、朱熹、邵雍俱蒙御賜匾額，是邵雍内聖外王之學，與五子同功，已在聖明洞鑒之中等語。相應如其所請，一體授與博士，以彰曠代之殊恩，萬年之盛典。但其後裔歷世久遠，無憑稽考。俟命下之日，行文該撫確查嫡派，將應授之人保送，到日再議可也。六月十八日奉旨：依議。

巡撫河南兵部右侍郎兼都察院右副都御史臣徐潮題爲先儒闡明聖學等事。該臣看得，宋儒邵雍闡明道學，有功名教，臺臣杜之昂條奏，比例周、程、張、朱世襲承祀，部覆行臣將邵雍嫡派應授之人宗圖、宗譜、印、甘各結具題。行據布政使李成林詳稱，查明邵雍嫡派二十八代孫邵養醇於明崇禎六年授爲博士，明末寇亂，養醇故後，劄付無存。養醇之子邵國璋係邵雍二十九代孫，但年逾七旬，難習禮儀。今國璋之子邵文學係應授之人，取具圖譜、各結前來，請旨施行。奉旨：該部知道。

禮部題爲先賢闡明聖學，懇祈一視同仁，以溥皇仁，以光史册事。禮科抄出河撫徐潮題前事，奉旨：該部知道。欽此。該臣等議得，先經臣部題覆御史杜之昂爲先賢邵雍之後請襲博士一疏，令行該撫確查嫡派，將應授之人保送，到日再議等因。具題，奉旨：依議。欽此。隨行文河南巡撫去後。今准該撫徐潮疏稱，查明崇禎六年邵雍嫡派二十八代孫邵養醇曾授爲博士，明末寇亂，劄付無存。邵養醇之子邵國璋係邵雍二十九代長門嫡孫，但年逾七旬，難習禮儀。今邵國璋之子邵文學乃邵雍三十代長門嫡孫，係應授之人，取具宗圖譜、印、甘各結保題前來，相應將邵文學准授爲世襲五經博士。俟命下之日，臣部轉咨吏部照例給劄可也。康熙四十一年二月初五日奉旨：依議。

【附録】

○邵雍，字堯夫，其先范陽人。父古徙衡漳，又徙共城。雍年三十，游河南，葬其親於伊水上，遂爲河南人。事北海李之才，受《河圖》《洛書》、伏羲八卦、六十四卦圖象，探賾索隱，妙悟神契，衍先天之旨，著書十餘萬言。事親盡孝，歲時耕稼，僅給飲食，名其居爲安樂窩。司馬光兄事之。嘉祐中，詔求遺逸，王拱辰以雍應詔，授將作主簿，復補潁州團練推官，皆固辭。卒年六十七，贈秘書省著作郎。元祐中，賜謚康節。咸淳三年，追封汝南伯，從祀孔子廟廡。

臣按：邵雍居河南時，程顥與之議論終日，歎曰："堯夫内聖外王之學也。"程頤銘其墓曰："雍之道純一不雜，就其所至，可謂安且成矣。"朱熹贊之曰："天挺人豪，英邁蓋世。駕風鞭霆，歷覽無際。手探月窟，足躡天根。閒中今古，醉裏乾坤。"其爲程、朱推重如此。宜我皇上"學達性天"之賜，以六子並稱，詎非千古帝王卓識歟？兹可臺臣請，允禮臣議，特賜其後裔世襲五經博士，與周、程、張、朱之後一體襲職，此真聖明浩蕩之恩，曠古未有之典。昔雍精河洛理數，遇事前知，嘗與歐陽棐道其立身本末，且曰："足下其無忘鄙人於異日。"雍卒，留守韓維請謚於朝。棐時爲博士，作謚議，恍憶當時之言，落筆如其自序。則雍必有以逆知數百年後有大聖人出，德位兼隆，榮其後裔。吾皇上道契先天，德符至理，豈偶然哉！從此海内蒸蒸，咸思昌明聖學，興起百世之下。吾皇上壽世作人之化，洵非百王所能幾及矣。

幸魯盛典卷二十

康熙二十四年乙丑四月，衍聖公孔毓圻疏請纂修《幸魯盛典》，并請《御製古檜賦》勒石檜樹間，詔從之。

衍聖公臣孔毓圻奏爲請旨纂修《幸魯盛典》，以昭垂道統，敷示臣民事。臣聞帝王膺圖御宇，以體元出治，則爲君極；聖賢致知力行，以繼往開來，則爲道統。自古迄今，君極與道統合而爲一者，必至聖而後克全。伏遇皇上哲謀天亶，敦敏夙成；知則生知，聰明首出庶物；行則安行，律度協於中和。猶復修來時敏，念典愈勤，鑒百王之治法，闡千聖之微言，堯、舜、禹、湯、文、武、周、孔之道，至我皇上而統會焉。上有至聖之君，則下有王者之民。臣竊見巡蹕所至，區宇縱觀，群黎覲迎，歡呼徯應，千里攀援。即古帝游幸康衢，僅一擊壤之儔耳，而今則處處皆康衢，人人爲擊壤，皇上之德盛化神，實高於古聖遠矣。至如臨幸闕里，典制超越。蓋惟皇上躬任道統，親接羹牆，以是創制矞皇，敦崇先聖。而臣見四方人士來登闕里者，瞻仰宸章御蓋焜燿廟庭，無不致敬，忭舞導揚。又必問臣以釋奠之儀文，進講之大義，與夫拜颺之次第，賚予之優渥，務必細詢，臣應對且日不暇給。臣因思聖主隆規，自炳於起居之注；而尼山道統，不可無紀盛之書。臣愚特籲聖恩，容臣裒輯典章，臚陳儀制，皇上顧問之天語，群僚奏對之昌言，臣族受恩之始末，扈從入廟之班聯，一一恭紀，纂成《幸魯盛典》一書，以昭示臣民，使共獲快覩。在臣家則傳之子孫，與《論語》《家語》諸書同垂天壤矣。如蒙鑒允，臣即於廟庭設局纂修。仍請敕下該衙門，將一應臨幸闕里事宜、聖製、聖諭、告文、祝文、禮樂、儀制、講章，以及扈從入廟陪祀、執事諸臣名爵，各行頒發到臣，以便彙齊纂入。俟刊刻成書，另疏恭呈御覽，則寰宇獲覩顯懿之盛，而尼山永垂鉅典之書矣。抑臣更有請者，臣兹趨賀萬壽，甫入都門，聞有《御製古檜賦》，臣不勝懽躍，即購求抄本，薰沐恭誦。仰見我皇上聖學淵宏，龍章浩瀚，妙體裁之獨至，闡義蕴於靡遺。臣伏念自手植檜樹以來二千餘歲，幸邀天顏之顧盼，復荷睿藻之褒揚。臣不揣冒昧，敢請聖製，勒石檜樹間，垂之永久，以爲萬代觀瞻。伏乞皇上鴻慈俯允。奉旨：該部議奏。

禮部題前事。該臣等議得，衍聖公孔毓圻疏稱，皇上臨幸闕里，典制超越，特籲聖恩，容臣裒輯典章，臚陳儀制，皇上顧問之天語，群僚奏對之昌言，臣族受恩之始末，扈從入廟之班聯，一一恭紀。《幸魯盛典》一書，即於廟庭設局纂修。仍敕下該衙門，將一應臨幸闕里事宜、聖製、聖諭、告文、祝文、禮樂、儀制、講章，以及扈從入廟陪祀、執事諸臣名爵，各行頒發，以便彙輯等語。臣等仰惟我皇上崇尚師儒，修明理學，車駕躬臨闕里，特崇報典，屢沛恩光，而且宸翰輝煌，天章藻麗，規模遠邁於前王，彝訓永垂於萬世。應如衍聖公孔毓圻所請，纂修《幸魯盛典》一書，永垂萬世。相應將皇上東巡聖製、聖諭、告文、祝文，並顧問天語、臣僚奏對、臨幸闕里事宜、禮樂、儀制、講章、啓奏等事，以及扈從王等、内大臣、侍衛、各部院大臣官員入廟陪祀、執事諸臣名爵，臣部行文各部院詳查明白開列，俱移送臣部。其纂修《幸魯盛典》一書，永垂萬世，應將各部院移送禮制事宜彙送翰林院。其應行纂修典禮各項詳定明白，移送臣部，轉送衍聖公孔毓圻纂修，進呈御覽。又疏稱，《御製古檜賦》請勒碑檜樹間，垂之永久，以爲萬代觀瞻等語。相應亦如所請。敕下翰林院，將《古檜賦》抄録，移送臣部，亦轉發衍聖公孔毓圻，令其勒碑檜樹間可也。奉旨：依議。

十二月，衍聖公孔毓圻疏舉進士金居敬等纂修《幸魯盛典》，上可其奏，敕部咨取金居敬、俞兆曾、叢克敬、孫致彌、葉湜、沙汝洛、章緯、曹晃赴闕里聖廟纂修。

衍聖公臣孔毓圻奏爲纂修仰奉俞綸，編輯理難草率，恭請頒發禮制事宜，咨取應用人員，以光盛典事。切該臣恭遇我皇上崇儒重道，加恩先師，前軼百王，後光萬禩。先經臣請旨纂修《幸魯盛典》，以昭垂道統，敷示臣民事。具奏，奉旨：該部議奏。隨經禮部議覆，内稱相應將皇上東巡聖製、聖諭、告文、祝文，併顧問天語、臣僚奏對、臨幸闕里事宜、禮樂、儀制、講章、啓奏等事，以及扈從王等、内大臣、侍衛、各部院大臣等員入廟陪祀、執事諸臣名爵，行文各部院詳查開明，移送臣部，彙送翰林院。其應行典禮各項詳定明白，移送臣部，轉送衍聖公孔毓圻纂修，進呈御覽。奉旨：依議。欽遵在案。伏念皇上文治之隆，亘古未有，年來海外之國，皆求遣子入監讀書。今臣所請纂修《幸魯盛典》之書，告成之日，外則宣示遐方，内則昭垂後世，皆仰皇上之崇正道，尊先師，奕禩永奉典則之貽，四海競切觀光之慕，所係誠非淺鮮也。所有禮制、事宜等各項，前經部議，俟翰林院詳定明白，移部轉發到臣。計詞臣必已搜輯考核，詳備無遺，請敕部院迅速頒發，以便遵旨開館纂修。但臣自惟學問固陋，尠見寡聞，若使獨任操觚，未免掛一漏萬。況所裒集者，我皇上之文章，乃古今莫大之文章，所恭紀者，我皇上之事功，乃古今莫大之事功，若草率從事，臣則何敢？今纂修《盛典》一書，必須才學鴻贍之人共勷厥事，方能揚搉愉快。而諸臣之現任供職者，臣未敢借才。臣擬身總其綱，及臣胞弟翰林院五經博士臣孔毓埏爲副外，臣訪得江南蘇州府長洲縣乙丑科進士金居敬、浙江嘉興府嘉善縣儒學增廣生員曹晃、嘉興府海鹽縣乙丑科進士俞兆曾、江南蘇州府嘉定縣戊午科舉人孫致彌、蘇州府崑山縣辛酉科順天鄉試副榜貢生葉湜、江寧府江寧縣丁巳科舉人叢克敬、山東登州府萊陽縣候選京職沙汝洛、浙江杭州府富陽縣候選知縣章綍。此數人者，皆人品純粹，學問優長，堪任纂修之役。恭請俞旨，敕部咨取到臣。至於校閱、收掌、謄録，各有攸司，書成之日，一並列名，進呈御覽。其間儻有未備典禮，亦容臣次第咨部查取，務求明備，以光盛典。奉旨：該部知道。

禮部題前事。該臣等會議得，衍聖公孔毓圻疏稱，纂修《幸魯盛典》一書，臣自惟學問固陋，尠見寡聞，若使獨任操觚，未免掛一漏萬。必須才學鴻贍之人共勷厥事，方能揚搉愉快。而見任供職者，未敢借才。臣擬身總其綱，翰林院五經博士孔毓埏爲副外，今訪得江南進士金居敬、浙江生員曹晃、浙江進士俞兆曾、江南舉人孫致彌、江南貢生葉湜、江南舉人叢克敬、山東候選京職沙汝洛、浙江杭州府富陽縣候選知縣章綍。此數人者，皆人品純粹，學問優長，堪任纂修之役。恭請俞旨，敕部咨取到臣等語。應照衍聖公孔毓圻所題，將進士金居敬等移咨該督撫速催前赴衍聖公處纂修可也。奉旨：依議。

康熙二十五年丙寅七月，上命頒降御製文及《幸魯典禮》於聖廟纂修館。八月初一日，衍聖公孔毓圻同翰林院五經博士孔毓埏、纂修進士金居敬、俞兆曾、舉人叢克敬、孫致彌、副榜貢生葉湜、候選小京職沙汝洛、候選知縣章緯、增廣生員曹晃等，於金絲堂開館，纂修《幸魯盛典》。

禮部咨爲移送事。儀制清吏司案呈，奉本部送准翰林院咨稱，先經本衙門進呈過《幸魯典禮》二本，於康熙二十五年七月初四日侍讀學士高士奇口傳，此書御覽已完，發與衍聖公孔毓圻，併御製文章七篇一併發出，應移送貴部轉發。《幸魯典禮》二本，御製文章七篇，移送衍聖公可也。

衍聖公臣孔毓圻題爲御製天章既煥，臣僚撰述宜裒，謹報明開讀、開館日期，再請俞旨事。臣於康熙二十五年八月初一日接准禮部咨稱，准翰林院咨稱，先經本衙門進呈過《幸魯典禮》，於康熙二十五年七月初四日侍讀學士高士奇口傳，此書御覽已完，發與衍聖公孔毓圻，併御製文章七篇一併發出，應移送轉發等因，咨行到臣。臣即於本日在臣衙門恭設香案，率領纂修各員併臣屬官員、族人等望闕叩頭行禮。當即開讀聖製，臣謹親捧安奉宸翰閣内，隨率纂修各員敬於祖[1]廟金絲堂開館訖。臣伏讀聖製，文明焕彩，睿藻揚華。言言闡道，紹述千聖之精微；字字傳心，糠粃百家之論説。臣稽往古歷代帝王，凡孔廟碑記祝詞，俱出廷臣撰述，未聞寶翰親揮。若唐宗幸宅之詩，宋帝東臨之贊，章宗一咏，明祖一詩，雖洋洋聖謨，千秋永寶，而寥寥篇什，體製未弘。從未有親灑宸翰，高文大篇，如我皇上之文。同日月之麗天，並行不息；若源泉之湧地，萬派争流。渾涵義類，陶鑄古今。廟記溯章述之功能，序贊備始終之條理。乃至泉林檜樹，亦攄昭曠之觀；孟廟姬祠，並著發皇之大。敻

1 “祖”，四庫本作“聖”。

乎莫尚，至矣難名。愧臣知識淺陋，猶夫窺天測海，豈能識其萬一！惟日與纂修諸臣恭誦體會，形之抃舞。抑臣更有請者，自古都俞吁咈之朝，必載賡歌颺拜之盛。臣伏見聖駕巡幸，扈從諸臣既有應制之作，班聯之上亦多恭頌之詞，記頌詩賦，體製不同，皆以賡揚盛美，黼黻休明。即臣等愚昧，亦思有所撰述，以紀希遘之典。臣擬彙輯，編爲藝文一卷，附之集後。上採《卷阿》《魚藻》，以誌喜起之休風；旁及夏諺衢謡，益見右文之盛治。伏乞敕下該衙門，凡臣僚一應篇什，許其於歲内各自繕寫，郵寄到臣。容臣編輯成書，一體進呈御覽。伏候皇上睿鑒。奉旨：該部知道。

禮部題前事。該臣等議得，衍聖公孔毓圻疏稱，伏見聖駕巡幸，扈從諸臣既有應制之作，班聯之上亦多恭頌之詞，皆以賡揚盛美，黼黻休明。即臣等愚昧，亦思有所撰述，以記希遘之典。臣擬彙輯，編爲藝文一卷，附之集後等因前來。臣等伏覩我皇上濬哲生知，文明應運，臨幸闕里，釋奠先師，典禮喬皇，聲名洋溢。揮灑宸翰，麗焕星雲；昭揭天章，高懸霄漢。開講則圜橋觀聽，加恩而泮璧增輝。成一代之弘規，垂千秋之僅事。逖稽往籍，爰溯曩徽。唐虞之君臣賡唱，成周之雅頌矢音，以及炎漢柏梁，初唐應制，咸存撰製，並有和歌。於以黼黻休明，發揚嘉美。況乎恭逢聖世，欣覩熙朝，崇儒重道，鑠古振今。凡屬臣僚，無不樂爲宣贊。相應如衍聖公所請，凡扈從部院諸臣及在廷臣僚，其有著爲文辭，鋪揚鴻鉅者，無論詩賦頌記，俱限於一月内繕寫，交與翰林院，由翰林院裁訂，送臣部轉發。其衍聖公孔毓圻等有作，亦聽采録。務擇其淵粹有裨風雅者，爲藝文一類，附之卷内，非特益孔庭家乘之榮，實以徵聖代文治之盛。如此，則我皇上尊崇至聖之意，奕禩光昭，而臣子頌揚踊躍之情，亦得以稍抒萬一矣。奉旨：依議。

康熙二十七年戊辰四月,《幸魯盛典》草稿告成,計書一十八卷。衍聖公孔毓圻具疏進呈御覽,恭請御製序文。上命禮部、翰林院會議。議上，制曰：可。仍以原書發館，遵旨詳加增改。

衍聖公臣孔毓圻奏爲恭呈《幸魯盛典》，仰祈睿鑒欽定，以隆重典事。竊惟創非常之典制，必在極盛之昌時；集道統之大成，端賴綏猷之元后。臣考闕里行幸，漢高而後一十四君，雖載史書，從無專録，典未鉅也。伏惟我皇上體膺上聖，道協時中。深考於承天治人之故,惟斯道之能弘;博綜於前言往行之中,以古聖爲可法。念典時敏，既親載籍以觀摩；文教誕敷，復示尊崇爲則傚。乃於甲子之冬，時邁東巡之駕，江淮旋蹕，洙泗停輿，毖祀爰修，隆儀肇舉。陟降在庭，儼若羹牆之接；徘徊廟寢，恭聞金玉之音。禮樂焕越於百王，恩典普沾於陪祀。宸章寶翰，芝蓋貞珉，叠賜屢頒，有加靡已。集廟庭之典謨，未有富於天章之巍焕也；溯幸宅之典禮，未有加於今日之弘鉅也。復蒙皇上俯俞臣請纂修《幸魯盛典》一書，臣隨舉金居敬等題薦纂修。至於校閲、收掌、謄録之司，臣前疏内題明，於書成之日一體列名，隨將校閲張拱樞等咨報吏部注册在案。自康熙二十五年八月初一日題報開館，臣統率各員，敬謹慎重，纂成書稿一十八卷，恭呈睿覽。伏念臣等學識淺陋，其間裒輯，恐有未當，微臣凛凛於心，特籲聖恩，宥其愚昧，俯賜裁定。並請御製序文，仍行頒發到臣。容臣遵奉鏤板，進呈御覽，即頒行天下。庶普天率土，咸仰尊師重道之崇閎；桑户蓬樞，共瞻聖製宸篇之浩博。其纂修等員，幸際聖朝，得逢曠典，應否邀恩議敘，出自皇上洪恩，非臣所敢仰冀也。奉旨：這本内事情，著禮部、翰林院會同確議具奏,《幸魯盛典》併發。

禮部題前事。該臣等會議得,衍聖公孔毓圻疏稱,纂修《幸魯盛典》一書,自康熙二十五年八月初一日開館,纂成一十八卷,恭呈睿覽,俯賜裁定。並請御製序文,仍行頒發到臣。容臣遵奉鏤版,進呈御覽,即頒行天下。其纂修等員,幸際聖朝,得逢曠典,應否邀恩議敘,出自皇上洪恩等語。臣等仰見我皇上崇儒重道,邁古軼今,典禮遠駕乎百王,制作永垂於萬世。宸章睿藻,焕若日星;芝蓋貞珉,昭於雲漢。兹鉅典已成,鴻篇告竣,相應俯允所請,寵錫序文,鏤刻頒布,斯一代之弘章允著,而千秋之正學增輝矣。至書内批簽共三十二條,應令遵照改正。詩文所載尚少,亦令增入。其纂修八員,應賞給表裏各一疋,於該部移取可也。康熙二十七年十月二十六日題,本月二十八日奉旨:依議。

康熙四十年辛巳三月,衍聖公孔毓圻恭呈修成《幸魯盛典》稿本四十卷。

孔子六十七代孫太子少師襲封衍聖公臣孔毓圻題爲恭進《幸魯盛典》稿本,仰祈欽定頒發,以隆重典事。竊臣恭遇我皇上欽崇聖祖[1],臨幸闕里,親祭廟林,典禮至隆,恩澤至厚,皆亘古之所未聞,洵足度越百王,輝映億禩。先經臣於康熙二十四年四月間具疏請纂修《幸魯盛典》一書,昭示天下萬世。蒙恩俞允,臣隨舉進士金居敬、俞兆曾、舉人叢克敬、孫致彌、副榜貢生葉湜、候補小京職沙汝洛、候選知縣章緯、增廣生員曹晃等同任纂修之役,亦蒙恩准咨取到。臣於二十五年八月擇聖廟之金

1 “祖”,四庫本作“學”。

絲堂開館纂修，至康熙三十七年告成，計正文一十四卷，頌揚詩文四卷，共計一十八卷，進呈御覽。恭荷皇上寵錫序文，并發原書。内奉欽定批簽三十二條，令臣遵照改正。詩文所載尚少，亦令增入。臣謹叩頭謝恩，同臣弟五經博士臣毓埏及纂修諸臣等，敬謹詳慎，遵奉御批一一改正，并遴選詩文增入外，復蒙皇上特發帑金，修建祖廟，壯麗堅固，遠邁前規。工成之日，又蒙特恩，命皇子行祭告禮。又蒙御製碑文，御筆親書，命官率内府供奉名手鈎勒摹搨進呈。又蒙以御書墨蹟賜臣珍藏。天恩優渥，有加無已，皆廟庭從來未有之異數，而人臣不敢冀望之殊恩也。抃舞之餘，屏營彌切。謹同纂修諸臣，備載入書。修完正文二十卷，詩文二十卷，共計四十卷，裝潢成帙，臣謹親捧恭進外，伏念聖德崇隆，皇恩浩蕩，臣等經生之筆，豈能測量天地之廣大，摹寫日月之光華？訛纇必多，疏蕪不免。伏冀聖恩，垂矜庸陋，曲賜涵容。其中有應改應删之處，臣現帶纂修官原任翰林院庶吉士臣孫致彌在京候旨，即令致彌欽遵删改，賫回曲阜。臣當虔奉刊刻，刷印進呈，頒行天下。俾六合之内，萬世而遥，共仰我皇上尊師重道，卓冠古今，而文教益振，正學彌隆矣。至於纂修諸臣，朝夕編摩，無間寒暑，皆因感荷天恩，力圖報効，不敢偷安。臣得藉以成書報命，皆皇上聖恩所賜也。臣原舉纂修官八人，今僅存孫致彌、叢克敬二人，在館一十六年，辦事最久。近叢克敬又以抱病回籍，其孫致彌曾蒙召對，久在皇上睿照之中，臣與共事多年，見其學問淹通，爲人勤慎。臣仰體皇上愛惜人材至意，敢爲據實奏聞。儻蒙皇上格外敘録，則又出自高天厚地之特恩，非臣之所敢希望也。伏祈聖鑒，敕部議覆施行。康熙四十年四月初二日題，本月初五日奉旨：該部知道。

臣謹按：聖門紀載之書，見於歷代經籍之志者，有《孔志》《闕里祖庭記》《東家雜記》《孔子世家譜》《孔氏編年》《孔氏實録》《孔聖圖譜》《孔氏全書》《聖門通考》《聖門人物志》《闕里志》《孔子弟子傳贊》《孔庭纂要》《孔聖全書》《孔庭僉載》諸書，篇目殊夥，纂輯相沿。然非子孫之追述先型，即儒生之推尊至聖。握鉛懷槧，多在芸窗；襞紙濡毫，率由蔀屋。且也盈箱累篋，惟傳闕里之遺文；紀事纂言，莫載朝家之大典。猶且垂諸藝苑，播在儒林。未有天章宸翰，親揮灑於寶跗；帝典王謨，頒記注於玉署。采兼葑菲，奉德音以求才；堂啓金絲，沐天恩而開局。聖朝之謨烈，乃增光於魯壁之旁；下士之編摩，得仰塵於夏旃之側。如臣等今日之受恩過望，沐寵逾涯者也。欽惟我皇上德邁羲軒，功高姚姒。心符聖道，隆恩禮於先師；手握化機，啓文明於寰宇。特紀熙朝之盛事，聿垂萬世之芳模。臣等猥以菲材，濫厠載筆，非不思鋪陳盛烈，揚扢鴻猷，而一蠡不足測溟涬之深，尺管不足量圓穹之大。凡歷十六年之久，始成四十卷之書。幸得載聖德之裔皇，庶可掩蕪詞之弇鄙。所冀仰邀睿鑒，裁自淵衷。一經筆削於九重，彌增光焰於萬丈。則文河學海，皆沐恩波；經笥書囊，咸沾聖澤。縹緗輝映，時見星雲日月之光華；琰琬流傳，永匹虞夏商周之制作矣。

禮部題前事。該臣等議得，衍聖公孔毓圻奏稱，恭遇皇上臨幸闕里，親祭廟林，典禮至隆，恩澤至厚。先經臣于康熙二十四年疏請纂修《幸魯盛典》一書，康熙三十七年告成呈覽。恭荷皇上寵錫序文，併欽定批簽三十二條，令[1]臣遵照改正。詩文所載尚少，亦令增入。臣謹同纂修諸臣遵奉御批改正，併遴

1 "令"，原作"今"，據上文"孔子六十七代孫太子少師襲封衍聖公臣孔毓圻題爲恭進《幸魯盛典》稿本，仰祈欽定頒發，以隆重典事"奏疏改。

選詩文增入外，後[1]蒙皇上念祖廟隳敝，發帑金修建，又命皇子祭告。又蒙御製碑文，御筆親書，謹備載入。書修完四十卷，謹親捧恭進外，其中有應改應删之處，臣現帯纂修官原任翰林院庶吉士臣孫致彌在京候旨，欽遵御批删改，虔奉刊刷進呈，頒行天下等語。臣等恭惟我皇上治紹唐虞，道隆洙泗，躬詣闕里，親祭廟林，重道崇儒，從古未有。應如衍聖公所請，將《幸魯盛典》一書恭候皇上删改，刊刻進呈，頒行天下，垂之萬世。又稱臣原舉纂修官八人，今僅存孫致彌、叢克敬二人，在館一十六年，辦事最久。近叢克敬又以抱病回籍，其孫致彌，臣與共事多年，見其學問淹通，爲人勤慎，倘蒙格外敘録，則又出自高天厚地之特恩等語。查議敘官員事隸吏部，其孫致彌議敘之處，俟命下之日交與吏部可也。本月二十二日題，二十四日奉旨：依議。

吏部題前事。該臣等議得，禮部咨稱，衍聖公孔毓圻疏稱，臣原舉纂修《幸魯盛典》原任翰林院庶吉士孫致彌在館一十六年，辦事最久，學問淹通，爲人勤慎，倘蒙格外敘録，則又出自高天厚地之特恩。相應將孫致彌議敘之處，俟吏部議等因。具題，奉旨：依議。欽此。欽遵。移咨前來。恭惟皇上道崇先聖，功邁百王，省方觀民，過魯講學，既親祠祭，重焕宫牆。御筆天章，光昭星日；深恩厚澤，慶衍裔孫。風教宏施，寰海普被。今衍聖公孔毓圻因皇上《幸魯盛典》告成，疏稱纂修官孫致彌在館一十六年，辦事最久，學問淹通，爲人勤慎，題請格外敘録。相應將原任翰林院庶吉士孫致彌准其原官用可也。臣等未敢擅便，謹題請旨。五月二十三日題，二十五日奉旨：依議。

1　“後”，四庫本作“復”。

幸魯盛典卷二十一

扈從聖駕釋奠闕里兼幸孔林恭紀百韻

太子太傅保和殿大學士兼禮部尚書臣王熙

帝德開堯舜，王風懋禹湯。淵源歸夫子，統緒屬今皇。百代心符契，千秋道頡頏。臨雍隆典禮，講學肅冠裳。寤寐親賢哲，甄陶徧黨庠。覃敷文教遠，赫濯武功張。参贊通三極，含弘暨八荒。醴泉流浩浩，膏露降瀼瀼。囿已游麟鳳，郊真絶虎狼。會朝班玉瑞，垂拱握珠囊。泰運占方永，乾行本自强。學惟明體用，理必晰毫芒。地衍龜龍數，天騰奎壁光。鏡圖歸掌握，山海盡梯航。中澤無鴻雁，平疇裕積倉。照臨儼有赫，咻噢視如傷。效順徵河岳，隨時若雨暘。蠲租仁自遠，解網澤何長！風動群從欲，陽和立起僵。貞符逢甲子，元會際陶唐。九月宜秋狩，豳風正築場。康衢馳鳳輦，飛騎躍龍驤。先問齊吴俗，旋臨鄒魯鄉。省耕歌夏后，時邁歷周疆。泰岱遥重接，龜蒙近可望。青丘曾毖祀，絳節更迴翔。親聖觀車履，嚴師樹表坊。物章存掌故，考核俾精詳。集議咨宗伯，先期遣奉常。樂教曲阜習，衣自辟雍將。宸斷超前古，尊崇極帝王。遵塗經費邑，覽勝憩林塘。杖履如親炙，川原未渺茫。漣漪昭大道，臨眺焕宸章。肆覲隨行在，恭迎側路旁。上公深儼恪，萬姓競歡康。列幕周環衛，齋宫敞御床。分曹儀制備，序事駿奔忙。曉漏籌初唱，宵衣夜未央。紅雲紛繚繞，黄屋獨高昂。玉趾行中道，金貂翼兩廂。升階容漆漆，承祭氣洋洋。

彩碧輝廊廡，丹青畫棟梁。巍峨聯象緯，陟降見羹牆。我后惟恭默，千官共濟蹌。祝辭親致奠，綴兆儼成行。栒簴懸鐘鼓，形鹽間豆觴。塤篪兼鳳管，琴瑟並笙簧。燭影明於晝，爐煙細不颺。迎神先奏曲，奠帛早承筐。此日芹爲菜，當年食必薑。牲牷羅鼎實，酒醴挹神漿。雕繢[1]陳筵几，薌萁進稻粱。具籩盛棗栗，秉籥舞箬筤。醢鹿常爲脯，槀魚欲勝魴。諸賢洵紹統，啓聖實開祥。殷祀欣同舉，褒崇可共當。精誠交冥漠，明德薦馨香。祖烈須揚大，孫謀貴用臧。承前誰接武，考業孰盈緗？爰歷奎文閣，來登詩禮堂。談經詳格致，闡《易》辨陰陽。天語何諄篤，家聲在熾昌。存心宜勿替，敦行有餘慶。劍佩容猶昨，琴書澤未亡。循牆心自切，懷古意難忘。行教圖傳賜，雲雷制本商。額題師表燦，蓋拂廟庭黃。有地壇名杏，無枝檜似鋼。靈根關氣運，天賦重琳瑯。古石苔斑駁，唐槐肄遠揚。摩碑知米芾，聞教憶陳亢。複壁藏皆出，寒泉汲獨嘗。登堂思慨慕，拜墓益齋莊。樹撫欃檀老，花搴文草芳。叢蓍符易數，奇木植諸方。華表寧歸鶴，端門定集凰。禽蟲咸感格，荊棘絶披猖。瀆伏流穿濟，山紆翠帶防。儒風興奕世，大義重三綱。博物知萍實，先幾辨土羊。轍常環海内，道自任行藏。彬郁從周禮，裁成抑魯狂。筆真嚴斧鉞，歌豈棄滄浪。漢祀恒相襲，秦灰總不妨。賞心時至止，撫景越相徉。增域餘千畝，題詩爛七襄。賜書篇鄭重，頒錦色輝煌。爵秩恩加厚，松筠操比霜。一門邀寵錫，四野樂倉箱。漢代嗤分肉，齊侯陋發棠。覲光欣藹藹，受福咏穰穰。廣運原無外，高深豈易量。旦明嚴對越，扈從愧劻勷。瞻仰兹何幸，趍承恐未遑。有懷時抑抑，待命實惶惶。夙凜心如水，還期道勝剛。誕登今在望，灑掃志初償。書已先呈洛，星看早聚房。小臣慚獻頌，拜手慶元良。

1 “繢”，四庫本作“繪”。

恭紀幸魯盛典五十韻

文華殿大學士兼吏部尚書加一級臣宋德宜

天縱膺圖籙，皇猷秉憲章。欽安侔古帝，道德邁前王。已契精微統，還登詩禮堂。琴書貽典則，几杖溯津梁。遂省詞臣奏，爰收給事囊。龍旂指魯甸，鳳輦出東方。日觀岧嶤甚，天齊控馭長。升公稽具典，建嶽鎮非常。漢檢埋何處，秦碑蹟已荒。惟聞小天下，兼亦望餘杭。泗境平如掌，泉林水似湯。循環川上意，親切聖人鄉。行殿衣裳肅，齋宮劍珮忙。香煙分御鼎，玉帛貯承筐。奔走東家裔，趨蹌贊禮郎。明禋蠲秬鬯，干羽叶笙簧。展拜申殊敬，嗚謙蹈允臧。天顏惟穆穆，侍從更煌煌。講幄陳書卷，談經晉秀良。《繫辭》宣秘奧，《大學》闡微茫。孰許圜橋聽，惟傳循吏當。可知邀獨賞，動念切如傷。縫掖誰能畫，音容儼不忘。吴生推妙手，顧凱亦專塲。寓目傳家器，旁觀韞匵[1]藏。尊罍刻犧象，斑駁富珩璜。壁甃千尋井，金絲萬仞牆。杏壇猶歷歷，檜樹轉蒼蒼。師表新題額，松筠復建坊。恩波誠浩浩，膏露正瀼瀼。古宅殊東第，佳林異北邙。墓門羅瑞草，洙水接銀潢。止輦勤瞻仰，升階布肅將。壺傾三島露，杯酹五雲漿。木亦稱端楷，蓍能貢吉祥。林垌光秀發，榛莽色飛揚。豈繄家行慶，端由運際昌。牓懸垂日月，詩咏勒珪璋。賦已揮柔翰，碑仍寫硬黄。君師齊建極，性道獨提綱。上相欣隨輦，新銜竊望洋。躔應臨斗分，家本住吴閶。風景寧殊昨，鄉關遠不妨。荷留密勿地，暫隔御爐香。桑梓沾膏雨，枌榆喜頡頏。禮曾觀太學，官昔備東廂。釋奠榮膠序，皋比列上庠。後先原媲美，聞見協重光。巍焕難爲述，高深未可量。東巡擬有頌，

1　“匵”，四庫本作“匱”。

簪筆幾徬徨。

上幸闕里釋奠恭紀

户部尚書管兵部尚書事臣梁清標

元后敷文治，貞符啓泰年。光華凝景慶，聲教匝垓埏。理契軒圖始，心參姒範先。執中皇建極，合撰聖希天。絶學留洙泗，餘音被管絃。累朝陳俎豆，六代備宮縣。遺澤涵終古，宸修叶自然。駕從丹陛發，詔有紫泥傳。特舉巡方禮，親臨釋奠筵。風雷環桂栢，雲日絢山川。戒事多齊稷，齋居致吉蠲。舞人張羽葆，肉吏薦珍籩。酒泛三重酎，香浮百和煙。羹牆神覞接，綸綍國恩偏。別貯金莖瑶，頻頒玉府錢。殊榮流後裔，曠典及前賢。講席垂清問，圜橋領秘詮。紱麟徵舊蹟，鬣馬展新阡。汛掃皆除賦，陪敦更錫田。八荒同律度，萬彙入陶甄。睿藻星辰麗，鴻章琬琰鐫。鑾輿欣出震，龍德喜乘乾。海岱高深並，君師道法全。名言誠不易，徒此測蠡淵。

再紀二律

六龍初駕五雲車，一路山靈望翠華。洙泗欻來天子氣，圖書重啓聖人家。雍容法從關星緯，爛熳奎章絢海霞。詔下蠲租歌舞處，九霄春雨徧桑麻。

其二

泰運忻逢肇上元，時巡環衛儼雲屯。皇猷一代崇經術，道統千秋屬至尊。琴瑟錯陳天上曲，師儒賚予聖朝恩。振興文教高今古，海岱光生禮樂門。

大駕幸闕里頌有序

户部尚書臣陳廷敬

康熙歲甲子，皇帝臨位二十有三年，海寓寧和，黔黎輯乂，仁聲布流，旁暢域外，肅肅雍雍，咸稱聖意。於時三事大夫颺言曰："昔者刻玉游河，披圖巡雒，襄野之駕，塗山之會，皆能焜燿簡籍，垂於方來。仰惟皇上當位作聖，首出建極，君師之統，千祺一時，乃猶屈己求賢，虛懷訪道，廣厦細旃之上，誦吟册書，潛神討研，宵旦不輟，勤踰儒素，遐稽統緒，嚮往孔子，思致殊禮，肇盛典者久矣。今茲萬國既同，文化懋興，宜遂以時，宣省風教，展義魯邦，下塞衆望。"皇上凝睿思，延廷問，久之，迺詔曰："事先師禮重且嚴，惟茲二三輔弼暨廷臣之嫺於制者，采擇古誼以聞。"又詔曰："汝廷敬實惟予舊講臣，其與議所宜行。"臣從諸臣後議具上，皇帝曰："俞。朕慕聖道，敬因東巡狩，詣先師宅里，其毋重煩吾民供億！"於是肆赦，軫農，放税，已責，弘敷愷澤於天下。然後乃歷吉日，協靈辰，野廬警路，宫正設蹕，玉輿曉升，帷殿夕御，前驅朱旗，屬車日羽，以臨乎岱宗。是時未臻乎闕里也。飛旆淮江，觀民設教。月届黄鐘，旋軫南陸。聿來聖居，覽觀林廟、圖書、器物之盛。嚴恭將事，樂奏禮行。光景肸蠁，聖歆如答。臣廷敬向以儒學猥蒙擢任，又特被敕旨議禮，恭睹禮成，不勝歡忭震躍，伏而思曰："前代之崇禮者可紀矣。太牢特祀，肇自西京；褒成祼將，爰及東漢。貞觀定朝會之儀，開元錫文宣之號。器物之賜，渥於廣順；陪位之班，詔始祥符。至和加衍聖之稱，承安世曲阜之令。皆名爲崇儒重道而備物致誠，忘勢而希至德。惟我皇上爲列辟稱首，臣以淺識窺較，"萬世師表"

之稱，則與乾坤同其悠久也；六經表章之澤，則與日月並其光華也。留鳳蓋於戟門，車服禮器所未備也；頒龍章於鄉校，普天率土所共瞻也。喬喬皇皇，莫與京矣。”臣謹拜手稽首而獻頌曰：

惟聖體道，生民拔萃，德踰位兮。惟帝則聖，統壹萬類，位斯配兮。龍飛於天，周覽八極，嘉鳳德兮。聖作物覩，垂祀萬億，視魯國兮。帝開明堂，于羹于牆，坐則見兮。帝會方岳，東西南朔，來殷薦兮。鑾車戾止，鏘鏘穆穆，金絲肅兮。駐蹕古亭，雲霞委屬，清泉澓兮。上公稽首，籩豆奔走，昭世守兮。曁四姓後，博士童耇，恩滂厚兮。賜所過租，歌騰于塗，惠我人兮。惟帝福我，我神其妥，戴大君兮。萃萃髦士，百爾濟濟，頌聲起兮。於赫帝功，與天比崇，無終窮兮。

聖駕幸魯恭頌四十韻

禮部尚書臣張士甄

道際中天盛，文成麗日奇。法宮勤丙夜，宣室凛晨曦。玉鏡心同朗，珠囊手自披。筌簹揚六籍，黼黻煥重離。綱紀千官飭，梯航萬國馳。鳳麟游德囿，龍馬告昌期。共識君師合，誰言政教岐。爰因方岳覲，恭詣聖人祠。城郭鳴鸞動，山川簇仗移。諸生環豹尾，博士擁臯比。俎豆彤軒列，簫韶翠琯宜。以尊還下拜，爲享更多儀。堯禹鬚眉接，顔曾劍珮隨。巍巍存魯殿，肅肅覩商彝。五老迎庭集，雙螭繞室欹。壁疑藏竹册，堂隱聽金絲。黄玉低書案，紅雲傍講帷。考鐘兼伐鼓，習禮及陳詩。嶽嶽群摧角，忻忻並解頤。恩頒四子後，澤被五經司。不盡高山仰，來過泗水涯。長春留奕葉，復旦喜今兹。甫柏遥扶輦，泉林近繞旗。尋行築室處，想像夢楹時。履舃看猶見，衣冠儼在斯。龍蛇盤斷碣，鳥雀避靈枝。異植傳梁木，殊名辨雒蓍。蹕亭聊憩息，睿藻已淋漓。玉版淩雲起，金聲擲地垂。典謨真寶訓，騫翥見神姿。詎數唐宗贊，還超漢代碑。碧雞徒遣使，青鳥漫銜辭。正學懸星日，遺書重鼎鼐。道風環海暢，心月普天窺。《書》載都俞盛,《易》傳謙德撝。始知元運世,應有帝爲師。河洛浮丹甲，堦墀産赤芝。六符平似砥，五緯合如規。間氣鍾凫嶧，真儒起洛伊。小臣遲扈從，獻頌效傾葵。

恭紀駕幸闕里詩

經筵講官吏部尚書臣熊賜履

尼山秉教鐸，千秋斯道彰。懸象揭中天，微言復光昌。表章賴哲辟，載籍紀前芳。漢高修牢享，唐宗薦衮裳。褒崇並祠祀，宋制備膠庠。豈無右文主，沾沾循舊章。至理鮮孚契，儀節徒鋪張。我皇天縱聖，淵默接羲黄。宸衷太極涵，舒卷叶陰陽。以兹隆化理，一一邁前王。甲子貞元會，薄海慶平康。肇舉東巡典，禮秩崇珪璋。帝心尤重道，法駕賁宫牆。虔修釋菜禮，鈞奏何洋洋。儒生講席開，尊俎倍輝煌。萬世真師表，親題御墨香。天章揮藻翰，貞碣亦琳瑯。爰逮四氏裔，恩澤施無疆。隆禮兼異數，宣布示周行。六宇盡歡呼，斯文日月光。愚臣慚謭陋，叨隨太液傍。值兹鉅典成，拜手事賡颺。

聖駕臨幸闕里釋奠先師恭紀

經筵講官刑部尚書臣張玉書

康熙二十有三年，歲在甲子，玉書承乏爲禮部侍郎，會朝廷稽古省方，將有事於闕里，謹從廷臣後蒐討舊文，參預末議。比及冬十一月，乘輿自南旋軫，渡淮入兖，遂歷泉林，抵曲阜，詣先師廟堂，降節致虔，禮明樂備，復詣孔林，臨墓再拜。遠近瞻仰，莫不欣歎。時玉書方屏伏堊廬，未及恭與陪扈。迄丁卯夏，以刑部尚書奉命入京師，從沂水紆道，肅謁聖廟，迺獲聞車駕臨幸隆儀異數之詳。因得備觀留賜曲蓋及御書廟額與御製詩賦贊記之文，天章雲藻，照耀宇宙，載籍以來所未有也。敬賦長句三十韻，以志盛典：

子律新調景德昌，干戈載戢惠風翔。宸鑾已陟天門迥，時邁還經魯甸傍。七萃旌麾臨闕里，八神警蹕匝平鄉。班聯朱紫圜橋盛，羽葆丹青夾陛長。肅穆升階嚴北面，拜稽當殿直中央。詔定行三跪九叩禮。衮旒佩飾彤帷啓，唐開元中，追崇孔子，以衮冕之服，始用王者禮樂。河海儀形斗曜彰。乾封中祝文："天縱攸高，蘊河海而標狀。"犧象器存三代制，漢元和中，留犧、象尊祭器。宫軒樂具兩楹藏。渟泓渫井深涵澤，井在詩禮堂後。巀嵲奎文爛吐芒。奎文閣在廟南。杏繞古壇濡雨露，杏壇在殿廷前。檜標孤幹老冰霜。孔子手植檜，高三丈有奇，圍四尺，在杏壇左側。燬于金貞祐，茁于元至元，自明弘治中復燬。又歷二百年，不枯不榮，其幹如鐵。《御製古檜賦》勒石檜前。雲磐石棟龍髻起，大成殿九間，殿前盤龍石柱。日射觚稜鳥翼張。掌故追探陳典物，心傳默契見羹牆。峥嶸舊宅金絲壁，金絲堂係魯壁遺址。清切譚經詩禮堂。講筵設于詩禮堂。勉孝勸忠宣諭渥，賚衣加秩荷恩瀼。御講筵畢，宣制勗勉忠孝。是日，賜衍聖公以下袭服有差。孔氏子孫進講者，授以官。鸞鈴更指塋林路，祀廟禮成，即幸孔林。豹尾徐穿栝柏行。洙泗合流川效瑞，《水經注》："洙、泗二水交于魯城東北。"尼防拱峙阜呈祥。曲阜城東門曰"尼防聳翠"。上尊展酹低徊久，駕於墓前酹酒，復行再拜禮。玉趾從容顧問詳。駕周覽孔林，詳問樹木及林址。木辨土宜森異種，樹多不知名，皆當時弟子各以其地所宜移植林内。蓍鍾靈秀鬱奇香。命衍聖公採蓍草進覽。棲巢遠避禽知敬，孔林内鳥不結巢。叢棘潛除草自芳。後漢初，闕里荆棘自闢。守衛典祠增卒史，漢《卒史碑》，一名《百户碑》。衍聖公奏，今百户乞由朝選，詔從所請。陪敦拓地永烝嘗。拓林地一十一頃有奇，悉除額税。詔留曲蓋輝車服，留曲柄繖於廟廷。

咏叶宫聲戛徵商。御製五言律詩一首。寶額大書懸禹畫，"萬世師表" 四大字。穹碑矗立焕堯章。御製碑文並書，碑高一丈八尺，廣六尺五寸，重七萬觔，立於金聲門右。特崇元聖親藩薦，遣恭親王祭周公廟，即魯太廟遺址。備録先儒奕葉光。周、程、張、朱四子裔先後俱授博士。盛事允應垂琬琰，賡歌豈直徧膠庠。微臣近幄嘗趨講，末學觀瀾但望洋。真等醯雞窺鳳德，儻容樗朽向秋陽。緬思縹筆窮終始，孔子感曾子孝行，以縹筆作《孝經》。獨抱韋編究否臧。董教每慚耕讓畔，祥刑仍藉禮爲防。欣開殷后三驅網，下詔大赦。共贊虞廷五色裳。所過賜租人樂愷，經過地方俱免丁銀。有年多黍户豐穰。上元曆紀中天運，帝道休明被八荒。

東巡雅十三章

都察院左都御史臣徐元文

上帝靈鑒，貺我皇清。我皇秉聖，三后遹成。克誠九區，交暘六英。美我皇度，翼翼明明。

維歲甲子，冬日載融。皇時省方，屆于大東。鑾輅雷野，芝旍翳空。清濟漸車，靈嶽望風。

峨峨靈嶽，表鎮曰岱。馳走百神，苞并萬態。陋彼升封，虞柴是配。登覽雲物，鬱何靄靄。

洪河泱漭，長江蕩潏。龍艦星移，及吴之域。惠彼小民，湛我皇德。還御六虬，衮服是即。

陪尾之陽，四源交瀉。水哉水哉，不舍晝夜。皇過川上，神契元化。瞻望闕里，僕臣趣駕。

麟蹤既邈，鳳德何長。教澤弘衍，翊我聖皇。萬乘至止，夫子之鄉。章縫迎路，簪黻升堂。

於赫夫子，濯濯厥靈。肅將苾芬，祀事孔明。鬱鬯龍勺，象彝犧尊。八音克諧，群后駿奔。

寢宮轆轆，夫子所憩。皇陟于庭，探索琴佩。芳颸猗蘭，青浮鐵檜。見於羹牆，其容有晬。

防阜之林，百頃交陰。異國珍産，蔚爲同岑。文楷輪囷，以杖以樽。擥其叢蓍，穆哉皇心！

穆哉皇心，更御雕几。爰命毓圻，秩爾孫子。肆列組筵，進講以次。遺經再展，皇心燕喜。

皇錫毓圻，錦衣貂裘。庭列曲蓋，以饗春秋。毓圻稽首，天子萬壽。皇詔毓圻，保艾爾後。

東野支封，禽父是宗，錫之冠带，以康周公。兩聖作師，文其在兹。敦儒闡道，千載一時。

惟星則煌，惟雲則爛。聖藻光輝，輝于天漢。懋建有極，登道之岸。昭示萬邦，如日斯旦。

皇帝幸闕里恭紀十章

經筵講官吏部左侍郎兼翰林院學士臣李天馥

我皇臨御，二紀攸歷。治洽澤敷，禮昌樂輯。函夏無塵，薄海有謐。邁彼厥初，致兹峻極。纘古省方，乃眷東國。

貞元會符，令轉娵訾。日月載陽，谿戊練時。警蹕初清，期門佽飛。黄麾甫戒，華旄競馳。爰遵爰軷，業業騤騤。

允猶翕河，溯洙達泗。龜梟峨峨，鬱蓊藴異。緩馭六龍，憑矚百雉。道德藪區，絃歌闤闠。杏壇在瞻，皇情嘉慰。

略分崇道，殊禮維虔。有嚴有翼，周折中旋。萬舞九成，韶濩雲咸。陳盈博碩，儐殫豆籩。彼漢太牢，何以稱焉。

有秩者堂，檜實蟠止。有蔚者林，楷實繁止。鐘鼓載考，應和鸞止。荆棘攸除，啓班蘭止。泮奂優游，威儀閑止。

乃灑宸翰，鳳翥龍驤。乃攄睿藻，霞蒸雲翔。辭原六經，義度百王。歡溢聖裔，慶洽聯行。作鎮金絲，奕禩維彰。

皇帝曰咨，咨爾嗣公。勿替厥緒，永藩于東。弘恩用錫，溉曁乃宗。爰逮三氏，儷惠比隆。群拜稽首，敬承下風。

維兹嗣公，克欽休命。御序碑豐，鴻文軸瑩。集典成書，採風作咏。發造化微，得天地正。事絶來賢，道光往聖。

豈曰家乘，允屬國維。弘館肇開，群彦景隨。匪徒隨之，乃掞摛之。匪徒誌之，乃讐鳌之。宸章在望，我君我師。

錦帙告成，聖製王綸。包含宏大，溥洽深仁。治統以極，道統以真。群蒙式昭，四表澤臻。億萬斯年，振古如新。

聖駕臨幸闕里恭頌四首

戶部左侍郎臣蔣弘道

千秋文教訖遐荒，俎豆前陳闕里堂。道繼唐虞真統緒，星躔奎壁大文章。鑾輿順動歌時邁，玉卺親承肅祼將。四海望風欣曠典，皇猷聖澤兩無疆。

其二

璇榜親題麗景開，龍文鳳藻掞天才。君師道合隆千古，雅頌聲傳動九垓。魯殿金絲寧寂寞，鎬京雲漢重昭回。更留芝蓋回温詔，歲歲常如警蹕來。

其三

欲隆師道詔崇褒，聖敬奚辭九拜勞。孤竹管吹鸞舞應，兩山樽舉嶽雲高。橫經入侍依宸幄，錫爵推恩逮譽髦。臣庶歡呼騰廟廡，灌壇遥和有松濤。

其四

真接聞知千載前，右文景運並中天。凝旒素切羹牆慕，配祀今瞻繪塑全。位屬師臣門列戟，祭從侯爵樂軒懸。何緣鉅典逢昭代，如際麟符吐瑞年。

聖駕幸魯祭至聖先師恭紀八律

禮部左侍郎兼翰林院學士臣王澤弘

帝纂三皇統，儒遵百世師。後先原一揆，授受若同時。特命汾陽駕，遥臨闕里祠。聖君巡幸日，萬世仰弘規。

其二

漢祖經過後，祥符設奠餘。徒聞飛鳳詔，無復駐鑾輿。道合神如接，誠通禮不虚。一心符往聖，會見出圖書。

其三

停輅懷先範，摳衣入聖門。帝心惟執敬，師道自常尊。六代絃歌在，千秋俎豆存。聞知如覿面，效法豈空言。

其四

魯地留遺墓，欽崇亘古今。尼防迴嶂遠，洙泗合流深。露浥叢蓍潤，雲含古檜陰。攀條摛睿藻，如見聖人心。

其五

不獨壇名杏，兼看草是文。四時潛受氣，五色爛披雲。聖主垂清問，遐陬播異聞。應嗤大同殿，三秀頌紛紛。

其六

宸翰昭雲表，先師萬古崇。鳳騫迴映日，龍跳直拏空。篆刻頒天闕，章縫仰泮宫。早知海内外，文治樂同風。

其七

啓聖推隆典，姬公溯道源。三王兼盛業，六學纘微言。北極崇時享，東蒙等大藩。還聞四氏裔，簪紱盡承恩。

其八

天縱遥相接，心傳久不忘。一時興禮樂，六合向膠庠。帝德河山著，宸章日月光。臣工懽際會，拜手慶垂裳。

幸魯盛典卷二十二

聖駕幸闕里頌有序

經筵講官禮部右侍郎兼翰林院學士臣徐乾學

臣聞禮樂之祀，百世不絶；道藝之宗，萬禩永守。泗水松楸之地，殿接靈光；稷門絲竹之堂，里通歸德。玉弩載驚而後，俎豆攸崇；金書遞出以還，牲牢無闕。我皇上以神聖之姿，致雍熙之治。兩階樂正，簫韶昭秉歷之符；三禮秩宗，珪璧有成功之瑞。山川協應，日月光華。用徵肆覲之儀，遂行時巡之舉。於時星紀司歷，陽灰動管，矞雲不散，榮光竟天。駐蹕之亭翼如，講樹之壇既掃。行宫停輦，致享靈祠；舊宅捫碑，式瞻古殿。徘徊乎萬仞，陟降於兩楹。三獻告終，六樂具舉。智源溢涌，文檜蘢葱。集四氏以加恩，進諸生而講藝。爰揮睿藻，丕焕宸章。懸針垂露之書，綴玉編珠之句，雲霞標舉，星日昭垂。加以錦綺紫裘，緑函朱額，恩施至渥，賜賚有差。至乃撤羽蓋之九斿，留諸殿寢；損太倉之萬廩，捐彼田租。肅將公旦之祠，徧秩群賢之祀。事有曠而特舉，典無鉅而不修。且夫褒揚至道，洪業也；崇禮先師，上儀也。萬乘屈尊，盛節也；四方觀化，極治也。於以媲軌蹟於羲農，臻憲度於韶夏。含齒戴髮，渾涬乎禮樂之中；反踵貫胸，匝洽乎《詩》《書》之澤。榮號顯名，遐不懿哉。臣乾學忝竊庸虚，叨逢景烈，違史談從岱之願，效吉甫頌周之情，謹拜手稽首而獻頌曰：

防陰祥發，泗水源分。天垂黃玉，神降丹文。荒塗典籍，漆室丘墳。誰開雺霧，實揭星雲。大野窮麟，幽宫走兔。堂閟金絲，坑銷竹素。燼滅江陵，波沈底柱。五厄頻遭，六經非故。非無顯德，亦有乾封。祥符駐蹕，建武臨雍。三犧備具，六樂舂容。治非極軌，禮故殊逢。道以人弘，聖由天授。於鑠熙朝，洪惟我后。驪栗扶輪，羲軒把袖。樂御德車，禮耕仁耨。羹牆至道，夢寐微言。登山卑垤，觀海知源。時臨經席，屢幸橋門。皇情紆眷，聖意逾敦。總攬前規，旁參故禮。議合容臺，斷由綈几。推策仲冬，披圖甲子。秩於岱宗，旋臨闕里。葳蕤豹尾，颯沓龍旂。千乘欲野，萬騎斷流。山寒樹直，天闊雲稠。言停翠蓋，涖止華輈。檜徑晨除，杏壇夙設。璧水鱗紋，玉堦肪截。趨蹌五氏，森羅十哲。祝史詞嗽，司筵籩潔。爰觀綴兆，乃奏和寧。循牆彌肅，薦俎[1]維馨。昔讀其書，今陟其庭。淵源一氣，登假無形。俯仰松楸，徘徊榱桷。展敬封塋，還披講幄。孝先便便，充宗嶽嶽。同異相參，精微互駁。煌煌典誥，爛爛奎章。銀鈎飛動，玉軸琳瑯。鳳觀虎臥，鵠顧鸞翔。輝流翠栱，麗溢縹緗。惟兹羽葆，實陳鹵簿。顧謂司儀，留諸殿廡。有纊皆挾，有粟斯雨。恩先四姓，膏流萬户。大禮備矣，皇曰旋歸。雲迴黼帳，風捲朱旂。瞻言繡壤，昔有衮衣。蘋蘩遣告，靈爽斯依。欽我聖德，巍乎轡律。義峰造天，智源盪日。登三爲四，襲六而七。小臣作頌，摛諸石室。

恭和聖製甲子冬至幸闕里詩

禮部左侍郎臣嚴我斯

詔下巡東土，光生闕里堂。右文崇禮樂，訪道見羹牆。遺韻金

1　“俎”，四庫本作“豆”。

絲遠，清風檜柏長。顧瞻宸意肅，香繞衮龍裳。

聖駕幸魯恭紀二十韻

兵部左侍郎臣張可前

貞元時適會，河洛畫重開。聖德由天亶，文思出睿才。聲明昭宇宙，瀸澤暢埏垓。庶草蕃蕪起，歌風康阜回。爰勤繞日駕，特詣望雲臺。氣協三靈集，恩昭萬象迴。龍旂高泰岱，豹尾起風雷。爲道尊非屈，隆師禮益培。杏壇真肅穆，魯殿更徘徊。樂奏雲門舞，尊傳漢代罍。生儒環聽覩，裔屬共趨陪。濟濟橋門盛，雍雍講席恢。經從三殿賜，篇自五雲裁。奎壁聯東序，蛟螭矗上台。賡颺金檢秘，捧護赤虹來。遺宅施黄幄，深林掃碧苔。榮真逾宋蹕，光欲滌秦灰。曠典人咸仰，儒風道已該。愈知宗孔孟，孰敢望伊萊。幸值唐虞際，摛毫愧乏才。

大駕幸魯恭紀

禮部右侍郎兼翰林院侍讀學士臣王飈昌

漢帝尊師日，軒皇問道年。榮光洙水上，佳氣稷門前。祀典千秋盛，宮縣六代全。鑾回東岱後，地接魯宮偏。釋奠新停蹕，横經舊講筵。香登山果熟，馨薦澗毛鮮。湛露流彝鼎，文明列豆籩。楷枯蒼蘚坼，檜老鐵鱗卷。宗廟宮牆富，丘陵日月懸。神明來陟降，帝意慎周旋。拜手音容接，齋心禮數虔。兩楹同肅穆，萬舞共蹁躚。宅兆無荆棘，堂基有管絃。深林群鳥避，遺壁古書傳。鳳旆明朝旭，龍旃動遠天。宸章紛藻繢，御墨吐風烟。遺愛官宗子，推恩賜墓田。微言非有諦，妙契已忘詮。至治通三極，同文徧八埏。崇儒邁今古，史館待斯編。

大駕幸闕里賦有序

兵部右侍郎臣張英

皇帝御極二十有三載，重熙累洽，區宇乂安，文德覃敷，聲教肆訖。乃稽古時邁，肇事岱宗，謁祠闕里，典禮崇重，恩澤優深。臣庶懽欣，遠邇嘉歎。夫元和盛年，咸平昌世，僅奏六代之樂，修再拜之文，猶垂式簡編，流輝今古。詎有遠御六龍，親詘萬乘，展隆儀於稽拜，施殊敬於儒先，聖德顯隆如今日者焉。洵足以超軼往牒，焜燿前紀也。臣幸際昌時[1]，得瞻鉅典，雖固陋譾劣，不足以發揮鴻藻，然珥筆承明，職玆紀載，頌揚休媺，敢曠司存，謹拜手稽首而獻賦曰：

於爍惟皇，繼序纂光，本仁祖義，昭憲考章。奠玉衡於神軸，握金鏡於天閶，調四氣以通正，歛八風而協祥。於是西踰細柳，東跨扶桑，交河北徼，比景南鄉。靡不丹梯走傳，碧海浮航，輸琛太府，隸名職方。耀幽遐以日月，襲鱗介而衣裳，越萬里以入贄，重九譯而來王。是以化洽太和，道隆邃古。納九垠之管籥，總堪輿之扃户，參天地之清寧，儷貞明之作覩。文軌合而謡俗同，跂喙恬而草木廡，軼埃壒而苞混茫，駕羲軒而淩三五。天子乃高拱垂裳，中央運斗，容與義林，優游書牖。探珠淵之秘筌，陟玉山之高阜，德蕩蕩以無名，治熙熙而何有。既則沖然永念，穆然深思曰：儀象肇啓，道法昭垂，寖明寖熾，惟君惟師。群聖一揆，六經同歸，王澤下竭，頌聲式微。孕星鈐于上端，錫麟紱于昌期，毓龍蹲之至德，挺鳳峙之殊姿。集大成于千古，開絶學于來玆，溯平鄉之懿躅，景闕里之

1　“時”，四庫本作“期”。

崇規。庶幾哉，聞見可接，羹牆在斯。舉時巡之墜典，秩釋奠之隆儀。爾乃乘大輅，控金鋄，牽翠羽，捎文虹，屬車按節，繁吹鳴箾，七萃鱗附，千官景從。馳道則五里十里，旌門則一重再重，集於泗水之上，幸於尼山之宮。斯時也，清羽司音，初陽應律，葭管煙霏[1]，芸房露茁。氣不慄以時寒，序將周而朔易，撫景物之澄鮮，攬風雲之明瑟。旌旂捲而廣野回春，帳殿開而暮山凝色。遂乃肇舉吉祀，肅將精禋，春卿贊采，祠官眂牲。朱火西蘊，元酒東陳，嘉籩廣豆，豐粢潔盛。振羽籥之六舞，合咸英之九成，薦祝號之明信，導神紘之降迎。穆穆宸容，靡靡天綍，殊禮展謁，隆文錫賚。覿靈爽之長存，儼哲人之如在，感神契以潛孚，體道真而昭對。洋洋乎，僾僾乎，與珠庭月角，授受於千載之間；玉節金鏗，酬答於一堂之内也。威儀告竣，禮度有嚴，登堂入奥，規周矩還。瞻聖里之屼峍，憩廣庭之静便，布兩楹以翼聳，峙雙闕以星懸。借杏壇之修蔭，挹璧池之素漣，偃息於道德之府，溯泳於圖書之淵。於是芝蓋重葩，龍旂曲柄，貴儗一人，尊侔萬乘。述素王之嘉贊，發五言之睿咏，海嶽遜其高深，星雲並其輝映。斯則聖天子蘊道之淳風，崇儒之殊敬也。簪纓陪位，衿佩圜橋，長裾霧會，仙組雲彯。始横經以讐問，旋拊石而吹匏，誦遺言於姬孔，沐雅化於唐姚。禮讓之容，咸近光于黎獻；豈弟之澤，庶作人于髦髦。斯則聖天子風聲之四訖，文治之丕昭也。曲阜名區，魯原舊聚，陪敦土田，復除繇賦。增講肄之常員，沛匪頒之異數，推恩則徧及師儒，錫爵則旁流支庶。五經博士，不遺凡蔣之封；九命上公，奚啻褒成之胙。斯則聖天子崇德之盛心，興賢之弘務也。於是采甸侯衛，公卿大夫，期門式道，執戟荷殳。文學掌故之士，垂髫戴白之徒，縱觀典禮，蹌濟天衢，涵濡化澤，屬厭道腴。

1　“霏”，四庫本作“飛”。

既雀躍而抃舞,亦鳧藻而歡愉。萬人一口,聲滿公車。惟我后之東巡,修百王之令式,荅珍貺于三靈,聽衢謠于百室,却瓊檢以勿祈,屏銀繩而詎飾。騶從清嚴,儀文簡質,吏不譏訶,民無供億。協時正律,埒虞氏之省方;納賈陳詩,儷姬王之述職。既陟山以裒對,還翕河而問俗,採晢陽之舊歌,晞榮光之新燭。朝宗滙江漢之波,玉帛奉塗山之籙,非漢日之搴茭,乃堯年之刻玉。若乃慶惠殷流,湛恩四周,給租賜帛,省刑釋囚,虛衷清問,博延廣諏。如天光之下霽,亦露濃之上浮,始汪濊於五土,旋旛淪於九州。今又茂明至道,導揚正學,虎炳龍章,金追玉琢。浴我以《詩》《書》,弘我以禮樂。盛德登閎,大猷輝卓。幎六合而被英蕤,鼓八紘而排氛濁。誠振古之隆規,開天之偉略也。天子方且回輿京室,倚佩軒墀,道岸先陟,德契自持,庬政考業,基命敕幾。辨色以臨黼扆,視夜而啓彤帷,定仁義中正之極,稽因革損益之宜,不解冰淵之念,彌勤韜鐸之思。所以泰階順軌,乾筴迎禧,上理隆洽,茂化雍熙。治方侔於砥屬,俗已進於循蜚。四海壽康,恬於鷇居之代;萬年鼎祚,鞏於鼇極之儀。

陪祀聖廟奉命分獻述聖恭紀二十韻

經筵講官工部右侍郎兼翰林院學士臣孫在豐

清時崇聖學,大禮肅明禋。龍衮天顔穆,雞彝禮器陳。翠華臨杏席,燎火徹蕭辰。典並郊壇重,恩從杞宋均。奎文宣祝史,御手薦溪蘋。馥馥香吹霧,輝輝燭耀銀。灌先聞鬱鬯,樂盡奏韶鈞。瞻仰真無極,趨陪敢不寅。聖朝多異數,分獻命儒臣。拜聽臚傳唱,儀從秩典新。緬維麟紱裔,直紹鯉庭親。弓冶成家語,鳶魚味道真。他年私淑士,此日祼將人。一貫傳猶在,中階道不湮。罇彝昭往代,琬琰列貞珉。蝌蚪先秦碣,絃歌舊魯民。寶書貽複壁,霜檜歷千春。道統川無息,王風地少垠。羹牆知黽勉，干籥豈逡巡。徹俎隨鑾輅，紅霞映紫宸。

駕幸聖林[1] 扈從恭紀[2]

玉輅南巡海岳還，崆峒問道在尼山。朱琴瑶瑟傳天語，古檜靈蓍識聖顔。禮器齊陳雙廡下，麟書獨出五雲間。自慚章句微臣職，手抱遺經綴鷺班。

皇上駕幸闕里恭紀四律

總督倉場户部右侍郎臣張集

昌平遺蹟想音徽，歸德門前玉輦飛。陟降羹牆承道統，馨香俎豆肅天威。細詢禮器留黄蓋，高揭襜帷識衮衣。齊説至尊親灑翰，夜瞻奎壁倍光輝。

其二

侍從千官肅祼將，杏壇碑下拜分行。禮同肆覲追虞夏，事異登封陋漢唐。孝弟承先煩寶訓，松筠表節爛奎章。尼山絶業今重振，文教從兹沛萬方。

其三

臨雍釋菜史曾誇，闕里難逢駐翠華。堂敞金絲時進講，水環洙泗早停車。楷林共識千年樹，文草親攀五色花。尚有永和書法在，獨存遺澤聖人家。

其四

奎文閣下立移時，歷代尊崇百世師。真覺風雲流灌莽，長懸象緯照壇墀。紋呈蝌蚪庭留檜，瑞叶河圖墓有蓍。無限穹碑標緑字，

1　“聖林”，四庫本作“闕里”。

2　四庫本低一行有“工部右侍郎兼翰林院學士臣孫在豐”十五字。

豈如御筆獨題詩！

聖駕幸闕里林廟恭紀二首

兵部督捕侍郎臣趙士麟

泗水鍾靈萬世師，攝衣再拜儼彤墀。親承鳳輦回鑾處，轉憶麟書吐玉時。列代明禋留劍珮，兩楹釋奠肅威儀。當年弟子親封樹，古幹喬柯覆墓碑。

其二

禮器衣冠尚可稽，鬱葱佳氣此攀躋。北連泰嶽朝宗遠，東對防山望眼迷。雲鎖長林知是瑞，鳥巢別樹不聞啼。六龍巡幸親瞻仰，百尺穹碑灑翰題。

幸魯恭紀

經筵講官刑部尚書臣王士禛

徂徠松下路，五色遶龍雲。階近停雕輦，堂深護寶熏。天心歸至聖，宸藻映斯文。明水尊彝泛，祥煙玉帛焚。冠裳千國擁，韶濩八音聞。絶業尋秦漢，微言貫典墳。土田宏錫予，草木解歡欣。東魯鵷行末，傾葵戴聖君。

皇帝釋奠於闕里頌有序

内閣學士兼禮部侍郎臣彭孫遹

臣聞三才懋建，作極者惟皇；六位時成，亶聰者惟后。故有禮樂刑政，以爲宰世之權；有中正仁義，以爲綏猷之準。自河洛苞符以後，暨帝皇禪繼之年，莫不兼作君師，總司治教。龍章觀象，即開道法之宗；鳳扆當陽，迭啓見聞之緒。皇皇乎，郁郁乎，斯無得而喻也。周德既衰，典章攸斁。夏正歸藏之學，溯二代而無徵；緝熙執競之心，歷數傳而寖晦。於是玉麟授簡，洩天瑞於素王；珠緯儲精，吐靈徵於元聖。秉覺民之木鐸，握定世之珍符。繫《易象》而作《春秋》，删《詩》《書》而正禮樂。王事備，天德明。軌則咸昭，彝倫式敘。蓋九皇之軌躅，獨萃平鄉；七聖之源流，同歸泗水矣。兩楹告夢，諸子雜興。正學衰微，群言淆亂。非無英君誼辟，恢大業於方新；學士大夫，探微言於將墜。而道風猶鬱，治化未醇。然則代閲千年，緒分百氏。而欲六五帝，四三王，闡虬圖，攬鳳德。使景星慶靄，暉麗於中天；玉節金聲，鏗鍧於終古。自非聖人而在天子之位，其道無由也。皇帝纂述丕基，撫定方域。聰明睿智，質亶於生知；文武聖神，德全乎廣運。天策内摅，而八紘風動；威弧外指，而六合雲行。黼幄澄懷，則宸鏡徹圖書之蕴；彤泥發檢，則奎章摛日月之華。緼瑟而協氣同流，垂裳而兆人自理。大猷升矣，皇風穆焉。然後凴軾南巡，結旌東邁，躬臨闕里，謁祀尼山。詘萬乘之尊，修嚴師之敬。威儀允秩，典禮有加。睿藻鋪宣，大文炳煜。褒衣博带之士，踴躍而趨風；瞻雲就日之民，咨嗟而觀化。臣以謭劣，備職禁林，遘會休明，宜有宣述。兹又欽承諭旨，校對《幸魯盛典》一書，竊以爲皇帝德化媲於唐虞，道統承於洙泗，以聖合聖，以心契心，鴻章鉅典，洵簡册所希聞，而古今之僅覯也。敬拜手稽首而獻頌曰：

璇樞啓泰，瓊筴迎長。三階有謐，七曜重光。丹蓂集陛，紫菌生房。道洽政治，洪惟聖皇。上繪下絺，左干右羽。薈萃禮園，翱翔書府。衢室採風，明堂稽古。萬彙順成，百昌蕃廡。至仁普濩，淳化庬鴻。

受球冀北，鳴鑾兗東。泛瀛絜廣，踐嶽侔崇。謁祠宣聖，展禮滋共。乃戒乃儐，乃洗乃盥。廣樂在懸，黃流在瓚。薦號几筵，登歌絃管。俎豆之容，愉愉衎衎。越若邃古，儀象初垂。以治以教，作君作師。羲軒首出，勳華代推。禹湯文武，群聖同規。嶽嶽尼山，洋洋泗水。祖述先型，憲章往軌。斯理未泯，百世以俟。道統攸歸，在今天子。河珍剖韞，洛寶開鍵。道貺静契，德符動宣。光闡經術，寵賁儒先。聲漸教被，民陶物甄。貞觀者天，貞明者日。炳炳皇猷，巍巍聖德。臣厠禁廬，丹鉛是職。稽首頌颺，式示無極。

皇帝親祠闕里雅一篇有引

内閣學士兼禮部侍郎臣李振裕

岱宗，尊聖也。皇上文德武烈，震揚域外，海隅晏安。民有禮樂絃誦之習，蒸蒸向風。迺循覽謡俗，還過闕里，以太牢祀孔子，禮儀致敬，賚予有加，咏歌其事而作詩以賦也。

其一

岱宗巖巖，遐邇具瞻。登封受命，上帝是監。維嶽降神，篤生尼父。大道昭明，炳焉終古。

其二

於皇時清，繼天立極。累洽重熙，與民休息。苞蘖既除，干戈永戢。偃武修文，風行四國。

其三

歲維甲子，曆起上元。翠華南指，旌軒雲屯。肆覲東后，百辟駿奔。頫臨日觀，旁矚天門。

其四

泰山之陽，曲阜之宅。萬乘回鑾，里門是式。奕奕本支，恭迎清蹕。下輦升堂，祀典攸秩。

其五

軒縣轃矣，樂具奏矣。尊罍既陳，饗禮侑矣。俎孔碩矣，天子獻之。豆孔庶矣，天子薦之。

其六

祝史有辭，我皇黼藻。曰萬世師，揭此顯號。華蓋九斿，于飾于廟。姬公孟子，亦越奠告。

其七

皇曰噫嘻，相予肆祀。濟濟臣工，莘莘胄子。布席横經，披陳奥旨。圜橋肅聽，晬容有喜。

其八

皇陟泉林，厥流孔滮。皇撫檜文，厥枝孔虬。憩之植之，曰惟尼父。皇心愉愉，爰紀爰賦。

其九

帝恩優渥，零露瀼瀼。流根潤葉，受祉無疆。匪曰賚之，孔氏之光。斯文丕顯，邦家之慶。

其十

泗水湯湯，孔林蒼蒼。文草靈蓍，輦路之旁。樵蘇有禁，舊不踰頃。今也廓之，數兼常等。

其十一

奎畫有煒，垂象神宫。取彼琬琰，是琢是礱。豐碑百尺，崒嵂大東。歷年億萬，與岱比崇。

其十二

維山有岱，維天有漢。皇德是峻，帝文是焕。大道彰矣，治化翔矣。日月星辰，慶重光矣。

幸魯盛典卷二十三

聖駕幸魯恭紀一首

經筵日講官起居注翰林院掌院學士兼禮部侍郎教習庶吉士臣李光地

燔柴升岱巘，舍菜戾宗祊。獻愷方於泮，升中告厥成。巾車陳法駕，大馭儆行旌。望望采風意，遲遲問俗程。徒遵時邁迹，那有登封名。嶽瀆公侯貴，山河带礪盟。懷柔均載德，設險竟銷兵。目擊波臣順，深懷禹績宏。遂臨牛女次，還稅虎龍城。禮致鍾陵重，心忘磬折輕。朔風吹返旆，白露湛寒英。訪道思方切，崇儒意獨誠。宅仍生所里，堂儼夢時楹。入廟申芹薦，隆賢肅鼎烹。師存則禮拜，帝用作歌聲。泝統休公旦，嗣音喟孟卿。豐碑齊屹立，巨牓繼高擎。先後被明典，存亡感至精。恭惟天子學，實共聖賢并。枯植紆皇豫，泉源啓睿情。人如根不朽，天與水俱行。微義昭雲漢，貞珉列瑰瓊。章懸萬象仰，貺動百神迎。匪獨斯文焕，時當大道亨。

聖駕幸魯恭紀二十韻

都察院協理院事左副都御史臣鄭重

魚海弢弓日，龜山植璧年。雲旗千仗出，行殿八風宣。肆覲來虞牧，封泥陋漢編。明堂開左个，洙水溯長川。景運文昌耀，儒宗帝德全。宮牆瞻數仞，俎豆接群賢。警蹕鑾輿降，威儀玉步虔。百王尊莫尚，九頓禮無前。魯殿施宸幄，奎文肅講筵。翼經雙夾轂，闕異獨乘權。撫檜文仍在，披圖貌儼然。何來雲焕棟，知是筆如椽。鄒魯連山近，顔曾列座先。景行光後裔，欽命永承乾。大野初回輅，深宫更麗篇。碑當霄漢上，氣入斗牛邊。聖嗣開弘館，群才彙廣淵。臣鄰叨侍從，詞賦邁甘泉。統向中天接，文從墜地傳。作君師亦備，王道頌平平。

聖駕幸魯恭頌二十韻

巡撫河南都察院右副都御史臣王日藻

虞后時巡日，周王于邁年。聲靈彌宇宙，文教訖垓埏。迺命崆峒駕，言探洙泗淵。山河齊十二，禮樂魯三千。問俗情常切，崇儒志更虔。式閭弭絳節，入室撫朱絃。髣髴儀型遘，依稀響籟連。宸衷虚受廣，道岸誕登先。真已窺堂奥，寧惟飭豆籩。捫碑頻徙倚，駐蹕自纏綿。檜老摩挲久，槐疏茇憩便。攀條思手植，懷古契心傳。典秩攸隆矣，褒嘉孔亟焉。天章揮楔額，御墨灑雲烟。賜出瑶函麗，懸來鐵畫妍。尼峰增氣象，璧水益澄鮮。師表千秋重，威儀萬祀沿。微臣留汴洛，職守在旬宣。載述東巡禮，欲颺南幸篇。欣瞻五輅近，賡拜六龍前。

皇上臨幸闕里恭紀

巡撫山東都察院右副都御史臣張鵬

發軫乘農隙，觀風動帝咨。受釐登岱後，秉籙渡河時。連舳旋吴榜，鳴葭拂魯飔。六飛臻闕里，群祀首宣尼。宅即恭王舊，都仍少昊遺。彤雲大庭庫，璧玉頖宫池。五父衢猶昔，千官仗屢移。到門紓玉趾，清蹕展緹帷。古檜晴捎閣，香雲晝滿墀。駿奔鵷結侶，羽葆鳳銜蕤。廣樂三終曲，鴻臚九拜儀。酒甘周秬卣，俎實漢雞彝。釋奠加殊禮，升階重繹思。擘窠芝牓字，晨露杏壇詩。肅肅懸車在，亭亭御蓋垂。講堂陳几席，書壁静金絲。《大學》探精義，乾行闡《繫辭》。治平原有術，道德本無岐。俞騎郊坰外，前旌洙泗湄。流波橋宛轉，宰木徑逶迤。璜瘞封中土，檀交冢上枝。淺溝希伏兔，勁草識苞蓍。駐罕邀宸顧，承恩拓兆基。柞枌彌鬱鬱，羊虎任纍纍。更下蠲租詔，均沾濊澤施。尊儒情允洽，咸秩典攸宜。復敕容臺議，重新文憲祠。洪支頒世禄，博士補經師。紀事增僉載，連篇集庶司。回鑾敷睿藻，伐石輦豐碑。守土微臣忝，周廬禁馬隨。射曾觀矍相，履幸拭鍾離。楝宇誠先務，經營敢後期。姬公庭孔碩，孟子廟兼治。丹臒舒民力，青霄答主知。褒崇逢盛際，汗簡著隆規。

皇帝臨幸闕里恭紀排律二十韻

太常寺卿臣胡昇猷

鉅典邦之重，時巡世所崇。陽回先照乘，駕動早呼嵩。春入行幃曉，雲隨玉趾東。他山總培塿，喬嶽自穹窿。叠巘鸞旂轉，遥天海日紅。獨臨千仞上，高矚九霄中。旋鼓江淮棹，還諮河濟工。川原敷睿藻，草木被和風。歷覽周民瘼，迴看望魯宫。冠裳咸肅穆，俎豆倍豐融。雅志追遺鐸，虚懷屈聖躬。登堂鳴石簴，入室撫絲桐。鳳德歌如昨，麟書道未窮。君師萬古合，先後一源通。碑勒成蝌蚪，詩成落螮蝀。横經詮妙旨，講義愜宸衷。人拜簪纓美，家承雨露洪。從知敦禮樂，絶勝訪崆峒。洙泗心傳契，要荒文治同。赫然聲教訖，百代啓顓蒙。

扈從聖駕幸闕里祀先師恭紀

光禄寺卿臣閻興邦

羽林仙仗擁橋門，萬姓嵩呼[1]識至尊。洙水儒宗流有派，杏壇經術語歸根。臨軒自昔求賢切，降輦須知爲道存。曲蓋千秋逢異數，長教祀典並乾坤。

聖駕幸魯恭紀二律

都察院協理院事左僉都御史臣徐誥武

藹藹千官擁至尊，雝雝玉輅發端門。右文聖德惟天授，幸魯虚懷爲道存。香繞八鸞浮瑞靄，霞連三觀湧朝暾。駿奔終事逾嚴肅，肸蠁遥通静不喧。

其二

宫牆數仞望森森，鳳輦遥過意自深。至德後先同作聖，執中今古獨傳心。一時芹藻披甘雨，四壁金絲起玉音。俯仰遺徽真儼在，杏壇風日細泉吟。

聖駕東巡幸闕里頌有序

日講官起居注詹事府少詹事兼翰林院侍講學士臣歸允肅

稽古帝王，拓迹建統，宅中圖大，奉天地之紀，協神人之靈，湛恩鴻龐，禔福中外，厥有亘古未耀之典。大道積而逾光，鴻儀鬱

1 “嵩呼”，四庫本作“呼嵩”。

其有待。擴然一振舉之，以扶植[1]人心，震動耳目，真覺世之標準，君師之極軌也。我皇上下武基命，紹文開績，德威遐暢，覃及四表。凡孽臣違拒，么麽保聚，背恩干紀者，皆相繼剪除。窮山阻海，負險介恃之衆，無不弭首帖服，歸命恐後。至仁洋溢，潤溉穹壤。燭龍若木之鄉，條支織皮之旅，皆重九譯而獻圖。王會而至，跂行喙息。懽豫順動，域内太和。圜草之風滋，康衢之謡作。天子猶穆然興思，衈衈乎憂蒸生之未遂，求所以加惠乎窮簷。爰命禮官修舊章，遵時巡肆覲之制，涣汗德音，肆赦蠲責，問民疾苦，賜所過田租。燔柴岱宗，黜七十二君矯誣之陋。歷視江淮，慰億兆民其咨之願。警蹕輟嚴，徒御不飾。所至夾道，扶老攜幼，歡聲雷殷。戒侈靡之習俗，奬廉善之吏治。明試以功，車服以庸。以至夏社殷墟，並令飭治，霑曠澤焉。雷雨之施溥矣，灌溉之利博矣。爾迺屬車清塵，迴鑾魯郊，遂轃尼山，升闕里之堂，下拜登獻，肇舉備禮。歷觀車服、禮器，周旋庭廡，俛仰墟墓，慨然曰："淵哉邈乎！千聖之道術，百王之治法，畢萃於兹，予一人敢不加虔？"遂進四氏學徒，執經講藝，諮悉同異，稱制臨決，如永平故事。仙葩九斿，曲莖承芝，留貯乎闕庭，爲萬代景仰。親灑宸翰，輝禁額，金薤玉書，炳耀琳琅。回雲漢之章，宣圖書之蘊。揚扢風徽，潤飾道奥，龍文琬琰，光於不朽。復蠲賦贍田，培護松楸，遂其繁衍。諸在引擢之列者，令早試民社，各展其所學。賚予優洽，奬勸諄至。煌煌哉崇儒之鉅典，振古爍今矣。昔漢高過魯，太牢致祀，侈爲四百年王業。唐、宋之君，躬奠再拜，親製像贊，並事熾一時。況乎擷道德之要，闡洙泗之精，表章至聖，如此其隆重者哉！若夫褒姬公之裔，聿崇廟貌，烝嘗世守，榱桷几筵，觀聽一新，是又所以隆配天之絶業，報制作之成功，發

1　"植"，四庫本作"持"。

皇幽渺，亘千禩而未有聞者也。微臣職在珥筆，不揆固陋，稍攄萬一，雖不足以颺熙朝之盛事，耀孔壁之文彩，使微眇姓氏得附大典之末，實不世之榮遇也。敬作頌曰：

蕩蕩由庚，底民之生，誕作聖兮。式我皇度，聿往求寧，日躋敬兮。峨峨岱宗，以表魯邦，靈所鍾兮。揚揚龍旂，親展盛儀，道則充兮。我皇于邁，拊循萬方，裒時對兮。拜奠泮雝，令德善教，秩有位兮。日星麗天，斯文後先，丕光顯兮。布濩衍溢，錫之球璧，彰懋典兮。龜蒙肇祀，聿秉周禮，芬晻薆兮。大澤之博，曁江及淮，胥滂霈兮。軌躅所至，莫不埏埴，福攸同兮。

聖駕臨幸闕里恭頌二十韻有序

日講官起居注詹事府少詹事兼翰林院侍講學士臣翁叔元

臣聞麟紱玉書之瑞，德毓水精；龍文金檢之符，道高山嶽。魯都遺殿，繡柱雲楣；泗上靈祠，朱榱碧瓦。漢元帝褒成之詔，邑八百家；宋太祖展享之文，門十六戟。雕籩玉豆，自古攸崇；竹管匏笙，於今爲烈。我皇上通乾象之靈，協坤輿之德，誕膺景命，際會昌期。七政既調，羅九賓之玉帛；百神允洽，舞六代之咸韶。埋蒼璧以告成功，肅碧壇而虔薦祀。于時詳徵月令，博採明堂。用循甲子之期，翠輿東狩；方值仲冬之月，玉琯南浮。駐萬乘之旌門，裁九華之帳殿。爰修秬鬯，是致苾芬。五衢入不壞之宫，光餘丹甕；兩觀撫重生之檜，陰滿璧池。乃命樂官，按鈞天之奏，舞干籥之儀。金砌鳳簫，間朱絲之疏越；銅槃龍冪，陳翠俎之馨香。講藝霞帷，捫碑蘚徑。寒煙射圃，舊井猶存；暮草書堂，故臺不廢。擘花牋之綵賦，賜文綺之錦裘。丹詔一封，户邀蠲税；緑綈萬卷，家承賜書。遂使昌平亭下，山花拂香輦之傍；安樂里中，林草映春旗之上。詣孔阡而釃酒，識藏珠埋玉之鄉；祠周廟而陳詞，過巢鳳棲鸞之閣。臣叔元濫名詞翰，備位辟雍。覩盛事於文明，蠡筳竊愧；擬小言而弇陋，梗概微陳。

海内承平日，神京扼建瓴。山河鍾瑞氣，珪玉協英靈。禮樂昭三代，文章炳六經。乾符膺大位，皇極繫明廷。釋菜歌脩德，銷戈識緩刑。芙蓉通月殿，翡翠敞雲屏。玉詔頒巡狩，金輿出禁庭。千門仙仗動，萬騎綵斿停。畫扇裝珠彩，香韉飾翠翎。文裘輕雪犯，錦褒曉煙零。瑶策探遺篋，雕輪過野坰。碧霞明月嶺，白草繡江亭。孔竇靈祠迥，防山古樹冥。甍標承紫闥，榱桷隱朱櫺。龍勺涵椒液，雷尊闓桂醽。牲牢憑致享，黍稷薦維馨。煙折荒碑緑，苔延古甃青。緇帷瞻氣象，繡衮覩儀型。宸藻蒐東壁，天書降北溟。四門驚妙筆，翰墨動微星。

恭和聖製甲子冬至幸闕里詩

翰林院侍讀學士臣沈上墉

洙泗開儒業，千秋尚肯堂。若非觀孔壁，誰復憶堯牆？車服形聲近，《詩》《書》曆數長。見聞俱有託，天子正垂裳。

聖駕幸闕里釋奠先師禮成恭紀

翰林院侍讀學士臣沈上墉

在昔舜東巡，二月至岱宗。我皇初幸魯，帝車指孟冬。豈惟侔輯瑞，實欲溯聖踪。徘徊曲阜邑，陟降夫子宫。雍雍冠履澤，穆穆俎豆容。悠然見意象，鑽仰表幽通。泰山高無極，海水深無窮。星辰宿其下，日月浴其中。斯文歷億載，高深與之同。大哉符元化，仔肩賴王躬！

恭和聖製甲子冬至幸闕里詩

日講官起居注翰林院侍讀學士臣高士奇

百里分圭地，千秋習禮堂。聖人猶止輦，庸賤得循牆。籩豆陳儀備，笙鏞入奏長。崇文脩曠典，删述佐垂裳。

御書“萬世師表”四字留闕里恭紀二首

日講官起居注翰林院侍讀學士臣高士奇

數仞宫牆不可梯，龍鸞親見自天題。君師作統源相合，德業同符事豈暌。肆映雕櫨金碧淺，新懸繡栱日星低。唐碑宋蹕渾堪陋，漫説囊篇寶緑綈。

其二

明粢潔鬯禮方殷，喜覩宸章簇五雲。門際和風迎毓粹，閣前晴靄動奎文。諸生羽籥觀型遠，四氏絃歌肄業勤。争説師儒遭盛代，寵光縫掖總同分。

扈從駕幸孔林恭紀百韻

日講官起居注翰林院侍讀學士臣高士奇

禮樂雍容日，車書順應年。兩儀輝碧落，萬緯聚珠躔。洽洽苞符啓，心勤警蹕宣。燔柴青帝右，釋菜素王前。遣祀嗤曩代，加封陋往編。罇卣犧象設，簨簴鼓鐘懸。念典多弘奬，齋誠更潔蠲。迴鏕辭檜殿，結軫度松阡。罄折諸儒凛，趨蹌庶尹虔。圭門紆錦蹕，石表拂華旃。境迴神爰宅，功高報迺專。絪緼元氣毓，翕闢太和全。灌木千章蔭，穹碑百氏鐫。迢迢循寶埒，肅肅繚周堧。陟降方顒若，低回倍僾然。峰巒交體勢，水澤互盤旋。野向奎婁指，山看鳧嶧連。面離文炳蔚，吞巽脈纏綿。虹影迎洙跨，雲岡擁泗眠。群靈咸萃矣，至道永藏焉。異兆留黄玉，新禋鬱紫煙。蟲魚蟠篆古，劍笏卓趺堅。翠密層霄翳，蒼深老幹蜷。探蓍占大《易》，捫楷憶名賢。壇位星辰燦，階基雨露鮮。荆榛從不擾，禽鳥亦知遷。四顧規模豁，千秋統緒延。思堂開别寢，射圃望遥廛。覿以誅奸葺，衢因殯母傳。蜿蜒環舊蹟，森錯接重枅。壟畔班昭穆，垣端列後先。墓廬茅尚覆，享室燎長燃。带礪傳家久，絲綸錫祉駢。瞻崇逾衮冕，撫玩及桮棬。況值温初轉，欣逢景最妍。晴霞籠瑞輦，細靄簇仙軿。地籟參差發，天香縹緲聯。謹恭生近衛，儼恪逮中涓。鳳德寰區外，龍顔咫尺邊。精微原合撰，造化偶分權。慕想宸襟切，褒揚睿照淵。聖蹤常皜皜，王道適平平。廣運禎祥集，洪鈞品類甄。殊疆通羽籥，薄海静戈鋋。動植皆繁暢，陰陽少伏愆。三才民紀立，五教學宫詮。喜遘鸞聲噦，俄停鶴蓋圓。横經喧曳踵，負耒競摩肩。勸激增縫掖，光榮被縵絃。雷歡童叟沸，雀舞巷塗填。粤昔供芹藻，嘗聞執豆籩。隆稱雖屢進，故事但相沿。漢創陳牢制，唐餘薦醴筵。宋亭苔已蝕，元碣草徒芊。曲阜云憑軾，遺墟幾控鞭。真邀恩數渥，獨識眷懷偏。肇迹源鄒魯，垂型亘幅員。殷宗存纘述，姬轍挽迍邅。吾黨誰能贊，斯人詎忍捐？攬綏遵率土，振鐸引蒙泉。篤信删修敏，詢疑應對便。微詞明賞罰，善誘取狂狷。浩瀚滄瀛際，巍峨泰岱顛。護呵侔社稷，悠久並坤乾。慨自淳風邈，滋爲雜説穿。老莊談未息，楊墨焰隨煎。寂滅求迦葉，清虚訪偓佺。紛岐争欲逞，習俗苦難悛。正誼於今揭，頹流一旦湔。仰鑽勞寤寐，矜式徧垓埏。小子居蓬蓽，髫齡托槧鉛。考衷言寡要，窮理慮空研。

略涉笙簧苑，粗耘筆硯田。審觀牆甚短，甘守户終鍵。志本簞瓢樂，情兼鈞弋牽。衣冠何樸鄙，揖讓每拘攣。且謂南棲越，安期北走燕。纖鱗纔溯泳，駑足遽騰騫。受禄懷新秩，凝紳改舊氈。成均曾肄業，講幄又堂銓。午給池頭鱠，宵擎禁裏蓮。珥彤當繡柱，繙帙侍花甎。淺測慚操蠡，庸才遜選錢。漫摹壺汁字，時擘衍波箋。竊歎身縻爵，良由士佩瑞。服膺惓几席，秉訓比韋絃。既夾雙螭案，還陪八駿韉。輪蹄偕絡繹，罕畢覩飄翩。河濟銀鬘騎，江淮畫鷁船。猗歟林廟邇，暫此去來遄。徙倚臨城闕，踟躕眺桷梴。飛軒楹赫赫，邃宇谷瑢瑢。器得稽彝鼎，銘猶記粥饘。附塵奚啻壤，歸壑頗如川。遇主兹堪幸，親師夙有緣。懦頑希就準，愚賤敢忘筌。彩仗寒郊絢，璿題傑構搴。洵哉敦誦法，非直寄游畋。語似依梁翼，鳴同抱樹蟬。未工虞監句，差擬李丞篇。

幸闕里賦有序

日講官起居注翰林院侍讀學士臣高士奇

隆古之世，作君作師，理同事一。三代以還，君師之統分矣。夫祖述堯舜，憲章文武，聖人之學，本師帝王，貴貴賢賢，彼此迭尚，君師之理，何嘗不同條共貫哉？漢自高祖迨[1]於建武、永平、元和、延光之世，唐則乾封、開元，宋則大中祥符，皆降萬乘之尊，折節韋布，議者謂或儉於德，或歉於時。元、明遣官祭告，修舉具文而已。上以底定之餘，緝熙勤學，《詩》《書》之澤，烝於穹壤，乃復躬祀闕里，昭兹隆軌，今古希遘，儒生幸焉。臣以陋劣，珥筆從六轡之後，獲觀盛典。使闕而不書，無以昭我皇上右文之治，臣滋愧矣。

1 “迨”，四庫本作“逮”。

爰拜手稽首而作賦曰：

歲紀閼逢，月臨黃鐘。三辰協極，四野告豐。勞農息力，索蜡報功。暄將迴乎春谷，霜不殺乎寒叢。天子既飛旆於江淮之表，旋軫於濟河之封。顧瞻魯邑，罩然其宮。伊素王之舊宅，接青帝之崇墉。森亘峙兮南北，錯相瞰兮西東。爰乃翥翠鳳，翼蒼龍，遵修陸，景遐踪。絡繹乎其奔會者，若趨蹌之亞亞；疾徐乎其進止者，若俎豆之雍雍。詎探奇於岣嶁，類問道於崆峒。時則風伯斂飆，雨師收霡。碧蘚承輪，丹楓蔭軛。日華於林，霞綺於陌。天地爲之而澄宇，山川因之而絢色。折衝佽飛之旅，執殳而荷戈；出警入蹕之臣，吟鞭而頌策。罼罕遥舒，簫笳競集。目泝兮洙泗之靈源，心游兮金絲之奥室。褒成之後，夾晝輈以拱立；四氏之徒，羅芳徑以通籍。結羽葆兮開重闈，導鳴鸞兮入聖域。陋叔孫之禮儀，嗤諸儒之故實。啓帳殿以齋居，進行帷而旰食。於是乎篝人戒旦，裘人視明，祝人潔幣，宰人刑牲。苾芬兮秬鬯，匡敕兮粢盛。將車服兮在望，即履絇兮畢呈。焜煌兮碧甃，灼爍兮朱楹。藹藹乎三檜之植，赫赫乎七璧之銘。歷階而進焉，矩步而行焉。盥洗以致乃敬焉，釋奠以告乃成焉。其禮器則有山雷象勺，籩實鉶羹，合蕭揚燎，髣髴兮神明；其樂舞則有朱干玉戚，鼖鼓匏笙，登歌間咏，洋溢兮韶英。上乃紓睿慮之乾乾，湛宸容之穆穆。九流仰鏡，萬古欽躅。銀鈎鐵畫，揭藻彩於日星；珠榜璇題，聳嶒崚於寥廓。交窗之楹霧争霏，對霤之簷暉欲落。肅寢周廊，重櫨鬬桷。仰兮如翬，俯兮若啄。晝徐徐兮杏壇，夕曖曖兮松幄。迴二氣之慘舒，駐千年之晦朔。言憩乎詩禮之堂，載升乎奎文之閣。几策并陳，絃誦可作。莫不開龍顏之一霽，歎鳳德之猶昨。既徘徊以容與，復諏[1]謀而詢度。迨於緩琴轡，迴玉軫，

1 “諏”，四庫本作“諮”。

坐講堂，聯庶尹。念儒林之繁會，矧聖里之標準。詔子弟以修鼓篋之儀，儼膠庠而播遒鐸之警。韋編並啓，壁書無隱。闡大義兮方昭，續微言兮未泯。琅琅兮天語，若鐘鏞之初叩；亹亹兮經生，若函丈之群請。周旋中規，進退惟謹。若夫嶧山之傍，尼山之畛，望五老之峰而迴車，訪坤靈之洞而結靷。或起或伏，或遠或近。撫往蹟以留連，覿遺徽於夢寢。於是乎出自北門，瞻彼中林。想衣冠於馬鬣之道，數封植於兔溝之潯。岱撤壤以培其厚，海飛沫以環其深。氣阡阡而奕奕，景欝欝而沉沉。其石則有龜趺距丈，麟碣摩尋，翁仲秉笏，華表棲禽。其木則有文楷攢繡，蒼柏接陰，槐檀布戟，枌柞抽簪。繚樊垣以爲衛，戒採拾而靡侵。荆不芟兮自剪，草皆茁兮成琛。恍精誠之有格，式憑眺之常欽。伊神符而道合，斯豁目而暢心。是日也，巽風匝地，解澤彌天。屯膏勿壅，涣號勤宣。既省耕而省斂，亦議恤而議蠲。帝王之轍迴矣，聖人之澤存焉。爰及苗裔，世守土田。户復於籍，丁免於廛。攬謡俗兮周知乎疾苦，歷郡縣兮弗改乎貿遷。懸寬租於令甲，戒索賦於窮堧。更乃收白虎之幡，樹金雞之竿，振鵷鷺之武，騰蒼赤[1]之歡。照曜兮廣輪之曦旭，霑濡兮率土之垓埏。蕩蕩乎德乃至，巍巍乎功始全。粤稽一元肇分，三才爰立。上下定位，尊卑别秩。惟馭世之弘綱，與覺民之懿蹟。理並符乎幬載，數相嬗乎翕闢。緬古皇圖，咸崇儒術。或創緒於兵戈，或蒙安於宗祏。或希心於汰侈，或邀譽於潤色。縱陟降之在庭，未炳蔚乎史册。伊昭代之授籙兮，踵禹範與羲畫；維我皇之凝祉兮，絜堯樽與舜瑟。綜性道而焕文章兮，建君師之極則。

1　“赤”，四庫本作“黎”。

幸魯盛典卷二十四

皇帝幸魯恭紀十六韻

日講官起居注翰林院侍讀學士臣孟亮揆

宗風百代尊東魯，闕里堂高萬乘躋。泗水波瀾無別派，尼山草木自成蹊。聖朝幸際同文盛，師表親勞當宁題。乍報雲霄雙仗下，旋看俎豆兩楹齊。馨香咫尺神能格，舞佾雍容典備稽。濟濟儒官分奠斝，熒熒燎火勝然犀。色凝帝衮山龍麗，光燭天門日月低。還御講筵披載籍，直從性學剖端倪。六經奧窔資探索，一畫精微賴唱提。清蹕再移奎閣上，翠華重駐杏壇西。鼎彝三代名偏古，蝌蚪千秋字不迷。車服宛如陳琬琰，宫牆真欲拂虹霓。菁葱樹引儀庭鳳，贔屭碑傳抉石猊。華蓋留時多紫氣，黄封開處燦金泥。輝煌賜錦從天降，迴合祥烟滿袖攜。釋奠禮成超往躅，誕敷文德徧群黎。

恭逢車駕幸闕里述聖政雅有序

日講官起居注翰林院侍讀學士臣顧汧

伏讀《詩》大小《雅》，見周文、武、成、康之盛。維時德政涵濡，教化翔洽，朝廷清明，重譯賓服。天子端拱穆清之上，公卿百職事奮庸於下，亦罔不有史臣簪筆執簡，發揚徽美。夫如是，故成周之治，遠而益彰，久而彌光。至今望之，若太和在宇宙間。是以述君臣燕饗，則有《桑扈》《魚藻》；述徒御蒐狩，則有《車攻》《吉日》，述安集勞民，則有《鴻雁》《黍苗》；述董正治官，則有《崧高》《烝民》《韓奕》。當時誦之，奕世傳之，聲光絢赫，垂於無窮，以《雅詩》存焉故也。伏覩皇上御極二紀之中，聖德神功，敻絶千古，嘉謨仁政，美不勝書。邇者運際上元，時逢景慶，六府修，三事治，乃猶兢兢業業，慮醇化之未遠届，而兆民之未盡阜成也。遂允禮臣之請，倣古巡省之儀。於是駕玉輅，揚清塵。不煩警蹕，不費芻茭。川嶽爲之壯采，草木爲之風生。至於岱宗，祗袚齋宫，登壇奠獻。金石迭奏，柴燎升中。凝神遐覽，精誠通格。蓋唐虞氏之所以巡方岳也。幸闕里，祀孔林，禮嚴九拜，法垂千祼。留曲蓋以示虔，懸書額以表敬。彰教乎鄒魯之邦，加恩於聖賢之裔。此漢祖、唐宗之所以崇道統而未逮也。歷郡縣，省謡俗；飭官方，恤老幼。攸徂之民，環謳聚舞。萬姓縱觀，千里如堵。播深仁於鍾山之陵，蠲租課於經歷之邑。蓋三代令辟之所以厚民德也。然後禮備樂和，福輳祥集。迴玉鸞於上都，告成事於清廟。煌煌乎真熙朝之鉅典，而高代之盛節矣。然而大雅不作，是簪筆執簡之臣之責也。臣誠不敏，竊附侍從之列。仰贊鴻猷，稱述駿業，臣之職也。謹撰《述聖政雅》二篇，雖不敢上希穆公、吉甫之流，登歌廟堂，聲叶律吕，亦庶幾對揚休命，有以佐皇運之昌明，俾耿光大烈，垂示於永永無極耳。其辭曰：

維彼東山，五嶽之伯。天帝之孫，群靈之宅。皇于時邁，考厥故實。誕報昊天，爲民祈福。

雲旂揚揚，鸞輅鏘鏘。時乘六龍，以幸巽方。車轂夾路，虎旅前行。村落不擾，城市依常。

翠蓋涖止，祀事孔備。因高崇天，就廣增地。燔柴告虔，以遵古制。乾符坤珍，雲合雨澍。

陟彼萬仞，小視寰區。東西朔南，周覽無餘。天門日觀，瑶牒寶書。玉趾飛舉，從臣咸趨。

宸翰揮灑，曰惟雲峰。建亭巉巖，百代信崇。神祇肸蠁，清明在躬。禎符萃集，慶成報功。

維彼東山，文獻之源。嵬嶧嶙峋，洙泗潺湲。瞻彼宣聖，道貫乾坤。如日經天，萬古長存。

廟貌巍巍，輝煌闕里。我皇至止，特隆典禮。麟書彷彿，檜樹有韡。載瞻丹壁，絲竹在耳。

猗與孔林，楷木森森。我皇至止，典禮式欽。爰擴兆域，致敬達誠。惟聖作極，惟皇樹型。

施及四氏，聖賢後昆。遘兹曠典，濊澤惟均。皇命多士，講席横經。授爲博士，稽古之榮。

燦燦華蓋，赭質金璆。煌煌天章，萬世師表。賁鼓大鏞，明堂璧沼。遥遥道統，欽承匪渺。

《東山》十章章八句。

南風之薰，曲奏虞琴。阜財解愠，式溥德音。誰其嗣之，皇仁至深。軫念蔀屋，千載一心。

大江之南，其水湯湯。五湖巨浸，澤國水鄉。淮黄合注，泛濫莫當。海口既堙，田廬混茫。

清蹕躬臨，在河之滸。顧瞻金隄，景仰神禹。爰命相視，大工具舉。苟利民生，不惜積貯。

厥田下下，禹貢恒經。賦甲天下，後世倍增。越至有明，重賦厲民。江右既蠲，江左猶存。

嗟此江左，國之外府。民命攸關，公帑攸聚。皇其念之，湛恩誕溥。於萬斯年，受天之祜。

帝念民依，稼穡艱難。崇實務本，乃克乂安。吴俗奢靡，傷農之根。移風易俗，允賴旬宣。

潔廉爲體，經濟爲用。牖民有方，淳樸風動。凡百在位，天語日誦。比户盈寧，聿修職貢。

宫庭節儉，惜費露臺。化行侯甸，民德歸懷。田疇日闢，邦本益培。民氣樂康，六符泰階。

登彼鍾山，詣奠故陵。圮垣凋木，有軫皇心。毋俾樵牧，春秋潔禋。皇哉盛舉，史册流聲。

以勵民俗，以飭官常。虞廷輯瑞，周禮省方。既洽古典，告至建章。永清四海，駿惠無疆。

《南薰》十章章八句。

聖駕幸闕里頌有序

國子監祭酒臣曹禾

皇帝御極之二十有三年，泰階既平，八風時協，德洋恩溥，休氣翔洽。群臣推數上元甲子，以爲貞符運會，苞維叶契，允宜封巒勒成，傳示無極。皇帝謙讓，稽虞典，巡狩禮，循省風俗，與兆民相見。以冬十一月臻乎泰山，禮成，清問下民。及於江淮，蠲逋賜復，靡隱弗燭。老稚嵩呼，聲轔天地。先是，命禮臣定幸魯儀制。既上，復籌度於聖心，典禮加崇，軌物具備。於是紆山谷，歷險阻，過周元公廟，命親藩特祀。抵闕里，致齋帳殿，瞻謁宫牆，恭行九拜禮。樂舞畢陳，奠獻加敬。是日也，日轉一陽，星聯五緯，黄雲如幕，榮光燭天。皇帝御講堂，進四氏子弟説經於庭，管絃鐘鼓，依然見杏壇當日之風。遂命復孔氏田租，賜諸弟子爵，賚予有差，聖情優渥。復灑宸翰，懸書殿楣。著檜賦，留九斿曲蓋，爲車服、禮器之光榮。既乃詣孔林，釃酒隧道，徘徊仰止，不忍去焉。臣聞道開於天，傳於帝王，必聖人而在天子位者，以心法相授受，故道統所歸，即治統所歸。三代以後，皇綱中絶。篤生聖人，窮不得位，闡微言，繼絶學，集先聖之大成，以開後聖。蓋遥遥三千餘歲，始遇我皇上乘玉衡，握金鏡，履中蹈和，優入聖域，孜孜典學，默契心傳。接古帝之道統，開中天之至治。原本承先啓後之功，不勝重道尊師之念。敷天之下，同然一辭，頌我聖主，聖不自聖，紹宗淵源。文教之訖，亦克與永。自昔帝王有事泰山，因而幸魯，其心未必與先聖親切相承，禮儀疏闊，名焉而已。從未有精意綢繆，情文篤摯如我皇上者也。洵乎邁汾水之游，軼崆峒之駕，皇建有極，爲億世作則者也。臣幸際休明，職慚文學，竊不自揆，爰獻頌曰：

天眷皇德，肇起隆平。有蠻勿共，距陽翹萌。帝布聖武，滌濯廓清。川嶽呈瑞，河圖器車。堂陛肅穆，雍容雅魚。婉婉赤子，以涵以濡。載稽典禮，乃駕八騶。省耕省斂，一豫一游。臻乎泰山，對天之休。繩檢踰侈，七十二君。帝爲民出，復古疇倫。惟虞暨周，以時四巡。朱紱麟角，吐書郰鄉。長夜有耀，毓我素王。鬱葱山林，輪奐構堂。天子至尊，降拜其師。帝敬在德，羹牆覿之。陋彼漢宋，夸大史辭。經自壁顯，璧以銘昭。一揆同符，曠世是遭。聖以紹聖，音徽匪遥。元公經緯，洙泗折衷。廟貌赫觀，甫柏徠松。徧秩群儒，賜書褒崇。懿兹盛典，振古未逢。民有懿秉，士有範模。天子于邁，流澤則那。德化順成，扶觀載途。君舉則書，後世之則。道扇八區，化被四極。萬有千歲，永言無斁。

幸魯頌有序

左春坊左庶子掌坊事兼翰林院侍讀臣周弘

皇帝御極之二十有三年，海内乂安，黎元樂育，年穀熟衍，符貺委臻。廷臣上言，自古帝王，靡不嶽狩。由三代降，兹禮弗陳。欽惟皇上神聖，文武治化，極天蟠地，宜倣虞周，省方覲牧。天子然之，令具儀注，依古舉行。既又謂先師孔子，教垂無極，宜躬往致敬。巡行典禮，莫此爲重。冬十一月，駕幸山東，特詣曲阜，假於孔林釋奠。陟講堂，觀車服、禮器。命孔氏諸生説書行殿，圜橋觀聽，濟濟洋洋。耆老嘆嗟，庶士興勵。天子慨然，思維至德，御書“萬世師表”，以識景仰。又製詩及賦，用紀厥盛，乃沛德音。孔氏子孫與執事者賜官賞賚有差已。復允衍聖公孔毓圻請，詔選文學士，纂誌盛典垂不朽。臣弘伏在草土，竊聞忭舞。逾年赴闕，道歷青齊，所至草野小民，額手懽呼，咏歌盛德。入朝以來，備悉儀制。伏念古者巡狩，惟是考校度程，廉問疾苦，崇儒重道之文，缺然未詳。其有右文令主，表章絶學，又或高拱深宫，時巡弗舉，臨雍視學，祇在京圻，不克親詣聖里，肇稱祀事。我皇上聖學宏深，心契精一，時敏孜孜，緝熙罔間。故能斟酌古禮，丕顯文教，法駕肅臨，崇極儀軌，振古未有。臣弘職隸史館，義得推揚鴻業，宣示臣庶，不揆寡陋，伏竭悃忱，乃載拜稽首而獻頌曰：

維皇受命，神威遐暨。靡壤不歸，靡德不被。聲教誕敷，鴻文斯賁。迺敕廷臣，修明古制。一章。

維古令辟，代隆巡狩。神徂道塞，曠不復遘。遥遥千載，事忘其舊。維皇稽古，前猷允茂。二章。

恢恢皇度，翼翼帝容。六龍時御，至於岱宗。顧瞻闕里，聖教攸崇。駕言往臨，和鸞雝雝。三章。

有鬱其林，有翼其廟。我皇戾止，敬將昭報。威儀孔嘉，萬邦式效。聖裔稽首，臣宗有耀。四章。

帝曰來前，予崇乃先。其帥乃宗，遺言是宣。諸生揖讓，舊德儼然。陳籩執經，輝分璧廱。五章。

俎豆在旁，《詩》《書》在列。多士欽承，帝心嘉悦。灑翰揮毫，雲飛電掣。炳蔚其文，光於前哲。六章。

瞻彼庭中，嘉樹森森。黛色霜皮，歲月孔深。維皇作賦，式昭德音。麗藻雲章，永表泮林。七章。

多士傾風，皇心未已。解澤旁流，巽風習起。推仁遺胄，榮施閭里。臣職何堪，君恩厚矣。八章。

殷禮既具，寵光既爍。萬邦有慶，歌呼踴躍。勉爲忠孝，毋爲浮薄。我后儀型，于焉昭灼。九章。

聖有微言，我皇彰之。聖有孫子，我皇揚之。聖教丕新，閑之匡之。維古令辟，曷其尚之。十章。

於維駿業，古莫云覯。其始自今，宜昭示後。載編載輯，揚輝宇宙。王道平平，垂爲法守。十一章。

眇兹小臣，珥筆振纓。感遇昌時[1]，願言獻誠。奕奕顯猷，厥徽難名。恭陳鄙辭，用播休聲。十二章。

聖駕幸魯釋奠先師恭紀

日講官起居注右春坊右庶子兼翰林院侍講加二級臣高裔

曠代逢真主，千秋慰素王。省方因展祀，望道遂升堂。百辟衣冠肅，三辰旂旆揚。東山瞻企遠，泗水溯洄長。典禮稽宗伯，威儀凛太常。至誠親盥薦，惟德有馨香。歆自居天上，靈宜格帝傍。垂旒如在座，入室見於牆。老檜承天語，貞珉勒御章。高文懸日月，大雅振宫商。實乃敷天慶，非徒後嗣光。册書傳罔極，德美孰能颺。

1　“時”，四庫本作“期”。

上幸闕里記

大理寺左少卿臣許三禮

康熙二十有三年甲子，遇《易》之乾。溯軒黄製干支前蓋歷九百六十年者，五之終，六之始也，子輿氏所謂“千歲日至、十五，曆元求可坐致”者，蓋實指是。考唐開元十二年乾甲子，至二十七年爲先師封王之始，從西牖正南面位，迄今康熙二十六年建表先師碑，亦九百六十餘年，非偶然也。又考乾道壬辰，宋先賢朱熹倣聖經作《綱目》年，計今歲在丁卯，殆五百歲有奇，御書“學達性天”扁額於宋六賢周、張、二程、邵、朱書院，亦儒學明晦之一驗也。天生聖人，應運而起，使吾道昌明，在此時矣。讀碑文首曰：“道原於天，弘之者聖。”上自伏羲一畫，虞廷一中，孔門一貫，皆不出此二言。夫原天之心者何？好生是也。好生，仁也。先師上承羲、堯，下與顔、曾諸賢終日講求，無非此志此物。且指明萬世儒者，曰存誠，曰主敬，曰窮理，曰致知，以至尊德性也，道問學也。又原頭在是，道岸亦在是。豈非四千年所未發之旨，盡開明于今日耶？況作君作師，其道無兩。我皇上以天有四府、聖有四府之訓昭示諸臣，乃知贊删作定六經者，上備元亨利貞之天德，中集皇帝王霸之治統，下包生長收藏天下萬世之民物，又不止以《易》《書》《詩》[1]《春秋》《禮》《樂》六經法天而已也。所以俎豆億萬，斯年未艾者，至今日愈著。總之，我皇上之尊聖也，旌賢也，崇儒也，皆所以明道於前古後今也。九百六十年甲子，又乾之際會，天道於此再中，聖學於此重光，幸魯一舉，其所關豈淺鮮哉？臣未得侍扈從

1 “書詩”，四庫本作“詩書”。

之班，與珥筆諸臣載颺盛事，惟考運會適符之數而記之若此。

聖駕幸闕里恭頌二律

光禄寺少卿臣李仙根

天亶聰明協素王，斯文寤寐見宫牆。即看玉輅臨洙水，已闢榛蕪到講堂。撫柱蛟龍争焕彩，陳書蝌蚪自飄香。遥知登降千秋契，夢奠宗予啓聖皇。

其二

若堂若斧正峨峨，駐蹕高亭取次過。檻外神蓍先應瑞，林中文鳥總能歌。勝衣子弟陪行幄，應調農桑放正科。誦法是人含至性，皇恩聖澤更如何！

聖駕幸魯恭紀十韻

兵部督捕左理事官臣王承祖

聖主乘乾御，宸修集大成。省方先輯瑞，旋蹕遂東行。宅里懷芳躅，羹牆動聖情。儒官陳俎豆，古樂備韶韺。殿廡親瞻拜，橋門羡寵榮。璇題輝路寢，芝蓋錫金莖。輦道巡游闢，雲亭駐蹕名。翠珉鐫寶翰，碧瓦麗朱甍。帝典隆親祀，臣歌喜載賡。奎婁增彩耀，萬世仰文明。

聖駕幸闕里釋奠先師恭賦

兵部督捕左理事官臣陳肇昌

省方遵禹迹，訪道見堯牆。不惜崆峒拜，爰登洙泗堂。君師原一德，冠劍儼分行。環沼排仙仗，升歌備樂章。諸生般禮服，博士駿趨蹌。彷見商楹夢，重開孔壁藏。金絲如可聽，鳳鳥若爲翔。斗上飛黄玉，壇邊拂石床。餘霞流古檜，灰劫耀靈光。文物輝齊魯，聲名陋漢唐。千秋懸日月，六籍總笙簧。幸際崇儒盛，雕蟲愧頌揚。

聖駕幸闕里恭紀五十韻

通政使司左參議臣勞之辨

伊姚誰繼軌，我后集休隆。謨烈三朝備，車書萬國同。垂裳恢聖德，輯瑞協神功。泰運元初會，文明日正中。辰居常奠北，時邁首巡東。農隙乘鸞輅，宸游駕玉驄。川原敷白露，羽蓋拂丹楓。欲覽寰區大，爰凌岱頂穹。登封雲靉靆，望海旭曈曨。淮甸諮民隱，句吴繪土風。隨刊成績遠，襟帶大河雄。畫舸浮輕鷁，金隄落彩虹。回鑾由汶泗，駐蹕近龜蒙。麟鳳人何在，羹牆願久通。升堂誠感格，釋菜禮優崇。犧象羅彝器，衣冠拜閟宫。羽干陳八佾，鞉磬奏三終。遺像追圖畫，家傳問冶弓。六經抒壼奥，萬象剖鴻蒙。仗自鈎陳撤，碑從御府礱。奎章文炳耀，金牓字玲瓏。入廟思靈爽，瞻林羡鬱葱。幽禽聲宛宛，嘉卉茁芃芃。老檜留孤幹，苞蓍發故叢。三遷開亞聖，九罭溯元公。似水分江漢，如山列華嵩。馨香偕薦几，榱桷並鳩工。廢墜多修舉，規模盡折衷。龍螭朝日麗，丹碧晚霞烘。道統如薪得，心傳似雪融。貂狐榮聖胄，金綺逮成童。賜爵恩逾渥，蠲租澤更豐。環橋盈博士，扶杖走村翁。宿衛周廬帳，從官載筆筩。典方成望秩，詩欲賦《車攻》。謭劣居卿貳，疏庸忝詰戎。才原慚繡虎，學祇類雕蟲。盛事光前後，鴻文啓瞶聾。求賢符渭水，問道嗣崆峒。咸五登三頌，微臣敢効忠。

聖駕幸闕里恭頌八十韻

日講官起居注翰林院侍講臣王琰

周室兵初衅，虞階羽正麾。武功宣赫濯，文治洽恬熙。清問宸游豫，虛懷聖德撝。云亭非舊典，洙泗飾隆儀。省斂推恩日，燔柴肆覲時。東行勤訪道，北面切尊師。魯甸郊原古，尼山述作垂。宫牆猶儼在，仰止豈阿私。爰指奎婁野，言遵濟汶涯。五雲依劍佩，七曜傍旌旗。沂水蒼驪轉，防山翠輦移。堵牆扶耄耋，就日有童兒。扈蹕雄虹繞，迎鑾繡紱馳。天香生旭采，地籟息輕颸。闕里初承幸，斯文實在兹。羹牆心夙契，宗廟美今窺。典禮因時重，趨承爲道卑。尊嚴勞衮冕，肅穆拜壇墀。御酒聞陳藻，天衣見攝齊。山河親準角，堯禹覿鬚眉。門想麟書吐，庭懷鯉訓貽。登堂儼詩禮，入室恍金絲。鼓篋章縫列，談經講席施。班聯圍豹尾，黼座設皋比。几研雲文拭，韋編竹素披。儀容瞻道子，車服問鍾離。琴磬仍歌咏，尊罍舊戲嬉。兩朝存琖斝，六代備《咸池》。漆簡蟲魚誤，丹書讖緯疑。臨觀深嚮往，每事費諏諮。删述絃歌地，烝嘗俎豆祠。檜身文甃矗，杏幹石壇欹。緬想春風舞，摩挲手澤遺。下垂無復葉，左紐尚餘枝。矍相循遺圃，靈光指故基。高門森巀嵲，舊井碧漣漪。蓊鬱佳城近，蒼茫后土治。鳥禽翔羽葆，荆棘避華轙。展謁重鋪繡，馨香更酹巵。地靈鍾異木，幽贊挺神蓍。結構曩賢慕，躋攀昔代思。蹕亭花寂歷，輦路草葳蕤。白石埋秦冢，蒼苔蝕漢碑。停輿還繾綣，駐馬重嗟咨。攬蹟登臨勝，懷風倚眺遲。茆芹還戾止，小大畢追隨。曲蓋分仙仗，朱絃進絳帷。皇情忻款洽，御墨灑淋漓。四韻藏元氣，千言發衆詞。留傳方《雅》《頌》，什襲比宗彝。寵賚驚稠叠，殊恩邁等差。土田宗子錫，貂錦上公宜。講義宣弘正，光榮過孔僖。彈冠何綽約，結綬並逶迤。賜復優仁里，蠲租助潔粢。汪波均四氏，異數及諸姬。更許貞珉勒，兼承睿藻摛。殷盤支可削，史籀拙堪嗤。琢玉蒼崖古，摐金紫殿奇。負來知贔屭，捧至必虯螭。木鐸聲逾振，秋陽道未萎。龍章方日焕，鳳德詎云衰。陋矣巡瑶水，荒哉訪具茨。苞符逢泰運，元會叶昌期。周孔心源接，羲軒道法追。薪傳無熄火，鐵引恰歸磁。先後應同揆，尊行即見知。三千開禮樂，十六紹微危。河海流方永，高深德正禆。一中惟大寶，半部是元龜。堂奧今真到，藩籬豈暫闚。乾封羞執弭，建武避交綏。長夜渾如旦，中天共仰曦。微言增皜皜，至治益丕丕。仁義腴生色，《詩》《書》味浹肌。名家袪雜霸，異學杜淫詖。望斗光彌燦，占兵氣益隳。駕車閒騄駬，脱劍散熊羆。未得隨鑾仗，徒然握兔錐。右文歌盛事，載筆效陳詩。

甲子冬上幸闕里釋奠恭紀二律

左春坊左諭德兼翰林院修撰臣閻世繩

吾皇重道先文治，釋奠新從闕里還。數仞宫牆環泗水，雙懸日月照尼山。生徒攜策聞天語，父老扶笻望聖顔。仙檜當年曾手植，幾經風雨尚斕斑。

其二

登堂禮器垂清問，玉輅親過洙水橋。墓上蓍抽先後節，林中楷發短長條。纂修盛舉誇前史，給復殊恩咏聖朝。世際昇平逢甲子，年年玉燭喜常調。

甲子冬上幸闕里釋奠恭紀二十韻

右春坊右諭德兼翰林院修撰臣李鎧

泗水流真氣，尼山蘊化工。由來修俎豆，未有動昭融。甲子符昌運，時巡邁古風。特紆元后駕，親謁素王宫。龍角擕杓北，鑾輿出震東。翠斿松檜外，丹扆畫圖中。即次千官列，升堂萬舞同。肅雍稱盛禮，齊遬秉清衷。果見羹牆接，仍聞肸蠁通。睿文垂景曜，宸翰麗高穹。講幄親開帙，圜橋盡發矇。統承軒昊遠，典視漢唐崇。過墓還瞻仰，披林更鬱葱。石壇留勝蹟，蓍草擢寒叢。鳳德歌猶在，麟書道不窮。六經探魯壁，七聖溯姬公。展事祠官領，傳祧博士充。三階光炳煜，八表澤厖洪。神貺無疆曆，天開不世功。微臣慚珥筆，拜手頌熙隆。

幸魯盛典卷二十五

聖駕幸魯恭紀十律有序

左春坊左中允兼翰林院編修臣李柟

皇帝御極之二十三年，海宇清晏，雨暘時若，文德覃敷，聲教四訖。於是勤法駕幸魯，郊祀先師孔子，再移蹕展墓，親灑宸翰，勒碑顔額，製檜賦及詩，以垂訓來兹，傳示無極。賜東野之爵，邺先儒之裔。下至陪祀諸臣，無不仰沾聖澤。異數隆文，具載盛典。臣職忝詞苑，伏見皇帝崇儒重道，稽古好文，書契未有，宜作爲歌詩，導揚美善，不敢以淺陋不文爲辭，謹臚敘前事，撰五言詩十章，以竊附於《虞書》賡載歌之義。其詞曰：

明倫三代重，視學百王同。幾見移仙仗，親來祀魯宫。雍雍瞻拜肅，穆穆悃誠通。輦路歡聲徹，今皇禮數崇。

其二

九儀方告備，展墓復停鑾。文楷干霄直，長松倚壑寒。風來聽絲竹，日落想衣冠。曲蓋留恩寵，從今重禮官。

其三

銘功還勒石，贔屭講堂前。御筆蛟鬛舞，高文日月懸。硬黄存楷法，飛白見真傳。十字延陵碣，輝光相後先。

其四

高楣親署額，揮灑動乾坤。一覩天章麗，群知師表尊。寒光凝璧沼，壯采眩橋門。萬世儀型立，微言更討論。

其五

老檜聳千尺，當時手自裁。經寒不改操，歷久見奇材。聖道真如此，王言實大哉。良辰披卷讀，雲漢互昭回。

其六

至聖羹牆見，題詩志景行。微言探玉簡，條理應金聲。游夏何由贊，皋夔孰敢賡。寧惟風雅事，五字得長城。

其七

官禮元公定，貽謀百代遵。明堂圖自在，東野澤將湮。天子思功德，書生列縉紳。魯源誇父老，重見繡裳新。

其八

一中遥授受，異代見傳心。統系存濂洛，危微自古今。守先家學遠，啓後國恩深。四姓齊肩日，長聽絃誦音。

其九

升堂群執事，拜舞覲天容。奠斝兩行肅，循牆三命恭。何當頒爵賞，取次到章縫。濟濟欣相告，新沾雨露濃。

其十

學並尼山峙，恩隨泗水流。非成書一代，何以法千秋。藝苑傳歌咏，儒林備纂修。興朝典禮在，什襲儼共球。

大駕幸闕里頌并序

右春坊右中允兼翰林院編修臣胡會恩

臣聞德藝之宗，均爲樂祖；道法之萃，彙於素王。百辟借其師資，二儀耀其符采。是以昌平誕降，瑞應端門；曲阜既遷，名仍鄹里。城北藏經之壁，序立鐘鏞；泗濱臥斧之封，壇存瓴甓。鴻號頻加於累代，隆文有待於聖朝。我皇上乾德時乘，泰符躬叶。霧臺偃伯，武庫韜戈。西序東膠，夙聞憲乞；名山顯位，亟望升中。顧乃典陋金泥，文芟玉簡。歲維星紀，律轉黄鐘。既輯瑞以陳風，聿省方而正俗。駐鑾輿於兖土，羅法從於孔林。用修釋奠之儀，丕振右文之治。舞陳八佾，綴兆咸齊；樂奏三終，俎殽畢備。祼將展恪，肅拜加崇。於是臨絲竹之堂，進褒成之裔。繹微言於《魯論》，闡奥旨於羲爻。周覽塋林，徘徊廟寢。象環綦組，儼覿衣冠；文檜靈蓍，如親手澤。宸章湍灑，奎畫旋昭。鸞軒鳳翥之煒煌，玉振金聲之條理，固已光懸日月，色映球圖矣。若乃上公紫綺之頒，榮分藻火；四氏清華之秩，寵溢簪裾。由兹掃闢榛蕪，宏開聖域；昭回雲漢，屹峙豐碑。沛蠲租置户之仁，舉衛道崇儒之事。此皆皇上心源獨契，先後同符，統緒相承，古今特立之盛軌也。小臣弇鄙，備職禁林，敬播頌聲，以昭曠典。頌曰：

維皇受命，藝極陳常。武功用戢，文德乃彰。納民軌物，養士膠庠。覃我聖化，敷我王章。廣厲學宫，以弘儒術。六經煌煌，功歸删述。是集大成，教思洋溢。帝曰欽哉，奉兹表帥。爰修肆覲，駕言徂東。鑾御德車，肅肅雍雍。百爾執事，莫不率從。宫牆峨峨，孔子舊宅。有鬱者塋，徠松甫柏。禮器攸存，儒風大闢。天步式臨，攬厥勝只。載拜展謁，必恭敬只。洋洋聖澤，惟游泳只。升堂入室，美莫罄只。豆登在列，金石在懸。儀型載仰，有縱自天。侑以玉爵，肄以朱絃。兩楹既奠，式禮莫愆。迺陟講堂，講堂翼翼。迺周宫庭，宫庭殖殖。迺汲甘泉，迺撫嘉植。草木向榮，山川潤色。有斐天章，藻耀高翔。有輝寶翰，金薤琳琅。爲典爲則，于羹于牆。欽兹道德，世祀彌長。迺官聖孫，迺録賢系。載弁俅俅，以繩以繼。羽葆繽紛，以光廟祭。文綺豐貂，以錫哲嗣。廓聖之緒，惟帝之功。鉅典昌明，闕里之宫。皇哉湛恩，昭哉禮容。尼山大宗，永紹厥封。前有周公，後有孟子。

並勒碑銘，以綏仰止。帝紘皇綱，載揚休美。於萬斯年，垂光信史。

皇帝幸闕里釋奠恭紀

右春坊右中允兼翰林院編修臣李澄中

前年甲子十月時，皇帝問俗先尊師。諸侯朝會泰嶽畢，翠華更指泗水湄。左亳右社兩觀出，層城曲阜何逶迤。登堂禮器制度古，山罍玉豆兼鼎彝。麾旛首尾雜綵繪，應鼗響答笙管吹。翩翩翟籥自萬舞，猗那歌頌無參差。我皇盥獻肅再拜，微風不動揚靈旗。於昭至聖儼陟降，馨香明德遥相追。杏壇卓立懷英字，書藏魯壁聞金絲。老檜依稀記手植，風霜駁蝕苔蘚皮。旋紋屈蟠金鐵骨，蒼鱗怒茁虬龍枝。更遵輦路謁聖墓，石壇一望形纍纍。千章喬木絶鳥雀，楷旁剩有蓍生蓍。真宗東封駐蹕處，至今亭子留遺規。宸章高揭懸日月，十行仰睹爾雅辭。詩律賦記妙風格，天葩燦爛雲霞垂。鳳蓋賜出表異數，御額題作千年基。廟中玉節寒旖旎，檐前金薤春葳蕤。鬼神歲歲共呵護，屏除木魅奔妖螭。世官博士逮四子，元公遺愛分諸姬。聖朝名器豈濫與，要爲吾道存綱維。漢帝太牢誌過魯，貞觀釋奠弘唐治。豈若吾皇闡精一，修明經傳文在兹。幸逢盛典愧揚厲，恭頌辟雍明堂詩。

大駕南巡賦

日講官起居注右春坊右中允兼翰林院編修臣徐嘉炎

粤我皇清之總三才而襲氣母兮，歷三聖而冠百王。惟聖主之首出乎庶物兮，鼓槖籥而播陰陽。當甲子青龍之元會兮，赫景命而召禎祥。誕五德之純精兮，開萬禩而煇煌。耕獵道德而爲苑囿兮，馳騁仁義以爲津梁。光無幽而不燭兮，澤無往而不彰。紹盤羲而代嫿兮，孕苞符而統混茫。既四海之寧壹兮，乃兆人之如傷。作雷雨之解而在宥兮，象風地之觀而省方。爾乃建霓旌，張鳳旆，雲罕日斿，虹幢羽蓋，萬騎繽紛，千乘繁會。乃先沛膏雨於垓埏，集群生於覆載。倣天乙之弛羅，儀鎬京之大賚。蠲南國之倉箱，望東州而賑貸。推恩數於群臣，賓化育於無外。於時背秋涉冬，寒氣始升，焦溪漸涸，湯谷將凝。水澤之腹既堅，不周之風斯興。木脱葉而童童，草解節而稜稜。吾皇於是駕雲龍之飛輅，張秋隼之華旟，飾軍容於七萃,申武衛於三驅。隆隆記里之鼓,轔轔相風之車。散蹕於漁陽之野，校戎於龍猇之墟。則有屏翳清塵，望舒懸象。飭馳道之離宫，闢修途之榛莽。有轥轥之攀躋，非盷盷之弘敞。眷北顧而逶迤，憑南雲而下上。值三農之休暇，惟六龍之是望。極九有之神功，爰告成於岱宗。嗤齊桓之望瑞，陋漢武之乾封。爲民儲祉，秩敘惇庸。望天孫而至止，仰日觀而雍容。爰祇誠而徒步，乃獨致夫虔恭。乘輿屏其勿御，腰裹却而罔從。懸崖垂二分之足，絶壁俯萬尋之松。似捫參以歷井，若淩虚而御風。狃天門而排閶闔，經千樹而瞰三宫。胼胝均勤乎大禹，焦勞重見乎神農。時則衛士嚴裝，從臣啓路，鼇室儆晨，齋宫戒暮。慶成乎答天之禮，敷告乎勤民之故。神人允協其休和，臣氓式遵夫矩度。鵲車東振，鸞戟南翔。渡沂洸而行邁，涉汶泗而飛揚。巡河濱而周歷，思潄水之溝防。玩璿珠於溙澤，屯楗石於宣房。招河伯以效靈，顧海若而望洋。南際邗溝，北始汜光。嗟泛濫之愁人，致污萊之卒荒。經營乎潰決之陂，疆理乎橫流之埸。必鑿海而歸墟，斯我田之既臧。何水衡之足惜，爲當救此一方。駕艅艎之乘舟，杭一葦而南浮。任長風之破浪，亦沿波而泝游。蕩日青龍之艦，排雲飛燕之樓。組練耀昆明之浦，帆檣聯彭蠡之洲。牙旂桂楫，赤舳銀鈎。涵泳則群山遥指，溯洄則百川競流。盡乾坤於一瞬，坼吴楚而爲漚。緬六代之繁華，經千年之建業。瞻虎踞於名都，指牛頭爲天闕。隘紫蓋之偏安，狹金車於季葉。睠故國之山陵，乃追揚其謨烈。稽運會之始終，嘉唐虞之盛節。致隆儀於軼代，戢軍氓之剪伐。斯無前之至德，實靡有之軌轍。惟經綸天下之大經，迺曠世同符而莫越。南眺吴會，清嘉之宇。俗號秀民，地非沃土。攬轉運之京坻，恤煩疲之廩庾。襟茂苑於具區，帯横塘於江浦。溯泰伯於千秋，起言游於三古。稽山在望，胥濤驚眼。勤望幸於黟江，佇況榮而宛轉。念兩宫之暫離，遂六龍之旋返。植梧鳳於岡陵，嘶修蛇於墳衍。馳延屬之紆途，陟岧嵁之峻坂。灑宸章於妙高，登浮玉而遐覽。黄童襁負以待澤,黎庶謳吟而送遠。觀乎人文,久道化成。景終古之教澤，過闕里而式憑。大猷是經，先民是程。尊元公而開元聖，由素王以及素臣。仰帝師而下拜，志重道以弘文。晰欃檀雒離之木，辨雞彝龍勺之銘。翠古檜之菁葱，撫楷模之輪囷。湯湯乎洙泗之流，屹屹乎防阜之城。結山河之兩戒，鍾地脈於百靈。於是世胄謁禮，諸生肅興，倣累朝之賓監，榮先聖之雲仍。制既隆於紹嘉，恩更亶乎褒成。盛三雍之上儀，崇百代之休稱。是日也，天子考五經之統紀，思六藝之折衷。爰披圖而誌績，論報德而酬庸。籩豆舞佾之繁，銀鏤琬琰之隆，是未足以光天德，贊聖功。乃留曲蓋之凝嚴，軼葩瑤之寵崧。屬祇寅乎禋祀，紛肸蠁而豐融。廣錫類之孝思，弘論説之儒風。歷漢元以迄今兹，誰尊聖之克同。爰乃迴駕旋軫，飛軨整旆。鳳轡玲瓏，麟毫棽麗。張廣樂於洞庭，舞《咸池》於北冀。千鈞之虡力洪，萬石之鐘音備。賦忠厚於行葦，歌太平於既醉。千疆靁赴，萬里星奔。東熿滄海，西燿玉門。奠斗辰於皇極，布星宿於崑崙。日南則威加窮髪,漠北則武震烏孫。重舌緩耳之國，雕題黑齒之氓，莫不來王而慕義，稽首而稱臣。皇帝猶顧時雍之速届，俾風動之遄臻。乃下明詔，勵群臣，崇學校，飭儒紳。道德文章，濟濟振振。遐陬密壤，過化存神。是以敷天之下，率土之濱，含文抱質，履素懷真，歌風舞雅，蹈德咏仁。沐浴乎《詩》《書》之澤，翱翔乎禮樂之英。郊畿父老，迓望屬車。千官紛會，雁列鳧趨。懷銀黄及璽紱，佩玉虎與金魚。頌省耕省斂之舉，上豐年大有之書。猗歟盛哉！皇帝王三嬗之運，唐虞夏遞降之餘。我皇之至德，亘萬古而難踰。頌曰：

煌煌聖祖，創惟艱兮。洎我章皇，開八埏兮。皇帝聖德，宏先業兮。既覲文光，揚武烈兮。三孽既殄，毒痡除兮。海不揚波，同車書兮。殊方貢琛，入質子兮。震疊懷柔，百神慰兮。思我烝民，際太平兮。或虞幽隱，壅上聞兮。省方陳風，觀我生兮。登岱祈天，志憂勤兮。經綸參贊，遵先聖兮。道一風同，克永命兮。有虞五載，巡狩徧兮。亦越姬周，十二年兮。我皇法古，純不已兮。時邁其邦，昊天子兮。小臣獻頌，介景福兮。聖子神孫，永天禄兮。

聖駕臨幸闕里恭紀集《選》詩

左春坊左贊善兼翰林院檢討臣周清原

我皇秉至德，沈約。時泰玉階平。任昉。川嶽徧懷柔，顔延之。民思歌被聲。顔延之。肅肅宵駕動，陸機。凛凛天氣清。曹攄。青霞雜桂旗，沈約。朱軒耀金城。張協。冠珮相追隨，江淹。駕言遠徂征。陸機。崇山鬱嵯峨，陸雲。禮登竚睿情。江淹。

其二

岱山饒靈異，范雲。天路安可窮。曹植。白雲隨玉趾，沈約。皓月鑒丹宫。顔延之。晨策尋絶壁，謝靈運。平明登雲峰。謝朓。下臨千仞谷，司馬彪。仰聆大壑灇。謝靈運。兼燭八紘内，劉楨。托慕九霄中。沈約。萬象咸光昭，謝靈運。玉宇來清風。劉楨。

其三

日觀臨東溟，顏延之。高盼渺四海。左思。襟带盡巖巒，徐悱。崇雲臨岸駭。陸機。碑版誰聞傳，謝靈運。苕苕歷千載。謝靈運。點翰咏新賞，江淹。上天垂光彩。魏文帝。迢遞起朱樓，謝朓。天子命上宰。棗據。揚鑾戾行宫，謝瞻。翠山方靄靄。江淹。

其四

欽聖若旦暮，謝靈運。言論準宣尼。左思。回軒駐輕蓋，鮑昭[1]。嘉樹下成蹊。阮籍。叢林森如束，張協。樛枝聳復低。謝朓。徘徊墟墓間，潘岳。顏閔相與期。阮籍。肅肅廣殿陰，江淹。濟濟映光儀。曹攄。德禮既普洽，顏延之。命駕起旋歸。阮籍。

聖駕幸闕里恭頌有序

國子監司業臣彭定求

臣聞作君兼統於作師，道法實該夫治法。微言删述，功在六經；大義昭垂，理歸一貫。洙泗開百王之範，春秋立萬世之宗。我皇上丹扆凝神，細旃味道。履仁蹈義，優游純粹之林；盡性達天，函藴精微之府。固已淵衷夙契，至德宏昭矣。兹值海寓之昇平，當璇宫之清燕，時巡方舉，望秩初修。瞻魯甸以來游，訪孔庭而涖止。登山觀海，式親俎豆之容；入室升堂，益慰羹牆之慕。禮加崇於先聖，恩遍及於後昆。懿典備焉，休風尚矣。爰徵載籍，代有成規。建武停鑾，迄貽譏於讖緯；祥符駐輦，終獲誚於天書。展謁雖隆，闡揚未覩。惟我皇上折衷禮樂，制備憲章；游覽圖疇，功兼述作。稽古

1 “昭”，四庫本作“照”。

却東封之典，尊師修北面之儀。心法相承，直紹源流於千載；音容如覿，儼然授受於一堂。則傚惟殷，步趨罔間。所謂臻其閫奧，且以證厥津梁也。矧復抉天章之麗，揚宸翰之輝。凡屬殊榮，尤稱僅事。從此定百家之軌轍，道炳中天；擴九有之風聲，化成率土。允矣斯文之慶，誠哉大道之光。弇陋小儒，遭逢斯盛。識同窺管，何能仰贊高深；職在濡毫，竊效咏歌化澤。乃拜手稽首而作頌曰：

景歷貞元會，乘輿到杏壇。省方先海甸，返旆自江干。統接尼山武，源尋泗水瀾。麟郊屯羽騎，鷺序整纓鞶。駐蹕亭凝紫，缭垣旭繪丹。晴沙荆避路，密蔭檜淩寒。吐玉留朱紱，樅金降翠鑾。奎門迎劍珮，享殿集衣冠。望氣祥雲擁，升馨瑞露漙。牲牢踰漢祀，纁幣肅祠官。鐸擬周離振，絲聽魯壁彈。表章師道重，妥侑帝心安。遠軼崆峒駕，真同岱嶽觀。摛詞舒睿藻，叶律和猗蘭。翰采霏瓊貝，文漪簇綺紈。行間疑舞鳳，筆底訝回鸞。華蓋膺殊錫，神斿喜共看。傳綸天賁寵，賜爵主恩寬。盛典青編紀，穹碑緑字刊。小臣司俎豆，歌誦託毫端。

幸魯頌有序

日講官起居注翰林院編修臣勵杜訥

康熙甲子冬十一月，皇帝命法駕詣闕里，釋奠先師，禮肅九拜，甚曠典也。既進弟子員講書畢，徧觀車服、禮器，撫嘉植，閱豐碑，愾然遐慕，彌切景行。爰御書牓額，作賦咏詩。奎畫天章之盛，振古如兹，洵爲創見，雲漢昭回，廟堂增重已。復謁林展拜，游覽久之。乃撤仗前曲柄繖，留於廟庭，賜賚聖裔以下章服、幣帛有差。進講者二人，授以官。異數深恩，皆往代所未有。是舉也，不惟東魯之父老諸生歡聲雷動，凡在列群工，薄海横經之士，仰見聖天子篤學右文，崇儒重道如此其懃拳懇摯也，相率感奮濯磨，蒸蒸向風。而宣聖之統緒，更極昌明已，寧秖典禮煒煌，昭垂奕世哉？敬拜手稽首而作頌曰：

羲畫肇開，弘宣至道。歷禩哲人，執貞蘊寶。王迹晦冥，幾委蔓草。崛起尼山，瀾迴既倒。彝訓修明，功逾軒昊。燄虐嬴秦，簧鼓佛老。詩禮之堂，鼓鐘孰考。在昔誼辟，間枉鸞旌。信道未篤，秖循其名。洪維至聖，首出立極。天錫亶聰，古訓是式。亹亹就將，乾行不息。洞徹性天，闡揚精一。寤寐儒宗，儼臨魯邑。祭菜升歌，心儀至德。宸翰充庭，輝炳星日。圜橋駿奔，湛恩洋溢。洙泗增流，杏壇起色。緬維隆古，以君作師。厥統既分，我皇一之。外王内聖，包舉弘規。登三咸五，參贊兩儀。遥遥百世，文其在兹。小臣載筆，恭紀昌時。

聖駕幸闕里頌有序

日講官起居注翰林院編修臣顧藻

蓋聞河圖發苞符之秘，太極函闔闢之原，畫啓羲皇，荚推軒后。神堯之欽明峻德，帝舜之濬哲重華，夏鼎商盤，文謨武烈，靡不綜該一貫，於以統攝萬幾。至若集帝與王而大成，會性與學而立教，恢中天之運則日月相昭，垂億萬之傳則乾坤以位，實由宣聖夫子，至道斯存焉。而自漢唐以還，英主亦懋崇儒之蹟；宋元而降，太常僅申釋菜之文。黌宫之頖壁，藻采雖華；闕里之庭階，蘚痕或剥。洪惟我皇上性本天知，文思天縱。聿昭英武，海寰悉慶平成；右尚鴻文，山澨胥歸胞與。致垂衣之治，既老安而少懷；陳典學之規，更中和而位育。挈千聖百王之緒，總滙神明；抉五經六藝之微，咸歸陶鑄。誠聖敬日躋，而王風丕著矣。乃猶羹牆屬望，所紹述乎心師；

以至劍履遺踪，必步趨乎聖域。爰命觀禮[1]，式叶健行。陟曲阜之故堂，鸞旂戾止；布杏壇之廣席，鳳蓋遲留。大禮尊師，命舞干而合樂；中心爲道，躬致拜以薦歆。當年之車服禮器，宛挹遺徽；此日之《易象》《春秋》，大宣精義。詔諸生以鼓篋，進博士而横經。講席前敷，識聖謨之浩大；圜橋聽集，喜天語之炳烺。于焉駐蹕孔林，停輿川上。源泉混若，千百載不啻親承；古道依然，前後聖總靡殊指。用灑天章，特標宸采。詔群倫之師表，留終古之碑題。玉振金聲，數仞之宫牆，愈臻輪奐；天經地義，萬年之俎豆，益著光華。斯固生民含戴以來，曠典特殊之盛者也。臣幸遭神聖，親際休明，敢持蠡測之愚，聊紀斑窺之實，謹拜手稽首而獻頌曰：

貞元會啓，景運遐昌。顯謨駿烈，毓祉凝祥。握乾御坤，於致垂裳。道統惟聖，建極惟皇。敦敏狥齊，藴隆函翕。堯安舜協，厥中允執。千聖淵源，兼綜並立。廣運惟神，文敷武輯。聖學日懋，聖心日恭。乃咨典禮，乃訪秩宗。蠲吉諏時，省方於東。既望于岱，覃御六龍。霓旌葳蕤，虹旄旖旎。詣于杏壇，遵于闕里。奕奕防山，悠悠泗水。拱翠含清，呈奇效美。端門戾止，降輅肅趨。敬躋聖室，歆格用孚。既盥既薦，奠瓚既俱。雞彝龍勺，琮璧盤盂。四氏贊幣，博士迎牲。奏以金石，合以韶韺。天開日舒，欣豫皇情。默契靈泉，憑弔佳城。還御講堂，陳經闡義。鼓吹三墳，笙簧六藝。聖謨洋洋，發幽啓秘。載沛殊恩，大被世裔。羹牆在念，猶未釋然。龍章親製，壽彼貞珉。掞藻宣華，炳炳麟麟。奎光璧采，榮燭高旻。呼嵩旋繞，歡洽神人。於爍我皇，維清熙緝。作君作師，上律下襲。聖德神功，參三屹立。小臣颺言，拜稽悚慄。

1 “觀”下原無“禮”字，據四庫本、福建本、廣雅本補。

皇帝釋奠於闕里詩有序

日講官起居注翰林院修撰臣蔡升元

蓋聞羲畫禹疇，遠開道統；洙源泗水，直接心傳。唯聖人爲百世之師，若孔子則生民未有。運丁百六，身固戹於當時；業授三千，道實亨於奕禩。是以漢高過魯，祭用太牢；孔吉紹殷，封延苗裔。越考延光之歲，祀徧諸賢；載稽廣順之年，分頒御器。開元則詩裁五字，至道則書布六經。列戟八雙，詔增門外；御香一合，留置廟中。然而史載尊師，唯遣群工攝事；代誇重道，止聞再拜登堂。惟我皇上紹精一之傳，建中和之極。聖本天縱，尚集笙墳珠典之奇；德協大成，還羅甲觀酉山之秘。輯車書於四表，同軌同文；訖聲教於萬方，是行是訓。爾迺一元開泰，六御乘乾，當歲在於閼逢，正日躔夫析木。翠華南指，河嶽效靈；鸞馭東回，海天徧德。乃於省方巡岳之日，獨勵崇儒講學之風。謂前此景道岸於千尋，久矣瞻尼望魯；今且見宫牆於數仞，豈徒釋菜臨雍。於是駐輦升堂，宫懸非舊；陳牲獻爵，俎豆維新。屈萬乘之尊，師臣者帝；折九重之節，爲道而卑。秩典既成，講堂斯御。啓圖書於魯壁，聖經可佐治平；集觀聽於圜橋，《周易》實參理數。既乃流觀邃宇，遐矚高墳。源遠流長，井華不改；本深木茂，檜幹依然。特賁天章，森成奎畫。五言賦就，吟來寶玉琳瑯；八體書工，望去慶雲糺縵。且也華芝繡繖，賜撤仗前；曲蓋流蘇，香飄座右。家蒙爵賞，群依天子之光；邑免租庸，共沐聖人之澤。擴幽宫之邊幅，永斷樵蘇；設守廟之官司，常供灑掃。肇弘模於不世，軼隆古而無前。陋彼曩規，徒借觀兵而登曲阜；遠踰方策，豈因封岱以過稷門。至治馨香，斯文佑啓。洎乎回鑾告止，端拱凝神；聽政餘閒，齊居思道。濡帝鴻之硯，文搆豐碑；揮秋兔之毫，書懸芝牓。鸞停鵠峙，縱横於駐蹕亭邊；綠字赤文，焜燿於杏壇門外。唯君道克光師道，斯王言允叶聖言。況乎祀秩元公，遞及於顔、曾、思、孟；恩推至聖，不遺夫濂、洛、關、閩。休哉道洽化成，允矣禮明樂備。臣智同測蠡，技比雕蟲。豹尾隨車，有懷扈從；螭頭載筆，願效賡歌。敬獻巴詞，敢揚盛事。

岱郊成禮不封巒，問俗江淮雨露寬。東望泮林連矍相，南來車騎敕祠官。衢通五父循牆入，詔許諸生夾道看。知是王心恒主敬，稷門乍到便停鑾。

其二

判架軒懸設兩隅，親紆玉趾杏壇趨。千秋重器元和在，九拜新儀廣順殊。禮殿奎章先後降，講堂經術治平須。更留曲瑤分仙仗，盛事從稽舊典無。

其三

洙水橋迴輦路存，大庭雲物接松門。欀檀樹底林無刺，瓴甋祠前鳥不喧。井税新蠲今歲賦，墓田重拓舊時原。自封黄玉千年後，未見優崇若至尊。

其四

銀牓高題萬世師，更礲燕石輦豐碑。儒林還録周公後，祀典兼修孟子祠。檜樹清芬敷睿藻，川流今古契心期。微時螭陛簪毫侍，喜覩書成道統垂。

幸魯盛典卷二十六

聖駕臨幸闕里恭紀

日講官起居注翰林院修撰臣陸肯堂

升中日覲下星衢，輦道風清睿覽紆。不獨方行周海岱，須知演孔得真圖。

其二

揚葭伐鼓泗源迴，五色仙雲夾仗開。魯國三千圭竇士，一時歡沸屬車來。

其三

金絲堂近魯王宫，五鳳遺甎嵌壁東。玉趾升階陳祝册，杏壇進爵恰當中。

其四

犧象山尊自漢時，軒懸翟舞奏清詩。太牢祠魯尋常事，釋奠曾無九拜儀。

其五

上公奉席儼橋衡，詩禮堂前講義呈。此日雍容陪勸誦，親聆天語誨諸生。

其六

檜樹靈根不作芽，琳琅金石浄苔花。聖心飲水尋真樂，愛向庭陰汲井華。

其七

曲莖御蓋引旌旟，日射曈曨樹影疏。特敕中涓留魯殿，萬年長護素王車。

其八

大庭遺庫墓門通，瓴甋壇前楷木風。縱是前朝曾駐驊，不聞拓地至千弓。

其九

賜衣賜爵襲恩殊，更賜今年一縣租。博士特官元聖後，褒崇盛禮百王無。

其十

因懷禮殿念巋居，銀牓高懸暎紫虛。不是東巡親御魯，如何寰海降天書。

其十一

燕山白石白於霜，琢就交龍額更長。載入檀車來闕里，一時奎壁盡騰光。

其十二

書成盛典貯三雍，百世長應掌秩宗。却笑祥符晏元獻，僅將靈貺頌東封。

《幸魯盛典》告成恭紀

翰林院編修臣楊大鶴

道統在今皇，淵源洙泗長。同符千載契，盛典一時彰。爲訪尼山蹟，言登闕里堂。六飛森警蹕，百辟效趨蹌。拂路朱旗燦，迎鑾碧草芳。曙暉法駕整，暮靄幔城張。憩息泉林側，摩挲檜樹旁。衣冠欽肅肅，廟貌鬱蒼蒼。禮器猶陳設，麟書詎渺茫。升歌新樂府，殷薦舊烝嘗。仍聽金絲響，還昭俎豆香。儼如親色笑，寧止慕羹牆。德意原孚感，標題重表揚。龍鸞飛夭矯，金玉韻鏗鏘。苗裔承恩澤，儒臣獻頌颺。膠宮增氣色，汗簡有輝光。未備趨承列，深慚侍從行。威儀餘想象，歌誦實徬徨。共仰文明治，欣逢景運昌。普天瞻聖化，鴻册布輝煌。

皇帝幸魯恭頌四首

翰林院修撰臣沈廷文

中天瞻舜日，法駕杏壇過。扈蹕千官擁，鳴鑾六馭和。旌旗連岱色，洙泗接天波。游豫非無事，羹牆思實多。

其二

羽葆臨青甸，松陰夾道馳。壁餘絲竹奏，碑没漢唐詞。聖學昭前代，文明紀盛時。東風猶有頌，況復禮先師！

其三

駐蹕非行樂，崇文世所稀。笙鏞陳古樂，車服識遺徽。束帛紛丹素，鸞刀啓腷肥。禮優來肅拜，從祀有光輝。

其四

大德垂天壤，鴻儀感帝王。睿才新石碣，天語焕宫牆。既錫元公嗣，還題亞聖堂。盛朝無軼事，鉅典備煌煌。

恭紀聖駕東巡幸闕里詩

翰林院編修臣沈三曾

葭琯陽回大地春，爲勤清問重時巡。岱宗雲起隨龍馭，闕里風清駐玉輪。南國謳歌虞后盛，東家禮樂素王親。歡呼父老傾齊魯，快覩隆儀在此辰。

其二

尼山衣履焕千秋，前代希逢法駕留。九拜禮成宮廟肅，兩楹舞就辟雍求。銀鈎迥照天題切，黄纖長懸御氣流。不似漢唐[1]虛致敬，儒林異數更無儔。

其三

衮冕親臨詩禮堂，經書敷講最精詳。誰知萬乘衣冠會，宛見三千弟子行。竹簡韋編陳御座，流泉蒼檜入宸章。顯揚文教須臾事，已識風行徧四方。

其四

葱鬱依然堂斧存，還紆玉輅訪秋原。林禽喜逐鸞聲語，蓍草靈因瑞氣繁。欲廣道基重拓地，不收仁粟共沾恩。總將聖域培來厚，長與皇圖萬古尊。

聖駕幸闕里頌有序

翰林院編修臣張廷瓚

臣聞在天垂曜，三垣聯奎壁之輝；惟聖崇文，百代衍疇圖之緒。道法即爲治法，原合政教以同條；傳政實本傳心，亦統君師而並建。粤若鴻荒肇曆，羲軒初啓文明；側陋凝符，堯舜先傳精一。典章象數，爛雲漢於穹蒼；禮樂車書，播風聲於時夏。迨幽、平而降，五霸之世如冬；自孔子篤生，萬古之天不夜。文謨武烈，納户牖以同歸；帝德王功，入甄陶而共貫。譬彼流分四瀆，朝宗匯滄海之波；曜走

1　“唐”，四庫本作“宮”。

雙丸，懸象麗中天之景。斯文大矣，備道弘焉。是以三千弟子，仰泗水而傾心；歷代帝王，望尼山而展祀。太牢特享，漢功成逐鹿之年；王爵加封，唐運啓躍龍之日。巍峨衮冕，竟同帝座之衣冠；峻極庭軒，恍若天家之陛闕。元音備六代之樂，北面修再拜之文。自古已然，於今爲烈。欽惟我皇上超軒軼昊，咸五登三。秉聰明首出之資，彌勤宵旰；當人文化成之日，益事《詩》《書》。玉几横經，璀璨列丙丁之部；瑶軒側席，琳瑯光甲乙之科。祥烟深護西崑，麗景常依東壁。聽紫禁漏聲未歇，已見垂衣；盼綺疏月影全移，猶催傳燭。厥中允執，淵源上接唐虞；大義精探，圖數直窺河洛。三綱八目，攬修齊治平之全功；兩地參天，包易簡清寧之元化。用能握乾綱而造物，宇内咸春；秉離照以膺圖，域中無外。風雷應候，日月升華。澤馬飛鑣，山輿結轍。仁聲肆訖，遠通蟠木之鄉；義問丕昭，直達扶桑之域。其稽古也如彼，其成化也如此。乃猶遐想儒宗，緬懷先覺。念彼堯封禹甸，八荒皆天子之家；況兹魯境齊疆，千里即聖人之宅。孕星鈐於東土，錫麟紱於西郊。車服圖書，瞻德容之未遠；琴尊鐘鼓，覩法物之常存。赫靈爽於古今，壁内猶聞絲竹；萃氤氲於天地，堦前不産蒿萊。斯誠海宇之名區，抑亦人倫之師表。雖辟雍戾止，已開京師首善之規；然闕里親承，益溥四海同文之化。矧觀風問俗，察吏省方。採晳陽之舊歌，晞榮光之新躅。猶足使青圻赤縣，傍鸞馭以言情；白叟黄童，望龍顔而拜手。豈非達聰明目，一道同風者哉？於是肆播德音，誕敷明詔。解澤傳來天上，巽風降自雲中。陟巘降原，振薄海懷柔之烈；翕河喬嶽，慰敷天哀對之心。乃以康熙甲子歲秋九月二十四日丁亥，六戎宵警，七校晨羅，銀箭初收，金鍐乃出。雨師效職，先清紫陌之塵；天老呈祥，直上觚稜之日。飛蒼螭而戒道，環羽騎以扶輈。轂轉聲騰，走雷霆於地上；旗開影直，翔鸞鳳於天邊。晴郊宵敞帷宫，暮山欲曙；廣野晨開帳殿，寒谷生春。閭閻爲之聚觀，黎庶因而加額。黃龍青雀，臨吴會以耀江干；葆羽翠華，登泰山而小天下。飆飛電掣，岳轉川迴。望溟渤以長驅，睇防陰而東指。於十一月旬有七日戊寅，至於曲阜，致祭先師禮也。爾時青羽司音，初陽届節。天開翠色，結淑氣以中停；日耀彤精，協神光而上燭。攬風雲之明瑟，暖律如吹；撫景物之澄鮮，堅冰立散。宗伯先詳故實，祠官預肅章程。玉戚朱干，遠移太常之樂舞；山罍象勺，祗修歷代之宗彝。簪裾蹌濟於橋門，鴛鷺趨承於廣殿。越翼日己卯，雞人始唱，燎火争輝。大輅旋移，齋宫早降。帝顔肅穆，麗晨景以照華旒；天表雍容，曳清風而鳴蒼玉。握文履度，如見當年；鳳峙龍蹲，不違咫尺。牽牲贊祝，嚴登降於三巡；獻帛陳樽，肅威儀於九拜。鼓協逢逢之節，薪昭晳晳之輝。揚登歌而響遏寒雲，凝肆夏而聲飄碧落。振鈞天之雅奏，符聖德之大成。煌煌乎，僾僾乎，與玉振金聲，酬答一堂之内；珠庭日角，授受千載之間矣。既而禮交樂備，列辟方騰躍以揚休；席啓筵開，天子更傳宣而講義。輦過奎文之閣，裳垂詩禮之堂。龍雯則焜耀瑶階，雞舌則縈旋芝檢。魚鱗在列，燦黼黻於千官；雁序西陳，集冠裳於五氏。探聖言之秘奥，啓沃攸資；紹家學之源流，對揚有本。新民明德，總王道之津梁；天尊地卑，湛六經之膏液。精心闡述，理晰毫芒；正色敷陳，聲諧金石。符昭素之講乾卦，五位飛龍；同頤正之進禹謨，七旬舞羽。涓埃罄竭，欣邀天聽之卑；綸綍温文，更荷王言之重。勗哉多士，稽古何榮；勉矣群工，面牆其戒。斯可謂下收葑菲，廣育菁莪，尊師之道全，崇文之事備矣。于是周覽廣庭，徧觀古蹟。架丹梯而插漢，爛若神扶；攢畫栱以窺天，巍如嶽立。華璫凝璧，掛明月於崇朝；密網連珠，綴奔星於長晝。緇帷晨啓，恍聞四壁絃歌；絳帳宵懸，快覩兩楹俎豆。儀形莞爾，儼泰山梁木之容；列侍誾如，備沂水春風之致。斑剥光騰，几上周鼎商彝；璘珣影峙，階前唐碑漢篆。槎枒古檜，標鐵幹以無枝；披拂高槐，傍石峰而垂葉。偃龍傳溜，響清洙水橋邊；圜玉裁基，色映杏花壇上。凡此往蹟曩規之具在，皆爲宸游睿照之咸周。更慶殊榮，丕昭崇敬。兔豪飛灑，擅懸針倒薤之奇；璇牓親題，備鐵畫銀鈎之勢。帝歌再作，包大道於斯言；天藻維彰，壯長城於五字。碑淩贔屭，渺海嶽之崇深；字勒岣嶁，掩日星之光耀。撤龍旂以示敬，曲莖成形；留芝蓋以明尊，中黄表色。虹梁懸處，疑雲影之將低；藻井垂來，若蓮華之欲落。以視彼開元揮翰，栖栖發麟鳳之歌；廣順迴鑾，屑屑給金銀之器，豈不懸絶宵壤，度越逕庭也哉？若夫山川奔會，栝柏蒼深，孔林匪遥，松楸斯在。過從陋巷，金輿徐動街衢；出自北門，仙旆平陵城闉。指峰巒之曲互，眺原野之扶輿。疊嶂遥開，枕岱宗於北絡；長襟遠映，環滄海於東流。式瞻幽宅千年，致敬遺封三尺。醪傾琥珀，再陳林坰之尊；褥籍氍毹，又下墓門之拜。昔年蓍楷，遠從列國移來；此日根荄，親荷九重摘下。石馬屹立，若瞻天仗以長嘶；翠草何知，亦繞御衣而欲舞。斯又榮生幽壤，光照重泉者矣。至於大澤汪洋，隆恩優渥。土田載錫，永充享祀之粢盛；國賦新蠲，留作耕桑之儲積。增常員於博士，慶流凡蔣之封；沛異數於上公，寵邁褒成之爵。鷹揚武弁，復置專官；鴻漸諸生，並參華選。頒來緗帙，撲芳馥於行間；賜出豐貂，滿陽和於袖底。綾分鶴頂，堪嗤鮫室之綃；綿織鈿窠，若散平陵之彩。猗歟盛哉！始稽入廟，終逮回鑾。史不勝書，美無弗備。一十四君之釋菜輝煌，遠遜熙朝；二千餘載之傳燈契合，正逢今日。臣廷瓚十年史職，兩世詞曹。握簡木天，敢望夔龍之武；吹藜芸閣，竟窮游夏之辭。欲由是道以升堂，不得其門而入室。昌期幸際，鉅典欣瞻。雖曳珮垂紳，未厠駿奔之列；而窺天測海，竊申雀躍之心。珥筆懷慚，染毫難已。謹拜手稽首而獻頌曰：

惟皇天授，濬哲文明。厚符地載，健比乾行。萬方作覩，百度惟貞。義林書圃，禮耨仁耕。席起金華，筵羅錦帙。法禹寶陰，師湯銘日。抉奧天根，探微理窟。朝斯夕斯，罔或遐逸。聖學彌廣，聖化彌神。車書同軌，天下歸仁。户牖八極，管鑰九垠。悉内悉外，歡和以賓。時維甲子，歲功方畢。遠駕六龍，言遵廣術。納賈陳詩，協時正律。雲行雨施，魯邦駐蹕。駐驆維何，昌平之鄉。梟繹峨峨，洙泗湯湯。帝曰欽哉，夫子宫牆。敢不祗肅，蠲饎以將。元酒東陳，芳薪西樹。嘉籩廣豆，和羹秬黍。考我鯨鐘，伐我鼉鼓。堂哉皇哉，《雲門》《大武》。講堂翼翼，鸞聲載臨。香浮銅鶴，霞擁華簪。瑶函秘笈，孔傳羲經。敬抒一得，仰贊高深。頌發天章，牓輝宸翰。錯落珠璣，奔趨神腕。虎臥龍跳，鏤琰鐫琬。焕乎大文，卿雲糺縵。天光下濟，湛露上浮。命官錫爵，省賦輕繇。聖裔聖胄，後舞前謳。歡呼稽顙，無疆惟休。於鑠兹行，風聲洋溢。瓊檢勿祈，銀繩詎飾。吏不呵譏，民無供億。藝極陳常，品物咸秩。旌迴丹地，令布彤墀。迎陽履泰，受福承禧。於萬斯年，垂拱無爲。惟師惟帝，惟帝惟師！

恭頌聖駕幸闕里詩四首

翰林院編修臣沈朝初

御蹕六龍清，宫牆曲阜城。尊師欽帝則，崇道協輿情。殷奠兩楹肅，夔章八佾成。欲知數千載，聖聖繼精誠。

其二

蒼檜歲三千，故壇敷講筵。昔人如可作，天語早相宣。道在虞廷重，經由魯壁傳。祇今環聽者，章甫盛翩然。

其三

曲蓋飛黄彩，山樽繡緑痕。由來三代物，賜出九重門。肅肅瑶階静，巍巍藻殿尊。悉經輸府帑，薄海識殊恩。

其四

駐蹕已云久，迴鑾未即還。會心原默契，道統況真傳。過墓撫文楷，觀瀾問古川。總令昭萬禩，琬琰有新鐫。

駕幸闕里賦有序

翰林院編修臣曹鑑倫

歲在甲子，皇上巡省東方，躬幸曲阜，登闕里之堂，潔齋致祭，鬱鬯苾芬，對越先聖，推恩四氏，盡誠備物，盛事喬皇。臣謹按：史傳所載，自昔帝王崇儒重道之典，代固有之。其間禮數，歷世相仍，未臻極盛。而流傳簡册，已足昭煥千秋。況我皇上道接大成，心契絕德，淵源洙泗，教育群倫，以致太和翔洽，海宇昇平，道一風同，民物諴阜。所以欽崇孔子者，既用其道以成堯舜之治矣。而又親行釋奠，典禮特加，敻越前規，豈非自孔子來千百年所未嘗有者哉？臣備員珥筆之末，竊幸躬逢盛事，自惟學殖淺鄙，詞章蕪陋，無能發揮鴻業，賡頌皇猷，輒操短管，敬自纂述，未窺一二，不勝悚惕隕越之至，謹拜手稽首而獻賦曰：

猗寶祚之弘開，膺上天之篤祜。拱芝璽於萬年，軼蘿圖於三五。揚大烈與耿光，纘鴻庥於列祖。玉衡正而泰階平，聖人作而萬物覩。於是握金鏡，挈珠囊，修六府，育百昌。運乾紐而行天不息，載坤維而應地無疆。溯循蜚與疏仡，邁潙汭於陶唐。旰食宵衣而一人垂拱，綏柔懷遠而萬國梯航。躋億兆於仁壽，昭七政之輝光。爾乃朗鏡萬機，精研六籍。登道岸而從容，擴禮園而朝夕。見往聖於羹牆，揖前修於几席。總玉振與金聲，廑遥情於親炙。緬維宣聖，爲萬世師。啓吾道之一貫，信斯文之在茲。赤雀啣符，寄經綸於木鐸；斑麟吐紱，定禮樂於緇帷。彼夫太牢祭於東魯，立廟始於西京。太師晉三公之秩，宣王致南面之榮。孔宜襲文宣之爵，仁愿易衍聖之名。藝祖葺祠宇以繪像，仁宗設膠庠以延英。皇慶以大成進號，嘉靖以木主致誠。稽崇儒與重道，揭史册而昭明。然而成轍相沿，弘規有待。首建極於中和，固折衷之斯在。天子徇齊合德，清明在躬。發靈文於委宛，訪至道於崆峒。統聖智之條理，獨仰止於時中。雖歲時之釋奠，肅俎豆於雍宫。睠車服與禮器，常企慕於宸衷。乃舉時巡，諏吉旦，衛羽林，飭緹幔。驅七萃而無聲，振六飛而如翰。則有望舒擁轂，豐隆扶輪。畢雨先驅而灑道，箕風前導而清塵。會岳牧以問俗，省耕斂以勤民。父老謳歌於擊壤，士女踊躍而吹豳。沐皇恩之浩蕩，聆天語之春温。遂觀汶濟之清漣，跂龜蒙之崒嵂。瞻聖林之楷模，仰尼山之傑出。杏壇迢遞，迎舜日之光華；檜紐參差，捧堯雲之瑞矞。導義路與禮門，夐登堂而入室。爰叶金奏，備佾舞，撞黄鐘，和大吕。牽牲贊采，執瓘薦羞。神歌清而上達，爟火徹而旁烰。壁裏之金絲雷動，雲間之彝鼎霞浮。奠三爵於堂上，肅九拜於殿頭。挹皇躬之謙敬，肇異數於千秋。斯時也，聚五經之博士，集四姓之小侯。莫不効趨蹌，駿奔走，應嵩呼而戴德，賡洛誦而揚休。玉帛既焚，豆籩既撤。小大稽首，禮儀中節。天子顧瞻堂廡，褒崇志切。舉生民之未有，將一辭以昭揭。爾乃匣啓琉璃之硯，筆移瑇瑁之床。恍龍螭之飛動，儼鸞鳳之迴翔。蓋聖人爲萬世之師表，實維四字足罄其揄揚。璀璨璇題，熒煌銀牓。傍日月以齊懸，干奎壁而直上。增異彩於宫牆，亘奇觀於天壤。甫灑藻以揚輝，復摛詞而振響。開渾噩之元音，曠古今其莫兩。乃復擴土田於世澤，增散秩於冠裳。曲蓋寵先師之軾，御書榮壽母之坊。貞珉緑字，岣嶁神章。元公錫後，子姓揚芳。巍乎至德，永示輝煌。臣幸際昌明之運，濫厠校書之職。惟目覩而神怡，輒抃舞而手額。恭撰短章，聊鳴悦懌。是猶生虞代者，稽首而和，景星慶雲；游堯衢者，含哺而歌，出作入息云爾。頌曰：

帝德巍巍，齊一揆兮。登山觀海，臨泗水兮。蜺旌羽葆，儼戾止兮。登堂三獻，肅拜跪兮。瑶槭金薤，奎藻灑兮。諸生習禮，元首喜兮。講席横經，百工起兮。祖述憲章，振前軌兮。日光月華，今莫比兮。彤庭珥筆，照青史兮。億萬斯年，綏厥祉兮。

聖駕東巡恭紀

翰林院編修臣趙執信

聖澤霑濡會，天王巡幸時。岱雲迎警蹕，海日近旌旗。萬乘殷雷合，千官委珮隨。鼉黿争嚮導，洙泗照威儀。望秩齊虞典，追崇陋漢規。定知百川會，真覺衆山卑。宸翰群靈護，豐碑奕祀垂。簡書方拜手，敬繼侍臣詩。時臣方奉使山西。

幸魯盛典卷二十七

聖駕幸闕里恭紀

翰林院編修臣李孚青

百代留元氣，千秋仰素王。龜峰鍾秀異，麟紱啓遐昌。紫貝開閶闔，青霄下鳳凰。文著徵瑞産，古檜發新芳。典則繩虞夏，明禋盛漢唐。由來恒祀備，未以特誠將。禮樂逢斯世，欽承獨我皇。心源傳一貫，泰運值三陽。乍駐泉林蹕，言登闕里堂。旌旗環岱嶽，俎豆肅宫牆。萬乘排龍馭，千官列雁行。御書頒鄭重，法物賜輝煌。麗日璇題迥，祥烟曲蓋張。雲霞飛翰墨，珠玉燦文章。灎灎仙莖吐，熒熒藻火光。孫枝蒙雨露，輿誦洽冠裳。至德高難並，宸遊邃莫量。典翰欣貴道，珥筆頌無疆。

聖駕幸闕里恭紀

翰林院編修臣王沛思

乾行法從擬星陳，千里攜來浩蕩春。翠幰微風迴豹尾，金衣斜日晃龍鱗。岱宗喜得重修祀，襄野無勞復問津。父老共欣瞻睟穆，更於停輦見堯仁。

其二

羹牆夙昔有欽承，曠典隆師薦豆登。法部恍聞天樂奏，馨香全自睿懷升。葳蕤五色金罳陽，靈爽千秋鐵檜憑。向夕嚴更氊殿駐，六軍齊望九華燈。

其三

雙闕崇巖閟魯城，喬林防阜有餘清。因探蠹簡尋丹甕，轉憶麟書降水精。浮磬祗從沙面識，叢蓍偏向雪中生。鳴鑾不覺遲回久，仰止高山繫聖情。

其四

笙絃重振舊鏗鏘，雕几親臨講藝堂。九五正中龍在御，三千夾侍雁分行。金泥函護昭回色，紫綺裘分藻火光。率土應知遭遇日，於今文運啓當陽。

聖駕幸魯恭紀有序

翰林院編修臣秦宗游

皇上御宇之二十三年，運啓貞元，時逢作覩，萬方順德，四海歸忱。介黍升馨，會樂歲降康之候；陳詩納賈，正聖皇清問之期。爰詔省方，用昭裒對。宣仁展義，先化澤於日邊；導氣迎生，迓陽和於東嶽。豈遜虞柴之二月，同律齊衡；無假漢祀之三巡，禪云封岱。於焉溯奎躔之故野，訪繡紱之芳踪。地届昌平，序當亞歲。皇上駕臨闕里，釋奠孔林。薦菜陳牲，豆籩咸舉；備禮和樂，律度允煌。來萬乘以崇儒，威儀抑抑；集千官以肆祀，進止蹌蹌。既而筆扎降自九天，句焕雲霞之錦；圖書頒來四庫，篇搜金石之藏。碑篆參穹，鳳藻闡文明之藴；牓紋耀日，龍章揚師表之模。羅綺組以錫彼子孫，鸞篶桐花倍燦；撤翠蓋以榮兹寢殿，蛟螭雲氣彌多。祀事在古稱隆，典秩於今爲烈。小臣恭逢盛事，思切賡颺，慚無黄絹之詞，莫效紅雲之捧，敬陳短什，以紀宏休。

元運三辰泰，禎圖五緯昌。珠星躔絳闕，璧月耀朱梁。頑格階前羽，賓來海外航。紫微輝北極，翠葆涖東方。鳳蹕臨青野，鸞輿度碧岡。晚霞籠遠嶠，朝旭映扶桑。龍吼雲巖洞，雞鳴日觀鄉。升禋先岱嶽，肆覲集纁黃。玉女璿池窅，天孫石鎮昂。般歌呼震叠，阿咏近顒卬。展義皇情切，崇儒帝道臧。杏壇餘俎豆，奎閣爛芸緗。鐸響今猶徹，韋編昔未央。披帷陳黼黻，聽壁隱絲簧。紹述懷明德，删垂仰素王。右文圜頖壁，講學賁宫牆。經闡羲文秘，書詮平治章。傳心遥可法，遺澤渺難忘。聖祀修芹藻，精禋肅桂漿。黄流傾瑟瓚，朱火燦藜床。菜共牲牢設，羹同棗栗將。樅金香霧合，振玉燎烟翔。穆穆班疊列，輝輝曲蓋張。禮容群祇肅，師表一追揚。瓊牓星雯麗，璇題日月煌。綸言真灑灑，宸製自鏘鏘。飛翰低垂露，穹碑直倚蒼。咨詢彝器在，俯仰玉書藏。靈壑荒榛絶，封丘珍樹防。巍巍林殿古，濟濟珮珩莊。契悟符軒昊，崇規軼漢唐。七襄鳌胄嗣，三錫勵官常。懿烈因時焕，休徵體物彰。楷枝標異種，蓍草茁新芳。檜色含霜老，松陰匝地涼。良由龍馭止，彌見水精祥。競戴王猷塞，還欽聖教光。裒時誠炳爍，釋奠愈烝皇。不數岐陽蒐，寧同瑶水觴。小臣逢盛典，拜手誌平康。

駕幸闕里恭紀二十四韻

翰林院編修臣孫岳頒

五位璇階正，三辰玉曆昌。圖疇天錫祉，麟鳳帝凝祥。肇舉南巡禮，來游東魯鄉。入門親却輦，引步肅登堂。釋奠威儀整，陳籩黍稷香。師臣天子拜，贊采百僚將。至德真難及，無名詎可量。聖心原契合，曠典迥輝煌。訪道從容問，談經闡繹詳。金聲揚睿藻，鐵畫焕天章。檜樹懷先澤，章縫識舊藏。穹碑臨左序，曲蓋立中央。

七十賢人列，三千弟子行。几筵霑雨露，髦士奉圭璋。錫爵絲綸重，推恩世系長。觀文升傑閣，攬勝矚無疆。周歷情何切，低徊志不忘。林間冬旭暖，壇畔慶雲翔。更覩鸞旂麗，彌徵鳳彩光。尊崇瞻異數，歌頌徧遐荒。道法元公闡，人心孟氏匡。薪傳胥秩祀，石紀共流芳。制作蘭臺貯，編摩虎觀襄。鴻模恢萬古，忝竊效賡颺。

皇帝幸魯盛典恭紀有序

翰林院編修臣王九齡

臣聞導懿和之風者，必隆文教之事；黼休明之運者，必遵德藝之途。聿自麟纏繡紱，誕聖平鄉；虹流黃玉，修經闕里。大義揭於穹壤，微言炳於星日。絲簧琴瑟，敬起於聞音；車服俎豆，道存於觀器。高帝肇太牢之祀，元始建褒成之封。唐宋以還，尊榮至矣。然而循流景躅，略備於囊編；符軌合節，實由於至聖。我皇上躬堯舜之睿姿，志周孔之絶學。握鏡澄物，文恬武熙。墜禮復章，流樂返雅。聲教所訖，莫不驗風受吏，候月歸賫。巍巍之德，皇哉唐哉。宜登岱宗，禪云亭，掩七十二君之遐蹟，而躋其首也。然而沖旨謙讓，抑而未俞。考虞書姬典之篇，倣五年時邁之制。翠華南指，七萃雲屯；玉輿東幸，五營星列。顧省方禮畢，特念宣聖爲萬禩之儒宗，百王之模楷，爰返天蹕於江淮，遂講釋奠於東魯。夫其潔兩楹之簠簋，飭彼司筵；奏六樂之咸英，攜從太學。萬乘屈尊而九頓，百寮展采以趨蹌。此則我皇之虔祀也。披講幄而進儒生，堂開詩禮；憩杏壇而懷聖蹟，壁叶金絲。咨文檜於手植，契神蓍於大衍。此則我皇之嗜學也。華蓋九斿，留諸殿寢；遐阡十頃，拓彼祠田。文宣遥胄，咸增秩而賜金；元聖餘裔，亦薦紳而陪位。此則我皇之渥澤也。發言爲論，文律應乎宫商；摛翰成章，詞源匯於河海。展銀鈎而舒鐵畫，舞鳳蟠龍；懸朱額而敞緑碑，烘霞映日。此則我皇之麗藻也。崇儒重道，既休聲茂實之兼包；展義宣風，遂沐浴咏歌之畢効。連裾如堵，跂末光而擊轅；接袂爲帷，挹清塵而獻禱。往牒所記，前史所陳，未足以揚盛烈，紀靈符也。小臣譾劣無能，備員橐筆。文學侍從，未敢窺左史之編；輿人歌詩，庶足備太師之採。謹拜手稽首，恭上十二律，以抒芹曝之忱焉。

聖主當陽化日懸，車書一統靖烽烟。漢廷欲紀登封事，虞帝惟陳輯瑞編。令節秋清無射管，昌期曆啓上元年。鑾輿直指東山路，要振儒風徧八埏。

其二

仙仗森嚴發帝城。恩波浩蕩起懽聲。十行鳳詔隨雲下，九仞龍旂礙日明。海甸寒花迎劍佩，雍宫雅樂送韶英。上公喜接天顔近，屏息徐看法駕行。

其三

淮北霜高萬騎迴，早看陽律動葭灰。泉林紅日停鞭見，阜邑丹虹拂馬來。東國衣冠争抃舞，中天雲漢自昭回。皇情是日懽彌甚，特許琴書入睿裁。

其四

精禋闕里潔牲犧，古廟平明玉輦移。百職陪班依豹尾，九重加禮獻雞彝。階前磬管寧和曲，筵畔鐘鏞御製詞。更溯淵源隆報享，蘋蘩兼薦叔梁祠。

其五

奎文閣下肅鈎陳，詩禮堂前講席新。御幄豈殊崇政殿，儒門還有説經人。追思縹筆洪規遠，細討韋編奧義申。晝漏迢迢羲馭轉，各收綈帙拜温綸。

其六

遺像清高奕葉傳，尼山千尺尚巍然。衮衣肅穆如今日，象佩雍容記昔年。漢帝尊罍紛在側，軒皇準角望中懸。虎頭妙手丹青絶，小影重摹御覽偏。

其七

煌煌天語徹軒墀，夫子真爲萬世師。書就銀鈎光焕爛，懸將金牓墨淋漓。霞蒸大野疑麟見，日朗高岡想鳳儀。曲蓋亭亭還撤賜，山呼聲裏五雲垂。

其八

登臨坐憩講臺基，尚憶諸生問道時。溜雨霜皮存鐵樹，倚雲紅杏俯緇帷。石壇烟裊金根輅，丹壁晴飄翠鳳旗。緑字摩挲游賞偏，南宫書贊李邕碑。

其九

飛閣周阿麗碧虚，還從舊宅緬端居。清流宛對亭前井，斷簡猶傳壁裏書。望遠琴心函丈外，承家禮教過庭初。咏懷古蹟勞宸翰，日昃方迴北斗車。

其十

防山瑞旭照林丘，駐蹕亭前曉霧收。異木千章縈彩旆，天香十里拂珠旒。蓍經御手莖逾直，楷荷皇情節更遒。輦道鵷行齊拜手，千秋彤管記良游。

其十一

蒙山泗水接謳吟，累葉均霑聖澤深。慈母松筠標勁節，雲孫章服繼華簪。林坰白壤還增地，學舍青袍更賜金。爲念元公祠廟重，世官承祀肇於今。

其十二

雲漢天章四海知，傾都士庶謁穹碑。文河錦浪翻千疊，藝苑春葩簇萬枝。鬱鬱蛟龍盤琬琰，蒼蒼烟靄護琉璃。小臣樗質慚東觀，幸際休明學咏詩。

聖駕幸魯釋奠先師禮成恭頌

翰林院編修臣史夔

省方輯瑞聖心勤，泰岱中天曙色分。玉輦直追姚姒蹟，金泥還陋漢唐文。黄童白叟欣瞻日，青屋朱旄儼拂雲。書軌大同琛賮至，東巡盛事軼前聞。

其二

曠代心源接素王，時從洙泗潔烝嘗。降輿共識欽師禮，備樂咸聆假廟章。歸德門前停警蹕，昌平宅畔肅冠裳。太牢一祀儀多闕，聖主千秋俎豆光。

其三

五氏雍容進講初，天顔喜近聖人居。班行傾聽還前席，袍袖縈香爲展書。《大學》三言綱自挈，《繫詞》數語《易》無餘。於今正道昌明日，漢室圜橋定不如。

其四

曩代傳聞幸魯儀，曾頒祭器列雞彝。宸衷特寓尊師意，御織常留重道思。函蓋直超河雒外，推崇真與聖神宜。尚衣取次聞殊賚，玉佩金魚拜赤墀。

其五

灌鬯精禋謁孔林，鏗鍠四韻睿情深。千秋道統羹牆接，一代天章日月臨。絲竹古堂遺響在，奎文高閣異香侵。摩挲左紐親栽檜，宛識當時述作心。

其六

孔思周情並景行，衮衣勳業邁阿衡。當年禮樂同天子，此日牲牢遣上卿。訪道崆峒齊往轍，登封梁父笑虛名。小臣濫厠蓬池侶，珥筆無能頌聖明。

聖駕幸魯恭頌

翰林院編修臣許汝霖

冠蓋開王路，奎婁接帝星。巡游踰舊典，封禪薄前型。百代興儒地，千秋駐蹕亭。昇平誇盛事，萬乘爲傳經。

其二

玉薤題璇牓，風雲自卷舒。十行嗤漢札，四字軼唐書。檜入天章重，租從手詔除。百年惟父老，辛苦望乘輿。

其三

文鶴啣書早，祥麟降玉墀。後先傳絶學，缺略創前規。載肇周公祀，重臨孟子祠。橋門觀聽在，聖主即明師。

其四

曲蓋盤螭鳳，長留御仗存。禮優天子聖，道在布衣尊。地接淄濰脈，天開泰岱門。斯文同景運，史册炳乾坤。

聖駕幸闕里恭紀二律

翰林院編修臣張廷樞

海宇同文景運亨，宸遊順動泰階平。千春品物瞻龍采，四姓絃歌近鳳鳴。闕里香浮金殿肅，橋門草似玉華清。侍臣鵠立談經處，五色雲中環珮聲。

其二

鳳輦翩翩洙水前，六龍還駐杏壇邊。山花曉接金莖露，海日晴涵玉殿煙。樂奏南薰和舜瑟，禮行東嶽紀堯年。詞臣躬際文明盛，橐筆書成柱下編。

聖駕幸闕里致祭先師孔子恭紀二十韻

翰林院編修臣周金然

率土重熙日，敷天衮對辰。省方修曠典，命駕紀時巡。軌物超三古，君師統一人。崇儒心每下，望道意彌親。闕里斯文在，高山仰止頻。杏壇深駐蹕，松桷肅明禋。一德潛孚契，千秋實比隣。從官羅濟濟，多士贊侁侁。合樂笙鏞間，隆儀俎豆新。舞仍八佾奏，奠自兩楹陳。灌獻嚴將事，精靈儼格神。徘徊觀禮器，次第降温綸。絲竹聞猶昨，羹牆見若真。奎章懸日月，芝蓋燦星辰。顯爍超前代，恩榮逮後塵。尼山增絶峻，泗澤益無垠。盛事光書策，歡聲動縉紳。有生皆向化，何俗不還淳。文運開龍馬，禎符集鳳麟。昭垂千祼法，焜燿在貞珉。

幸魯盛典卷二十八

聖駕幸魯恭紀二十韻

翰林院檢討臣田成玉

聖世隆師表，明禋紹百王。尼山勤景仰，闕里溢輝光。删述傳難罄，精微道不忘。斯文懸日月，于邁見羹牆。翠柏橋門外，香芹璧水旁。鸞旂齊映日，鷺序迴凝霜。入廟容先穆，登階色倍莊。兩楹瞻禮樂，九拜重綱常。異代精誠格，諸儒討論詳。程朱真入室，韓董但升堂。舊學絃歌滿，遺書蝌蚪藏。几筵何秩秩，鐘鼓更皇皇。爵錫明廷渥，材頒太府良。穹碑撐突兀，御墨灑琳琅。深夜蛟龍舞，高天鸑鷟翔。賦成垂琬琰，詩就叶宮商。寤寐思陬邑，低徊駐魯鄉。擴林增土宇，留蓋耀巖廊。制作經綸遠，源流道德長。昇平文教洽，治化媲虞唐。

聖駕幸魯恭紀十六韻

翰林院檢討臣董誾

盛世崇文日，熙朝重道年。師資表萬禩，聖脈接中天。學古圖書滿，時巡禮數全。尼山聳翠嶺，泗水渙晴川。木鐸千秋振，金聲百代宣。一人親釋菜，九有共聞絃。謚號卑唐末，威儀陋漢先。世家惟舊德，宗國仰前賢。御蓋留香幄，宸章映彩椽。杏壇滋化雨，檜樹罩祥烟。備物祠官肅，加恩中使傳。列筵輝俎豆，掌節滌牲牷。陟降神如在，羹牆意渺然。儒宗褒大業，道統繼真詮。魯溢鸞旂頌，周垂鼉鼓篇。欣瞻車服盛，珥筆載琅編。

恭和聖製甲子冬至幸闕里詩

翰林院檢討臣董誾

至尊親降輦，聞見盡同堂。門列三千士，宫高萬仞牆。德車行自遠，儒服被尤長。御蓋留餘蔭，千秋拱帝裳。

駕幸闕里恭紀

翰林院檢討臣汪楫

五雲紛郁繞行宫，瑞靄文光一氣中。夭矯六龍齊御日，騰驤八駿儼追風。出同巡幸人争望，事異登封禮獨隆。不是君王傳正學，豈知吾道果尊崇！

其二

尼山俎豆有輝光，典禮今知邁百王。浄拂雲霞飛翰墨，高懸日月麗文章。交龍額隱千年碣，五鳳磚銜數仞牆。漫道升階天尚遠，一時鐘鼓儼同堂。

其三

三驅四校列雲屯，九拜渾忘萬乘尊。特敕中官留御蓋，傳聞紫氣滿天門。赤蛟丹雁俱呈瑞，老楷靈蓍盡展恩。野叟百年驚未見，願將詩禮勗兒孫。

其四

天臨華蓋落空青，歷歷珠躔曜景星。忽奏河清知駐輦，群瞻嶽峙擁諸靈。歡聲又慶蠲租詔，盛事還傳講殿經。珍重儒臣垂史册，彩鸞金匱好藏銘。

聖駕幸魯恭頌四十韻

翰林院編修臣佘志貞

百王尊至聖，億禩啓真詮。異質標河嶽，鴻裁照後先。中和參造化，述作焕星躔。筆削微言在，洪纖大義全。蓁蕪明道術，品類荷陶甄。哲后昭休烈，殊方屬慶延。武功垂竹帛，文教育芝荃。左右皆圖史，羹牆必聖賢。尼防高嵂崒，洙泗逝潺湲。雲罕飛燕地，鸞旂指魯阡。扶輪羲馭駛，灑道雨師湍。郵隱蠲供億，充庖寄狩田。杏壇停法駕，闕里肅官聯。入廟天顏睟，登堂玉趾虔。太常咨備物，司史命繩愆。拜跪褰龍衮，趨蹌動紞綖。芹羹兼黍穀，桂酒間犧牷。將享逾烝禴，寅共有豆籩。御廚傳腆脯，仙奏響鈞天。古器看彝鼎，升歌列管絃。衣冠維法象，俎豆儼璣璇。已晰天人奥，還參性命編。陳《書》知訓典，繫《易》講坤乾。峻極勤瞻仰，淵深費泝沿。錫綸圭璧燦，題額日星懸。鶴舞鳴瑲珮，嵩呼溢市廛。恩頒天女織，賞給水衡錢。御蓋芝莖錫，宸章琬琰鐫。松楸風雨老，檜柏歲時堅。巢樹禽争避，鉤衣草自捐。欲尋廬墓處，猶記治任年。享殿丹青舊，思堂翰墨鮮。宫牆觀爛漫，警蹕更留連。稽古千年泝，崇文六籍傳。臨雍卑漢主，講武陋周宣。典禮殷廊廟，膠庠遍幅。獻符龍馬出，御籙鳳凰騫。黼黻黄農代，鋪陳經史筵。矧叨鵷鷺列，敢怠典墳研。拜手無由頌，賡歌《天保》篇。

聖駕幸闕里恭紀十二韻

翰林院編修臣吴晟

秩秩先師廟，巍巍帝德全。太牢聞漢祀，釋奠盛唐編。水德祥鍾魯，天根震在泉。先時咨典禮，卜吉歷山川。自昔景行切，親臨拜謁虔。牆高呈美富，詣極識經權。繡柱龍雕麗，彤墀鶴舞蹮。霜淩松益茂，神護檜逾堅。觀海難爲水，秋陽力豈綿。升堂儼泰岱，入室具坤乾。聖澤天垂永，熙朝文教傳。微臣逢盛典，萬載頌平平。

聖駕幸闕里恭紀有序

翰林院檢討臣潘應賓

皇上御極二十有三年，歲在甲子，肇舉省方之典，巡幸東南，躬詣闕里，祀至聖孔子，以太牢禮也。入廟屏輦勿御，九拜維虔。天顔睟穆，從官罔不祗肅。禮成，上親灑宸翰，爲詩紀之。復留曲蓋，以昭優崇。集四氏諸生論經史，凡聖裔皆賜賚，恩敘有差。詰朝謁聖林，益拓其地，真異數也。鑾迴，復御製碑文勒石，繼發帑金葺廟貌。工竣，特命皇子親往告祭。我皇上崇師重道，實蔑以加。時臣備員史館，不獲侍執豆籩，而盛逢大典，雀起懽忭。且臣生長鄒魯，紀聖德而揚文治，職也。敬賦五言十章：

北極丹書出，東方翠輅臨。路迎千仗轉，山映五雲深。帝舉時巡禮，人欽望幸心。魯邦仁域好，風動協虞琴。

其二

聖主崇文治，心傳接大成。兩楹勤祀事，九拜奉儀型。俎豆恩光遠，宮牆瑞靄生。由來端道統，不獨肅巡行。

其三

至德留遺範，王言重表章。瑶函騰寶氣，玉軸散天香。睿藻河山秀，奎文日月光。開元曾有句，遠遜聖謨昌。

其四

曲蓋嚴仙仗，清塵照翠華。威儀天子貴，寵錫聖人家。禮數原殊絶，輝光未有涯。從今瞻氣象，遥映赤城霞。

其五

式覩明禋盛，還聞講幄開。上公親受旨，聖域各抒才。泮璧沾天寵，橋門禀睿裁。試看霄漢上，五緯盛昭回。

其六

宸極瞻雲日，榮施集聖門。蟒衣真異數，鷺序拜新恩。近識天顔喜，方知道範尊。熙朝隆景運，心法闡長存。

其七

鬱鬱林中樹，從前過者稀。六飛乘紫氣，三秀擁朱衣。拓地恩多渥，升馨露未晞。靈蓍方可採，先後協天機。

其八

祀典觀成後，群工扈蹕時。山花明羽蓋，海日麗金羈。緩佩輕霞繞，鳴鑣清漏移。鄒枚同載筆，拜舞咏昌期。

其九

廟貌重經始，鳩工不日成。金錢頒内府，輪奐擬彤庭。日傍璇題峻，雲連桂牖生。豐碑真不朽，千載頌文明。

其十

丹雘維新日，牲牷復告虔。瑞凝仙闕下，禮肅杏壇前。鳳詔金函啓，星軺玉節傳。九重修盛舉，垂頌萬斯年。

幸魯盛典古詩四章有序

左春坊左中允兼翰林院編修臣胡作梅

欽惟我皇上御極之七載戊申，特遣光禄寺卿楊永寧詣闕里祭告。明年己酉四月，躬臨太學，釋奠先師。天下於兹，仰聖德焉。二十三年甲子，詔南巡，行省方恤民諸大政。回鑾至曲阜，肅謁孔廟及孔林聖墓，加惠聖裔、四氏子孫。隆文異數，恩禮備至。御製碑文，勒置廟内。煌煌天語，照乾坤而懸日月也。於是用衍聖公臣毓圻等奏請，命儒臣纂輯《幸魯盛典》，備載臨幸諸典禮，永爲萬禩法程。閲幾載而書告成，臣作梅得奉而讀之。伏念孔子心存一貫，道在六經。而皇上則神明獨契於羹牆，懿德誕敷於方夏。文經武緯，偉烈豐功，闡繹發皇，殆無餘藴。是則素王擅師道之隆，聖皇建君極之懋，書傳以來，未始有後先合撰若斯者也。而斯典所載，垂爲禮經，抑萬乘之尊，隆親師之義，非千百代而僅一覯者歟？考諸史策，漢、唐、宋、元，代祀闕里。然或非親祠，或因東封。惟東漢明、章二帝，俱幸孔子宅致祭，差爲合禮。而當時謂於卿門有光，亦失尊師貴道之意。豈崇禮先師，增輝聖德，足絜我皇上萬一也哉？小臣作梅恭逢盛事，踊躍舞抃，敬作五言詩四章，附於塗歌巷咢之末，以備採風者之選擇焉。

羲皇肇一畫，手爲闢鴻蒙。延緣三千載，踆烏薄西穹。水精兆麟紱，文明日再中。歷年又三千，略與上古同。聖人今首出，重仰華胥虹。大化翔四表，合符告成功。陋彼七十二，玉檢紫泥封。省方繼肆巡，臨觀尼山宫。絳衣儼論道，冠劍何從容。展也先後聖，元會長昭融。

其二

赤符啓金刀，發祥過魯祀。説經闕里堂，真人徵白水。奕代加欽崇，青史流徽美。雖復具威儀，未盡諧典禮。藐焉永嘉生，改秩乃輕儗。右文推聖朝，泰運周復始。蕭雲靄天衢，榮光浮地紀。御極如堯齡，臨雍肅階戺。奕奕羅簪紳，秩秩嚴簠簋。琴書非親承，聖心猶未已。

其三

璽書頒尺一，駕幸少昊墟。望岱既升禋，遂謁先聖居。前驅勤七校，不惜回鑾紆。聖嗣及賢裔，迎拜天顔舒。却輦進星門，玉趾當庭趨。上堂拜稽首，廣樂和笙竽。奠幣獻瑶斝，龍蹲來徐徐。陳經演墳典，列侍森鴻儒。橋門聳觀聽，芹藻皆敷腴。五緯聚東壁，纍纍合聯珠。

其四

睾如堂斧封，真氣此焉聚。鳳德已潛藏，龍身永騰翥。奇植莫能名，一一神靈護。化工自回薄，滋生非雨露。黄屋天上來，豐隆浄王路。遺蹟徧周咨，草木膺眷顧。駐蹕祥符年，榮觀秪文具。東岱曜扶桑，群岳競奔赴。綸章冠天表，河山奠寶祚。傳爲萬世經，庶媲方策布。

聖駕幸魯恭紀有序

翰林院編修臣尤珍

蓋聞圖疇肇啓，道已闢於羲軒；精一相傳，教獨崇乎洙泗。删定六經以後，屢絶韋編；周流列國之年，長鳴木鐸。信生民所未有，集群聖之大成。皇上德備生知，學由天縱。治登雍動，咨儆常聞；化洽文明，時幾彌敕。乃舉省方之典，特詳幸魯之儀。駐蹕尼山，停鑾闕里。率千官而崇祀，襄多士以駿奔。門開數仞之宫，奠設兩楹之阼。采芹采藻，入廟而俎豆斯陳；見羹見牆，登堂而琴書宛在。摩挲檜樹，手澤猶存；繙閱漆經，心傳若接。覩天顔之有喜，知聖道之重光。典禮煌哉，規模遠矣。夫自漢皇過魯，親祭太牢；宋室崇儒，特申下拜。歷代俱修秩祀，累朝遞議追崇。非無展謁之文，未極表章之實。孰若我皇上淵源默契，道法親承。追琢雲章，儼若珠聯而璧合；淋漓寶翰，不啻鳳翥而龍翔。授博士之官，獨褒異數；訪元公之後,同被殊恩。洵史册所希聞,亦昇平所僅見。臣恭逢盛事，幸際昌期，愧無史籀之篇，竊慕崔駰之頌，謬拈弱管，敬贊鴻休。

化洽寰瀛泰，恩施寓縣豐。苞符千古合，玉帛萬方同。德峻堯階上，心營禹甸中。巡行稽帝典，時邁頌王功。鳳蓋飛山左，鸞旂指岱東。龜蒙停警蹕，洙泗設齋宫。野外鑾輿轉，門前羽仗通。風吹沂水緑，日照杏壇紅。釋奠尊彝盛，明禋簠簋充。薦圭五瑞輯，奏樂九成終。劍珮趨多士，簪纓肅百工。廟堂觀禮器，函丈振儒風。賦就千言麗，詩成五字雄。建碑霄漢迥，懸牓日星崇。道統歸昭代，心傳契聖衷。玉麟猶赤紱，古檜永青葱。景運中天啓，文明大化融。康衢争擊壤，薄海盡呼嵩。幸附詞臣末，恭逢曠典隆。千秋垂盛事，不羡訪崆峒。

聖駕幸闕里恭紀

翰林院編修臣許嗣隆

刻玉游河歲，披圖幸洛辰。興朝敦教化，至德布温純。冠冕臨雙闕，梯航徹九垠。縹囊緗帙聚，澤馬器車臻。巡守乘蒼輅，觀風出紫宸。奎婁星界野，洙泗水爲隣。帝曰宣尼聖，祥鍾曲阜神。壁書傳奥博，玉簡燦瑞璘。虞夏商周後，東西南北人。素王常秉鐸，司寇暫持鈞。歷國聞歌鳳，傳經歎獲麟。吉蠲瞻碩範，牲采奉明禋。數仞宮牆見，群公俎豆陳。維皇能建極，重道則師臣。湛湛鴻恩沛，煌煌睿藻頻。揮毫開麗錦，落紙勒貞珉。虎脊鸞雯爛，銀鈎鐵畫勻。檜先霑雨露，楷亦拂埃塵。燕鎬篇徒壯，橫汾什未醇。兩楹鐘鼓韻，四壁管絃新。藝講函中秘，儒崇席上珍。趨庭嫺禮樂，授簡載絲綸。法物詳彝勺，佳時紀甲辛。三千頒象管，十二錫龍賓。盛典爰名魯，豐碑迥異秦。君兼師繼統，治與學同倫。太史清千祼，文昌耀萬春。颺言臣忝竊，于邁頌尊親。

幸魯盛典卷二十九

幸魯頌有序

日講官起居注翰林院編修臣陳元龍

歲當甲子，會合貞元，六寓昇平，八埏底定。皇上睿周四海，念切群生，迺於是歲之冬，肇舉時巡之典。燔柴肆覲，名山增日觀之輝；省斂採風，蔀屋散春臺之澤。恩膏斯溥，典禮用成。法駕南還，星旄北指。歷奎婁之野，近聖人之居。皇上雅尚崇儒，虛懷重道，高山儼在，仰止惟殷。駕言徂東，爰至於魯。鸞旂風動，烟嵐繚繞於綢杠；羽蓋香浮，草木葳蕤於繡紱。面洙負泗，素王闡道之區；鳳翥麟游，先聖發祥之地。越舍郊而齊宿，始有事於質明。入歸德之門，閟宮伊邇；瞻大成之廟，靈殿巋然。一人肅穆以天行，百辟森環而星從。禮隆釋菜，兩楹供芹藻之馨；樂奏迎神，六合備宮懸之曲。因師而屈，修降拜於壇墀；爲道而恭，攝衣裳於階陛。覩山河之異彩，恍覿音容；接堯禹之天姿，如親揖讓。於是過燕申之室，登詩禮之堂。劍佩凫趨，章縫鱗次。皋比獨設，具講席之隆儀；緗帙初陳，發韋編之大義。遂乃傳觀舊蹟，歷覽遺蹤。硯几斑裯，車琴制古。雷尊犧象，縱横禮樂之藏；漆簡竹書，隱約金絲之奏。杏壇遺樹，曲欄空文甃之華；檜植餘根，左紐作青銅之色。觀川波逝，尚立空亭；習射圃荒，猶留故井。天語諮詢者屢矣，皇情眷戀者久之。已而泝沂水之陽，問昌平之墓。鳥禽知敬，望綵旆而高飛；荆棘避訶，近雕輪而欲却。樹封四尺，見堂斧之崇高；昭穆三壇，表神靈之奠麗。尋設裀而展謁，更駐輦以徘徊。尋先賢築室之場，惟捫古楷；問昔后停車之地，更讀殘碑。遂迺旋轡郊原，回鑾上序，天顔霽懌，睿藻紛披。四韻鏗鏘，琢玉追金之句；數行璀璨，銀鈎鐵畫之書。方詫宸翰之頒，更荷殊恩之賜。曲莖羽葆，分仙仗於中階；文綺金貂，賁温綸於甲第。土田加錫，租賦頻蠲。辟雍施帳而傳經，礜髦彈冠而結綬。異數均沾乎四氏，隆恩旁及於諸姬。且也銀榜高懸，御墨焕虬螭之彩；貞珉載勒，天章鐫贔屭之文。頡字龍盤，羲圖馬負，永作中天之旦，彌增秋日之輝，信其偉而夐乎盛矣！粵稽史籍，代有褒崇，不乏美談，迄多遺議。漢高親祀，安事《詩》《書》？光武駕臨，時崇讖緯。開元有詣宅之祭，道舉貽譏；祥符留駐蹕之亭，天書獲誚。儀文備矣，實效闕焉。惟我皇上狥齊天縱，不恃生知，遜志敏求，惟勤好古。研索闌圖疇之秘，表章傳述作之心。聖學精矣！琱戈初偃，木鐸彌宣。返華靡於樸淳，却登封而謙讓。操觚童子，知斥異端；挾册小儒，能嗤雜霸。聖治洽矣！寤寐性天，依晰仁義。陶鑄百王之禮樂，紹接千聖之心源。聞見相承，後先同揆。聖功懋矣！而且日昃不遑，望道未見。欽聖枉七騶之駕，隆師屈萬乘之尊。仰倣維殷，覲宫牆而如遇；步趨罔間，接薪火以相傳。固已親炙其精微，豈特暫窺夫堂奥？況復發天葩之藻，河洛遜其苞符；揚奎璧之華，星雲資其糺縵！尤足甄謨陶典，駕古鑠今，洵開闢之鴻庥，皇王之極軌也。臣菰蘆下走，弇陋鄙儒。忻盛典之遭逢，光榮莫並；壯斯文之炳蔚，統緒常新。蠡測管窺，竊自愧於濡毫之列；衢歌户頌，不敢後於含氣之儔。謹拜手稽首而獻頌曰：

於皇我后，建極用中。文謨武烈，景鑠有融。至治烝洽，九域既同。匪功是伐，惟道斯崇。其道維何，生民之始。列聖相承，幾希而已。王風寖熄，微言中圮。天拯頹綱，篤生夫子。奎婁之精，海岱之靈。

迺傳一貫，迺定六經。身雖潛晦，吾道則明。皇王萬世，是憲是程。
帝念尼山，精微之府。企懷聖風，表厥疆土。洙泗一區，靈光終古。
駕方東巡，爰税於魯。防山匪高，誕聖則尊。沂水匪深，毓粹則神。
鸞旂淠淠，玉車轔轔。百辟咸從，瞻望清塵。閟宫巍峨，天地同壽。
我皇至止，言獻其茆。登降益虔，循牆而走。豈曰爲恭，隆師惟厚。
隆禮惟何，言登其堂。諸生濟濟，説經琅琅。咨訪遺蹟，故府所藏。
有服有器，有圖有章。爰有靈柯，先聖所植。摩挲文理，緬懷手澤。
鬱鬱松楸，陟彼林域。神風肅然，駐輦憩息。典禮既崇，恩膏斯被。
帝錫上公，土田每每。繡衣赤舄，貂冠文綺。洽我宗支，遂及四氏。
倬彼雲日，敷藻自天。煌煌謨訓，有光熊然。既追既琢，琬琰是鐫。
屹立階墄，炳焕萬年。聖道明明，長夜方旦。我皇體之，秋陽彌燦。
百家騰躍，風雨散涣。大義昭揭，如濯江漢。惟皇備道，參貳兩儀。
駕姚軼姒，追軒躡羲。删述而後，統在聞知。此心此理，默契者微。
若火與薪，相遇斯接。若水與乳，注投斯合。入室僾然，肸蠁如答。
端拜一堂，後先合轍。雖有象魏，不如鼓鐘。雖有郵傳，不如德風。
依仁蹈義，四方景從。教思用溥，文治彌隆。濟水洋洋，泰宇嶽嶽。
俎豆常馨，宫牆儼若。化協珠囊，道隆木鐸。漸被奕禩，頌聲是作。

聖駕幸闕里賦并序

翰林院編修臣黄夢麟

恭惟皇上德乘乾曜，仁稟地靈。景麗祥雲，彩拂軒轅紫蓋；圖開旦日，音揮虞舜薰絃。丕哉神聖之姿，奥窮六籍；允矣帝王之學，道貫一中。奠寶籙於清寧，垂拱二十三載；告成功於天地，度越七十二家。五玉時巡，四靈應瑞。肆登山而觀海，流峙合乎高深；洵玉振以金聲，條理集乎終始。睠言東國，鬱彼尼山。草木生輝，紺碧偏迎雉扇；關河壯色，雲霞故繞龍驂。肅萬姓之觀瞻，天顔有喜；揚千秋之俎豆，聖域維新。竊聞魯頌聿興，史克猶宣其懿；晉雍大啓，王廙實逞其辭。凡屬侍從之臣，率致媚兹之誼。況以太平聖主，駐警蹕以鏘鏘；一統興朝，濟冠裳而穆穆。皇于時邁，民用見休；帝庸作歌，士知烝教。湛恩畢被，元氣常調。私自媿於皋賡，無能掞藻；或託言於李賦，敢學抽思。小臣謹拜手稽首而獻賦曰：

誕聖曆之當陽，方甲子之乘令。披輿圖而建中，旋斗杓以齊政。泝河洛之淵源，灼日月之衡鏡。山嶽效其靈祥，海波旭其澄映。濮鉛祝栗，跨浮《爾雅》之編；析支扶桑，旅合《山經》之賚。自生民來，未有斯盛。迺居高而善下，每謙尊而愈撝。纘左圖與右史，載殷銘與周規。拱默思乎至道，恭己正乎無爲。咨彼素王之位，永維帝者之師。麟文降於五老，日角參夫二儀。晝萬古之長夜，鑄五百之昌期。刊禮樂而垂架，敦《詩》《書》而指迷。樹四維於寰壤，放百家之支離。盼楹堦其未遠，緬羮牆其在兹。爾乃宣太常，召典謁，萬騎從，千官列。建朱纛之襂纚，沇翠華之峍屼。南浮江瀆而百谷朝宗，東指云亭而群山拱笏。父老扶杖以聚觀，士民舉手而加額。望我后其來蘇，胥會同之有繹。時則黄鐘應律，玉琯回陽，龍旂電閃，鳳輦雲翔，鞠陵清蹕，羲和麗光。觀瀾泗水之澳，考德昌平之鄉。上公擁其魚佩，多士肅其鵷行。紛此臣庶，儼若堵牆。霽天和其粹藹，焕衮衣而裔皇。於是百司虔，衆典萃，八簋舒芬，四璉濯器，犧象陳尊，鉶羹染翠。牲牢協乎三犧，鬱鬯調於五齊。天子齊宿行宫，潔蠲睿志，望櫺星而輦降，陟奎文而趾賁。熊羆朱虎，踴躍以趨墀；風牧常鴻，濟蹌而奉幣。道從拾級，智崇效天；拜紬九旒，禮卑法地。聲容選和，崇牙設肆。兩階干羽，抑揚來鳳之儀；九奏韶英，振響鈞天之製。

彩眉圩頂，近即形容；鳳峙龍蹲，式承車笥。貌同寢廟之觀，禮得郊丘之次。上儀告徹，甲帳停騶。嵩呼繞幄，扈從鳴球。開講筵之玉潔，朗音節之虹流。三綱總其條貫，八卦理其剛柔。直探珠於驪海，真得窟於冥摎。仰宸聰之注聽，覃鋪對之閎休。天子曰：“都！余其思沃聖真，神游理軸。”乃令褒成侍從，魯生前躅，旋發龍行，縱舒天目。周數仞之宫牆，撫孤幹之奇木。文磨屢代之碑，器檢重茵之櫝。覩遺像之森嚴，竚皇衷之邃穆。趿寢殿之層階，湓大成之廣屋。賚宸翰兮輝煌，展綈緗兮芬馥。師表推尊，琬琰蜚縟。鳳騰日下，翅艷左盤；龍奮雲衢，鱗紋右蹙。淩蒼史而上游,走鍾王而下伏。聳雕甍而壯觀,燦崇榍而互矚。曲蓋懸庭，黄離映煜。怳魏闕以争輝，渾合宫其並矗。爾迺玉墀迴武，贊殿遥臨。碣蟠螭而飛動，文撰蚪以晶瑩。摩挲曳其奔電，討鑒明於曙星。諏過庭之芳躅，聆經壁之徽型。疏璧水而枯潤，漱綺井以霞生。天函光而欲笑，雲擁幄以如絣。遂開寶軸，特賁瑶瓊。發宫商之逸響，戛金石以成聲。製賦則卿雲爛熳，歌詩則寶鼎峥嶸。光耀離奇，駕軼禹謨堯典；琳琅綵績，鋪張周頌商銘。信超今以邁古，喜君拜而臣賡。於是駕飛虬，馳鳴鸖，曦赫揚旌，飛廉吹檜。萬姓雲屯，五陵星會。洙水停軒，墓門郤蓋。端手率乎群公，馨毖虔夫三酹。顧楷木而辨群芳，掬冰臺而占五泰。荆芽自剪，未勞張伯之除；文草辭彫，不羨康成之带。石儀森立，邀清盼以留連；文豹隱姿，迎芳塵而霎䟆。爾乃朱轂輾，鴻恩漫，有號斯涣，若露方溥。解金貂之外潤，美粹腋之中單。龍文焕其霞綺，寶鏹蔚其星寒。既類族以畀寵，復因材而錫鞶。家有藏書之賜，人沾復賦之寬。五姓則齊暄冬日，舉邑則盡載春盤。天子方顧瞻乎矍圃，徘徊乎杏壇。問石龕於五父，記雉門於兩觀。陟高山兮仰止，羨逝水兮瀠瀾。特眷言於拭几，曾不忍乎迴鑾。懷至人之符夢，思姬相之建官。臚祀典兮申命，紹承休兮履端。蓋惟先聖崛興，後王是則，學開三堂，訓盡九國。薪傳詩禮之庭，富有道德之域。是以轉圏凛於著存，藻冕修其祗翼。饗室聞乎宋儀，守户傳於漢式。然或備物則常鮮質，時絀則難舉豐。欣逢聖代，祗直堯封。正學崇乎四術，巨典盛乎三雍。奕奕峌峒之駕，雝雝在鎬之鐘。指南之車兮絶徼，金貝之譯兮來重。疇不列膠宫之子弟，襲上庠之雍容。爾惟師尹順成，海宇無事。户登滋水之區，物藴華胥之意。稽古禮文，恢皇聖制。升靈臺而望雲，開明堂而坐治。聽華封之三多，鞏皇圖於萬禩。

幸魯頌有序

翰林院編修臣張希良

皇上御極之二十三年甲子冬，際一元之昌期，宇内乂安，聲教肆訖。海隅日出之表，罔不朝重譯，效車書，遣其子弟受學成均。當是時，文治烝烝，聲明黼黻之盛，極史册所未有。天子乃駕六龍，巡省東土，沉璧九河，復禹舊迹，告成岱宗。所過飭長吏察風俗之貞淫，民生之休戚，布德施惠，頌聲作焉。尤念聖人百世之師，生民以來，孔子爲盛。予一人學其學，心其心，景行在望，而未嘗一造其里，於典缺如。爰勤鑾輅，瞻魯邦而戾止焉。是日也，城郭歡迎，山川開霽，天文重麗，地軸若回。乃屈九五之尊，降輦入門，攝衣下拜。樂舞備陳，牢醴豐潔。旋御講堂，命諸生鼓篋陳書，解説大義。圜橋觀聽，坌若堵牆。已而移蹕聖林，顧瞻松檜。經石壇及昔賢築室處，僾如見聞。於是特灑宸翰，爲“萬世師表”四大字，揭之殿楣，繼之以詩歌。天章雲篆，巍然焕然。禮成，加賜孔氏五經博士二人，恩賚各有差。越二年，復御製孔廟碑文，自爲書。礱西山之珉，輦致杏壇下，凡宣聖泉林遺蹟，皆爲碣以表之。皇哉！自古崇儒重道之典，無以加矣。臣惟《書》曰：“天佑下民，作之君，作之師。”《大學》之教，自格物、致知、誠意、正心、修身而推之，及於治國、平天下。内聖外王，未有不出於一者也。顧自昔帝王，既以身兼君師之任矣，猶不自滿假，隆重師儒，以助流政教，而且以風天下之人。若崆峒之勤，蒲衣之拜，丹書之受，洪範之訪，豈不焜燿史册？所屈者在一身，而所伸者在千秋萬世哉！後世不知此義，故孔子雖聖，而當時君公無能尊顯之。惟漢高過魯，祀一太牢，詔諸侯王卿相至郡，先廟謁而後從政。先儒以爲漢氏四百年基業，蓋在於此。晉唐以下，祇循舊典。雖文宣有加謚之册，大成有追封之詔，然未有如我皇上見聖之真，味道之切，弘文異數，度越百王如斯舉者。夫由孔子而上，以帝王爲師，君與師合者也；由孔子而下，以匹夫爲師，君與師分者也。道統遞沿而下，其勢必還。天生我皇上以繼二帝三王精一執中之統，而合君師之大成，夫豈偶然哉？小臣遭逢聖明，雖雕朽莫贊，而寸草有心，謹拜手稽首而獻頌曰：

太極絪緼，道源始判。聖聖相承，同條共貫。維姬既東，蔓草斯歎。不有尼山，長夜孰旦。删定贊修，日星雲漢。位則人臣，百王是冠。峨峨闕里，聖人所宫。講壇肅穆，廟貌穹窿。漢牢唐奠，其典則崇。遥遥間代，志趣未同。祀柱下宅，拜河上公。金人結夢，瑶母釐躬。學雜二氏，有聖莫宗。瞻尼望魯，疇來自東。於爍我皇，視道如咫。堯羹舜牆，左圖右史。藻斧六經，清和萬理。尼山在心，猶勤玉趾。柴岱觀河，雷行風靡。豹尾黏天，龍旂拂水。徂徠猶青，鳧嶧乍紫。孔思方興，魯邦爰底。五老迎鑾，二龍承旨。松檜忽春，低枝藉履。降輦入門，肅肅以止。樂舞備陳，牢醴盡侈。俎列雲雷，尊排山壘。穆穆商彝，沉沉周錡。濟濟冠裳，環階夾戺。再拜升堂，爲道屈己。還看兩楹，依依昔時。壁啓靈光，堂隱金絲。顔曾劍佩，堯禹鬚眉。

麟書鳥瑞，紅杏緇帷。甕經漢發，硯載隋遺。履灰猶焰，檜幹潛滋。百靈奔湊，莫不獻奇。里果何闕，文實在兹。毖祀既成，講堂爰御。博士横經，諸生展疏。鵠立鳧趨，恭聞天語。充宗奪氣，戴憑失據。三千莫贊，七十非助。車服具陳，禮器咸覩。橋門隘觀，解頤張欸。皇心未已，載瞻聖林。蹕亭縹緲，輦路陰森。鉤衣鮮棘，巢樹無禽。緬彼良木，景兹高岑。石壇流憩，想像益深。治民垂教，異代同心。白兔起舞，赤虹下臨。有楷自昔，有廬至今。魚躍鳶飛，皇心蚤契。天葩所流，遂成巨製。猗蘭生香，龜山掃翳。墨海更開，飛白以繼。師表特崇，永兹萬世。翥鳳翔鸞，烟霏露綴。從臣撟舌，但有旁睨。碧落高標，星辰拱衛。煌煌懋典，奕奕恩綸。漢置百石，宋賜出身。以方今日，夫豈其倫。家宗濂洛，人識闢閩。带經脱劍，郁郁彬彬。珠囊玉鏡，洛貝河鱗。天不愛道，地不藏珍。登世三古，綿曆億春。小臣作頌，實愧鏤塵。

甲子冬日，上躬祀闕里，復親詣孔林恭紀

翰林院編修臣汪灝

大道崇元后，斯文重素王。三吴迴御蹕，千里望宫牆。地溯仙源遠，雲横泰岱長。翠華明晚照，陛楯動朝霜。蹕駐尼山焕，旌臨闕里光。明禋虔釋奠，瞻拜肅登堂。特敕尊師禮，居歆明德香。春秋心在望，禮樂器還藏。御蓋留殊錫，宸章示表揚。徘徊宫殿外，指顧寢園旁。撫檜思親植，觀川悟在梁。楷林邀盼睞，蓍徑被輝煌。古井探沉碧，霜松賞鬱蒼。皇情真悦懌，睿藻更飛翔。咳唾傾珠玉，鏗鏘叶羽商。一時成鉅典，萬古振宏綱。廟貌幾千載，登封惟九皇。杏壇常寂寂，泗水自湯湯。不有天章燦，誰令聖道彰。右文稱上治，永卜帝圖昌。

聖駕幸闕里頌并序

翰林院編修臣徐元正

皇帝御極之二十有三年甲子，壽域遐開，仁風丕暢，民俗和樂，農穀殷昌，薄海内外，罔不臣順。賓贄稽首來庭，文德漸被，訖於遐邇。巡喬由翕，百神懷柔。皇帝念至治休明，衷乎聖道。道統之盛，生民迄今，莫孔子若。神京去曲阜千有餘里，緬惟風教，薰德若鄰。必秩隆儀，修殊典，乃可以光四表而型百辟。於時霜野獲，雲稼登。爰命鑾輅，發自燕郊。從官衛士，後先肅伍。龍旂鳥旟，飛揚晻藹。山氓田叟，咸得迎覲清光，懽忭率舞於道。既詣闕里，皇帝將有事於廟堂。望見欞星門，即下輦行。衍聖公孔毓圻等伏地叩頭云："天子禮不當如是。"固請升輦，不許。遂步入大成殿，瞻先師像容下拜，行釋奠禮。豆籩静嘉，罇酒旨潔。薦祼降登，即事益虔。祀畢，御詩禮堂，命聖裔進講，稱善，賜官博士。皇帝以聖道至大，莫可名言，敬題"萬世師表"四字，以垂示永永。親灑宸翰，銀鈎爛然。又製五言詩，書賜毓圻。撤鹵簿中御蓋，俾藏諸廟。儼翼嚴尊，歷代罕覯。仍步出廟門，門外故有井，汲水親嘗，見羹牆也。泮池欲涸，命工疏之，樂芹藻也。旋駕更幸聖林，祗拜如詣廟時。維草則蓍，維木則楷，離奇葱蒨，撫之掇之，留憩彌久。會周公裔孫東野沛然援四氏例請加封爵，制曰："可。"皇帝於孔氏既崇其先，厥後宜賚，特賜衍聖公及博士裘各一襲，諸子姓白金各五兩，盡復曲阜一歲田租。於是東魯父老覩斯盛者，莫不欣踴歎嗟，僉稱聖天子重道崇師，推恩及物，曠古未有。此治與道偕隆，君與師兼作，蓋非孔氏一家之私榮，直邦家之慶，而史册之光也。毓圻等次第其事，編輯《幸魯盛典》，書成。臣元正遭逢聖世，父子咸沐鴻恩，並列禁近。臣父倬又嘗承乏西雝，習覩皇上尊師重道之盛。遂不自揣其詞之猥瑣，而系之以頌曰：

於爍景運，元會維新，黃鐘迴律，大輅東巡。瞻言泰岱，孕靈降神。揭揭宣尼，秉道師尊。廟貌闕里，星拱北辰。止輦升堂，睿容肅温。至尊北面，而拜哲人。釋奠有恪，潔芼蘩蘋。璇題藻句，皆探本真。聖克知聖，匪直以文。遂灑宸墨，爛若星雲。詣謁林墓，徒御星奔。靈蓍葳蕤，古楷輪菌。撫兹卉植，手澤未湮。崇祀弘澤，延及後昆。蠲租賜復，式道推仁。周魯故國，姬宗麟振。予以世秩，實創厥恩。舉其大者，卓於千春。士走相告，幸遘休明。聖作於上，愚敢不承。敷於四海，至治烝烝。式昭盛典，萬祼準繩。

幸魯盛典卷三十

聖駕幸闕里恭紀

翰林院編修臣陳遷鶴

鳳輦東臨泗水濱，千年禮樂應時新。未誇我武功堪獻，祗爲斯文道在人。統際上元皇甲子，秩隆泰岱帝初春。靈臺太史占星象，喜報奎婁映紫宸。

其二

數仞宫牆御幄披，登歌列俎展隆儀。遥知楹奠宗予日，絶勝牢祠過魯時。逸興深微存活水，天文爛熳賁枯枝。皇朝典禮光前古，正合麟凰啓聖期。

聖駕幸闕里頌有序

翰林院編修臣李殿邦

皇上大聖馭宇，承祖宗累葉休烈，嗣丕丕曆服，海内冠帶之民，徼外荒裔之族，咸共覆載。盛德大業，光被宇宙，方之三五，不是過也。仰惟皇上生狥齊，長敦敏，當沖齡踐祚時，即懋聖學，誦宣聖所修述删贊書，緝熙罔間，作聖之基，肇於此矣。廿餘年來，無宵旦寒燠，樂此不倦。剖析太極，洞徹先後天理數，日尋孔顔所樂何事。五經四書，有講義矣。諸史丹鉛，通鑑有斷矣。鑒古有輯覽，淵鑒有裒録矣。方輿有志，會典有書矣。法戒典訓有紀矣。勝國史有成帙矣。煌煌聖製，昭日星而爛雲漢。自古文章之盛，道德之華，曷以加焉。先是，逆藩跋扈，天怒赫然，取渠魁殲滅之，廟算無遺策。數稔之間，中外晏如。韜弓矢而舞干羽，制禮作樂，所在聞弦誦聲。於是倣古巡狩禮也。康熙二十三年，歲在甲子，一元復始，皇上東巡，問民疾苦。駐蹕孔里，幸至聖先師廟庭，備牢醴，奏鈞天，九拜，行釋奠禮，爲道屈也。旋命諸生進講經義，旁求四氏裔爵賞之。仍謁孔林，觀石壇，撫端木所築廬，低徊流連，心焉若契。乃發聖藴，焕天章，題“萬世師表”懸之。復製賦成詩，巽藻繽紛，與玉書經傳後先掩映。一時從官，皆欣喜忭躍，信斯道有光。而東國人士父老扶杖來觀者，環橋門，肩相摩擊也。踰年，又御製孔廟碑文，表彰聖緒，垂之貞珉。自開闢以來，崇儒重道，莫有若斯盛者。昔漢高帝過魯，以太牢祀孔子。明帝臨雍，拜五更三老。宋藝祖贊孔、顔，當時後世猶艷稱之。而況我皇上聰明天縱，合符比德，惟聖知聖者乎？頌聲之洋溢，誠不能自已也。夫生當堯舜之世，親沐雅化，而不能扢揚聖治，恥莫大焉。且備員詞林，操觚染翰，亦臣職分也。謹拜手稽首而爲之頌曰：

凫嶧崇巖洙泗長，道繼衰周誕素王。《易》贊《書》删《詩》《禮》彰，《春秋》之作振王綱。《孝經》《論語》講學詳，七十二賢列門牆。聖人之後達者昌，車服禮器何輝煌。誦法折衷歷漢唐，閲宋逮明至今皇。膺圖臨馭訖八荒，沐仁浴義民和康。澹然淳悶物相忘，卿雲醴泉降衆祥。閼逢困敦歲豐穰，東巡先登闕里堂。寧神稽拜和且莊，六佾軒縣盛鏗鏘。講經博士弟子行，爵賚聖裔有餘慶。聖心洪闡爲文章，元氣作軸運陰陽。雕龍繡虎刻宫商，《堯典》《舜典》乃可方。撫摩古檜摅琳瑯，楷幹蓍莖氣芬芳。精光布濩昌平鄉，如圖如洛尼山傍。屈躬崇道敘彝常，排老驅釋立大防。斯道中天日月光，凡有氣血靡不蕿。群工百爾矢賡颺，千禩萬祀永無疆。

聖駕幸魯恭紀二十韻

翰林院編修臣甯世簪

平成時際泰，封濬德成乾。道在尊師表，居看近聖賢。龜蒙雲靉靆，洙泗水潺湲。帝運圖疇契，臨雍玉帛虔。豹竿風動處，鳳吹日華邊。石闕儀容備，宫牆典祀專。室琴存太古，庭檜識長年。星炯藏書内，龍翔駐蹕前。肅瞻烟漠漠，静聽鼓鼘鼘。鷺序登歌秩，鴛行率舞聯。翠華留曲蓋，宸翰燦宫箋。夏鼎商盤篆，黄琮蒼璧鐫。銀鈎題處濕，珠牓看來鮮。六藝笙簧奏，諸經鼓吹宣。禮皆從敬始，樂總爲和縣。衍道探河洛，微言闡澗瀍。文明宣宛委，造化合璣璿。棫樸菁莪地，卿雲湛露天。纂修垂盛事，歌頌載新篇。徒沐恩如海，慚無筆似椽。

聖駕幸闕里頌有序

翰林院檢討臣金德嘉

欽惟我皇上運啓文思，道隆濬哲。禹疇羲畫，先後同符；武烈文謨，經緯共貫。覆載所極，雲漢爲章。是以巡狩岱宗，瞻言闕里。六龍靄集，霞葳蕤以建旂；萬象景從，雲縹緲而張蓋。贄牲采之班者，瀕海之域千里；受秬卣之賜者，生民以來一人。陟降肅雍，金石絲竹之奏；宫庭璀燦，《春秋》《易象》之書。抃舞杏壇，濟濟簪纓之博士；嵩呼閣道，亭亭带礪之上公。是日天宇融和，皇情豫悦。用羹牆二帝之心，遥通祖述；以範圍百代之學，遐契儒宗。猗歟煌哉，休兹盛矣。昔漢高過魯，祀以太牢；唐帝崇儒，加之王爵。猶且焜耀簡編，傳聞奕禩。若乃放勳光被，焕乎堯文；六藝表章，爛然魯壁。於斯爲盛，莫之與京。臣恩叨侍從，喜切瞻依。典禮維新，宫牆自古。文在兹而未艾，道歷久而彌光。增益高深，懋剛健粹精之學；緝熙上理，開蕩平正直之途。徽猷冠乎古今，典則垂於天壤。而珥筆固陋，紀述未遑，非所以昭盛美，揚景風也。臣謹拜手稽首獻頌曰：

皇帝御極，德洋化溥。雨潤日暄，敷天率土。東西朔南，同文壹矩。款關獻琛，重譯致語。車闐槐市，肩摩石鼓。帝坐明堂，曰若稽古。巡省方嶽，時邁東魯。巍巍岱宗，漭沆歙吐。鍾祥毓靈，洙泗之滸。二儀絪緼，三辰樞紐。水精素王，篤生亶厚。唐虞夏商，遠宗近守。贊修删定，除榛薙腐。六經昭垂，地維天柱。業邁伊周，道同堯禹。秩秩廟庭，恢恢壇宇。鑾輅式臨，隆儀肇舉。備漢牲牢，兼唐佾舞。肅肅雝雝，登降拜俯。大哉乾元，龍飛九五。寤寐宫牆，寅恭簋簠。顧瞻左右，彬彬廊廡。鏗鏘融諧，笙磬柷敔。聖道中天，日正當午。魯壁横經，博士訓詁。明目達聰，翕受俯取。如天覆露，鴻鱗纖羽。如地持載，澤珠山瑀。容若太倉，罔遺區釜。沛若洪河，勿擇漵浦。四姓苗裔，章縫珪組。磅礴沾溉，便蕃賚予。尚方芝蓋，留廕廟户。傳示來兹，與球共伍。亹亹御製，羲圖範譜。煌煌宸翰，龍翔鳳翥。垂諸金石，閎亭鉅礎。日星照臨，海嶽涵負。皇帝聖神，寰寓安堵。百神懷柔，呈符貢祜。湛恩汪濊，誕被陵藪。蠲所過租，老嬉穉哺。自古在昔，屬車行部。刻玉河湄，披圖洛渚。皇帝曰咨，予臨天下。欽若昊天，爲生民主。重道崇儒，修文偃武。冶鑄八荒，甄陶九有。皇帝建極，天錫純嘏。文明廣運，與天齊壽。小臣魯鈍，備員藝圃。櫜筆嗽詩，敢告册府！

聖駕幸魯恭紀二十四韻

翰林院檢討臣潘麒生

至德體天地，斯文冠後先。累朝尊莫並，當代禮尤全。翠嶂迴金輅，朱旗繞玉泉。軒裳擁道左，衮冕拜階前。降輦趨函丈，登歌列豆籩。千秋隆保傅，九叩獨齋虔。臨幸寧常數，精誠儼事天。環橋觀聽集，侍講奧微宣。鈎履垂周製，尊罍紀漢年。遺容欽仰止，陵墓倍依然。檜老含春露，槐疏拂樹烟。叢蓍何鬱鬱，文草自芊芊。覽物今猶古，游心往復還。睿思川上湧，宸翰杏壇懸。旭耀光璀燦，雲鋪勢蜿蜒。租蠲民盡復，典曠舉無偏。夙願東周切，崇祠上相專。報功惟尚德，翼聖賴諸賢。默識開心學，聞知得妙詮。宋儒貽蔭遠，孔祀受恩綿。共戴皇仁大，群沾教澤鮮。君師洵合撰，精一果心傳。幸紀新元會，不書舊簡編。清時逢聖泰，珥筆獻詩篇。

聖駕臨幸闕里恭紀二十韻

翰林院檢討臣吴苑

龍旂翔斗北，鳳輦駕山東。海嶽千年會，車書萬國同。卿雲環帳殿，爽籟發行宫。日觀層霄外，尼山灝氣中。杏壇花爛熳，闕里樹青葱。鵷鷺森多士，貂蟬萃上公。臨雍儀並肅，釋奠禮尤崇。入室瞻遺器，圜橋展聖躬。宫牆還穆穆，琴瑟尚渢渢。古物逢皇覽，方言達帝聰。縹囊晨燦緑，椽燭夜增紅。講《易》三陽泰，賡歌二典隆。經帷當玉藻，藝圃映璇穹。大賚章縫洽，殊恩組綬蒙。堯文輝魯壁，舜樂鼓齊風。洙泗宸章潤，林亭御碣礱。河圖呈景運，雅頌奏神功。精一心源接，修和治理融。康衢聞擊壤，閣道聽呼嵩。

簪筆詞臣職，颺言贊化工。

幸魯紀盛詩

翰林院檢討臣王思軾

萬禩尼山地，千秋泗水鄉。卿雲迎玉輦，甘露湧瓊漿。盛典皇心肅，時巡帝馭良。珪璋呈禮殿，俎豆烈烝嘗。陟降威儀穆，尊崇道德彰。陵開旂日月，廟展珮鏗鏘。檜影暉羲畫，麟書映舜裳。杏壇紅燭繞，魯壁赤龍翔。矗日垂華蓋，淩霄翥鳳章。陳牲歌律呂，釋奠悟羹牆。雅樂虞韶舞，官儀漢奉常。上公殊寵錫，四姓凛趨蹌。賚予駢蕃出，簪裾次第行。横經同璧水，鼓篋儼膠庠。稽古桓榮貴，承家戴聖長。羽林窺汗簡，虎旅襲縹囊。敷教陳三極，同文徧八荒。道原通覆載，治欲躋軒皇。協氣橋門外，和風輦路傍。小臣恭獻頌，橐筆侍明光。

皇上駕幸闕里恭紀四首

翰林院檢討臣孫勷

重道多傳涖辟雍，杏壇幾見禮儒宗。浮雲浄現千山月，深夜長鳴萬石鐘。崇號僅聞唐代册，豐碑徒記漢時封。今朝玉輦遥臨處，應看靈蓍吐錦茸。

其二

萬仞宫牆啓秘扃，宸儀肅穆拜中庭。影摇碧落霓旌爍，瑞滿黄圖檜樹青。玉韻五言歌鳳德，珠光四顆壓鵝經。欣瞻君道兼師道，多士圜橋藉寵靈。

其三

釋奠初成化澤長，庭前草木遍含香。風雲環拱嚴天仗，舄履星陳集講堂。資格不須詢聖裔，歡呼齊慶仰龍光。卿雲此日凝華蓋，五色氤氳覆苑牆。

其四

岱嶽名山奠大東，昌平韋布配崇穹。地盤兖鎮寰區小，道問尼山迹象空。纔向天門淩碧漢，旋來闕里肅高風。虛慚珥筆隨文苑，奏賦甘泉愧未工。

駕幸闕里恭紀

翰林院檢討臣梅之珩

寰宇崇文治，精微契聖衷。尼山宗脈在，泗水溯源通。警蹕巡齊甸，鳴鑾戾魯宫。拜瞻勞萬乘，奔走肅群工。釋奠蘋蘩潔，明禋俎豆豐。標題揮御藻，講義啓宸聰。後嗣承恩遍，儒林服教同。《詩》《書》增氣色，鐘鼓發鴻蒙。太極乾坤剖，天經日月中。漢牢慚不腆，唐祀豈加崇？扶杖咸觀禮，端圭盡省躬。麟蹤堪再覓，鳳德豈終窮。肆祀儀初畢，巡游意轉融。檜枝當砌古，杏蘂拂壇紅。輦過荊榛闢，旗翻鳥蹟空。壁書尋故址，絇履問遺風。製賦鏗金石，鐫碑起瞶聾。衆星旋共北，千派總朝東。今古心常合，君師道並隆。普天敷化雨，奚事訪崆峒。

聖駕幸魯恭頌

翰林院檢討臣劉坤

仙仗臨鄹邑，瑶鑾晉孔墀。青雲迎輦轂，蒼玉轉階螭。事紀春王筆，游同夏禹詩。鴻文圭璧重，寶翰日星垂。直邁唐宗句，還淩漢代碑。萬年銘自此，三統盛於兹。鉅典寧無述，儒臣各有司。臨雍聊作頌，慚媿乏新詞。

恭頌聖駕幸魯詩八首

翰林院檢討臣王之樞

治叶軒虞古，天迴甲子初。萬方同禮樂，異俗統車書。道與乾俱健，心還谷共虛。永懷先聖烈，時仰素王居。

其二

詔舉東巡狩，千官羽衛環。紫雲連泰嶽，翠輦指尼山。鳳吹靈光側，鸞翔泗水灣。諸生齊拜舞，咫尺覲龍顏。

其三

釋奠崇殊典，齋誠式祼將。盛儀光俎豆，雅樂備宫商。靉靆金猊篆，氤氳繡衮香。豐融通肸蠁，九拜荷天王。

其四

雉尾雲開扇，金輿度孔林。碑荒蒼蘚合，橋迴緑波沉。尋脈離兼巽，封阡古亘今。探蓍還撫楷，百世景行心。

其五

曷罄羹牆意，天章焕陸離。吟驅風雅上，文萃典謨奇。綴墨雲凝牓，濡毫露浥碑。心源應默契，惟帝更兼師。

其六

戟門留紫蓋，御氣動儒宫。儀鳳來丹穴，華芝挹闕風。乍添車服數，還傍冕旒崇。一代看殊禮，云誰萬古同!

其七

爐烟裊帝座，几席講帷陳。書啓東家舊，經談博士新。源流歸至道，雨露暢皇仁。賜錦還加秩，恩霑聖裔頻。

其八

金從中禁賜，舊宅轉巍然。棟起寒侵斗，簷飛迴入天。風雲雕桷護，丹壁綺疏穿。聖主崇儒意，遥遥軼後先。

皇帝駕幸闕里親祀孔子恭頌

翰林院編修臣查嗣韓

皇帝萬年,治邁虞唐。泰階如砥,端拱垂裳。緬惟先師,澤流無疆。匪遐伊邇，鄒魯之鄉。乃命巡狩，來觀廟堂。乘輿曉出，千里輝煌。龍旂耀旭，班劍攢霜。嶽川焕彩，卉木依光。既至闕里，親詣宫牆。屈萬乘尊，盥薦親將。安安穆穆，瞻拜肅莊。爰敷聖藻，遂麗宸章。偃波垂露，書軼蒼皇。工乃礱石，卓立中央。碑鐫珉玟，鰲負螭翔。榮光燭天，上貫文昌。崇飾廟貌，釦砌雕梁。位置從祀，濟濟廡廊。寢林萬樹，古檜蒼蒼。撫兹楂枒，賦就琳瑯。祀典既畢，乃坐玉床。廣布恩綸，次第宣揚。曰孔氏後，世守烝嘗。秀畀官爵，樸賚帛粻。曰周元聖，祠宇久荒。治法道法，賴厥匡襄。遣肅祀事，祀事孔彰。曰顔曾思，入室珪璋。賜爵賜復，用俾弗忘。曰亞聖功，媲禹迴狂。賜文賜書，齊至聖行。曰宋諸儒，周程朱張。文林龜鑑，道圃麟凰。則篤其裔，綫續微茫。盛禮既備，寰宇告祥。卿雲藹藹，甘露瀼瀼。普天率土，驚喜相望。粤自元明，前溯歷王。亦或崇儒，禮樂未遑。亦云典學，僅拾粃糠。未有今日，膏澤汪洋。曠典殊數，中外胥慶。奕禩垂裕，化浹遐方。既付史臣，銘之太常。小臣珥筆，敬效賡颺。

聖駕臨幸闕里釋奠禮成，隨謁孔林恭紀二十韻

翰林院編修臣王奕清

帝舉時巡典，禮嚴禋祀成。事天勤翠葆，崇道轉霓旌。候值緹灰動，春從輦轂生。郊原欣有色，仗衛肅無聲。門禁傳來旨，市人喜不驚。質明修肸蠁，入廟潔粢盛。登降逾前代，賡歌備兩楹。奉璋終灌鬯，擁席更談經。往蹟頻垂問，古壇屢繞行。法書留碣表，御蓋錫宗祊。輦指東郊路，林瞻北郭塋。兒童齊抃舞，草木盡忻榮。拜跪儀重展，醴酌更盈。低徊吾道意，顧盼哲人情。錫賚蕃孫子，謨謀勉國楨。予官推舊裔，賜復及編氓。紹述須齊聖，感孚惟至誠。臣民沾解澤，德位仰離明。雲日添晴朗，風光解送迎。小臣慚獻頌，帝德本難名。

幸魯盛典卷三十一

聖駕幸魯釋奠先師禮成恭演連珠三十首有序

翰林院編修臣張豫章

駕幸闕里，親祀孔子廟林，典禮尊隆，亘古未有，在廷諸臣，咸奮毫以揚其盛事。臣備員芸館，駑鈍無能，仰聖德之高深，溯斯文之統緒，欣逢盛烈，擬紀靈符，拜手稽首，恭上演連珠三十首。竊攄見聞所及，蚯蚓微鳴，不足以揄揚萬一，聊附盛典之末簡云爾。

臣聞瑶樞默握，則應迹無窮；金鏡朗澄，則希光自化。是以蒿宫組瑟，天地賴以清寧；松棟垂裳，堯舜由其籠跨。

臣聞綵苞肉角，四靈非苑外之禽；紫脱頳莖，三秀乃池邊之卉。是以河清海晏，不崇玳檢之封；璧合珠連，坐享器車之瑞。

臣聞晷緯昭應，歲乃叶於上元；川嶽效貞，史必推夫太乙。是以虞編輯瑞，躋泰岱以升中；姬典宣風，敞明堂而述職。

臣聞襄野載塗，鈎陳翼衛；峒山考道，風伯清塵。是以榮光蔽天，占翠華之南幸；矞雲沃日，知玉輦之東巡。

臣聞斗玉徵符，麟角纏夫繡紱；星鉗吐耀，楊炯《文宣王廟碑文》語，即五老降庭之瑞也。鳳歌應於素王。是以聖主承乾，必舉太牢之祀；昌期合牒，言登闕里之堂。

臣聞樂陳韶夏，則珍羽來儀；曲奏雲和，則靈祇是享。是以鏞在列，豈乏宫架之懸；佾舞有衣，更挈辟雍之掌。時攜太學樂舞生袍服至曲阜演習。

臣聞帷宫曉設，法駕儼其乘龍；帳殿宵張，侯封潔其膳犢。是以雲旂涖止，森象笏於靈苗；王勃《碑》云："殷帝乙之靈苗。"繡衮恭迎，薦桓圭於華轂。

臣聞學歸有本，故泉之進也必盈科；道貴日强，故川之洩也無停注。是以臨流興歎，觸逝者之靈機；駐蹕怡情，述水哉於巨製。泉林寺即子在川上處，有御製記。

臣聞循舊典者，不能創千秋之舉；用師心者，不能屈萬乘之尊。是以樂備三終，或間書於前史；禮虔九拜，則迥軼於常倫。

臣聞汪波浴月，溯流必討其源；喬木參天，蟠根乃蕃其葉。惟闕里之嶽降，翳防山之發祥。是以大成秘殿，方瞻旒衮之垂；啓聖靈祠，即致粢盛之潔。

臣聞金華賜講，班伯宣《論語》之微；崇政説書，程頤闡庖犧之奥。是以堂開詩禮，俾苗裔以横經；席敞金絲，進章縫而論道。

臣聞聖道緝熙，樹法程於累葉；儒門守禮，傳典訓於先人。是以萃五氏之衣冠，期祗承於無斁；揭片言於霄漢，凛敕諭之維勤。進講《大學》聖經、《繫辭》首章畢，命大學士諭孔氏子弟遵守祖訓。

臣聞丹素陸離，光映文翁之壁；羹牆恍惚，文鐫李珽之碑。是以覿行教之儀容，如親縹筆；揭衣神之帳幙，儼拂緇帷。

臣聞日月之光，非卿雲不能黼黻；乾坤之大，惟天漢可以昭回。是以師表萬年，共仰銀鉤之燦燦；榱題數仞，永懸金牓之巍巍。

臣聞金祆銀爐，詎焕宫牆之彩；緋羅香藥，寧增寢廟之輝。宋真宗祥符九年，賜金祆銀爐并香藥於廟中。是以撤華蓋之九斿，紫霧籠於夕殿；耀中央之正色，彤精貫於朝扉。上命特留曲柄黄蓋於廟中。

臣聞杏匝莊壇，端木從游之地；檜盤羲畫，宣尼手植之株。是以柯拂紅雲，晃翠綃而駐輦；膏流鐵樹，籠綵仗以停輿。

臣聞茫茫蝌蚪，没漢氏之丹碑；翳翳莓苔，蔽唐家之緑字。是以一經睿賞，則舊蹟重光；屢奉宸咨，則流傳勿替。

臣聞星輝東壁，掌秘室之書林；玉積西崑，燦仙曹之册府。是以删《詩》定《禮》，彙複壁之遺經；視典披圖，閲奎文而考古。

臣聞漆書竹簡，開禮囿之荒塗；石墨谿藤，作藝林之鴻寶。是以八紘頓綱，摽籤帙以駢羅；五位崇文，啓縹緗而幽討。

臣聞鯉述二經，行咏歌揖讓之事；鮒藏六籍，奏絲簧琴瑟之音。是以遺井汲流，激清風於俯眺；故居展席，緬函丈以披襟。

臣聞逐鹿開基，蔑覩摛文於漢帝；傷麟致歎，僅傳掞藻於唐宗。是以道冠昔王，陳設兩楹之豆；德侔上聖，鋪張數仞之牆。御製詩有“兩楹陳俎豆，數仞見宫牆”之句。

臣聞泗源蕩蕩，環聖域以揚波；奇木蒼蒼，拱佳章而送翠。是以鑾輿展謁，前驅奔走於百神；仙蹕遥臨，俞騎喧闐於七萃。

臣聞林塋百尺，常披異彩之花；磴道千盤，不長鈎衣之草。是以九重肅拜，天香襲於衮衣；百職陪班，瑞靄凝於繡裸。

臣聞文楷千章，聳危枝而偃蓋；靈蓍萬本，符大《易》而占爻。是以御手摩挲，則勁節垂於奕禩；宸游徙倚，斯祥煙貫於層霄。

臣聞摛雒鈎河，覿姬公於夢寐；興禮立樂，弘聖相之經綸。是以碑版勒文，垂萬古不刊之製；世官承祀，沛千秋未有之恩。命周公後裔東野沛然爲博士。

臣聞緇流沐寵，嗤別派於蕭梁；羽士邀榮，誤他鑣於元魏。李義山詩：“他鑣並老莊。”是以洪緒拜重裘之賜，爰思道脈綿長；繡圻捐一歲之租，益表儒門沾被。王勃《碑》云：“宋微子之洪緒。”今以臨幸，五氏子孫皆被恩賜，而衍聖公有狐腋蟒黑貂掛之錫。

臣聞青女霜寒，不改貞柯之色；絳帷風暖，益垂寶婺之芒。是以御墨淋漓，表松筠之節操；宸章刻畫，懸棹楔以輝煌。賜孔毓圻祖母陶氏坊額。

臣聞柳下墳塋，尚厲採樵之禁；信陵墓域，猶虔奉祀之司。是以卒史百人，被簪纓而汎掃；佳城十頃，掩骸骼以恢基。漢置百石卒史，今奉命復設百户，以衛林廟。

臣聞羲峰插漢，森象緯於奎章；詞海盪雲，迅波瀾於寶翰。是以覩舞鳳蟠龍之聖藻，不復尊元帝之書；讀敲金戛石之睿文，咸欲陋真宗之贊。

臣聞岱宗特峻，絜聖德以斯卑；離象允光，分帝圖之末照。是以穹碑巨刻，摛千古之大文；景運元符，赫萬年之至教。

恭紀聖駕幸魯展謁闕里二十韻

翰林院庶吉士臣范光陽

鳳輦巡東國，鸞旗指汶陽。川原合洙泗，日月護宫牆。文德隆今代，儒宗仰素王。翠華來駐蹕，玉珮各分行。入室觀車器，升堂肅酒漿。禮行頻罄折，樂合倍鏗鏘。有恪神如在，無言教豈忘。聖容瞻睟穆，群哲儼趨蹌。檜閱風霜古，碑看歲月長。講筵陳《易象》，睿藻發天章。盛典傳宗子，高風激遠方。杏壇迴霽色，芝蓋紀恩光。路自城陰轉，林開水曲旁。平原崇馬鬣，密樹静烏翔。歎息精靈聚，摩挲翰墨香。楷亭承雨露，異木競芬芳。輦路空傳宋，名封亦陋唐。方田廣兆域，伐石表堂皇。事與横汾别，儀逾過魯詳。作師弘教澤，千載頌無疆。

聖駕幸魯恭紀一百韻

翰林院庶吉士臣姚士藟

聖主垂裳日，斯文丕振時。傳心尊正學，慕道重先師。早舉臨雍典，虔修釋奠儀。羹牆原在望，闕里更興思。爲訪尼山道，言遵泗水湄。彩雲迎鳳輦，晴日映鸞旂。簪笏千官肅，貔貅萬馬馳。封疆齊地近，揖讓魯風遺。父老歡[1]遮路，壺漿酌滿巵。爐烟飄繡陌，瑞靄接彤墀。登岱初巡狩，朝堂正會期。山高通帝座，日出浴咸池。嶽瀆由來重，宮牆未易窺。微言當絶續，大義賴維持。不夜天常旦，傳薪業弗隳。《春秋》嚴筆削，教鐸息淫詖。政教纔期月，風聲訖四陲。憲章尊祖考，氣運值桓僖。博學名原大，無瑕涅不淄。猶傳披玉瑞，漫作獲麟悲。至德皆天縱，周流豈數奇。音徽常仰止，車服每追惟。奉引登堂陛，鳴鑾詣禴祠。冠裳人濟濟，舞蹈步遲遲。典禮司宗伯，簫韶掌后夔。篆烟凝翠羽，文屬列金支。時物胥周備，犧尊燦陸離。馨香升俎豆，對越格神祇。澗芷金風颯，溪毛玉露滋。釀成春在斝，粳熟滑流匙。蒼璧燔柴告，黄鐘按律知。清和調古瑟，疏越播朱絲。堂上笙鏞間，階前戚羽麾。泗濱浮磬石，嶰谷截筠枝。音叶宫商奏，歌陳雅頌詞。聆音渾不倦，觀禮總忘疲。絃誦文禽囀，壎篪古柏吹。駿奔昭志恪，獸舞見情怡。九拜將誠敬，三呼迓福禧。少牢前代事，再獻昔時規。親祀傳天寶，躬耕説下邳。投戈臨太學，定謚重宣尼。造士猶存制，褒成亦允釐。美談雖足紀，尊禮豈加兹。留蓋烟霞護，懸幡寶絡垂。似天同覆幬，承露荷恩施。更啓琅函秘，還停御帳帷。詞臣環泮水，聖裔擁皋比。講學期明道，横經在晰疑。每教人辨論，頻見帝疇咨。明德心常正，修身國自治。兩儀宗《易繫》，一畫闡庖犧。香案天顔喜，花磚日影移。禮門何竦直，周道自逶迤。游覽離丹墄，裴徊俯碧池。輝煌新廟貌，金碧炫罘罳。膠序東西列，橋門左右宜。壇開安玉几，檜老溜霜皮。絲竹堂高迥，奎文閣嵲峗。石虹盤宛轉，藻井漾漣漪。氣象誠宏壯，規模豈隘卑。行行趨墓道，

1　“歡”，四庫本作“觀”。

望望指壇壝。馬鬣何年石，龍文累代碑。地尊關象緯，水合導淄濰。一脈標中極，千盤表四維。林無投宿鳥，蓍自守靈龜。獨不生荆棘，偏應産瑞芝。居廬人想像，植楷影嶔崎。喬木多殊種，長垣壓古陴。是山皆拱向，無草不葳蕤。坤德長鍾此，奎光更屬誰。爲看松鬱鬱，因念冢纍纍。賜地開阡陌，平原達九逵。烝嘗近南畝，黍稷遍東菑。頒惠蠲租賦，推恩給帑貲。登山真小魯，觀水歎如斯。只欲標麟德，寧須惜鳳衰。筆牀羅翡翠，硯匣展琉璃。四字褒崇盡，重光宇宙彌。題碑還作頌，揮賦更成詩。睿藻昭雲漢，鴻文勒鼎彝。體追西漢古，習陋六朝爲。垂誡言堪法，敦倫俗未漓。文章根至理，性道本無岐。入室先由户，窺籓不礙籬。《詩》《書》時晤對，禮樂盡師資。信足風千古，誰能贊一詞。史官書簡册，扈從快追隨。喜起同堂盛，明良庶績熙。賡歌珠錯落，卷帙錦紛披。紀載瞭如掌，編摩列若眉。體裁稱美備，醇正鮮微疵。往哲型如在，來兹學有裨。縹緗看日麗，雲綵自天貽。更欲增篇什，行將壽棗梨。小臣探秘笈，珥筆報恩私。願學平生志，從龍遇合奇。史才慚永叔，文筆謝昌黎。但覺揚休美，渾忘匿影嫓。附名應不朽，此樂已無涯。

大駕幸魯詩

翰林院庶吉士臣王懿

萬古傳道心，唐虞洎洙泗。先聖與後聖，精一原無二。誰其集大成？於維今皇帝。治與中天侔，學則尼山配。靈爽脈脈通，百慮而一致。緬想闕里風，車服與禮器。慤然駕六龍，迢迢特臨涖。鹵簿圜宫牆，旌旆焕松檜。豹尾接鵷班，冠裳肅揚對。夾道伏諸生，六經命講肄。天語連宸翰，絡繹雲章麗。一時鄒魯間，萬姓歡騰地。豐碑摩蒼穹，龍虎紛環衛。勒成不刊書，盛典垂弈世。

皇帝幸闕里詩

翰林院庶吉士臣李本涵

寰海承流日，清宫重道年。揚鑾遵孔里，輯瑞考虞編。霜鎖期門戟，飈輕岱嶽煙。泉林閒點筆，防阜静停鞭。插漢開祠廟，升堂飭几筵。告虔將玉豆，展拜拂彤旃。六樂莖池奏，千官劍珮聯。衮衣終祼獻，鼓篋繫詞詮。瞻仰遺容在，摩挲法物傳。杏壇花自放，檜樹影猶翩。汲井清風激，看碑古篆鐫。南宫餘墨蹟，北海有琴絃。鬱鬱佳城近，紛紛葆吹前。天香雲共繞，異植綺争鮮。駐蹕思前代，居廬記昔賢。靈蓍符大衍，文草被遐阡。延佇斜陽轉，從容整駕旋。千秋經術貴，五氏主恩偏。章服加身麗，松筠勵操堅。雲孫頒位宁，繡壤啓原田。宋代儒門大，姬公世胄延。聖謨綈几述，睿藻綵毫宣。玉海流千派，銀潢瀉百川。雲書森逸態，日榜儼高騫。採石西山遠，觀光東魯闐。文章兼道藝，禮樂化垓埏。迥映奎躔象，須陳玉檢篇。萬方同拜手，景運正中天。

皇上幸闕里恭紀四首

翰林院庶吉士臣李斯義

時維甲子冬，問俗披蒿萊。玉輅指東方，泱漭洙泗開。窈窕桓子井，巃嵸季郈臺。地接魯靈光，遺礎隨飛埃。左亳右周社，兩觀何崔嵬。升堂瞻禮器，几筵羅罇罍。喬林颯天風，龍旗相徘徊。榮光結丹霞，靈鼉殷若雷。染翰摅宸章，天漢同昭回。

其二

緬懷大聖人，抱道昌平鄉。赫赫帝王師，千祀炳秋陽。崇儒邁前古，道統歸今皇。斯文既在茲，瞻拜依宮牆。文物洽閟宮，氤氳松檜香。車服三代製，萬舞何洋洋。斑駁鼎彝姿，麾幡魚龍翔。於穆挹聖衷，猗那聞樂章。彷彿奏鈞天，登降肅以莊。階下舊杏壇，巋然存休光。

其三

古檜若怒虬，蒼鱗鬱嵯峨。千載無榮枯，風雲恣蕩磨。廟中遺舊琴，恍聽猗蘭歌。反魯樂始正，删述亦已多。五十學《易》年，白首猶婆娑。破壁絲竹音，秦火將奈何？漢祖祀太牢，唐帝還經過。敻絶惟我皇，建極在中和。

其四

古廟既釋奠，遺寢亦肅拜。步自洙水橋，回流何澎湃。窈窈萬木聲，青葱儼如畫。鳥雀不敢巢，蒼龍時一掛。石壇四十九，琳琅倒金薤。當年駐蹕亭，御氣發光怪。枯楷長孫枝，隧道惟所届。仰瞻廑皇情，恪恭實匪懈。尊師賜田宅，塋兆拓昔隘。從兹億萬年，風雨護靈界。

恭紀皇上躬祀闕里二首

翰林院庶吉士臣淩紹雯

宸游趨闕里，彩仗自天開。扈蹕千官擁，鳴鑾萬乘來。尼山長崒嵂，泗水日瀠洄。釋奠瞻成禮，祥風徧九垓。

其二

夫子立人極，吾皇邁百王，殷勤親俎豆，髣髴見羹牆。道啓詩書壁，光留絲竹堂。侍臣親盛事，稽首共賡颺。

聖駕幸闕里賦

翰林院庶吉士臣彭始摶

自羲聖之開天，判兩間之一畫。歷墳典而三五，皆帝王之盛蹟。揭精一之微言，文命敷而勿易。闡降衷以發祥，垂敬義於玉册。序道統以源流，實御世之專責。彼伊萊與望散，不過分股肱而羽翼。乃尼山之拔萃《詩》《書》，而襄命討之職。昔者五老來降，玉書吐庭。弘敷四教，廣宣六經。聲傳木鐸，萬古寐醒。漢唐載嗣，尋流昧源。雖晝而晦，如雲朝屯。有宋諸儒，爰啓厥門。濂、洛、關、閩，斗布星繁。如有所待，以開化元。猗歟盛哉！我皇上之首出也，續二千餘年將墜之斯文，追舜、禹、湯、文以還之正統。接尼防之道脈，洵亶聰而天縱。迨乎氛埃掃滌，宇宙載新。八表遐暢，海極無塵。歌載纘於武功，乃壹志於修文。日焕彩於中天，道既冬而復春。探一貫之秘旨，悟性道之奧真。懷杏壇之講席，思矍相之比鄰。彼貞觀與建隆，徒釋奠而駿奔。集橋門而聽講，僅崇儒之空文。望高山而仰止，爰命駕以東巡。於是黄道輝凝，紫宸日擁。列缺前驅，群星載拱。河嶽來從，百靈望寵。爾乃群龍夾轂，三公扈從。引領乎東蒙之里，接足乎嶧嶧之峰。於是汶濟既涉，奎文在望。羹牆載見，遵彼周行。肅儀範以瞻前，歡鼓舞其無方。觀車服與禮器，乃入室而升堂。曰下拜於禮門，俾俎豆以生光。爰抒彩筆，乃焕雲章。天語高題，御墨飛香。樹之貞玉，以壽無疆。覩烟霞之舒卷，若鸞鳳之騫翔。標玉書於泰岱，掛五雲於高岡。實千秋之僅事，與日月而輝長。宜聖神之潛格，喜吾道之再昌。默聖學以授受，歸大統於今皇。於烈哉！於烈哉！蓋聞天之生聖人也，既與以聖人之德，必加以聖人之瑞。惟聖人爲天子之質，即天子爲聖人之位。自唐虞而夏商，至中周而幾墜。惟尼父之挺生，超群聖而出類。久懷情於三代，望今皇而樂致。斯治統與道統，合而爲奕禩之昇平。萃君師於一身，集洙泗之大成。聖以遇聖，固已超三古而接其統系；道以傳道，蓋將與天地而同其貞恒。

聖駕幸闕里恭紀

翰林院庶吉士臣范光宗

警蹕臨東甸，車書集萬方。時巡追舜帝，于邁咏周王。肅肅瞻廊廟，歆歆薦豆觴。鏗鏘鳴劍珮，師濟列冠裳。快覩圜橋盛，榮生璧水光。豐碑鈎未斷，檜幹色猶蒼。事業超前古，修明俟我皇。雲霞輝翰藻，綸綍煥奎章。鉅典龜蒙峻，湛恩洙泗長。明良賡喜起，聲教訖遐荒。自愧雕蟲技，叨陪鵷鷺行。敷文當景運，寶曆頌無疆。

聖駕幸魯記

翰林院庶吉士臣葉淳

皇帝御極之二十有三年，從臣工請，始行東巡狩，用察民疾苦，勤施補助。鑾輿經過地方，應行典禮，無不修舉。九月二十四日，發自京師，既登泰山，還自江南。十一月十八日乙卯，遂幸闕里，謁先師，修祀事。先是，群臣議禮，謂陳設儀仗，迎神、送神，用兩跪六叩禮，讀祝文畢，行三叩禮。皇上以先師道冠古今，所以尊禮之者，猶有未至，遂特行九叩禮。夫重道尊師，王政之本也。記曰：

三王四代惟其師，矧先師集千聖心傳，會百王大法，其道誠莫之與京。累代崇事之文，亦不可爲不備。然要未聞有行是曠典者。

皇上天縱聰明，聖神文武，超邁前代，獨創非常，而行千載所未行之典，宜矣！嘗考漢高至魯，不過以太牢祀孔子，而儀制不載。北魏孝文、唐高宗、明皇、後周太祖皆行親祀，亦未傳有儀制。惟宋真宗謁廟，始用再拜，行酌獻禮，詣孔林降輿乘馬。然以視今日典禮，果孰優而孰詘耶？唐明皇過魯詩，止於嘆鳳泣麟，以視今日御製，闡揚道法，炳若日星，以心印心，以道證道，使萬世永遵而不可易，其爲精粗得失，又不待智者始辨之也。先是，禮部議巡幸所至，凡致祭祝祠翰林官擬撰，獨祀先師及元聖周公文出自皇上親裁。又聖製孔子廟記，遣官勒石，典禮益隆。昔先臣方藹，久侍講筵，蒙恩至深。今臣又備員史臣之末，臣弟湜又忝與纂修。欣覩皇上道法兼統，所行典禮足以昭示萬世，作則無窮。用敢忘其固陋，拜手而爲之記。

幸魯盛典卷三十二

大駕幸魯頌有序

翰林院庶吉士臣潘宗洛

皇帝御極之二十有三年，仁育義正，治功大定，丕乃倣巡狩之制，下補助之令，涉江淮，咨民瘼，迴鑾東魯，登孔子廟堂而釋奠焉。維時聖心默與道俱，神與德合。吐辭爲經，樹之以碑。臣伏見自古帝王，亦有駕幸闕里者矣。然或有事而禮不備，備其禮矣而德不洽，是以文辭之載道者希。《傳》曰："苟不固聰明聖知達天德者，其孰能知之？"蓋自孔子以來，至於今二千餘歲，聖人之道，雖與日月同光，而身體力行，若揆符契，總作述，荷君師，則素王之志，實有待於我皇上而後光也。臣愚不足以窺測萬一，據所見聞，質諸往古，自有載籍，曷以加兹？謹再拜稽首而獻頌曰：

巍巍我皇，與天地京。心全太極，道貫六經。學以《中庸》，治以《論語》。春王孝思，夙夜永譽。岱宗高止，我皇仰止。哲人遐止，我皇享止。秩秩几筵，肅肅豆籩。穆穆禮容，雝雝樂縣。入於宫牆，作配祖述。大哉皇言，維心之一。列聖大成，孔子集之。天下孰宗，我皇則之。庖犧演《易》，孔子繫之。木鐸既振，我皇繼之。巍巍我皇，千聖是式。繼往開來，傳於萬億！

聖駕幸闕里恭紀

翰林院庶吉士臣宋朝楠

聖主崇儒術，心源見素王。鑾旂來闕里，實幄集宮牆。禮樂千秋盛，謨猷百代昌。五雲懸翰墨，八佾奏笙簧。講席天顏喜，圜橋士氣揚。楷林凝瑞靄，文草吐奇芳。紺碧窺遺井，金絲陟古堂。泉林昭聖藻，檜木被奎章。汾水歌淩漢，康衢道繼唐。從兹千萬禩，駐蹕記鄹鄉。

聖駕幸魯恭頌

翰林院庶吉士臣林文英

六龍迴岱嶽，夫子道彌新。出處偕天德，君師兩聖人。碑留宮闕壯，文重鼎彝珍。古檜摩挲處，雲飛泗水濱。

其二

行宮開講幄，古訓揭天中。載錫雲來典，追酬祖述功。摛文揚亞聖，録後訪姬公。史册垂新紀，千秋仰止同。

聖駕幸闕里恭紀

翰林院庶吉士臣竇克勤

明堂修輯瑞，闕里契薪傳。輅轉風雲合，旂翻星斗懸。彩楹彝器肅，鵷序翠華連。入室垂龍衮，凝旒正講筵。誠通初祼後，心契未言先。禮樂窺明備，行生悉著宣。馳驅還可憶，删述豈徒然？俯仰懷麟鳳，音容接豆籩。鴻文鋪玉藻，緑字灑松烟。雨潤靈壇杏，晴薰泗水絃。百官儀既備，一貫道應全。撫檜遲鑾駕，沿沂憩石泉。坎流思至化，震出見微權。並孔思元聖，居鄒憶大賢。深情新廟貌，祗敬潔牲牷。歌溢康衢美，恩將世澤綿。闡經學不異，稽古政無偏。盛典儒臣筆，文明頌萬年。

聖駕幸闕里賦有序

翰林院庶吉士臣高人龍

歲甲子冬，皇上御極之二十有三年，海寓乂安，國家無事。於是稽古巡狩之制，省方江淮，言邁東魯。登岱宗，憩泉林。躬詣闕里，行釋奠禮，設講幄，命儒生進講經書。旋幸孔林，循覽歷代碑文，撫摩古檜，汲遺井而飲之。爰灑宸翰，題額曰“萬世師表”，撰碑贊記賦暨詩，洋洋乎雲漢之天章，典謨之聖製也。臣幸際昌時，獲覩盛典，敬拜手稽首而獻賦曰：

閼逢之歲，曆紀上元。日方躔乎星紀，葭初動而絪緼。仁風遐扇於八表，惠澤旁溢乎無垠。天子建九斿，駕金根。鳴八鸞以爲節，御六龍而高騫。遵大河之曲，涉楊子之津。觀風問俗，歷覽周原。湛恩汪濊，沾被黎元。於斯時也，回鑾返蹕，陟彼岱宗。却金泥之册，謝玉檢之封。正七十二代之謫舛，闢百千萬禩之心胸。指疋練於吴門，升日觀之高峰。緬哲人兮云邈，企大道而攸崇。爰顧近臣而詔曰：予聞曲阜之墟，篤生宣聖。百王所師，千秋是鏡。删述六經，彜倫以正。今也洙泗匪遥，宫牆接境。朕將修釋奠之禮，展如在之敬。於以仰止而景行，庶幾祈天而永命。群臣稽首，咸曰休哉。迺戒騶御，敕左纛。擁翠旓以後馳，紛羽葆以前導。陪尾鬱兮蒼蒼，泉林匯兮浩浩。泆者爲瀾，突者爲趵。歕者如珠，舞者如翿。或渟如明鏡之初開，或激如銀潢之乍倒。塵壒爲之畢澄，日月爲之迴照。可以臨流而濯纓，可以倚石而垂釣。天子徘徊移晷，默契道妙。感逝者之如斯，悟化機於大造。既而黄屋徐邁，青嶂遥連。文草匝地，栝柏參天。戟門竦翼，輦路如弦。碧瓦雕甍，松桷蘭椽。閟宫伷若，清風灑然。則闕里之廟貌不改，而先聖之几筵在焉。天子降輦而入，宿於齋宫。越翌日昧爽，有司各庀其事，咸霧集而雲從。濟濟蹌蹌，告潔告充。苾苾芬芬，籩豆是供。儼神明之來格，信肸蠁之感通。于焉擊靈鼉之鼓，考萬石之鐘，奏六代之樂，象大成之功。金聲玉振，柷敔笙鏞。工歌間奏，抗墜從容。三獻既畢，八佾方終。於是升講幄，召儒生。執經而前，辯晰研精。諸王肅謐，百官屏營。下迨期門、羽林之士，莫不識大義而聆天聲。較諸圜橋之觀聽，亦復更僕而難名。既而命聖裔，展載籍，詢遺址，稽往蹟。尋詩禮之過庭，訪金絲之餘壁。載登玉輅，祇詣孔林。螭表高峙，楷蔭環青。蓍莖披拂，馬鬣峥嶸。天子俯而九拜，起而巡行。汲古井之清冽，撫蒼檜之葱菁。式觀歷代之碑，靡弗蜚英而茂實，彪質而炳文，然未若今天子之範百代而鑄千君也。若夫泉林有記，師表有額。爲碑爲贊，心源如一。旁及詩賦，光摩日月。束虹蜺以爲毫，瀋雲漢以爲墨。儷羲圖，匹禹刻。鄙漢帝之章草，陋唐宗之飛白。焜煌仁義，斧藻道德。昭示來兹，永永無極。雖使益契陳謨，游夏珥筆，猶不能彷彿其萬一焉。至於留曲蓋於廟庭，頒榮賚於上公。爰及四氏之徒，姬公之裔，莫不復其田賦，錫以褒封。弘施鉅典，尤非近古之所得而比隆也。維時東日所出，西日所入，道一風同，中和翕洽。君師之任兼，治道之統合。蓋聖人之道，惟夫子集其成；夫子之道，惟我皇會其精。是故以饗而以祀，不啻見牆而見羹。識後先之同揆，覩禮樂之既興。敬摛毫而誌盛，颺景爍於千齡。

聖駕幸闕里恭紀

翰林院庶吉士臣彭殿元

聖治文德敷，九垓咸洋溢。欽明媲堯雲，濬哲協舜日。道德景前脩，《詩》《書》崇四術。東封告成功，南狩問民疾。回鑾過闕里，躋堂撫琴瑟。惟兹魯一人，生民未有匹。生當姬周季，憲章而祖述。删訂萬禩功，制作百王則。我皇紹道統，異代如一室。龍輅駐杏壇，圜橋歡耄耋。濟濟趨千官，洋洋舞八佾。肅拜親几筵，羹牆殆髣髴。斯文信在兹，日月中天揭。訪道問崆峒，祠真崇太乙。何如東魯尊，陋彼老與佛。卓哉聖皇軌，巍巍洵超越！

大駕幸魯恭紀

翰林院庶吉士臣陳綍

帝治高千古，儒風洽萬方。泰山迎望峻，泗水引源長。瞻拜當年舊，褒崇此日光。玉書徵覆護，檜幹尚焜煌。師表璇題迥，羹牆御墨香。道從一貫得，聖以大成彰。駐輦盱綿邈，凝旒溯混茫。恩覃車服禮，澤浹笄絃堂。松牖春常在，梅梁日載陽。殊榮餘桂奠，至敬溢椒漿。肅肅迴鑾早，依依降軾常。穹碑天上錫，翠琰濟南航。盛事真無兩，鴻猷洵莫量。操觚胥踴躍，載筆願趨蹌。特簡儒林秀，言從聖裔行。編摩羅寶册，故實檢珠囊。縟禮裁今制，繁文舉大綱。頌聲騰禹甸，文思焕堯章。幸被《詩》《書》澤，叨霑俎豆芳。斯文如有待，景運正無疆。

直南書房觀御製御書闕里碑文恭紀四首有序

翰林院編修臣查昇

竊惟昌期既遘，禮重尊經；景運斯開，慶流鼓篋。日者八紘寧謐，六幕綏安。西鶼東鰈，偃兵氣於銷鋒；黑壤朱垠，扇儒風於遒鐸。《詩》《書》之澤，蒸於穹壤；禮樂之盛，軼於古初。皇上湯敬日躋，堯仁廣被。天開羲畫，象離照之當空；春入虞絃，比巽風之拂地。三辰協極，四序咸和。乃復目泝羹牆，心游聖域。九重旰食，功懋緝熙；三殿勤思，學傳精一。往者六飛南涖，七萃東巡。降罼罕於朱楹，薦牲牢于黼幄。璇題珠牓，炳曜奎光；繡角文櫩，繽紛龍采。麟書再焕，鳳德重輝。命彼詞臣，紀玆盛事。共槖荷囊之筆，爰成石室之書。乃猶睿慮親營，天章手搆。金聲玉振，煌煌典訓之音；日燦星暉，噩噩盤盂之則。麗侔雲漢，珍並球圖。若其八體精嚴，雙鉤森灑。輕如垂露，識羲獻之非工；勁比折釵，笑芝繇之未善。鐫之寶篆，泐在豐碑。洵聖里之寵光，實儒林之曠典。然而宸懷天覆，大而益虛；聖德川流，積而彌讓。摩厓有待，庋閣經時。玆焉出珠玉于簡編，於以詢芻蕘于工瞽。臣得從供奉之末，陪直禁廷；獲於瞻仰之餘，預窺聖製。歡同近日，衹切葵傾；喜極望洋，難勝蠡測。自知蕪陋，竊效賡揚。輕塵滴水，固無當於高深；雀躍蟲吟，止自抒其鼓舞云爾。

秘殿花陰轉綠苔，身隨冠珮到蓬萊。巍峨鳳閣星辰近，烜赫龍函日月開。義舉六經歸典則，文成五色象昭回。珠林玉册光千古，天上親曾一覩來。

其二

奎章寶墨灑宮牆，制作昭垂邁百王。一代儒林增潤色，兩楹俎豆有輝光。鸞迴御帖晴雲濕，螭護豐碑翠蘚香。漢蹕唐封安足並，聖朝文治繼軒皇。

其三

宮簾長日午風清，緗帙紛披雪繭明。楮上虬蟠方詰曲，行間鳳舞必縱横。銀鈎鐵畫神常健，抉石奔泉勢自成。想見御屏宵旰暇，麟毫灑落瑞煙生。

其四

列宿中天拱帝車，翠華曾幸素王居。懸題已賜龍鸞額，伐石重鐫琬琰書。聖學孳孳扶道統，儒風習習返皇初。微臣幸際休明日，拜捧天章近玉除。

恭紀聖德崇儒頌有序

翰林院編修臣黄叔琳

今天子化成天下，尊崇孔子之道。於是薄海内外，遠近學舍，莫不皆立聖廟，以歲時修其祀事。而闕里之地，實爲聖人所居，尤宜崇飾廟貌，以法式天下。緬惟講堂之闢，則在建寧之時。其後歲時修葺，必官爲經理。漢魏以還，代加增飾；唐宋而後，尤見恢弘。至於乾封有詔，天僖有敕，則於歲修常典之外，别爲崇峻廣厲之文者也。總而論夫儒宫之廢興，規模之建立，則一厄於金之貞祐，而鼎新於元之大德，再災於弘治之己未，而落成於弘治之甲子。迄今二百年以後，追想二千年以前，歷考先代御府之文，遐稽遺告穹碑之記。如政和所頒門戟二十有四，明昌所拓黌舍四百餘楹，靡不增高岱嶽，助廣泗流。然而丹櫺碧瓦之輝煌，蟠螭蛟龍之鏤錯，歲月已遥，能無頹圮，固有待於崇儒重道之聖人爲之增華飾美者也。昨者我皇上停輿魯地，親祀禮成，徘徊燕寢之間，俯仰廊廡之下，周巡徧覽，從容永日。而御書“萬世師表”之錫，曲柄御蓋之賜，自立廟以來所未曾有。乃者回鑾以後，儼尼山之在望，睠堂宇之宜嚴，特發帑金，大加脩葺，務使棟梁重峙，丹雘維新。千秋道術，尤表於今時；萬載儒風，獨隆於此日。豈直青衿素領之士，鼓篋如歸；褒衣博带之儒，横經有地而已哉！昔者《魯頌》所載，新廟有作，則其臣史克有《泮水》《閟宫》之詩，以揚其休美。今我皇上廣揚文教，弘啓儒宫，如此其盛，莫之能京。允宜從史克之後，作爲歌詩。仰宣聖化，不敢以初厠詞館，文詞陋淺爲辭，乃拜手稽首而獻頌曰：

奕奕新廟，尼山所宅。天子有命，增華於昔。經之營之，孔曼且碩。是斷是度，丸丸松柏。惟此松柏，其高参天。杏壇之側，泗水之邊。睠言廟貌，靈祠巋然。其庭殖殖，其楹閑閑。鑾輿至止，大小咸喜。勞我聖皇，親舉玉趾。宫寢廊廡，周覽環視。赫赫嚴嚴，天顔在咫。帝眷聖道，尊崇無外。褒以雲章，錫以御蓋。廣運精思，以賦古檜。凡厥後裔，沾恩汪濊。惟帝有念，念兹儒宫。歲時脩葺，歷代或崇。鼎新革故，則待鳩工。其塗丹雘，以契予衷。乃命司天，撰辰擇吉。乃命司空，度材營室。出自内府，朱提萬鎰。刻桷雕甍，其成不日。廟事既舉，來覲來齋。摳衣屏息，歷級升階。士無怠氣，人無惰懷。肅肅雍雍，以莫不諧。惟我孔子，萬世之綱。惟我天子，萬方之王。闡揚聖教，其道大昌。作兹新廟，巍巍煌煌。闕里之澤，天下之光。

恭紀特發帑金重脩闕里廟落成二十韻

翰林院編修臣黄叔琳

惟聖能尊聖，君師道並崇。鴻鈞一氣轉，繼曜萬方同。繡紱神靈迥，尼山俎豆隆。大哉推奕禩，高矣眺靡窮！條貫兼飛簴，精微契合宫。翠華巡魯甸，玉帛走寰中。歷陛瞻遺像，優儀至鞠躬。御筵咨大義，承旨震群蒙。植檜霑仁澤，仞牆協道風。撫楹思奂彩，發帑命鳩工。斷斵徂徠近，挽輸洙泗通。架梁虬偃仰，叠甽玉玲瓏。罘罳藏雲白，翬飛駐旭紅。神功真廣大，士類感恲懞。睿翰騰騫古，穹碑負贔雄。文輝辰極北，德峻岱峰東。作頌羅時髦，書思覲上公。天顔知有喜，地職已能終。肅慎常供矢，扶桑永掛弓。聲名訖無外，遐邇盡呼嵩！

幸魯盛典詩十二韻

翰林院編修臣覺羅逢泰

昭代文明啓，熙朝道統彰。尼山通寤寐，闕里待冠裳。卜日鑾輿出，乘風雉尾翔。一誠陳俎豆，九拜薦馨香。睿藻雲霞麗，宸章日月光。豐碑看燦爛，曲柄覩輝煌。至德隆師表，彝倫奉典常。靈蓍占地寶，古檜紀年芳。攬勝勞清問，程材集講堂。恢恢儒業重，奕奕帝勳長。心法承河洛，明禋邁漢唐。金甌知鞏固，咸仰廟謨昌。

恭紀幸魯盛典詩十二韻

日講官起居注翰林院侍講臣覺羅滿保

振古傳心法，尼山集大成。當年垂教澤，此日際文明。洙泗淵源合，唐虞道統精。金絲諧壁奏，詩禮著堂名。神檜迎仙仗，靈蓍映翠旌。停輿親步入，釋奠禮躬行。翰藻隆千載，輝光溢兩楹。龍蛇銀管動，鸞鳳彩毫呈。蓋展雲霞色，碑流玉石聲。宫牆瞻美焕，草木被餘榮。史册真希覯，臣僚並效賡。感恩非一姓，率土荷皇情。

幸魯盛典卷三十三

纂修《幸魯盛典》詩并序

翰林院編修臣文岱

臣聞崇儒重道，迺治世之弘規；釋奠臨雍，爲帝王之盛業。溯自羲軒而下，洎乎《書誥》以還。心傳如一，俟後聖而不疑；斯文在兹，推孔子爲尤盛。廟崇曲阜，恒慨思夫玉振金聲；禮用太牢，爰致祭於尼山泗水。漢室之特典猶存，宋代之親臨足紀。自古而然，於今爲烈。欽惟我皇上御曆之二十有三年，東巡幸魯也，議禮至隆，敷文益遠。輦駐奎文之閣，見若羹牆；步登闕里之堂，肅兹拜獻。既仰瞻乎至聖，復旁及於四賢。發道德之幽光，不惟犧象雲雷之末；闡性天之奇奥，亦觀禮器車服之陳。畫棟雕甍，光同雲日；唐鐫漢篆，勢若蛟螭。於焉一時寄覽，四字加褒。翰墨流芬，何異銀鈎鐵畫；錦箋耀彩，恍如緑字赤文。自一世及萬世，傳之勿替；以身表作師表，沿及無疆。榱桷騰輝，還留翠蓋；簷楹掞藻，兼歷講堂。覽懷英之篆，往蹟可稽；閲杏壇之碑，石刻宛在。千尋古檜，賦成雲漢之華；丈六靈蓍，式表孔陵之異。固世守之得以常綿，而輪將之可以勿事者也。更若昌平勝地，孔里故居。患堂廡之摧頽，出儲胥而丹雘。竹苞松茂，規模備美於當年；鳥革翬飛，氣象增榮於昔日。或持絳節以飄颻，盡玉葉金枝之秀；或捧丹書而璀璨，皆左輔右弼之賢。廟貌日新，文明大啓。推恩廣矣，録其苗裔，遞及周、程、張、朱；立制昭然，表乃前賢，奚獨顏、曾、思、孟。是以纂兹《盛典》，肇自乙丑之年；告厥成書，迄於辛巳之歲。彙爲卷帙，揚此聖謨。昭日星河嶽於行間，前賢堯，後賢舜，不啻與二帝爲三；振金石鐘鏞於字裹，禮知政，樂知德，自可等百王而上。臣飏贊莫由，舞蹈靡已，敬成十律，用賡九歌。

其一

聖主修時邁，鴻儀定秩宗。道尊孔氏學，典茂漢皇風。翠蓋臨洙水，嵩呼震魯宫。斯文千載賁，曉色正曈曨。

其二

步自奎文閣，言登闕里堂。跸行儀肅肅，文告頌洋洋。蹌濟皆鵷鷺，笙歌繞鳳凰。一時恩意普，前後仰龍光。

其三

詩禮堂貽久，當陽御講筵。修齊揚祖訓，彖象闡羲傳。瑞映龍文麗，祥分鳳藻妍。大寮欣侍從，天語更煌然。

其四

舊得傳真像，今還籠碧紗。式瞻道貌古，深憶講壇華。紫氣臨朝旭，文光燦晚霞。至尊親拂拭，奕禩重褒嘉。

其五

往蹟知咸在，因觀犧象餘。神傳道子畫，贊出米顛書。御覽崇朝徧，皇情此日舒。表揚四字後，掞藻滿庭除。

其六

黄蓋方崇廟，佳城復薦巵。榮分廬外楷，靈動墓前蓍。至道古不泯，斯文今在兹。弘膏綿世澤，隨處沐恩施。

其七

廟貌雖崇焕，簷楹賴鼎新。采山親御蹕，分帑出楓宸。日耀丹黄色，雲開殿廡春。几筵瞻拜處，長此重明禋。

其八

神功開朔漠，御命紀豐碑。耀武包戈甲，崇儒尚鼓吹。雙鈎金管出，聯搨赤文貽。檜影遥分彩，光同日月垂。

其九

德意何周溥，絲綸次第開。魯鄒崇廟祀，濂洛廣滋培。寶翰榮三錫，鴻文重八垓。承恩巍闕下，元首咏康哉。

其十

盛事欣初遇，還憑歌敘留。一編昭史册，萬載炳皇猷。拜舞欽堯典，文明啓禹疇。頌颺靡有罄，天地與同流。

幸魯盛典恭紀 [1]

翰林院檢討臣年羹堯

鑾輿臨魯甸，仙杖擁宫牆。入室威儀肅，升堂廣樂張。尊彝觀法象，俎豆薦馨香。曠典留芝蓋，尊崇邁百王。

其二

杏壇隆秩祀，林寢駐旌旗。麗日封塋曜，祥雲秘殿垂。山川環拱衛，草木颺葳蕤。寵錫優苗裔，繽紛錦繡披。

其三

絲綸頻下賁，廟貌鼎重新。朱檻琅玕筍，雕梁玳瑁鱗。周阿延日月，飛閣矗星辰。交映軒亭敞，穹窿頌美輪。

其四

賜額榮光燭，豐碑篆籀鐫。龍章詞焕爛，鳳藻墨華鮮。玉振金聲叶，銀鈎鐵畫懸。文昌成五色，景運仰中天。

1　四庫本無年羹堯《幸魯盛典恭紀》四首。

幸魯盛典十六韻

翰林院檢討臣阿爾賽

廣運同文治，昭回至德敷。時亨[1]皇極建，道在素王扶。岱嶽尊河洛，尼山匯泗洙。九重頒典册，百世仰師儒。鄒魯沿三代，絃歌被一隅。翠華勤拜訪，闕里焕規模。詩禮觀瞻肅，金絲氣象都。講經隆聖學，讀《易》應乾符。入室皋夔相，升堂游夏徒。天章飛玉屑，御墨散金鋪。博士褒嘉數，文宣禮遇殊。詔留芝蓋出，恩與杏壇俱。拓地加增壙，蠲糧等復租。靈蓍堪揲卦，古楷亦成圖。紀頌紛珠玉，賡飏協典謨。大成如可作，一德主臣孚。

恭紀聖駕幸魯盛典四律

翰林院庶吉士臣高其倬

隆儀肇舉出承明，闕里欣看綵仗迎。奎壁星高環翠輦，松楸路迥駐霓旌。風和宛宛華鐘動，日麗遥遥玉磬鳴。師表萬年殷薦盛，頌揚莫罄魯諸生。

其二

犧象雲雷列上台，翠微深處講筵開。祥煙散彩盤旋護，鹵簿飄香拜獻來。碑峙千尋文燦爛，牆推萬仞日昭回。龍翔鳳翥璇題永，先後同欽大聖才。

其三

萬國昇平樂凱旋，歌功聖廟湛恩偏。琅函特並兼金賜，文綺還

1　“時亨”，四庫本作“學隆”。

同華衮傳。電鉞親揮欽武德，圜橋沛澤仰堯天。杏壇式薦馨香日，繡黻留輝耀豆籩。

其四

帝子遥臨精意通，函香肅穆鳳城東。神馳泗水音容近，道奉尼山禮秩崇。恍聽金絲傳古壁，頻瞻俎豆敞齋宫。心源會得群賢接，恩遇忻沾此日同。

幸魯盛典恭紀二十韻

翰林院庶吉士臣耿古德

盛典東巡舉，寰區頌我皇。斯文昭炳煜，吾道藉光昌。奥義探洙泗，隆儀邁漢唐。鳴鑾停闕里，駐輦過平鄉。魯壁尋遺宅，緇帷訪講堂。音容留往蹟，草木覩餘芳。恍若羹牆接，彌生俎豆光。御爐煙縹緲，仙樂韻鏘洋。萬乘躬爲屈，千秋德倍彰。宸章垂典誥，睿製叶笙簧。已覺雲霞麗，還流翰墨香。金書丹碧焕，緑字鳳鸞翔。天語從容問，臣詞仔細詳。推恩皆子姓，陪列盡冠裳。優厚原田賜，綿延带礪長。龍顔瞻有喜，聖澤溥無疆。懽悦盈陬澨，聲名遍校庠。崇儒推哲后，典學茂前王。棫樸人文盛，《詩》《書》士氣揚。所欣逢景運，六合慶時康。

《幸魯盛典》告成恭紀二十韻

翰林院庶吉士臣伊太

東幸恩膏溥，西清紀載詳。禮因天子議，道賴聖人昌。居仰尼山近，源承泗水長。文明開魯國，儒術得周行。翠輦乘時動，朱旗映日颺。迴翔瞻入室，誠恪儼循牆。牲幣陳重席，蘋蘩薦御香。爵隆三獻禮，樂奏九成章。器用頒天府，工歌叶太常。百司陪俎豆，四氏効趨蹌。鉅典何巍焕，高文更喬皇。龍章垂碧落，鳳藻麗穹蒼。葺宇絲綸重，題碑翰墨光。喬林看檜楷，古壁聽笙簧。講藝微言晰，推恩異數彰。貂裘蒙寵賚，羽葆覩輝煌。駐蹕留餘眷，編蒲志不忘。石渠勤筆札，金匱永珍藏。頌祝盈閭里，都俞在廟堂。中天文運盛，泰岱共無疆。

幸魯恭紀十二韻

翰林院庶吉士臣楊萬程

帝教隆儒術，時巡肅禮門。鳳麟輝聖域，奎壁印心源。陳俎馨香遠，升堂律度温。欽崇留寶蓋，幬覆象乾元。治接唐虞統，躬持道德籓。檜林開輦路，蓍草獻仙根。美奂流丹艧，飛甍耀紫垣。仁耕優錫土，天爵重褒言。睿藻金聲戛，穹碑玉篆存。蕩平昭協贊，樂育履安敦。體極三才備，儀超百代尊。文光淩泰岱，景運叶羲軒。

幸魯盛典恭紀二十四韻

翰林院庶吉士臣阿進泰

皇巡超萬古，聖祀肅千秋。泰岱飛鸞輅，宫牆降冕旒。上辛崇俎豆，二月覲諸侯。闕里青旂繞，東山紫氣浮。太常馳綵幣，胄子挾鳴球。典視唐宗盛，儀從漢代優。雍雍百官富，肅肅兩楹鏤。步輦瞻雲峻，齋宫望殿幽。升堂親九拜，入廟獻三酬。講席奎文敞，經聲魯壁蒐。宸章輝玉牓，御藻勒銀鈎。後殿龍車轉，前林鳳羽游。

異蓍仙露入，神草瑞雲收。手檜天題咏，香泉味冥搜。蠲租眉耇渥，頒爵耳孫周。博士添經術，旗門護櫝楸。貂裘頻賜賚，黃蓋命藏留。北闕迴輿日，西山匠石鎪。穹碑標曲阜，大册焕神州。特遣虞衡使，還將棟宇修。朱提頒内府，丹桷焕雲樓。重道書無匹，尊師史莫儔。江山宣禮樂，河嶽仰懷柔。恭頌神堯德，長同泗水流。

幸魯恭紀十二韻

翰林院庶吉士臣董泰

春滿尼山路，天臨曲阜城。愛民勤省問，重道啓文明。泰岱祥雲遶，東蒙瑞靄迎。古書求《彖》《繫》，大樂訪《咸》《英》。珪璧傳先蹟，宫牆愜聖情。緇帷來鳳蓋，翠輦駐鸞聲。曲有潛魚聽，圖因寶馬呈。杏壇增氣象，泗水毓華菁。玉牓垂三殿，金題壯兩楹。大臣監匠石，帝子上粢盛。至治隆師範，綸言闡道精。小臣恭紀載，稽古樂光榮。

幸魯盛典恭紀二十四韻

翰林院庶吉士臣王士鑰

天閶開鼎命，岱嶽拱乾陽。峻德彰巍焕，崇文著喬煌。薪傳抽錦秘，斗極燦龍章。道統苞前喆，心源印素王。禁扃凝眷眷，鑾輅動鏘鏘。蹕駐東山迴，恩流泗水長。鳥迎仙仗轉，草傍翠華香。特典明禋懋，皇儀秩祀莊。靄尊親涖鬯，雲幣覿升堂。裊裊縈香篆，輝輝麗燭光。笙鏞盈碧宇，綸綍肆圭璋。爰啓琉璃匣，平移玳瑁牀。一言昭闡繹，四字罄揄揚。璀璨璇題耀，飛騰奎壁翔。土田恢嗣續，散秩益冠裳。曲蓋先師軾，宸書壽母坊。蠲租敷浩蕩，賜帑湛汪洋。魯道閎新碣，周行暨遠疆。元公推錫後，子姓復揚芳。典禮超前漢，規模陋盛唐。史臣難贊頌，文治樂賡颺。怯劇賈生壘，恭循考父牆。瞻霄忻異數，依日愛非常。幸際休明代，傾葵奉聖皇。

幸魯恭紀二十四韻

翰林院庶吉士臣才住

閶闔垂衣日，寰區擊壤時。東巡依舜典，時邁咏周詩。鸞輅乘春發，霓旌拂曙馳。岱宗瞻峻極，魯殿訪陳基。爰幸宣尼宅，先臨闕里祠。省牲新薦享，釋奠舊威儀。玉帛陳庭實，笙竽奏樂詞。祥熏飄柱栱，明燎映罘罳。興俯將宸敬，尊崇仰帝師。心源誠默契，道統繼聞知。鴻筆題銀牓，龍光照玉墀。片辭該已盡，萬世語非私。挺幹孤生檜，叢莖瑞應蓍。上公膺寵錫，舉族被榮施。賜酺歡心洽，蠲租惠澤隨。金錢中禁出，文綺尚方貽。召對諸生俊，恩加好爵縻。廟堂留曲蓋，壽母表華榱。已荷皇慈極，重看睿藻披。千言揮韻賦，五字麗穹碑。重道能如此，斯文儼在兹。史官詳紀載，簡册待昭垂。愧少班張筆，難將雅頌爲。右文成聖治，何幸遇昌期！

敬讀御製御書孔子廟前後碑文恭紀二章有序

兵科掌印給事中加一級臣宋駿業

羲畫乾坤，堯傳精一，由來上哲，定有文章。我皇上以仁聖之姿，建中和之極，學扶正脈，道協素王。入廟幸林，隆規鉅典。既旋鸞輅，即灑龍章。玉振金聲，聿著大成之頌；禮明樂備，并嘉元聖之功。蓋因孔以及周，如溯源而竟委，自昔未有，曠代罕行。乃因殿宇之漸敧，復動宸衷之眷顧，命官庀治，發帑鳩工，歲逾一周，功方告竣。循牆拾級，磷磷雁齒之階；丹雘塈茨，燦燦魚鱗之瓦。典型非遠，廟貌聿新。式昭景仰之規，再製重修之碣。幸依禁近，臣得預觀，乃選石於藍田，遂鐫文於闕里。摹勒告竣，搨本進呈。拜手載觀，珍踰緑字。爰入内府之帖，同編秘笈之藏。筆陣雲横，難擬釵痕於鋒穎；墨池波濺，細求戈法於毫端。久垂畫一之模，永示正心之法。昔漢家誼辟，妙有歌詩；唐代英君，神推飛白。未有文因重道，義起崇儒。宣義蘊於性天，寄楷模於翰墨。璣衡在手，變化入神。臣奉職省垣，兼較金石，欣逢盛典，敢後揄揚？坐井觀天，以蠡測海。豈陳梗概，曷罄形容！

聖學淵源契大成，尚勤仰[1]止溯先正。花迎鑾輅臨東甸，風遞絃歌入魯城。三殿禮陳蠲俎豆，五雲章焕散瑶瓊。天書親捧登金石，蚉負何當被寵榮！

其二

殿宇穹窿倚日開，宸游瞻仰幾徘徊。冬官新遣鳩工去，帝子親啣鳳詔來。再焕絲綸驚異數，兩經較閲媿非才。豐碑交映垂謨誥，萬世鈞陶入化裁。

聖駕幸曲阜釋奠先師恭頌

户科給事中臣趙吉士

沙界平成天地功，布衣參贊帝王同。賢賢函丈神猶宅，聖聖傳心輦向東。典舉千秋儀鄭重，林開五色氣葱蘢。几筵應見臨章甫，

1 “勤仰”，四庫本作“然勤”。

禮數從容沐化風。

其二

冬仲東巡綵仗雄，欣傳駕幸聖人宫。泰山不改巖巖象，王者猶瞻皡皡風。設几山龍增肅穆，升堂絲竹侑豐融。牲牢自古多殷薦，羽蓋尤標禮數崇。

幸魯盛典卷三十四

聖駕幸闕里祀先師禮成恭紀

户科給事中臣汪晉徵

盛世隆文教，宸衷叶聖心。淵源洙泗遠，矩矱帝王欽。柴望先東嶽，觀游到孔林。龍旂輝絳日，鸞輅越青岑。燕許誇驂乘，鄒枚慶盍簪。盛儀超往古，曠典耀當今。睿藻星辰爛，天章日月臨。雲霄頒渙汗，典秩歎林壬。庭植千年檜，堂懸六代音。冠裳真肅穆，廟貌儼蕭森。禮器紅螭古，豐碑碧蘚侵。羹牆如晤對，心性任探尋。手澤瞻函丈，遺徽在瑟琴。乾坤同廣大，海嶽並崇深。陶后尊師意，軒轅問道忱。《詩》《書》時灌溉，丘索益浸淫。爵賞恩逾渥，牲牷祀必歆。匪材同朽櫟，末學等蹄涔。職滯周南地，心依鳧繹陰。抒懷遥獻頌，仰止思難禁。

聖駕幸闕里恭賦

禮科給事中臣錢晉錫

聖治唐虞接，宸衷洙泗傳。斯文垂斗極，吾道絶蹄筌。書軌攸同日，干戈載戢年。盛儀將幸魯，法駕遠從燕。萬騎聞雷動，千官看璧聯。鸞旗晨捲霧，鳳葆夕浮煙。宅枕尼山舊，星當奎宿躔。杏壇流澤遠，槐蔭植根先。懸甕留蝌蚪，遺書奏管絃。泰山親仰止，滄海近回旋。展謁宫牆峻，趨蹌俎豆虔。尊師心邁古，重道禮光前。肅拜停鑾輅，精禋對几筵。薦馨修黍稷，宿設戒宫懸。日月宸章麗，雲霞御墨鮮。湛恩優後裔，秩祀徧群賢。錙賜朱提燦，碑穹緑字鐫。帝圖真蕩蕩，王路信平平。曠典資排纂，鴻篇媿穴穿。欣逢文教洽，拜手頌堯天。

聖駕幸闕里頌并序

禮科給事中臣黄六鴻

皇上御極二十有三年，曆啓上元，歲逢甲子。風薰舜瑟，軒開復旦星雲；壤擊堯衢，户仰光天日月。集琛球於域外，萬國咸柔；敷禮樂於寰中，九州漸被。巍巍蕩蕩，至德難名；裔裔皇皇，弘猷具備。乃猶踵勳華之絶業，時廑羮牆；綜一貫之心傳，彌深寤寐。謂後先符節，統備素王；遐邇《詩》《書》，咸宗闕里。省方問俗，往制宜遵；重道崇儒，聖心尤切。爰舉時巡之典，特隆肆覲之儀。維時化日南行，玉輦轉陽和之候；文峰北拱，金輪卑丘垤之觀。指泰岱以鳴鑾，向昌平而駐蹕。式瞻古殿，煌煌數仞之牆；緬想遺徽，寂寂千秋之鐸。犧尊致潔，鳳管齊鳴。三獻既終，百禮斯洽。進諸生而講藝，天語琳瑯；集四氏以横經，王言綸綍。煙霏鐵檜，金敲玉戛之章；日麗螭碑，鳳翥鸞翔之筆。睿製昭於星日，恩賚榮於綺衺。庭楹騰旓蓋之輝，支庶拜簪纓之寵。原田畮畮，蠲彼常租；髦士峨峨，加之異數。録裔孫於姬相，增博士於尼山。鄒魯千村，悉附杏壇遺澤；江淮萬井，咸叨楓陛深仁。典莫隆焉，恩斯溥矣。夫運開豐沛，肇祀太牢；詔賜褒成，廣封邑户。釋奠傳於建武，太師贈自乾封。開元晉文宣之稱，祥符定陪祀之位。莫不垂諸簡册，著爲典型。然而規制半屬相沿，恩施鮮能旁及。惟是天開有道，聖契同心。萬乘親臨，禮隆百代；一門瞻戴，澤被四方。誠僅覯於昌辰，實罕聞乎往牒。臣學慚蠡管，職忝班聯；恭遇鴻規，曷勝燕喜。謹拜手稽首而獻頌曰：

維皇御宇,至治光昌。饕軒雅奏,糺縵天章。教通槃木,化洽扶桑。三千玉帛，百萬梯航。啓幄右文，披圖稽古。精一傳心，勳華接武。袌對敷天，謳思率土。泗水絃歌，尼山鐘鼓。睠懷鳳德，景企麟蹤。旁參往制，駕言徂東。歲在甲子，時維仲冬。龍旗耀日，豹尾臨風。凫繹嵯峨，龜蒙崒嵂。闕里鳴鑾，行宮駐蹕。毓粹翬飛，奎文鳥革。肅庀牲牷，虔修籩食。篆烟縹緲，蕭膋氤氳。靁尊碧醑，雲幣丹雯。禮隆祼獻，樂奏咸雲。壁琴應響，壇杏舒芬。俯仰松楸，摩挲楷檜。御墨鴻軒，宸章鳳翽。講幄弘開，諸儒畢會。芸笈敷陳，芝函錫賚。君恩孔渥，聖澤旁流。檐輝篆額，篋貯綺裘。纘温四氏，蓋賜九斿。爵崇東野，膏溢西疇。坊斧擴封，田租詔免。木鳳春回，金雞日轉。潤浹江淮，懽騰青兗。矞矣隆規，皇哉曠典。載稽前史，詎乏崇儒。欞門列戟，衮冕凝珠。潤飾弘業，表章遺書。雖尊麟紱，未枉鑾輿。何幸昌期，聖人首出。九野霑仁，八紘徧德。性道常輝，文章共式。圖籙萬年，與天無極！

大駕幸魯恭頌

掌河南道事江南道監察御史臣嚴曾榘

寶籙端皇極，璿圖握紫樞。同書奄九有，至化洽三無。鄒魯言爲法，君師德不孤。昌期崇大道，曠代祀先儒。北拱羅星斗，東巡協典謨。龍旂觀勝蹟，凫繹號名區。闕里絃歌奏，齋宫禮數殊。圜橋增博士，講席召生徒。木鐸升堂振，金絲降輦趨。恩留芝蓋在，詔與杏壇俱。古檜猶存幹，文禽自引雛。從來躋聖域，況乃接天衢！

特重兼金賜，全寬一歲租。成珠落咳唾，勒石紀都俞。師表懸文廟，仁風徧舞雩。侍臣多獻頌，末技愧操觚。

聖駕東巡幸闕里釋奠先師恭賦

河南道監察御史臣趙廷珪

聖德超千古，皇風遍九州。星迴移闕里，花合駐宸旒。雙鳳扶雕輦，群工從彩斿。水通洙泗近，雲接岱宗浮。肅穆瞻遺像，羹牆動冥搜。禮嚴崇俎豆，澤遠敬松楸。道統三皇接，心傳六字留。儼然周禮樂，邈矣魯春秋。山木懷前哲，風雲入睿謀。碑穹持地軸，墨潤灑天球。臯繹成奇觀，崆峒豈易儔。小臣逢盛典，簪筆紀巡游。

聖駕東巡幸闕里釋奠先師恭賦

江西道監察御史臣錢三錫

化洽琱戈偃，時熙玉瑞陳。軒皇看受籙，闕里表傳薪。矢德弘文運，冥心契道真。淵源洙泗接，典禮漢唐因。祠廟牲牢盛，宮牆展謁親。珠旂初北發，鑾輅遂東巡。壤接青疇古，山開翠嶂新。奎躔光燦爛，尼阜勢嶙峋。甕著丹書異，音留素壁神。徘徊趨鯉處，彷彿繞龍辰。雷動停千騎，雲開列九賓。宮懸聆法樂，俎豆見精禋。象緯宸章麗，琳瑯御墨珍。萬年輝劍珮，五字耀貞珉。體挾蛟龍舞，聲調金石均。隆儀陪祀肅，寵賚湛恩頻。大義重昭揭，微言詎鬱堙。編摩垂簡册，抃舞溢簪紳。君極天同峻，王風日返淳。小臣來絶徼，拜手屬車塵。

大駕幸魯恭紀三十韻

陝西道監察御史臣劉維禎

景運上元年,文明化八埏。省方遵魯甸,望秩考虞編。鳳蓋霜林賁,虹旗晝谷鮮。八神森列帳,七萃肅中欏。日麗奎婁野,星陳濟汶邊。岱雲朝送翠,壇燎晝揚烟。奏樂升歆畢,崇儒夙駕前。端門真屹若,孔里獨巍然。遺廟層霄矗,中階列宿懸。緇帷仍象佩,丹壁自琴絃。宗伯虔罍洗,從官飭几筵。九重親獻爵,兩廡特加籩。龍衮星辰耀,鵷行劍佩聯。戟門麾纛擁,宮架鼓鐘縣。華胄皆承詔,雲孫悉聽宣。勝衣頒繡段,賜講立彤旃。進秩隆恩溥,陪班渥澤沿。援毫深睿想,灑墨煥奎躔。文挾長河注,書垂霱露妍。璠璵鰲背現,琬琰鳳形鐫。萬古穹碑聳,千秋麗製傳。謁林逾肅穆,駐蹕屢迴旋。彩霧籠仙仗,天香繞玉鞭。靈蓍符大衍,文楷憶前賢。洙水遥源合,防山夕照連。摩挲餘檜樹,眺覽及林泉。並展銀鈎字,俱成瑞錦篇。六飛回輦道,百里賜祠田。永覩儒風振,從教治化全。小臣長拜手,快覩日中天。

聖駕幸魯恭紀

户部江西清吏司郎中臣張琦

卿雲欣覩九天開,寶鼎香隨玉輦來。振鷺群飛周佾舞,翔螭雙繞漢尊罍。甘泉試汲淵源遠,鐵檜重邀雨露培。雕輦更移防阜畔,文孫親爲掃莓苔。

其二

詩禮堂前警蹕傳,鯉庭瓜瓞正綿綿。牙籤捧出雲霄上,組席移來日月邊。靈雀飛飛迎輦路,豐貂鬱鬱惹爐烟。馨香此際邀親薦,迥異瞻風過魯年。

聖駕幸魯恭紀

户部貴州清吏司郎中臣陳斌如

夙駕熙朝出，鳴鑾闕里來。星辰舒雁翼，日馭控龍媒。紫蓋留金節，黄流捧玉罍。一牢隆漢祀，六籍燦秦灰。肅穆疑天表，流連厪睿裁。杏陰留几席，檜紐護風雷。座想三千列，時逢五百回。至文昭日月，重爲聖君開。

聖駕幸魯恭賦

刑部福建清吏司郎中臣邵延齡

郅治隆巡幸，鴻文備訓謨。燔柴虔始告，釋奠典弘敷。里諺歌游豫，嘉禾協瑞符。夔龍驂後乘，方虎爲前驅。日射牙旗燦，雲隨玉仗紆。衣冠風競古，父老杖相扶。文教明三德，仁聲溢九區。綴班齊鵠立，止輦受嵩呼。帝則初何異，天章迥自殊。夜珠香篆吐，曉露墨池濡。别殿迎仙幄，行宫指海嵎。省方先問俗，訪道獨崇儒。洙水分源委，鯉庭識步趨。景行千載合，瞻仰一心孚。異蹟思麟紱，祥徵憶鳳圖。粢盛光俎豆，軒蓋壯車徒。宸翰標題切，豐碑剞劂摹。由來崇爵秩，新得見規模。盛事傳昭代，群情洽彼都。恩榮遐邇遍，紀載古今無。寶篋縹緗貯，瑶函錦繡鋪。小臣賡珥筆，拜手誌黄虞。

聖駕幸闕里釋奠先師恭紀

刑部廣東清吏司郎中臣胥琬

闕里風雲會，文明海域同。霓旌萬樹外，鳳輦百花中。禮樂兼前代，車書列上公。天恩深泗水，颺拜盡呼嵩。

其二

日暖迎鑾地，雲高駐蹕亭。水連滄海碧，山接岱宗青。聖道通三極，天文焕六經。臣鄰喜起頌，簪筆直欞星。

聖駕幸闕里釋奠先師恭紀

刑部貴州清吏司郎中臣姚士暨

玉燭調元化，華平集百祥。武功逾鎬洛，文德紹虞唐。風教通重譯，車書暨八荒。漸摩民俗古，景仰聖情長。諏吉當嚴節，乘輿發未央。江淮浮綵鷁，鄒魯肅條狼。疾苦諮田父，恩膏被井疆。觀風臨泰嶽，重道詣宫牆。淵湛洙河水，崇閎闕里堂。爐烟霏輦路，鹵簿晃朝陽。嚴翼貔貅旅，雍容鵷鷺行。鸞聲傳噦噦，鳳吹叶鏘鏘。鼓伐靈鼉動，旗翻翠鳳揚。一人虔盥薦，群辟盛趨蹌。禮物陳三代，精忱邁百王。管籥歌備舉，都荔散群芳。交暢牲煙達，嘉虞福醴將。孔林瞻瑞靄，講席吐琳瑯。父老圜橋聽，旌麾向夕張。回鑾松幄畔，駐蹕杏壇傍。愾慕思彌切，低徊眷不忘。葳蕤留寶蓋，霏結灑宸章。捧去蛟龍護，懸來日月光。尊師情繾綣，延世澤汪洋。胄子承天顧，諸生被繡裳。主恩真莫並，聖德有餘慶。錫帛卑安帝，陳牲陋武皇。寒辰風習習，枯谷露瀼瀼。彤管宣揚盛，尼山草木香。小臣甘菲質，秋署備官常。讀律遵先訓，揮毫愧俊良。歡呼逢曠典，拜手効賡颺。

幸魯盛典卷三十五

恭遇駕幸東魯釋奠先師禮成，御製詩篇勒石垂示永久，敬賦七言律三首

户部河南清吏司員外臣李振世

漫道穆王馳八駿，還輕夏后御雙龍。豈如帝德崇師範，直以天顔挹聖容。巀嶭宫牆瞻美富，淵源洙泗見朝宗。宸章親灑由來少，迥出東山第一峰。

其二

玉輦東巡謁素王，千官拜舞和龍章。杏壇雨露天恩遠，軒架金絲聖治光。自有平成關述作，不將封禪溯羲黄。同文海宇胥歸極，應比尼山日月長。

其三

甲子鳴鑾下孔林，有虞東狩又逢今。九成樂備明禋志，五字詩傳精一心。御蓋留時光俎豆，宸章題處重球琳。尊師曠典真堪紀，萬歲千秋頌德音。

恭頌皇上駕幸曲阜祀至聖先師孔子十章

户部河南清吏司員外[1]臣莊名弼

維皇承運，上元甲子。武功既成，敷文伊始。舊染維新，民寧幹止。海晏河清，軒舞再起。

其二

維天愛道，圖書以宣。肇啓羲皇，一畫開先。黄帝堯舜，道乃遞傳。作君作師，二典有編。

其三

放勳欽明，重華是述。允執厥中，危微精一。禹湯文武，基命宥密。爰逮尼山，道高上律。

其四

大哉孔子，天縱作聖。删定贊修，六經是正。生民以來，未有其盛。立道綏和，萬古胥慶。

其五

帝曰欽哉，聖居近止。夢寐羹牆，登堂乃是。八鸞鏘鏘，遥指闕里。龍旗十乘，聖心則喜。

其六

帝曰欽哉，有嚴有翼。宗廟百官，美富是式。乃命秩宗，惟寅惟直。虔修祀事，恪共爾職。

其七

有嚴天子，穆穆皇皇。得門而入，數仞宫牆。孫枝奕葉，濟濟蹌蹌。金聲玉振，獸舞鳳翔。

---

1 “員外”，四庫本作“郎中”。

其八

惟聖契聖，千載同堂。乃揮宸翰，錫寵揚光。萬世師表，棹楔垂芳。唐宗漢祖，陋無文章。

其九

泰運方開，文德是暢。虞庭喜起，夔拊皋颺。亦越成周，《卷阿》繼唱。於斯爲盛，萬代企仰。

其十

天章焕乎，光昭宇宙。人文化成，千載莫遘。小臣備員，粗知句讀。天子萬年，弼拜稽首。

恭頌聖駕幸闕里詩

户部江南清吏司主事臣裘充珮

光被隆唐帝，薪傳紹素王。肅將殷盥薦，謦欬怳宫牆。俎豆方陳設，圖書並裔皇。彝倫欣秩敘，昭格在馨香。今古微言契，雲孫奕葉昌。殊榮邀晉錫，宸翰灑奎章。玉帛頒群后，聲靈動八荒。古皇齊軌轍，後聖藉津梁。

大駕幸魯恭紀

户部山西清吏司主事臣張天覺

聖學千秋重，君恩百代先。皇躬親俎豆，仙仗耀山川。華蓋尊師表，鴻文紀道傳。湛恩兼鉅典，東魯戴堯天。

聖駕幸魯恭紀一章

户部浙江清吏司主事臣方伸

上元甲子應期昌，揆文奮武靖八荒。在廷稽首咸拜颺，登封告類宜肅將。我皇謙讓曰未遑，粤稽古典載省方。金輿翠輦南東行，盱睢童叟跂踵望。聿崇聖道先闡揚，鐘鼓殷訇日觀旁。森森靈爽檜柏蒼，朱檐碧瓦數仞牆。素王儼在情洋洋，摳衣祗肅登陛堂。車服禮器何熒煌，諸儒導前後趨蹌。一人俯仰度穆皇，潛通肸蠁儼衣裳。僊韶縹緲翕天閶，四氏子弟峨奉璋。沛以殊恩露零瀼，蔚哉睿藻摛奎章。昭回屈注連天潢，舂金撞玉媲鏗鏘。豐碑贔屭高且昂，階戺炯炯星日光。緬邈秦灰魯壁藏，微言榛塞黯不茫。亦有祀祠漢及唐，列代纘承稱賢王。群言龐雜間老莊，清虛苦空遞頡頏。疇秩厥禮軼殊常，一歸正學簸粃糠。惟皇心源洙泗長，手障東川瀾不狂。誕敷聲教訖四疆，上作下應綱在綱。鳳凰鳴矣於高岡，八風吹出宫與商。小臣詞劣漢田郎，秋吟蟋蟀沿柏梁。渺希風雅頌泱泱，高深萬一詎能當。靖共祗勉庶事康，卿雲載賡歌明良。

聖駕幸魯恭紀

户部福建清吏司主事臣王穀韋

省方勤夏載，問俗繼虞巡。峻拒云亭議，虔過洙泗濱。千官陪法駕，萬騎歷城闉。鄹邑傳仙蹕，尼峰駐玉輪。旗翻檜樹影，佩拂杏壇塵。車服升堂見，几筵入廟親。宸躬方穆穆，胄子復詵詵。壁訪藏經處，書稽吐玉晨。德馨傳俎豆，曠典舉明禋。執鬯心逾肅，披帷意自真。禮成欣鼓篋，樂奏恍聞鈞。四姓皆沾澤，諸生更賜緡。天章輝日月，奎翰燦星辰。楷法龍文麗，詩篇鳳藻新。綸言誠博大，貞石亦嶙峋。往者王風寢，因之至教湮。老莊淆列代，楊墨煽先秦。絶續憂吾道，匡扶仗聖人。謙懷昔未覩，大義此重伸。樹鵠惟蓍訓，程材但洛閩。功超三代上，治比百王醇。浩蕩逢昌運，迂疏愧小臣。望洋空致歎，入室竟無因。幸戴堯天化，寧愁顔巷貧。康衢聊擊壤，盛世仰垂紳。應識今皇德，真將造化均。

恭紀駕幸闕里詩

禮部儀制清吏司主事臣鄧性

百代斯文振，群方雅化同。崇儒循遠緒，闡道振宗風。已自羹牆見，何須夢寐通？宸章顯褒贊，今古闢鴻濛。

恭紀聖駕幸魯詩

刑部雲南清吏司主事臣王謙

閶門曉啓出鑾輿，敕戒前騶下兖徐。樂道頓忘天子貴，崇儒願近聖人居。魯生獻賦登高日，衛士歌風脱劍餘。快覩宸游光鉅典，五雲長護玉麟書。

皇帝幸魯躬祀闕里詩

内閣撰文中書舍人臣陳悦旦

巍巍帝德大無疆，效法由來自素王。方幸岱宗隆望秩，旋臨闕里肅冠裳。明經須近龜蒙地，觀禮爰登鄒魯堂。欣覩龍旗徐至止，式瞻鷺序凜趨蹌。杏壇雨露重沾潤，泗水星辰益焕光。樂奏九成諧舞蹈，祀陳三爵薦馨香。喤喤大吕明堂下，隱隱洪鐘輦路傍。道貌久知親夢寐，德容仍喜見羹牆。講筵更覩威儀盛，侍從皆聆訓誥彰。御筆餘輝騰日月，睿思雅韻叶宫商。遥馳法駕山川奠，崇豎豐碑松柏芳。允矣休風超漢宋，猗歟曠典繼虞唐！

大駕幸闕里賦并序

内閣撰文中書舍人臣于漢翔

粤稽虞后四巡，天王時邁，《詩》《書》之文，可考而知也。繼此或有事登封，或循行阡陌，不過問俗省方，陳詩納賈而已，其於崇師重道之典無聞焉。即漢高過魯，祀以太牢，史特書之，用誌美也。然其時禮制缺如，儒風未振，識者惜之，豈如我皇上契危微精一之傳，建禮樂中和之極，左圖右史，日就月將，紹千聖之芳型，爲百王之懿範者哉！彼夫文宣之號錫於開元，器物之頒優於廣順，又瞠乎後已。歲在甲子，律叶應鐘，乃肇舉東巡，禋祀泰岱。既而過曲阜，謁孔林，且親詣其宅里焉。爲之賦以抒其所見，爲之詩以致其所尊。又御書“萬世師表”四字，用光聖教。遂使尼山木鐸復響於車塵馬足之餘，璧水宗風特焕於珠牓璇題之下。臣弇鄙無文，安能揚抁高深於萬一。然而躬逢鉅典，其能已於鼓吹哉？爰拜手稽首而爲之賦曰：

惟道法之相續，亘今古而無垠。伊祁以上，氣象渾敦。鴻濛肇啓，司教惟人。皇極攸建，錫福臣民。治化翔洽，俗茂風淳。自時厥後，君師統别。大道同塗，遂分畛域。曲學繁興，王澤下竭。不有聖作，而物覩曷，克使君極以尊，師道以立。維我皇之景爍兮，教訖於萬方。際河流之効順兮，海波不揚。偃武而益修文兮，舞干羽而垂裳。運神謨而授方略兮，捎夔魖而靖欃槍。擴禹貢之版圖兮，重九譯而闢八荒。天子方擁圖書，研經史，探珠淵之秘藏，闡西山之奥旨。既游心於簡册，欲訪道於崆峒。應上元之甲子，遂啓駕乎蒼龍。倣古巡狩，至於岱宗。爰是雲罕舉，翠蓋擎，孅阿曳縞而御軛，朱鳥舒翼而倚衡。蚩尤秉纛，勾陳靡旌。千旗谷轉，四牡風輕。瞰日觀，歷云亭。燔柴瘞璧，獻幣陳牲。海若因之動色，山靈爲之呼聲。是時猶未臨乎曲阜也，乃曳虹霓，浄氛埃，涉河濟，踰江淮。鮫人貢篚以承露，馮夷擊鼓以鳴雷。銜枚而雞犬晝息，弭節而黍谷春回。戒秋毫其無犯，布陽和於方來。草何知而欲結，民有感而胥懷。既乃景行念切，仰止欲抒。謂是行也，非徒攬乎游觀之勝，豈聊逞乎心目之娱！顧瞻孔林，勒轡停輿。景昌平之芳躅，幸闕里之名區。其山則逶迤襟带，皃繹龜蒙，崱屴崒峍，霞蔚雲封，有似乎雙闕之聳峙，而樹聖人之文峰。其水則泗洙縈繞，道脈源長，淪齑瀺灂，澄流泝光，沐浴日月，激盪陰陽，有似乎濯文河而波闊，倬雲漢以成章。其石則瑊玏碱砆，陸離歷落，古篆螭蟠，豐碑蘚剥，有似乎繁星之麗天，紛垣野其相錯。其木則文楷挺秀，翠柏摩尋，檜霧晴暝，松風晝陰，蒼鼠竄逐以斂迹，良禽容與以棲音，有似乎三千士之環羅而濟濟，七十子之拱立而森森。於是肅明禋，虔昭對，詩歌三章，禮嚴九拜。庭燎熒煌，爐烟靉靆。肹蠁豐融，鼓篋祭菜。玉瓚黄流，繽紛藻繢。俎豆誠貫乎升中，笙鏞響逸乎雲外。覩其殿宇軒楹，恍梁木之未壞。觀其車服禮器，儼哲人之如在。固大成之聖宜崇，實右文之主是賴。斯時也，一陽初動，萬彙昭蘇。飛霰絢乎榱桷，卿雲覆乎葭莩。和鸞鳴而應律，冷風拂而吹枯。日角珠庭，光乎十哲；金聲玉振，徹乎兩廡。焕文章於魯壁，陋綿蕞之漢儒。典禮既成，工歌已畢。樹長旓以前行，斂曲蓋而不飾。匪直過里以式廬，乃遂登堂而入室。望峻宇之嶒崚兮，類帝閽之岌嶪。排深閫之幽邃兮，翳仙居其髣髴。繚象緯於周垣，匝卉木於粉堞。聚奎斗於崇墉，落文虹於丹壁。對几杖户牖之在前，撫劒佩琴書之在側。若函丈之匪遥，庶羹牆之可接。啓五經而悟薪傳，進諸生而開講席。賚之以縑緗，錫之以品秩。推恩以旁逮乎宗祊，勒石以永留乎勝蹟。誠曠代之隆施，洵盛朝之極則。天子於是睿思泉湧，灑灑洋洋。振千言之宸咏，焕萬仞之宫牆。星辰糺縵乎硯匣，風雨馳驟乎筆床。體製遠駕乎栢梁之上，光芒直射乎杏壇之旁。屹然銀鈎兮鐵畫，配夫山高兮水長。若夫惠風遐暢，甘露覃敷。既省耕而省斂，亦賜復而賜除。勸稼穡於阡陌，勤慰勞於農夫。審肥瘠於原隰，辨燥濕於方隅。盼屬車之一至，樂豐年之多稌。久已心周於廣野，今復身歷乎康衢。皞皞乎民登於衽席春臺之上，喁喁然風進於循蜚疏仡之初。凡此深仁與厚澤，皆由厭飫乎道腴。於是乎兒齒鮐背之叟，含哺鼓腹之儔，相與喟然而歌曰："望翠華兮六素虬，建鸞旗兮薄天游。揚淑問兮桑田稠，沛膏澤兮頌聲流。安得税駕兮，歲時巡乎九州。"而巖穴之士竊聞幸魯之盛儀，快覩崇師之曠典，莫不抃舞而起曰："瞻彼東山兮玉露盤桓，登其堂奥兮想像衣冠。聆天語之煌煌兮樹立山寒，誦宸章之炳炳兮雲燦星攢。揭大道於中天兮下際上蟠，振微言於千載兮玉檢金函。翳儒林之繁會兮，争欲憑軾結靷，圜橋門而聽觀。"所以際乎昇平，前代未足方其至治；契乎心源，往聖洵有資夫大義。即列辟臨雍釋奠之典章，無踰我皇之誠摯，又何況七十二代封禪之文，安得頡頏而相媲？然而天子猶孜孜靡暇，嘉意芸編。酌前謨而爲憲，味至道而爲言。諮典故則慎簡夫碩彦，參政治則特拔乎遺賢。凡因革損益之允當，信聖神文武之兼全。故能録書出於河源，醴泉湧於池圃。丹鳳集於高梧，嘉穗呈於率土。天休調劑乎五行，坤維順應乎六府。膺卜年有道之長，受百世無疆之祐。簪筆而紀者，方將載鴻烈於無窮，故盛事特書於東魯。

幸魯盛典卷三十六

聖駕幸魯恭頌四首

內閣撰文中書舍人臣宋志梁

文教開東魯，崇儒自聖朝。仙源停日駕，闕里攬雲翹。絲竹聲飄緲，龍蛇影動摇。九儀隆灌獻，觀聽肅圜橋。

其二

緹室灰初動，天心轉一陽。豹車承檜露，龍衮帶芹香。兩廡冠裳肅，千秋俎豆長。太平崇禮樂，藝苑藉笙簧。

其三

堂畔穹碑在，絲綸沛九天。王言雲漢麗，宸翰日星懸。疑有蛟螭動，真堪琬琰鐫。摩挲欽墨寶，珍重越珠蠙。

其四

元聖功勳遠，名儒理學深。遺風傳奕世，特典賜華簪。文德漸天壤，恩榮軼古今。萬方親盛化，歌誦溢儒林。

聖駕幸魯恭紀

行人司司正臣程兆麟

葭管飛灰日，昌平駐蹕時。雲陰移雉尾，樹影抱龍旗。萬乘躬勤學，千秋自得師。巍巍瞻闕里，肅肅拜階墀。謦咳真如在，羹牆恍見之。心源全默契，俛仰有餘思。鳳翰星辰麗，鸞章琬琰垂。十行香爛熳，五字墨淋漓。直擬探三昧，何能贊一辭。蛟螭纏古鼎，神鬼護穹碑。擊拊聲諧律，周旋步中規。禋虔接俎豆，肅穆對盤匜。統緒尊姬旦，薪傳溯洛伊。承恩多異數，賜爵荷榮施。樉桷雲霞燦，松楸雨露滋。遭逢良不易，踴躍慶昌期。

聖駕東巡幸魯恭頌

國子監監丞臣陸鳴珂

函夏昇平日，深宮暇豫辰。六飛勤法駕，百辟望清塵。虞典燔柴舊，軒皇問道新。岱宗崇秩祀，闕里覲明禋。車服先型古，馨香御氣親。大官供俎豆，仙樂奏伶倫。拜舞分丹陛，趨蹌接絳宸。聖情餘繾綣，睿藻煥絲綸。翠蓋分天上，穹碑立泗濱。徘徊虬檜健，俯仰壁經湮。爵土褒宗子，恩施逮庶人。道心千載合，元會兩儀淳。望氣奎光聚，觀風盛事陳。太平欣有象，至治快無垠。幸際斯文啓，咸瞻吾道伸。東巡告成禮，奕祺頌皇仁。

駕幸闕里釋奠恭紀二律

中書科中書舍人臣朱雲

玉輅時巡過泗沂，奎婁舊寓有光輝。千秋契合君師統，九獻精禋咫尺威。煥爛天書垂麗藻，葳蕤御蓋拂煙霏。魯邦今日沾恩澤，父老扶藜覲六飛。羽衛鈎陳指聖林，榛蕪自闢待天臨。皇情俯察神蓍瑞，法曲相和文鳥音。馬鬣舊封增式廓，衮衣新廟薦時歆。穹碑霄漢咸瞻仰，絕勝金泥梁父陰。

駕幸闕里釋奠恭紀

中書科中書舍人臣汪以澄

聖德光天壤，遐陬淑問揚。法乾行不息，繩武道彌昌。精一傳心學，羹牆見古皇。講筵勤訪落，經術重陳常。主敬幾康飭，存誠逸豫防。揮毫珠錯落，掞藻玉琳瑯。問寢慈闈切，展親一體彰。郊壇時肅穆，祀典久輝煌。屢有蠲租詔，時頒泣罪章。訟庭春藹藹，蔀屋福穰穰。俗易乾坤闢，兵銷日月光。車書同萬國，琛賮貢遐荒。瑞應先禾黍，休徵若雨暘。勤民嘗旰食，底績協垂裳。脱劍崇文治，尊經契素王。修明昌正學，筆削挈弘綱。事業賢堯舜，聞知埒禹湯。三才堪並立，百禩賴胥匡。廟貌昌平舊，衣冠闕里藏。謂宜親釋奠，豈特禮膠庠？日麗秋前樹，天融霽後霜。霓旌拂曉曙，仙仗動巖廊。氣挹東山秀，源尋泗水香。宣尼如覿面，顏孟恍同堂。遺制儀曹備，隆文睿慮詳。興朝瞻異數，師表有餘芳。嵩嶽懽呼遍，芻蕘恩澤長。巡行當此日，共慶樂無疆。

聖駕幸闕里釋奠先師禮成恭記有序

中書科中書舍人臣徐樹穀

竊以姬王建學，棫樸興歌；漢后臨雍，明堂作頌。凡兹臣庶，共覩鴻庥。苟具心知，宜申踴抃。譬彼康衢田父，能言帝力之弘；柏梁小臣，得與賡颺之末。斯實普天之同慶，抑亦載籍之光華也。欽惟皇上學貫一中，道隆三極。稟狥齊之睿質，更懋緝熙；奏耆定之神功，益勤宵旰。肆經綸乎宇宙，尤研極乎幾微。越三代而上法陶唐，曠百世而獨師孔子。遂因東狩，特幸魯邦。登闕里之堂，龍蹲如在；問洙源之域，馬鬛依然。雙闕遺壇，猶傍大庭之庫；重垣舊宅，尚接靈光之宫。爰進祠官，恪修曠典。咸平奏曲，備六代之宫懸；肅拜將誠，薦兩楹之雕俎。辨檖檀雒離之種，徧歷金門；求紫麟赤雀之踪，遥尋防阜。將昭聖德，致煩璇牓之題；擬導虔衷，遂輟金鑾之蓋。既乃旋麾肅仗，移蹕講堂。進五氏之譽髦，析六經之奥義。三英有粲，群霑安吉之温；兩塾無譁，並拜綈緗之賜。復有豐碑灑藻，優詔蠲租。赤舄靈祠，苾芬創舉；白雲封檢，爟火遥通。皆一代之鴻猷，歷千秋而罕遇。粤自軒轅，命駕襄野；洎乎顓頊，求師緑圖。盛德冲懷，後先輝映。若漢高之特牢致享，宋祖之列戟施門。以擬我皇，瞠乎後矣。微臣冗陋，幸際昌期，敬獻蕪章，聊申葵志。辭曰：

聖主垂裳會，薰風滿帝寰。河山朝虎觀，日月近龍顔。夔樂簫韶正，虞禋瑞璧頒。碧霞遺廟曲，玉女舊池灣。探策開金篋，捫碑叩石關。東巡修典禮，左顧切痌瘝。暮草青川驛，寒雲白下山。雕輪從電去，繡騎逐飆還。歸德靈祠閟，昌平古木環。琴臺麟跡杳，露井鳳儀翾。籩豆椒馨薦，雷犧蘚色斑。一誠宸藻焕，三禮睿躬嫺。賜錦天袍耀，封書玉軸圜。雲樓堯日静，射圃孔堂閑。金勒穿林外，珠旒映水間。九華舒帳殿，七寶飾刀鐶。雪扇欺銀雀，霜韝亞白鷴。鬒旃光轉緑，毳幕彩微殷。魯國親龍衮，鄒鄉覲鷺斑。文明傳盛事，萬古莫躋攀。

聖駕幸闕里釋奠先師禮成恭頌

中書科中書舍人臣臧眉錫

至聖高千聖，今皇邁百王。升堂如授受，入室仿羹牆。宸翰風雲麗，龍文日月光。中天逢盛典，從此道彌昌。

聖駕東巡幸闕里恭紀

行人司行人臣徐炯

武庫揮戈日，靈臺偃伯時。敷文求至道，秩禮重先師。昭代鴻基創，今皇雅化隨。春秋當曆序，甲子會昌期。南紀巡非遠，東封事尚疑。觀河思大禹，望嶽想宣尼。赤羽旗方轉，黃麾仗更移。齋存兩楹奠，敬過一牢祠。麗景籠車服，清霜耀戟枝。尊罍堂上舊，絲竹壁中遺。六佾陳笙籥，三牲薦鼎鼒。祼將循古制，肅拜迴常儀。布席俄傾耳，談經實解頤。大宗恩屢及，舉族賞還推。旁矚兼塋兆，周行歷廟墀。樵蘇無徑入，灑掃有人司。寶翰千秋跡，丹綸五字詩。雲章懸棹楔，奎畫峙豐碑。金版非爲瑞，銀繩未足奇。心源契鄒魯，治統接軒羲。

聖駕幸闕里恭紀四首

太常寺博士臣戴璠

中天文運啓，盛世泰階平。禮樂光謨烈，《詩》《書》翊聖明。八荒歸化育，萬彙慶生成。此際皇心豫，鑾輿發鳳城。

其二

昌平佳氣邊，遐企翠華臨。庭燎輝鍾簴，爐香拂劍琴。君師真合契，今古此傳心。不識宮牆峻，安知帝澤深。

其三

鐵畫摹璇牓，鴻文煥綵毫。圖球分睿藻，江漢濯詞濤。共仰千秋頌，還同一字褒。從官稽史册，曠代此恩膏。

其四

況復瞻榱桷，巋然廟貌新。松楸生氣色，苗裔半朝紳。至德思歌鳳，文書溯吐麟。微臣遥拜手，感激頌鴻鈞。

皇上東巡行幸先師闕里恭賦有序

國子監博士臣陸德元

臣聞虞廷玉曆，肆覲群侯；姬室丹書，各朝方嶽。蓋端拱而弘覆載，固肅紀綱於堂陛之中；省方以焕聲靈，亦咨疾苦於閭閻之下。況夫崆峒訪道，河洛呈圖，蘊藉寶華，恢弘蟠際，實足薰蒸雅化，鼓舞儒林，豈若勒石之罘，陳詩汾鼎，無關睿學，徒侈宸游者乎？我皇上德協元貞，運當三五。問安視膳，孝治皇唐；復税賜酺，恩膏浹洽。掃欃槍而洗兵，歌復旦以解愠。車書玉帛，六合爲家；文物聲名，百昌在宥。謂游仁義之藪澤，必酌其源；採典謨之芬腴，必窮其奥。溯自尼山聳峙，泗水深涵。删述六經，罔不日月麗天而江河應地；陶鎔萬物，有如宫商從律而黼黻成章。雖璧水笙鏞，昔曾臨祀；而杏壇松栢，尚闕告虔。爰駕六飛，瞻言數仞；特申九拜，躬奠兩楹。大道正中天，非冉、閔、游、夏之辭能贊；至尊猶北面，較漢、唐、宋、明之禮尤加。子姓祼將，賢材秩序。於是加恩四氏，大賚諸生。瞻棟梁以留題，撫手植以作賦。凡此儀文之盛，皆爲紀載之光。更有篤棐元公，多材家相。几几待旦，衮衣之德依然；穆穆迓衡，赤舄之徽邈矣。迺修祠宇，錫之土田；載訪世昆，列於纓緌。蓋以鎬豐鐘鼓，發夢素王；山榛隰苓，懷音西土。豈非傳心千載，合撰兩儀者哉？於斯時也，廣漠清和，九垓沐浴。父老騰歡於黄幄，風雲結靄於翠華。茂對者三靈，蕃廡者庶草。安瀾清晏，植圭而答天庥；含哺嬉游，扶杖而歌帝力。乃神功不有，大德不居。重輪五色之祥，屏除弗奏；玉檢金繩之蹟，謙讓未遑。蓋天子唯求千八百國之盈寧，奚暇考七十二君之封禪也。臣渺見寡聞，至愚極陋，幸逢郅代，忝屬成均。未邀太乙之光輝，嘗執上丁之籩豆。望金門而待漏，揺揺於星稀露浥之交；考石鼓以探奇，昧昧於車攻馬同之際。佩兹秋實，顧恧春華；似彼夏蟲，有懷冬曝云爾。辭曰：

元會承熙洽，祥和普萬方。武功當赫濯，文命聿輝煌。學海宗洙泗，封山陋漢唐。時巡届輦輅，于邁及舟梁。穆穆雲霄迥，雍雍劍佩鏘。觀雲正日至，望岱渾毫芒。聖域停清蹕，神皋憩上襄。陳書懷魯壁，契道見虞牆。建極敷隆化，乘乾振大綱。經傳資黼黻，義舉叶珪璋。木鐸當年振，金聲亘古揚。顔曾方入室，由賜僅升堂。百氏鳴其説，諸儒慎厥防。共知同爝火，安敢比秋陽？道統因時貴，師儀踵事詳。至尊今一顧，正學益重光。俎豆三登獻，宫縣萬舞翔。冕旒躬磬折，琮璧告馨香。顧問頒黎老，諏詢遍廟廊。章縫傳法服，几杖列周行。球瑟分韶武，尊彝問夏商。流風逾皜皜，肸蠁信洋洋。殊得天顔喜，還教異數將。金貂元子錫，玉醴四門嘗。古檜摛文藻，輕毫飽墨霜。霞雯驚爛縵，驥勢看騰驤。鈎畫雲根緑，飄飆羽葆黄。深林瞻不遠，若斧兆相望。荆棘寧潛伏，松楸盡老蒼。聖情彌眷戀，睿語倍和莊。拓壤參塗外，周廬禁籞旁。麟游嗟曠野，鳳翽待高岡。南國思喬木，東山想繡裳。詔司修祀典，訪裔列官常。周孔情同接，君師道並昌。尊經昭海甸，黜異信遐荒。大禮垂千禩，淳風越百王。介丘符豈探，梁父旆空颺。巍焕功丕顯，謙沖德更長。永依熙皞日，保泰頌無疆。

皇上東巡幸魯恭頌四十韻

國子監博士臣王吉武

武烈光三象，文風洽九州。時巡恩自溥，望秩典初裒。欽聖心源接，崇儒禮數周。山川隣故里，道法景前脩。嚮往勞千乘，逶迤度七騶。循濱過汶濟，望野接奎婁。雲氣鑾輿動，天香羽蓋浮。飛翔懷鳳翥，草木記麟遊。沂水聞仙蹕，防山颺綵斿。閟宫還頌魯，舊宅尚傳鄹。俎豆千秋在，宫牆數仞優。尊師隆磬折，爲道頫宸旒。芹藻登堂獻，衣裳入廟摳。鬚眉瞻舜禹，冠劍想求由。講席開居啓，韋編大義搜。宫懸兼濩夏，禮器列尊卣。車服形猶古，金絲響更幽。遺綦司馬劫，斷簡祖龍讐。射圃平蕪滿，經壇老樹抽。皇情深繾綣，天語每諮諏。回眺岡環拱，旋看泗却流。神皋驅枳棘，靈域閉松楸。封樹仍三板，乾坤此一抔。設裀重展謁，駐輦更遲留。共仰天顔喜，還叨寵賚稠。曲莖分羽葆，上服解貂裘。雲縵摛辭麗，銀鈎結體遒。烏絲揮玉藺，貞石負靈虬。恩禮宗支洽，光榮祖德酬。遍教沾四氏，不獨錫元侯。異數隆誰並，斯文炳未休。秋陽逾皜皜，長夜豈悠悠！揖讓如神遇，羹牆與道謀。貞元當甲子，心法在春秋。日月謨方顯，皇王德孰侔！受書荒赤水，刻石陋之罘。教澤深淪髓，風聲捷置郵。詖辭祛頓息，兵氣洗全收。占象知昌運，觀光及遠陬。濡毫賡盛事，慚愧採風謳。

幸魯盛典卷三十七

聖駕巡幸闕里恭頌八首

理藩院知事臣張英

虞巡先岱嶽，漢祀肅洙陰。盛典前無古，流輝直到今。思迴天子駕，道契聖人心。豈羡登封出，書功上翠岑！

其二

偃武皇風遍，崇儒聖治光。勞謙勤玉趾，明德薦馨香。禮樂還三統，淵源證一堂。微臣稽往牒，此日最輝煌。

其三

金奏高軒發，緇林古殿開。天行星騎擁，人望日車來。多士陳經席，元公捧御杯。凝旒聞有賦，不數大風才。

其四

素王遺手澤，古檜有崇柯。表瑞神蓍並，論年漢栢多。自邀天藻及，長遣地靈呵。巀嶭南山石，琅琅字不磨。

其五

御蓋黃金織，星文紫極懸。紫微垣有華蓋五十星。柄回如斗曲，影動覺天旋。舊卓螭頭上，新移豹尾前。詔留旌聖域，垂憲憶千年。

其六

千官迴矚處，佳氣滿松扃。金榜齊楣起，銀鈎運腕靈。光芒星日彩，波磔虎龍形。天語關元化，煌煌似六經。

其七

幸宅恩原渥，榮宗數更殊。褒封先四氏，延賞及諸儒。樵牧初懸禁，軒車日載途。不煩梅尉請，睿鑒百王無。

其八

昇平多制作，動輒掩前修。青鳥何勞致，金仙豈待求？九衢懸正學，萬禩仰鴻庥。國史行傳信，時維甲子秋。

聖駕東巡行幸闕里恭賦

光禄寺典簿臣孫寶仍

帳殿遥臨泗水間，鑾輿侵曉向尼山。千秋典秩增殊錫，四氏衣冠識聖顔。度越百王真創舉，事兼三代喜追攀。小臣童丱遊東魯，鼓吹休風舞末斑。

皇上幸闕里釋奠紀盛

光禄寺珍羞署署正臣李文遠

玉曆膺符日，璇輿出狩時。燕郊鳴象輅，魯甸仰龍旗。恍賁峒山駕，言遵汶水湄。帷宫凝紫霧，帳殿晃彤曦。曲阜遥相望，端門儼在斯。奎垣臨廟寢，斗曜映壇墀。五位嚴摳拜，千官盡攝齊。齋明陳俎豆，肅穆獻尊彝。樂奏安和曲，筵申奠祝詞。聖經搜戴禮，《易象》闡庖羲。遂揭淩雲榜，親題萬世師。瑶光浮寶宇，瑞色耀華榱。鳳蓋還留賜，鸞旌更遠移。石壇盈翠靄，輦路轉涼颸。林木千章繞，天香十里吹。九重滋渥澤，累葉拜榮施。秩賜元公裔，恩從闕里推。上元開甲子，珠緯叶昌期。

大駕東巡幸闕里恭紀

史館纂修官臣黄虞稷

聖主垂衣景運昌，白狼槃木遠來王。歲逢甲子晨頒朔，律應黄鐘駕省方。世際雍熙人在宥，泰居九五帝當陽。風行海澨恢區宇，順助天時若雨暘。地邇陬城懷仰止，源探洙水得津梁。森森松栝干霄聳，采采蘋蘩挹袖香。舊宅靈光殊靄靄，孤峰歷下自蒼蒼。橋門制度推宗國，禮殿崇閎象帝閶。羽衛乍臨儀鄭重，祠官夙戒事周詳。伶倫戛石來清禁，佾舞分麾出太常。鬱鬱青槐舒兩腋，熒熒朱火爛中央。幾行繡黼排鴛鷺，千隊霞旌控驌驦。鹵簿齊驅容赫奕，簫韶協奏韻鏗鏘。堯雲冉冉開金幄，舜日曈曈映玉韁。半畝講壇依杏樹，九重仙仗驟龍驤。靈威陟降輕烟邃，肸蠁昭融純席光。鏞鼓并懸輝簨簴，尊罍互列寶虞商。燎餘焰入庭階栢，祀罷從登絲竹堂。陶頂禹腰思肖貌，大縫章甫見冠裳。螭文剥蝕穹碑泐，虬幹盤迴老檜芳。鸞輅欲旋猶眷慕，孔林漸近更徜徉。柞枌細辨諸方植，瓴甓遥尋故築埸。罨藹神蓍躬把玩，低回陳蹟意蒼茫。一函鳳詔勤宣布，百代人師孰頡頏！删定《詩》《書》垂宇宙，監觀殷夏盛文章。生知獨亶天將縱，道大難容衆共傷。蹙蹙何之歌曠野，温温靡試感周行。狩從西郭祥麟逝，瑞降端門赤雀翔。拂几凝旒親翰墨，含毫琢句等珪璋。已看聖藻揮宸極，更捧璇題署御床。鐵畫銀鈎神焕發，天葩睿製思焜煌。榮增陛戺留芝蓋，寵畀貞珉護璧璫。萬姓同瞻文郁郁，中天益歎道洋洋。聖惟知聖誠先覺，名莫能名信不忘。正學咸聞尊嶧泗，小儒底用説荀楊。褒成大賚承恩沃，東野疏封錫祜滂。時值休和欣有道，民恬耕鑿樂無疆。瀸汪沛澤超今古，覃被隆施及校庠。何幸微臣遭盛美，還因珥筆載賡颺。聊敷擊壤康衢頌，快覩高天萬禩慶。

大駕東巡幸闕里恭紀

史館纂修官臣姜宸英

軒皇垂裳得天紀，七曜聚合如璧珠。經歲四千五百六，貞元之會今同符。康熙紀元天子聖，二十三年文教敷。臨雍雷振靈鼉鼓，拜洛天浮龍馬圖。舜干乍輝荒服静，神鞭再投海水枯。爰議時巡降清問，禮官具儀帝曰俞。德音始涣萬物泰，所過盡賜明年租。禮崇望告首東岱，制度一一準有虞。簡省輿衛止除道，奔走父老寧需扶。既陋五土事封禪，亦笑八駿徒馳驅。闕里臨幸有故事，跨漢軼唐禮數殊。泉林游泳證道妙，魯門未到心先輸。有司宿戒壺濯陳，羹鉶飯簋籩脯朐。筍鱗虡贏編磬備，和以琴瑟笙簫竽。樂工肄成太常部，三十六舞紛縈紆。是月仲冬日己卯，軫中朗概明前爐。風和氣暄翼雲罕，冕旒肅穆中殿須。雲靁之尊犧象二，祭器羅列商周模。祝辭親製皇帝獻，告虔幣嘉酌清酤。贊稱九拜獻三跪，此事今有古所無。烟燎既舉神洋洋，千官並起鏘瑶瑜。皇帝更衣御行幄，臚傳進講駢生徒。如聆金石壁中奏，復見詩禮庭前趨。締觀象設展圖繪，始知妙手神明俱。帝乃載歌歌五言，音成雅頌文典謨。摩挲手植生意盡，化工迴斡欣重蘇。鸞旗北指廟扉闔，羲和停轡儼未晡。墓門高瞰大庭庫，石梁徑渡城陰洙。千年隧道絶荆棘，四方移種饒檀榆。黄玉一閟不復見，惟見群雀鳴相呼。舉酒三酹復再拜，草間翁仲聞都吁。靈蓍目擊心自契，陰陽變化誰能摹。六師久嚴先輅動，皇情欲去增踟躕。青雲留拂翠華葆，垂露交輝金榜烏。四氏承恩拜稽首，填觀萬姓皆睢盱。踰年廟碑復載往，睿藻揮灑翰墨濡。碑用西山奪玉石，白鏹齎運出中帑。蓋用琉璃瓦兼兩，樹之金聲門右隅。排抉幽扃焕長夜，晶晶懸日當天衢。百家騰恣仁義塞，可憐聖路久榛蕪。元和大中祇文具，漢鐫唐搨空模糊。我皇好道不旁騖，但言魯國惟一儒。岐陽嶧陽先後聖，嵬峨并列穹龜趺。從此膠庠盛經術，絃歌詎獨鄒與郲。人文化成休氣應，陽和鼓動天地爐。群臣不知所報答，陛下萬歲長懽愉。

聖駕幸魯恭頌

山東布政使司布政使臣黃元驤

躬臨闕里藻芹香，釋奠儀成邁漢唐。宅奏金絲聞異響，壁開蝌蚪現祥光。三千禮樂諸生在，十二河山後裔長。自是褒崇逢聖代，中天文治遍遐方。

其二

精一傳心紹有虞，臨雍更進魯諸儒。同尊周孔修經學，獨御乾坤闡易圖。芹水春風歸教育，杏壇時雨樂沾濡。懸知君道兼師道，神聖天開歷代無。

聖駕幸闕里釋奠先師禮成恭頌

山東分守濟東道兼理驛傳事務布政司參議臣陳俞侯

翠蓋遥臨岱岳東，防山泗水即崆峒。罇彝位設階千尺，絲竹聲飄殿九重。特定儀文超漢祖，更分芹藻到姬公。煌煌明備欣殊典，況有奎章照泮宫。

甲子冬月，皇上幸闕里躬祀先聖即事恭紀

山東分守登萊道布政司參議臣丁蕙

盛世文明啓，《詩》《書》被八埏。尼山垂道統，泗水溯靈淵。封岱鸞旗賁，崇儒玉輅還。升堂來萬乘，駐蹕匝平田。羽衛鉤陳整，周廬劍佩闐。兩楹觀坐奠，肆祀列宮懸。典樂笙鏞正，司儀灌獻便。先期嚴滌濯，右享碩牲牷。摳拜宸容肅，趨蹌執事虔。咏歌音要眇，翟籥舞翩躚。昭格通燔燎，馨香溢豆籩。羹牆懷仰止，車服想當年。周覽深諮度，遺徽獨泝沿。橫經青玉案，席地紫茸氊。鵷鷺陪行幄，衣冠侍講筵。庭階瞻日近，族姓沐恩偏。澤沛兼金賜，官增博士員。圜橋人濟濟，鼓篋士襹襹。松栢森蒼翠，蛟螭攫蜿蜒。尊彝犧象列，碑碣漢唐鐫。展翫稽時代，摩挲愛古先。杏壇觀瑞檜，碧甃汲清泉。巀嶪軒墀峻，雕鎪柱石妍。罘罳金縷細，榱桷玉題圓。繡栱烟霄外，虹樓日月邊。規模誠壯麗，俯仰重流連。林木龍鱗老，幽宮馬鬣堅。六飛臨古隧，百畝廣新阡。葱鬱占佳氣，徘徊駐綵旃。摘蓍知異卉，入室憶前賢。羅織留天澤，金絲勒頌篇。奎章輝棟宇，睿藻麗雲烟。琬琰光華燦，蛟龍體勢騫。鴻圖千古焕，曠典萬年傳。先後揆真一，高深協自然。小臣聊獻句，搦管愧如椽。

曲阜瞻拜《御製至聖先師孔子廟碑》恭紀

山東督糧道布政使司參議臣胡介祉

聖人統御協萬邦，雍熙政治齊虞唐。大海偃息波不揚，率土寧謐兵戈藏。元公調和歌明良，學士倚馬賦長楊。天子好學邁百王，窮搜古典手丹黃。師儒重道睿智彰，東幸闕里祀典光。上下千古無

與方，猗歟盛哉帝德昌！復揮雲漢灑天章，遣官立石垂久長。小臣不才與鵷行，五年起草仍含香。一麾建節當荆襄，濟師絡繹需舟航。日夜鞅掌雖不遑，吏民安堵樂且康。奉詔旋移海岱鄉，運籌發粟儲天倉。欣逢甲子瞻垂裳，敬陳兹事終始詳。于今拜舞豐碑旁，銀鈎御墨紛琳瑯。益思聖祚真無疆，猗歟盛哉帝德昌！

幸魯賦

提督山東學政按察司副使臣宮夢仁

粤自疆分徐兖，星次奎婁。泰山嵸巃而作鎮，滄海浩瀚而奔流。負龜蒙兮阻河濟，控鉅野兮跨中牟。啓雄封兮少昊，錯繡壤兮東周。爰蘊精於故魯，遂誕聖於名鄹。金管飛聲而樂奏，玉書吐瑞而麟游。其人則東西南北，其業則删定贊修。傳道統兮不泯，秉微權兮罕儔。挽江河而懸日月兮，功垂穹壤；建廟祀而獻牲牢兮，禮重春秋。我皇上本天縱以成能，協時中以御宇。執精一而四勿端，際昇平而九經舉。盛德洋溢乎歌衢，大業恢張乎舞羽。銘勳則烟閣雲臺，講藝則膠宮泮水。身已兼夫作君作師，心猶企夫問官問禮。謂人間無尼阜，萬古崦嵫；而域内有東家，千秋崒嵂。未能踰階而升天兮，不難登堂而入室。前驅厲武兮，向廣魯以摐金；後乘趨文兮，指昌平而駐蹕。五峰靈毓之地，二水聖作之區。櫺星參夫象緯，奎文接夫璇樞。銀潢静兮澄魚藻，金薤明兮載龜趺。松是秦而不辱，栢經漢而猶敷。門具宗廟百官之富，堂有金絲詩禮之模。中爲大成之巍焕，聖人南面而端居。姿河海兮形山嶽，服袞冕兮佩珩琚。若夫墓上芝靈，溝邊兔白。廣道重墉，文楷翠栢。林絶定巢之鳥，徑罕鈎衣之棘。三板之土，岱嶽是同；一畝之宮，王居攸匹。爾乃絳螭停軛，翠鳳留蹤。郊迎前導，羽衛蒨葱。聖孫賢裔，紛其來從。繩繩雲步，穆穆天容。仰明靈之如在，儼奠獻以升中。興頫兮鏗璜珮，砰訇兮奏笙鏞。進鉶羹兮蠲潔，列俎豆兮豐隆。邁遣臣兮建武，軼還祀兮乾封。較祥符兮禮有加於再拜，擬廣順兮神非藉於夢通。顏高楣兮尊師表，留曲蓋兮覆儒宗。咏數仞之牆兮，氣吞萬象；賦再生之檜兮，采奪晴虹。爾乃載命鳩司，遠礲碑製。琳珉選夫青熒，碝碱懿夫綵緻。五丁開而斕斒，巨靈載而贔屭。惟聖知聖，宣金聲玉振之音；以心印心，慕期月三年之治。炊酌經史兮，入道奧之已深；鎔鑄粹精兮，等神機於不滓。詞鋒景煥兮規模，筆陳縱橫兮體勢。傳來天上兮，無非翥鳳翔龍；流播寰區兮，共寶赤文緑字。乃更姬宗爵錫，孟廟碑新。思性天之能達，褒理學之名臣。肆鴻恩之汪濊，宜曠典之修明。於是尼防增其崒嵂，洙泗益其弘深。播之遐荒，靡不知聖主尊師而重道；傳之億禩，咸共贊熙朝偃武而修文。臣學謝朱、程，才慚管、樂。彤庭猥厠英翹，絳帳謬司木鐸。後期而至兮，雖未效夫趨蹌；銜命而臨兮，喜獲親夫丹雘。杏壇槐市之子，競鼓篋以雍容；褒衣博带之儒，悉横經而考索。欽盛軌則穹崇乎，横廓乎，一握文履度之難以援梯也；仰玉音則爣閬乎，炳麟乎，一祖述憲章之莫可臆測也。珍寵錫則含蓋兮天無不覆，屹立兮地無不載，一玉璧甕書之永奠於無窮也。實深歡忭，敢效賡颺，乃爲之歌曰：

鸞輅東巡兮舜日堯天，躬祀林廟兮於爍無前。運符五百兮道衍三千，恢弘文治兮濬發王言。貞珉磨礱兮奎畫盤旋，裒緝盛典兮金玉其編。水湯湯兮山巖巖，聖德皇風兮永具瞻。

聖駕幸闕里釋奠先師禮成恭頌

提督山東學政按察司副使臣唐賡堯

文物輝煌汶泗濱，唐虞盛事邁時巡。金絲壁啓《詩》《書》古，俎豆筵開耳目新。奕奕龍旗光映日，巍巍麟壤氣回春。莫驚禮數加無已，原有心傳接至人。

幸魯盛典卷三十八

聖駕幸魯釋奠禮成敕修聖廟紀事有序

提督山東學政按察司副使臣朱雯

歲在甲子，上省方回鑾，躬詣闕里，行釋奠禮畢，親灑宸翰，御製鴻文，懸額樹碑，炳耀千古。擴地蠲賦之外，賜金賜秩有差。越歲庚午，特發帑遣官，重新廟貌，庀材鳩工，靡間寒暑。夫屈翠華之駕，曲阜親臨；給水衡之錢，聖祠重葺。曠古以來，未有尊師重道，殊恩異數，如此之優渥者也。臣雯浙水豎儒，欽承簡命，視學鄒魯，得覩宮牆。捧《盛典》之新編，盥手披誦；欣鉅功之經始，拭目觀成。恭賦小詩，以誌榮幸。辭曰：

聖主開文治，宏規軼漢唐。論思勤講幄，企德見羹牆。統紹尼山遠，源尋泗水長。端居懷闕里，望道出天閶。後隊鮫函簇，前騶鳳旆揚。珮聲馳一路，幢影列千行。漸近昌平驛，俄臨道冠坊。上公虔晉謁，執事凛趨蹌。玉振門初啓，金鐘漏未央。質明將釋奠，静夜早垂裳。端冕行丹陛，凝旒拜素王。設縣鳴磬筦，布席薦圭璋。疏勺犧尊舊，崇牙翟羽翔。焫蕭誠合漠，徹俎貌逾莊。樂奏三終後，烟分兩廡傍。手摩碑篆古，衣藉檜陰涼。睿藻輝宸翰，奎文焕講堂。睟容猶穆穆，湛露已瀼瀼。賜秩榮先裔，調珍給尚方。輦金沿户錫，御蓋守祠藏。緩步還辭出，登車尚可望。鳳絲移殿壁，馬鬣指阡岡。駐蹕亭猶在，披榛徑未荒。楷柯瞻去直，蓍草摘來香。酒酹霜風急，林寒暮色蒼。傍塋新擴地，荷澤永蠲糧。曠典知難並，天心更不忘。學惟宗至聖，禮必邁前皇。祠宇從明代，巍峨壓魯疆。陳丹經漶漫，暗粉墮微茫。廟貌因重葺，程工紀土章。帑頒元子國，糈給大官倉。伐石礱堦砌，掄材庀棟梁。罘罳縈短棁，瓴甋遶回廊。百度咸釐飭，千夫盡蹶蹡。層基仍爽塏，廣厦逾輝煌。自顧同窺管，深慚嘆望洋。寵膺天子命，得到聖人鄉。玉軸晴霞麗，琳宫奕葉光。矢音恭紀盛，拜手頌遐昌。

恭紀聖駕幸魯八章

提督山東學政按察司僉事臣任塾

洙泗昭雲漢，斯文帝者模。省方旋鳳馭，望道起嵩呼。肅穆天容接，高深聖德符。禮成垂盛典，至治媲唐虞。

其二

行幄瞻龍衮，升堂引上公。共驚天子貴，新拜素王崇。羽衛千官仗，車書百畝宫。同符前後際，文物喜昭融。

其三

千仞宫牆啓，龍旗駐蹕來。告虔陳玉帛，釋奠薦尊罍。奏樂宫縣正，横經黼座開。争誇兩博士，新侍講筵回。

其四

至道心傳契，尊崇寶墨宣。銀鈎垂象緯，金牓上雲煙。天藻珠璣落，奎章琬琰鐫。千秋堂奥在，昭示得真詮。

其五

旅進分多士，蹌蹌列駿奔。圜橋盈鷺羽，陪祀及雲孫。顧喜衣冠萃，周諮典策存。賜金兼賜秩，族姓總承恩。

其六

驰道森蒼翠，親瞻馬鬣封。喬林尋古幹，宿草摘香茸。酹酒重泉潤，披榛湛露濃。五雲松栢路，縹緲見真龍。

其七

泉林懷往躅，寶碣照川光。碧瓦丹霄外，虹橋玉溜傍。神機開奧窔，天縱焕文章。緬想卷阿盛，來游頌未央。

其八

異數沾優渥，寧誇唐宋年。黄羅留御蓋，翠陌廣新阡。讚頌金絲協，縹緗日月懸。小臣方後至，深媿續鴻編。

聖駕幸闕里恭紀

山東鹽運使司鹽運使臣胡瑾

龍旂冉冉渡江津，鑾輅雍雍向泗濱。方説勤民來肆覲，忽緣訪道又東巡。千秋俎豆推三重，萬古文明賴一人。列拜宫牆稱異數，金貂輝映杏壇春。

其二

聖學宏深百代師，執經親御孔顔祠。德崇天縱維新化，道繫乾元大統垂。五氏圜橋承顧問，千官入廟見威儀。斯文有運惟皇造，元會於今正及時。

聖駕幸闕里恭紀二首

山東兖州府知府臣張鵬翮

六龍初御展三辰，鸞輅時巡萬户春。世際上元開泰運，禮修秩祀出楓宸。辟雍已見橋門盛，闕里今看雨露新。自是規模高百代，《詩》《書》澤久俗還醇。

其二

翠輦龍旂出九重，承恩扈蹕慶遭逢。金吾戒道祥風入，羽騎連鑣喜氣濃。四野久知歌帝力，千秋復見振儒宗。微臣幸際明良盛，愧乏清辭入鼓鐘。

聖駕幸魯釋奠禮成敕修聖廟恭紀五十韻

山東兗州府黃河同知臣朱琦

寶曆元開泰，豐年物兆康。天心崇道統，帝德焕文章。聖已追堯舜，風尤軼漢唐。深居常典學，端拱協垂裳。敷政勤宵旰，論思凛怠荒。經筵資啓沃，治術重励勷。疏瀹縈清慮，眚災切視傷。德音原秩秩，典誥復洋洋。偃武烽煙靖，修文圖史彰。蒸黎欣布澤，河嶽慶巡方。北堂青雲迴，東來紫氣翔。羽林皆虎旅，驃騎盡龍驤。鳳輦行齊甸，鸞輿幸魯鄉。昌平纔駐蹕，闕里又登堂。釋奠超皇古，尊師極素王。羹牆瞻拜起，俎豆耀輝煌。扇影開彤旭，星芒拂劍霜。尼山名愈烈，泗水澤尤長。陪祀雲孫集，明禋世會昌。絃歌敦象勺，題咏式珪璋。廣額綸音渥，豐碑御墨香。横經優聖域，進講得書倉。争羡儒生業，親依天子光。不須嗟豹隱，頓已列鵷行。授爵榮雙被，分金寵莫量。書頒龍篆紫，蓋錫鶴雲黃。入廟神先肅，臨陵草更芳。楷邊詢手植，川上製文揚。地擴通隣壤，租捐是正糧。溪山仍勝賞，祠宇久蒼涼。不遠靈光殿，還修冠道坊。遣官馳驛迅，發帑庀材良。林總工咸集，雕鏤技畢襄。崇墉高碧落，壘石接康莊。雲漢飛朱棟，丹鉛遶畫廊。天恩新廟貌，士氣感趨蹌。鐘鼓弘陳典，精誠格上蒼。奇觀峨並仰，瑞靄鬱相望。輪奂鸞衺麗，翬飛鳥革張。光華昭黼黻，紹述著縹緗。盛業原無匹，宏規迴異常。旁求東野胄，表樹孟公庠。勝事難枚舉，微臣敢拜颺。服官爲邑宰，再命役河防。曾識天顔近，同沾零露瀼。雲屯森羽衛，銀箭漏鏗鏘。退食頒群雉，烹鮮賜一麞。餘榮追祖考，馨薦洽烝嘗。未獲涓埃報，徒深悃愊將。千秋銘不朽，萬壽頌無疆。

聖駕幸魯恭紀有序

山東兖州府滋陽縣知縣臣王綸部

小臣綸部待罪滋陽，恭遇時巡，駕幸闕里。皂蒙夾日，欣瞻復旦之輝；洙泗迎鑾，聿被恩波之灝。至道契乎先聖，續禹、湯、文而上不傳之心；禮樂備乎宗周，舉漢、唐、宋以來未有之典。和鸞既駕，猶聞兆庶歡騰；六馭初迴，聿覩鴻文炳耀。真曠古迄今，萬不一覯之異數也！臣綸部草茅下吏，獻頌無由，敬述蕪詞，曷勝屏息。辭曰：

輦路東風闢，皇圖北極安。洙源親訪道，闕里駐鳴鸞。雉尾開宫扇，龍旂引輔官。青陽覃澤溥，赤子沸聲歡。禮器藏宗國，春秋祀杏壇。閟宫傳警蹕，泮水匯波瀾。聖像凝神古，天顔對越端。金絲藏典册，章甫覿衣冠。舞佾賡鎛磬，升馨薦匜盤。槐庭施講席，檜殿灑宸翰。宗子彤弓賜，儒門棫樸繁。簷楹曲蓋植，碑碣冕旒看。命駕游封域，披榛視鬱蟠。捫蓍思演《易》，撫楷夢猗蘭。粹矣心遥契，休哉典莫刊。文章星日麗，氣象斗牛干。御幄冬常煖，恩波歲不寒。卿雲千載旦，湛露一朝漙。末吏遭逢幸，微言獻納難。永懷歌喜起，焉敢頌游觀！

瞻仰御碑頌并序

巡撫山東兵部右侍郎兼都察院右副都御史臣王國昌

我皇上御極之三十有八年夏，命官賫御製御書重建聖廟碑文勒石於闕里，冬十一月告成。臣王國昌備員東撫，得逢盛典，不勝忻幸。恭率藩臬道府諸臣，輕騎星馳，前赴瞻仰。以是月之望恭叩御碑，又得拜觀御筆墨蹟於詩禮之堂。天章宸翰，照耀心目。星虹煜爚，雲霞蔚蒸。譬諸天地之廣大，日月之光華，莫可形容，無能贊頌。臣等唯有相率懽忭蹈舞，自慶遭逢聖主，得覩開闢以來未有之隆恩鉅典而已。臣退而思之。竊聞帝王出治者也，聖人垂教者也。自伏羲、神農以及堯、舜、禹、湯、文、武行道於上而治以成，孔子明道於下而教以立。至其集群聖之心傳，垂百世之道統，繼往開來，貫古今而配天地者，則孔子爲尤盛焉。然聖人之道，必得帝王尊崇而闡揚之，然後其道益明，而其教益廣。漢、唐、宋、明以來，非無崇儒重道之君臨幸釋奠，然不過修舊典，舉常儀，繕葺委守土之吏，撰述出代言之臣耳。未有如我皇上之親幸林廟，躬行九拜，賜御書之額，留御仗之蓋，祝文、碑贊，皆出聖製。寵賚渥於世嫡，録用逮於聖裔。而且推恩元聖，施及先賢。修廟則特頒内帑，董以近臣；告成則親製祭文，特遣皇子。至於因成新廟，重勒貞珉，道接羮牆，言垂琬琰，帝典王謨之體，游龍臥虎之書，崇禮先師，表章聖學，以一道同風之旨，爲化民成俗之原，大哉王言，尤亘古所未聞也！蓋由我皇上聖由天縱，德集大成，闡泗洙之心源，邁唐虞之至治，先聖後聖，若合符節，故能隆尊聖之典，篤重道之心，如此其至也。猗歟盛哉！微臣庸陋，仰荷隆恩，慶幸之餘，言不盡意。然而瞻雲就日，恍如身際中天；履厚戴高，不禁心馳北闕。敢效賡歌之義，用抒葵藿之忱。爰拜手稽首而獻頌曰：

天生聖人，牖民作則。繼往開來，與天無息。維我聖皇，繼天立極。遠紹心傳，同符合德。翠華夙駕，臨幸魯國。九拜告虔，對越降陟。萬世師表，九圍是式。禮隆恩渥，漸濡聖域。睠彼宮牆，經營是亟。特頒帑金，罔費民力。不日成之，新廟翼翼。皇子代祭，薦馨黍稷。璀璨奎章，翠珉載勒。聖謨孔彰，王猷允塞。章回雲漢，寶同球璧。彩焕孔林，光生魯壁。臣幸遭逢，王道正直。對揚休命，抃蹈匍匐。東海汪洋，岱宗崱屶。君德師教，昭垂萬億。

瞻拜御製御書孔子廟碑恭紀四律

山東布政使司布政使臣劉暟

爲覲宸章赴杏壇，中宵霜月照征鞍。直同待漏天街曉，敢避衝寒驛路難！聖製裔皇擄鳳藻，御書炳焕映龍盤。微臣瞻拜昭誠恪，日月光華抃舞看。

其二

游夏何能贊一詞，心源直接帝王師。楷模正大古今少，義藴宏深天地奇。孔子以前無拔萃，聖人之後又生知。颺言莫罄臣椎魯，咫尺天顔凛廟碑。

其三

巍巍龍碣見羹牆，寶墨雲箋盡染香。聖蹟聖門傳聖裔，天心天道焕天章。體堅質潤縈丹篆，鐵畫銀鉤燦碧芒。匠石萬年同不朽，近臣從此姓名揚。

其四

琳琅閣帖久藏珍，得見龍章迥絶倫。神妙筆心原自正，天然戈法更能真。金函玉檢如雲焕，寶軸牙籤與日新。倘得硬黄頒一紙，傳家奕葉戴洪鈞。

聖駕東巡親謁先師於闕里，越二年，奉敕賫御製碑文復往聖廟建碑刻石，欣逢盛典恭紀一章

工部都水清吏司員外郎臣卞永式

巍巍堯德不可名，天地得一皆清寧。櫜弓弢矢武功定，手揭四海開文明。圖書龍馬淩波至，玉輅東巡輯五瑞。迴蹕親登闕里堂，道源直濬通洙泗。淋漓睿藻何煌煌，日星炳曜飛天章。龍搴鳳翥灑宸翰，登三咸五超前王。自愧不才同樲棘，口啣尺一來凫嶧。不刻之罘頌德碑，獨擕星渚支機石。河伯效順屏翳趨，衛河十日長風吹。百尺磨崖切雲漢，千鈞厚載連坤維。金椎鐵畫工倕手，靈鰲贔屭蟠蚪蚪。繼往開來魯素王，長與穹碑同不朽。憶昔弱冠登王衢，委蛇出入承明廬。曉日濡毫立螭陛，秋風侍獵隨鸞旗。何緣盛典還躬遇，帝德師模兩昭布。東山嵯峨泰岱高，億萬斯年綿聖祚。

恭頌皇帝臨幸闕里詩有序

山東兖州府城武縣署教諭舉人臣趙于京

康熙二十三年甲子之冬，聖駕東巡，道出濟南。鹵簿未設，惟馬上張九斿華蓋，中使一人前驅。臣于京得隨次蒲伏郊迎。上駐驊顧問：“爾何官？”臣謹對：“臣濟南舉人，尚未出仕。”又問何名，臣謹對：“臣趙于京。”快睹天顔有喜。須臾，扈從豹尾過，萬馬填街巷。上幸灤泉，召舉人，臣從在後，未及叨侍宸翰。然至今仰瞻“激湍”

諸寶書，草茆微臣，猶依依雲霄日月之旁，不翅如宋臣蘇軾所云驪珠之分袖也。是日薄暮，上安帳殿於齊河之滸。由川道陟泰山，留題日觀峰頭。望秩畢，賜高年絹。迺幸闕里，入欞星門止輦，以太牢祀先師孔子。禮成，恩賚有加。上撫檜作賦，大書“萬世師表”，頒額天下學宮。且賜幸魯詩，廓林田，封周公之後，如四氏例。又發帑金數十萬，遣官重修孔廟，不日落成，特敕皇子告祭。崇儒重道，可謂生民來未有之盛矣。臣于京兹承恩命，掌教城武，即又得捧接御製孔、顏諸贊，刊樹豐碑，觀者灑然動色。今乙亥三月，檄諸生校藝曲阜，乃得縱觀廟貌，規模壯麗，目覩太平風耀，不禁思仰嘆，頌聲作焉。夫宣主上德意，以助流教化，亦山長外史之事也。臣於是恭紀八章。

一

珠斗貞元會，河圖歲習行。雲垂滄海立，日射泺泉清。豹尾隨巡幸[1]，鵷班扈聖明。豈知蒲伏下，天語問臣名！

二

宸翰留泉上，榮光燭岱宗。九霄施淑雨，十月見飛龍。仙仗天門路，山呼日觀峰。百年鳩杖賜，童叟遍喁喁。

三

萬乘雩臺駐，真尊帝者師。大昕臨頖水，止輦聽金絲。粢帛千官肅，軒縣萬舞遲。恩波逮東野，從此與榮施。

1　“先師孔子禮成恩賚有加上撫檜作賦大書萬世師表頒額天下學宮且賜幸魯詩廓林田封周公之後如四氏例又發帑金數十萬遣官重修孔廟不日落成特敕皇子告祭崇儒重道可謂生民來未有之盛矣臣于京兹承恩命掌教城武即又得捧接御製孔顏諸贊刊樹豐碑觀者灑然動色今乙亥三月檄諸生校藝曲阜乃得縱觀廟貌規模壯麗目覩太平風耀不禁思仰嘆頌聲作焉夫宣主上德意以助流教化亦山長外史之事也臣於是恭紀八章一珠斗貞元會河圖歲習行雲垂滄海立日射泺泉清豹尾隨巡幸”二百三字，四庫本作“孔子廟庭曠典隆儀古今罕覯臣濫竽司鐸仰荷生成敬製蕪章聊申葵獻聖代時巡重鑾輿發禁城岱宗嚴秩祀闕里沐恩榮豹尾瞻麾仗”五十四字。

四

百碣維魚在，曾無御墨光。筆牀開芍藥，檜殿起鸞凰。思際雲霄上，神從秋水旁。自應聲教訖，質子集梯航。

五

芝蓋方留廟，林原又賜田。河流襟孔域，岳色倚堯天。萬葉靈蓍直，千章古木圓。但經行輦處，小草亦芊眠。

六

陪尾何年濬，登臨御覽寬。山龍分道脈，海眼出文瀾。月影旌旗動，霜華騄駬寒。淵源今有自，星漢五雲端。

七

發笒嚴師廟，鳩僝取次新。風斤來日下，翠甋走天津。煥矣勞皇子，巋然禮聖人。請看松栢徑，深覩五花匀。

八

盛典垂成日，從游夫子宮。雨添洙水闊，花亞杏壇紅。海岳沾王化，耕桑由帝功。小臣叨外翰，珥筆效歌風。

康熙甲子歲，駕幸闕里恭紀

江西吉安府知府臣劉德新

駐驊東山道泰時，煇煌鳳德耀龍旗。車書一統開天仗，俎豆千秋肅聖儀。花燦杏壇宸翰麗，風飄檜樹慶雲移。小臣忻覩兩楹奠，仰止斯文已在兹。

幸魯盛典卷三十九

聖駕臨幸闕里恭紀聖恩詩一百韻

太子少師襲封衍聖公臣孔毓圻

文治高千古，神功冠百王。昭回儲玉斗，廣運叶珠囊。鴻業方頻廓，丕基卜永臧。威弧除猰貐，戰艦靖鯨鱷。德比天中盛，恩流海外滂。車書同朔漠，候尉過氐羌。瑞獸馴靈囿，珍禽獻越裳。馬牛弛服馭，琛賮競梯航。至化從箕畢，休徵備雨暘。巍巍難可並，蕩蕩莫能詳。沐浴皇風暢，謳歌帝力忘。郅隆看已治，軫念尚如傷。旰食恒無逸，宵衣每不遑。量元齊覆載，手自致安攘。濬哲謙彌著，欽明抑愈彰。右文窮學海，稽古發書倉。遜志期終始，虛懷樂就將。拜言宗夏姒，主善法殷商。洙泗儒風在，春秋教澤長。麟書先紀瑞，虹玉晚徵祥。汲汲恒忘老，栖栖竟舍藏。漫占龍德隱，寧問鳳歌狂。吾道雖云否，斯文幸未亡。六經昏室燭，一貫濟川梁。運際千年聖，心符數仞牆。遂煩天子駕，遠過素王鄉。拜洛堪輝映，游河庶頡頏。巡行時正泰，順動月逢陽。馳道霓旌出，期門羽衛强。夔龍争扈從，褒鄂効勛勷。繡陌三驅遠，銀河一带杭。恬波憑竹箭，阜俗勸農桑。巡歷句吴徧，迴鑾泰岱旁。六龍雕玉轡，八馬赭絲韁。帳殿榮光護，帷宫瑞靄翔。清流經汶濟，碧嶂指尼防。典禮咨宗伯，威儀飭奉常。先期虔滌濯，經月肄笾簀。企望卿雲近，遥占湛露瀼。和風冬晻曖，晴旭曉滄涼。菡萏金根動，葳蕤繡幰張。虎賁黄袴褶，豹尾緑沉槍。

會弁蠙璣燦，華翎孔翠揚。兆民欣抃舞，五氏競趨蹌。鷺序班初合，葱珩佩有瑲。豫游行緩緩，宸眷喜洋洋。夙戒棲神宇，脩誠候帝閶。閟宫晨乍啓，庭燎夜相望。月轉觚稜黑，烟籠玉碣蒼。導從門左个，位設殿中央。穆穆天容泰，安安帝度莊。元臣鳴劒珮，髦士奉圭璋。奕祼尊罍古，千秋俎豆香。音容瞻對近，左右駿奔忙。信以蘋蘩薦，馨傳錡釜湘。牲牷昭博碩，黍稷告豐穰。律應雲門奏，聲和嶰谷篁。貫珠成翕繹，拊石協鏗鏘。綴兆舒還疾，麾幢偃復抗。金卮浮桂醑，玉瓚酌椒漿。大祝陳嘉幣，司筵薦吉璜。初行九拜禮，式焕兩楹光。象設旋披握，龍蹲儼在牀。畫圖環轍蹟，琬琰撫牆匡。曠典崇師表，隆規邁漢唐。實跗傳結搆，銀牓倍煒煌。恩撤鈎陳仗，榮留曲蓋黄。每教逢盥薦，長許侑烝嘗。更御經筵座，還升詩禮堂。明新歸至善，爻象本乾剛。巽命何諄切，臣心倍悚惶。遺蹤承顧問，敷奏指微茫。老檜如金鐵，孤根耐雪霜。泉餘寒井渫，杏傍古壇芳。漆簡留殘壁，丹書缺閉房。豐碑羅贔屭，傑閣秘縹緗。仰被龍光渥，重臨馬鬣荒。已叨紆日馭，更荷酹霞觴。俯仰公西誌，徘徊端木塲。靈蓍枝見采，文草蔓經量。林内禽知避，亭邊楷不僵。檟檀分幾種，翠栢擁千章。叢少豺狼穴，衣無棘刺妨。一人迴顧盼，萬彙盡殷昌。忝主東家鬯，頻膺北闕慶。遭逢真不世，優渥愧難當。褒寵松筠節，輝騰棹楔坊。頒詩追雅頌，賜賦陋班楊。乍捧豐貂笥，兼承獸錦筐。精鏐天地寶，秘簡日星芒。子姓蒙甄録，蒐羅到椈宗。蠲租先下詔，擴地旋除糧。頌溢奎婁野，恩覃上下庠。涓埃何以報，高厚固難償。芹獻同田父，葵傾祝我皇。綿綿增寶曆，秩秩衍銀潢。卦定呈龍馬，巢應下鳳凰。太和盈宇宙，景運屬明良。願泛千春酒，恭稱萬歲觴。謡吟歌有截，舞蹈誦無疆。

聖駕臨幸闕里恭紀聖恩詩五十韻

翰林院世襲五經博士臣孔毓埏

聖代崇文日，儒門拜寵時。躬開一統業，手定太平基。駿業烽烟息，鴻猷日月垂。要荒均享貢，民物盡恬熙。萬國薰風遍，千春湛露滋。晞天瓊笈啓，稽古縹囊披。精一傳虞舜，圖書溯伏羲。眷懷勤贊述，仰止在防尼。吾道今方振，斯文實在兹。上元初啓運，東幸展親祠。吉日金根駕，初冬玉勒馳。夔龍陪鳳蓋，方虎扈鸞旗。遂歷奎婁野，爰經洙泗湄。霓旌來靃靡，羽衛過逶迤。就日争先睹，瞻雲不自持。龍顔何睟穆，蟻悃慰融怡。五氏簪纓集，千官劍佩隨。入門停輦轂，中道上堦墀。明德馨香薦，精誠肸蠁知。導和調磬管，致慤托罇彝。麟紱尋靈蹟，龍蹲憶異姿。幾年懷杖履，此日接鬚眉。符節心原合，羹牆見不疑。一人新賜額，萬世共尊師。鸞鵠翔銀牓，蛟龍起墨池。却臨聞禮處，偏與説書宜。《大學》明綱領，羲經闡《繫辭》。帝謨申紫綍，御蓋映緇帷。已錫千言賦，仍頒五字詩。圖猶鐫琬琰，壁尚記金絲。比鐵當年檜，如林歷代碑。淵衷深博考，清問備周諮。堂釜仍巀嶭，龜蒙迥蔽虧。何當勞玉趾，重爲酹金巵。湛露濡枌柞，卿雲覆雒離。干霄留古楷，聚雪採神蓍。曠典從來少，殊恩望外施。榮光騰祖廟，流慶及孫枝。賜錦榮何極，彈冠喜莫支。秘書分縹帙，大賚發金貲。擴地膺皇澤，蠲租戴聖慈。仰窺崇道德，寧但荷恩私。帝力誠難報，臣心竊自惟。兩楹嗟昔夢，九拜邁前規。唐宋何堪匹，羲軒直可追。高應侔泰岱，深欲比潍淄。葵悃三多頌，嵩呼萬壽期。謳歌騰赤縣，含哺浹蒼黎。寶祚緜無極，瑶圖禄永綏。敬抒銜感切，善頌愧奚斯。

聖駕幸闕里樂府十二章有序

纂修進士授山西大同府靈丘縣知縣臣金居敬

皇帝釋奠闕里之明年，衍聖公孔毓圻上言，請勒成《幸魯盛典》一書，以詔萬世。上可其奏。又明年，乃以臣居敬等名聞，俾司編緝。部檄到臣鄉里，臣捧檄慚惶，馳詣曲阜祇事。閱二年，書成，將上，臣不揆鄙拙，擬爲新樂府，起事終義，次序鋪陳，共十有二章。一章言皇帝東巡，遂幸闕里也。二章言既幸闕里，行釋奠禮也。三章言既釋奠，命聖裔説書也。四章言禮成周覽廟庭也。五章言復幸聖林也。六章言賜御製詩，留御仗曲柄蓋以隆先師也。七章言頒賜於聖裔、官陪祀有差，免曲阜今年租也。八章言制許設官守衛林廟，拓其域兆也。九章言遣親王祀周公，録其後，遂及先儒周、張之裔也。十章言頒御書"萬世師表"四字於天下文廟也。十一章言遣官董治勒碑也。十二章言纂修《幸魯盛典》告成也。臣誠愚昧，不足以庶幾古之述者，葵藿之忱，不能自已，或可以繼康衢擊壤之歌謡云爾。

聖皇若稽古，金輅時東巡。望秩禮璋瓚，肆覲享桓信。采風察幽隱，徧德逮黎民。行行指吴會，設教天語諄。父老扶杖觀，過化俗已淳。揚舲渡大江，羽衛轉鈎陳。顧問誦訓氏，師表志龍蹲。還蹕經鄒嶧，原泉契道真。稷門駐六飛，芹藻先知春。帝心祇夙夜，祠官戒惟寅。一章。

經籍有典祀，釋奠先聖師。尼山集大成，麟紱端門期。宗祊屢改築，睟穆存當時。法駕在齋宫，宿設駿司儀。奉引導鹵簿，庭燎儼威熹。我皇既下輦，從官行如馳。有嚴升獻斝，拜興三肅祗。雅樂傳登歌，禮器列象犧。太常讀祝版，自天親製辭。望瘞神歆歆，皇帝受蕃釐。二章。

典祀已告備，還幸詩禮堂。欲觀聖人後，論説宜精詳。魯儒悚天威，鵠立黄案傍。虎賁盡聽講，階序翼冠裳。展書命敷陳，聖聰達洋洋。三綱具八目，十翼披首章。體用惟一原，内聖而外王。典學亶緝熙，虚受來賡颺。天語如春温，嘉奬教澤長。申命諸子弟，守先罔不臧。三章。

禮成誠已格，聖心重低徊。八音聞魯壁，六籍出秦灰。二千有餘年，泉冽井幕開。奇表四十九，肖者其誰哉！古檜發故根，旋紐如手栽。摩挲垂睿想，作賦耀昭回。祥符諸贊在，屹石立崔巍。漢魏及隋唐，碑刻數枚枚。惟聖事師古，垂問及尊罍。從兹一顧恩，舊物拂塵埃。四章。

天仗出北門，雲旗映洙水。直視若斧封，列栢二三里。榛蕪本自除，輦路平如砥。至尊拜稽首，酹酒爵再洗。文鳥雝喈鳴，奇木縱横理。生蓍自幽贊，植楷從弟子。山祇欣望幸，燦然呈衆美。瞻言駐蹕亭，苔蘚上階阯。自從祥符來，寂寥向千祀。皇德乾比崇，高標越前軌。五章。

大典登喬皇，湛恩施汪濊。先後其揆一，喜起際交泰。時邁臨魯邦，鸞聲載噦噦。道古媲軒羲，萬年頌嘉會。琳琅天葩芬，葳蕤曲柄蓋。篇章昔曾有，孰似聖謨大。麾仗昔曾留，孰似今皇賚。丹青炳常新，函覆極無外。榮光燭蓬蓬，白雲紛靄靄。還令望氣者，瞻仰莫能繪。六章。

上天降豐澤，人待於下流。賜書出中秘，寶翰焕層樓。九章錫上公，蒙茸貂鼠裘。四姓與執膰，金綺沾渥優。申以好爵縻，組綬若若裒。爰進諸父老，嘉乃服先疇。無出今年租，負載休車牛。自今勸力穡，謹節供旨羞。九陌齊歡呼，常願奉宸游。與天並巍巍，雨施徧遐陬。七章。

天子有後命，寵光比進律。灑掃給百户，卒史實統率。自從建寧來，舉廢待今日。禮樂與兵農，一命咸朝秩。兔溝虚幽宫，馬鬣安且吉。繁衍祔域兆，纍纍華表密。至仁及骼胔，顧此宸衷恤。制曰增式廓，先聖所貽翼。傳之億萬載，特書史臣筆。帝紀二十三，孔世六十七。八章。

承祀間平賢，繼絶大號涣。姬爻繫乾惕，聖功勤宵旰。太極置御座，西銘表宸翰。契合今古同，殊數自聖斷。元公啓魯宇，末胄負薪嘆。二儒修烝嘗，青衿奉薦盥。皇情爲軫惻，次第天書爛。新廟載奕奕，睿藻昭雲漢。世官奉俎豆，胥樂式燕衎。連及濂與闗，頌聲溢璧泮。九章。

惟聖始知聖，謚號無庸加。開元及祥符，制詞罄褒嘉。天言發要奥，綸綍同宣麻。奎章效懸象，龍虎勢攫拏。拜手揚天休，琢玉籠絳紗。恭請詔天下，不敢私一家。帝乃可其奏，置郵環海涯。殿版燦金薤，重簷標丹霞。師儒得縱觀，軒車塞闉闍。中郎太學碑，瑣細不足夸。十章。

粤自唐武德，篆刻傳贔屭。迄乎明三宗，製辭屬睿思。繕寫付中書，曾未親書字。皇帝崇聖師，齋沐撰碑記。神腕運八法，游藝兼龍穗。採山斵貞珉，方舟隨水致。陸載還兼兩，使華實董治。雕鐫出供奉，摩畫稱天意。御亭聳霄漢，碧瓦上方賜。穹窿映紫微，鎮魯俾昌熾。十一章。

千齡表聖瑞，九域頌皇猷。重道紆帝車，紫宸臨奎婁。中和建有極，備至靡前儔。草茅充載筆，鑽仰喟末由。邃古紀典謨，執簡非常流。下逮元和中，韓柳揚歌謳。兩儀施莫謝，二曜譽難侔。含毫幾欲腐，掩卷徧諮諏。揄揚萬分一，昭揭垂鴻休。顧慚多掛漏，撫己心怮怮。十二章。

纂修《幸魯盛典》告成恭紀

纂修官乙丑科進士授直隸大名府元城縣知縣臣俞兆曾

昌平勝蹟杏花壇，新有縹緗蔚大觀。元后典謨垂萬禩，聖人禮樂肅千官。麗天日月開金鏡，動地風雲駐玉鑾。一自時巡多異數，至今洙泗日騰歡。

其二

望秩燔柴動協時，瑞占甲子紀干支。殊方玉帛聯嘉會，亘古文章啓睿思。乍見璿杓剛北指，喜聞象輅正東馳。岱宗登眺崇禋祀，又向尼山敬帝師。

其三

門第東家莫與京，高山仰止夙峥嶸。生民以後開天縱，列聖相傳集大成。虞夏一中推繼統，漢唐群祀笑紛更。吾皇文教弘敷日，直並當時峻德明。

其四

雉尾干霄萬乘來，龍旗高展五雲開。晴融沙草沂流外，翠接林亭泗水隈。瑞靄已蒸陪尾岫，和風自繞舞雩臺。千行鵷鷺班仍合，帳殿前頭即上台。

其五

豹尾含風鹵簿陳，曉光珠斗燦如銀。迎牲捧帛趨群辟，酌醴添香列近臣。詔定典儀乾九拜，禮依贊引獻三巡。喜看盛事超前古，讀祝還傳御製新。

其六

鼎鼐邊傍瑞氣多，旌旛羽籥自駢羅。舞分東列還西列，樂奏《咸和》與《景和》。金石乍宣俱協律，笙鏞以間各徵歌。琴絲静細調堂上，答響時聞動玉珂。

其七

六籍居稽奧義宣，每從乙夜展瑶編。夙徵海宇歸文德，又進儒生闢講筵。格致修齊端至治，剛柔動静有真詮。魯風舊是明經地，却喜賡颺至聖前。

其八

防山毓秀昔曾聞，亦有高祠繞紫雲。遂以溯源推孝道，特令遣祀薦鴻文。神明陟降昭歆格，家學綿長享苾芬。追憶當年鄹邑績，淵源景亳歷傳分。

其九

大成門啓午風清，天子親瞻廟貌行。帷啓昌顔人儼在，畫看行教影如生。衮衣章甫今留績，彩鳳猗蘭舊有情。道統久從宵旰接，宫牆況又覩分明。

其十

奎文傑閣俯蒼茫，霄漢相連自裔皇。聳峙遥觀高泰岱，登臨不數昔靈光。縹緗舊識藏書地，丹雘還輝秉禮鄉。此日九重頒御製，更從斗柄仰琳琅。

其十一

鶴舞蛟蟠御墨光，捧來合殿乍飛香。一人道自相符契，萬世師承重闡揚。得荷褒嘉包衆義，群瞻表率大文章。勾摹真本頒黌序，萬國欣依日月傍。

其十二

睿藻親裁幸魯詩，光分御幄錦函披。似融海日輪初上，如握湘蘭馥更奇。精一微言傳授合，勳華盛業後先知。瑶篇捧誦鏗鏘處，聖學心傳慶在兹。

其十三

五色雲移赭繖飄，錫將曲柄勝瓊瑶。經頒解義紛緗帙，金賚諸儒出絳霄。盤就鈿窠榮綺毳，量來玉尺有豐貂。絲綸又見褒賢母，節並松筠御筆邀。

其十四

抃舞歡呼溢聖門，又頒特典到諸孫。非因陪祀勞宜恤，只爲承先道自尊。層次班行分簡擢，連翩官秩拜殊恩。正供復有蠲除詔，闔邑窮簷盡飽温。

其十五

元公德業繼前徽，東野支存久式微。苗裔忽教遵職守，馨香自是得憑依。舊將絶學承三代，新有榮光示九畿。别著《西銘》圖太極，聖恩一樣出綸扉。

其十六

鳳毛熠燿話林形，依嶽環河識地靈。蓍草尚盈牆外壟，楷枝還對碣前亭。祥雲靉靆鸞旗賁，佳氣巃嵸玉輦停。洙水橋邊承德澤，思堂享殿展重扃。

其十七

穹碑採石自西山，記載親臨宸翰頒。詞藻迥超謨誥外，筆鋒遠邁晉唐間。儒林瞻仰真璀璨，敕使傳宣數往還。别有弘文崇亞聖，一時有喜動天顔。

其十八

複道層簷制度雄，重新殿宇更崇隆。特頒内帑當三伏，旋起高甍走百工。畫棟文榱增燦爛，瓊窻鴛瑣各玲瓏。誰知玉輦經臨後，便得昭垂萬古功！

其十九

經始纔看月五圓，告成便爾達堯天。仍修祀典勞麟趾，獲覯星光焕壁躔。洙水淪漪清映月，尼山崒嵂翠生烟。欣逢梁棟維新處，疊奏宫商進豆籩。

其二十

帝德光昭久誕敷，式垂令典是崇儒。聖神功化真巍焕，濬哲文明共感孚。四海承風歸雅化，萬年有祜卜禎符。小臣珥筆尤蒙澤，威鳳遥瞻集帝梧。

纂修《幸魯盛典》告成恭紀四十韻

纂修舉人候補内閣中書舍人臣叢克敬

道統尊宣聖，心源接我皇。後先如合節，今昔永相望。鐘鼓斯文振，星雲世會昌。絃歌懷往蹟，鹵簿飭嚴裝。遂幸昌平地，因來闕里堂。從容詢犧象，儼恪見羹牆。撫栢霜花老，登壇杏樹荒。入門趨殿陛，啓幙識冠裳。鉅典咨宗伯，隆儀命太常。顒然陳俎豆，肅若捧圭璋。九拜崇師禮，千官侍寵光。爐烟浮藻火，雕管焕龍章。已賜天書紫，還留御蓋黄。覆燾乾合德，帡庇地無疆。古碣尋雷篆，豐碑破蘚蒼。西京文憶漢，北海字稱唐。稽古情逾切，談經意轉長。孔融陪講席，穎達倒書倉。再見祥麟吐，疑開舊壁藏。諸生仍魯國，六籍總周行。更念棲神域，旋過封鬣傍。故林田復闢，幽契禮重將。駐蹕收名勝，摛華集縹緗。珊瑚應作架，玳瑁合爲牀。百尺蟠螭麗，連篇繡虎强。鐫珉元聖廟，鏤玉子輿鄉。大義同謨誥，微言剖混茫。詩成追雅頌，賦就壓王楊。機杼從仙室，烟霞出上方。西清饒琬琰，東觀滿琳瑯。盛事難枚舉，休時待拜颺。分曹披卷帙，珥筆頌君王。恍對承明草，曾非著作郎。校讎窮日夕，編次挹芬芳。終笑儒冠拙，寧將帝德忘。看山慚蟻蛭，觀海失滄浪。入夢隨仙仗，臨風想珮鏘。蕪詞抒草莽，信史紀巖廊。拜手呈中秘，齋心進未央。小臣依末照，衣袖染芸香。

《幸魯盛典》告成恭頌有序

纂修舉人候補内閣中書舍人臣叢克敬

欽惟皇帝御極以來，六合清寧，八荒懷保。揆文奮武，表大地於同風；厚澤深仁，廣敷天之化雨。御經筵而日講，闡十六字之精微；分史乘以年編，紹千百王之統緒。執中建極，治軼唐虞；講學明倫，道宗鄒魯。謂開萬古之正學，功在尼山；集千聖之大成，教尊闕里。雖辟雍將享，禮時舉於春秋；然杖履憑依，神每棲於洙泗。溯龍蹲之遺澤，有事觀風；念鳳德之餘徽，因思展義。歲惟甲子，序叶應鐘。詔宗伯以陳儀，命廷臣而稽古。燔柴而修望秩，禮必有加；釋奠而致親臨，典惟求備。諏辰叶吉，雷動雲行。紫綬金章，捧鸞旂於北斗；黃童白叟，迎鳳輦於東山。歡聲溢乎魯郊，瑞靄凝於聖域。覩尼防而緩轡，勿事傳呼；觀井里而霽顔，式昭泮奐。不驚徒御，止警蹕於前驅；緬想音徽，儼羮牆於行在。一人凛夫穆穆，齊宿維虔；百職效夫蹌蹌，昕朝匪懈。飭先時而習禮，官遣奉常；壯曠世之閎觀，器擕國學。省牲視鑊，先蔵庀於在官；唱樂典儀，必靖共而效職。備百王之禮器，非徒夏鼎商彝；奏六代之樂章，不啻金聲玉振。自先師而至四配，以等爲差；由啓聖而及諸賢，分班以獻。迨所司之告具，慰我后以思成。駕步輦而戴星，冕旒十二；伏行宫而迎日，鵷鷺三千。覲天子之光，鳴鑾而肅觀聽；近聖人之地，下輦而致虔恭。導從歷階，鳴玉著恪誠之度；肅雍就位，秉珪昭明信之忱。忘萬乘之尊，禮隆九拜；致兩楹之奠，爵獻三漿。薦至治之馨香，溢於黍稷豆籩之表；殫宸衷之蠲潔，存乎罇罍犧象之先。蓋心以傳心，既感孚之有本；斯聖能格聖，儼靈爽之式憑。上考漢王，惟聞太牢之享；

遞及宋室，祗行再拜之文。今我皇之殊禮有加，視往代之成規獨盛。傳之典册，紀創見夫天朝；播諸膠庠，覩隆儀於泮壁。既享祀而成大典，復臨詩禮之堂；更講貫而采微言，逮及子弟之俊。聖經《周易》，契帝德之高深；修行立心，拜天言之諄誨。研思贊頌，聿宣四字王綸；昭示臣隣，焕發五言睿藻。揮宸翰以崇師表，慶溢黌門；留御蓋以奉廟庭，光生雕俎。覩参天之石碣，篆籀攸存；倚拔地之檜柯，梧棬欲接。愾乎挹音容於几席，入室登堂；僾然觀服物於門庭，護車拭履。已頌龍德，增重宫牆；更戒鸞輿，載觀林寢。式行拜酹之禮，還申昭假之思。蓍草成叢，引《易》而恢義藴；楷株交蔭，撫木而任摩挲。蓋由隆禮儒宗，故每留心手澤。至於佳城鬱鬱，酹樽而壯馬鬣之封；子姓翩翩，賜服而絢龍章之彩。褒伊壽母，榮重絲綸；恤彼雲孫，廣均賚予。陪祠子弟，敘許從優；應講生徒，人咸予秩。念聖人之後，恩莫隆焉；逮群哲之裔，澤斯長矣。洎禮成而樂備，六御言旋；乃典學而右文，九重彌切。鐫西山之佳石，辭炳日星；建東魯之豐碑，輦從水陸。相陰陽而位置，門左聳千仞之峰；揮翰墨而表章，石上透五花之筆。更思道統攸寄，必當廟貌維新。賜内府之楝梁，命官董治；美聖人之輪奂，擇日經營。杞梓楩楠，我任我輦；東西南朔，是度是京。聿成翬飛鳥革之觀，丹楹刻桷；大壯皃繹龜蒙之望，射日干雲。特遣燾土苴茅，虔將圭璧；御製赤文緑字，代致几筵。在聖朝之重道崇師，無以加矣；而孔氏之戴高履厚，寧有諼焉！粤自聖恩巡幸之年，虔申《盛典》纂修之請。深蒙優詔，俯慰蠲誠。乃命儒生，以充纂局。給太常之紙筆，考古爲榮；捧天子之文章，成編有耀。欣瞻聖藻，盡頒示於孔庭；恭際皇猷，咸大書於史册。誠遭逢於不世，洵揚扢之無疆。臣克敬猥以菲材，荷分討緝；膺兹重任，殫厥勤劬。心竊愧夫三長，頌莫罄乎九陛。歲華屢閲，惟操槧於杏壇；儕侣既稀，謹然膏於泗水。載言載事，經十五年；可法可傳，成四十卷。耳聞目見，固已炳蔚簡編；文德武功，允克昭回雲漢。聲靈揚於西北，沙漠肅清；巡狩歷夫東南，海隅沾被。遠踰天外，近在地中。無不服教畏神，歡騰萬宇；亦各歌功頌德，澤徧烝民。欣沾無外之皇仁，適遇告成夫帝典。敢效康衢之擊壤，敬躋丹陛以陳詞。頌曰：

維天眷德，篤生我皇。清寧合撰，日月齊光。聲靈赫濯，愷澤汪洋。堯舜文武，祖述憲章。欽崇聖道，心契素王。萬邦俎豆，群祀宫牆。禮隆北闕，聖仰東方。秉木鐸教，思夫子鄉。歲屆上元，辰諏吉日。金風初動，玉露乍結。百穀既堅，千耦咸銍。巡方有事，深宫無逸。先頒肆赦，廣揚大德。夙駕倌人，届於魯國。五氏鳧迎，千官鵠立。柴望岱宗，奠陳聖域。赤刀陳寶，天球河圖。牲牷既卜，越席是敷。樂傳太學，庖進御廚。庶司百職，竭蹶奔趨。有榮宗廟，襄事庭除。觀瞻大壯，誠信中孚。先期滌濯，昧爽勤劬。前驅鵷鷺，扈從鑾輿。法駕龍飛，孔門鳳峙。馭止金根，步勤玉趾。歷階而升，肅恭拜起。如在左右，如臨尺咫。禮明樂備，謹終慎始。有加肅雍，無或跛倚。庭羅助祭，門列觀禮。祀事孔明，莫不悦喜。大祭既竣，爰啓經筵。材選孔氏，進講御前。理陳格致，義闡先天。來咨來茹，先聖先賢。箕裘弓冶，探索本源。榮分五服，職襲萬年。親加誡勉，均賜陶甄。率由祖訓，恪守家傳。帝曰臣哉，予其告汝。凡厥聖王，道尊尼父。繄惟黄蓋，留耀東魯。觀壯四時，光生兩廡。更揮睿翰，懸兹門宇。言重絲綸，頒行庠序。巨筆鴻文，黄鐘大吕。一人立極，萬邦作覩。念爾先澤，來汝後人。相予流覽，遺蹟敷陳。像瞻赫赫，教溯循循。斑爛古碣，歷落奇珍。經傳函大，樹植嶙峋。水流清冽，池漾藻蘋。誕思五老，書憶蒼麟。從容顧問，和色怡神。巍巍孔林，魯城之北。瓴甓攸封，深藏虹玉。祖德抱孫，家風聚族。木有壽癭，草堪筮卜。馬鬣地增，虬枝手掬。遇物徘徊，推恩肫篤。派衍聖門，廩賜天禄。

小大稽首，聲撼陵谷。百禮既至，乘輿乃還。廟新榱桷，帑發金錢。木撤殿陛，石運鏤鐫。爰命維城，釋奠几筵。宸章麗日，聖德敷天。四氏百族，接踵摩肩。纂修入告，躑躅争先。天子曰可，尚其勉旃。草茅下士，書思珥筆。學慚固陋，敬凛戰慄。際會休明，内外寧謐。薄伐時巡，文謨武烈。黼黻太平，報稱萬一。多歷歲時，差分卷帙。煌煌聖恩，與天罔極。億萬斯年，永垂金石。

幸魯盛典卷四十

皇帝幸闕里頌有序

纂修舉人中戊辰科進士授翰林院庶吉士臣孫致彌

於惟我皇上之御極也，丕振武功，聿昭文德。平成天地，肅穆邇遐。握玉鏡於九重，運金輪乎八表。化達黄支之國，威行紫石之區。坤載乾幬，汪洋帝澤；賁文涣號，彪炳王章。順月令以課三，鼓薰風而吹萬。凡屬含靈負氣，靡不華祝嵩呼。駕禹軼湯，十堯九舜。生斯世者，何其幸乎！猶念從古聖人，敬求民瘼；自來誼辟，首重時巡。迺於今之二十三年甲子，粤稽舊制，命彼倌人，飭鹵簿，戒軒車。石鎧犀衣，天行而雷動；翠華金羽，日麗而風高。燕樹送旌，岱雲迎蓋。碧漲齊南之海，青來吴下之山。詢苦問勞，咨寒恤雨。百年父老，喜覩天顔；十月黍苗，重吹煖律。旋回鑾於東國，因有事於泰山。制倣圜丘，躬行柴望。媲虞書之告祭，陋漢代之封泥。此已度越百王，昭垂萬禩者矣。若乃歷昌平之里，幸洙泗之堂。覩車服而神怡，撫宫牆而心寫。虔修祀典，肅若朝常。雍雍乎瞻拜之容，穆穆乎顒卬之度。太常典樂，宗伯司儀。位列千官，喜覲龍光於俎豆；禮嚴九拜，兼陳鳳蓋於廟庭。榮詎止於一家，恩並沾於五氏。豈若漢高幸魯，惟設太牢；宋主尊師，祇同祭菜。至於豐碑刻玉，古殿題雲。鐵畫銀鈎，映奎婁而耀彩；文源學海，摛星漢以爲章。勒銘元聖之祠，灑翰子輿之廟。詞無假於雕琢，義總契於聖賢。若夫紀勝泉林，波流五色；賦成古檜，枝潤千秋。錦迴天上之機，玉出崑崙之圃。蓋由聖功淵粹，斯潑墨而爲珠；加以睿藻夙成，自即心而印月。臣草茅下士，章句小儒。才非博望而泛槎，學愧桓榮之稽古。謬邀眷注，竊附編摩。莫伸秣馬之忱，少效輿人之頌。其辭曰：

赫哉我皇，奠兹區宇。陟彼泰山，駕於東魯。豈曰豫游，爰咨疾苦。仁被宗邦，風漸率土。户聽絃歌，民多含哺。世樂羲皇，帝思尼父。載肅冠裳，用陳樽俎。釋奠一堂，分官兩廡。曠典自今，隆儀邁古。刻石輝煌，援毫飛舞。日燦龍章，霞凝鳳羽。呵叱齊梁，鞭笞燕許。永勒臣心，長懷天語。幸際昌期，欣瞻盛舉。迺輯珠林，旁搜玉府。晨夕校讐，錯綜參伍。保世琳瑯，醒愚鐘鼓。天子無疆，斯文有主。

御製讚有序

纂修副榜貢生臣葉湜

竊以結繩既邈，書契聿新。運闢文明，世離草昧。或拜圖乎姑射，或訪道於崆峒。十六字之相傳，重華繼體；五百年而一見，三代迭興。然而典謨出自史臣，訓誥不聞手製。秦世徒誇功德，古篆何繁；漢宫競賞文詞，流風日替。千秋響絶，疇吹六經；百代音遥，空懸一綫。非聖人之首出，將道統其終衰。欽惟我皇上光麗日精，睿涵珠海。既登三而咸五，復作聖而述明。虎觀談經，治兼乎教；石渠集講，君即爲師。回氣化於中天，啓昏蒙而復旦。昆蟲草木，均沐光華；河嶽星辰，不踰指掌。蓋由百世之後，僅見一人；猶念自生民來，未有孔子。幸祖庭而釋奠，揮宸翰而書碑。文自天來，重見玉書之瑞；思由神運，遠符丹鼉之文。勒以貞珉，鸞騫鳳舞；載之贔屭，斗轉星回。若乃詩賦五言，念兩楹之俎豆；額題四字，肅萬世之觀瞻。律不數乎三唐，法更超於八體。寶作西清之本，珍爲東觀之藏。

若夫教孝作忠，褒語慰陳情之表，溯源推本；鴻文陳啓聖之筵。華衮增榮，球圖並貴。至於姬公世遠，舊止列於功臣；孟氏風遥，或興嗟於廟貌。皇上則眷懷往聖，摛鳳藻以告虔；遐企先賢，製龍章而鐫石。斯皆右文之至意，抑亦重道之深心。然復托興泉林，宛若在川之日；留情古檜，悠然手植之年。迴綺縠於毫端，灑霜花於腕下。斯又太微之餘照，遠徹青冥；學海之波瀾，皆成紫氣者也。臣才慚五至，學媿一經。念先臣帷蓋之恩，未謀報効；荷聖主菲葑之采，竊與編摩。瞻依宸翰之樓，仰止奎文之閣。逐名儒而紀載，脱手皆珠；珥綵筆以校讐，盈箱貯玉。彌深贊歎，莫罄揄揚。乃爲之讚曰：

一中建極，無怠無斁。天子之德，柴望岱宗。涖於魯東，天子之功。鵠峙鷹舒，下抑蟲魚。天子之書，子雲才挫。馬卿却步，天子之賦。風雅驅馳，涕唾浮詞。天子之詩，勒成班史。傳之闕里，光昭萬紀。

恭紀幸魯八章有序

候選小京職陞貴州都勻府知府臣沙汝洛

歲在甲子十有一月，皇上南巡，還過闕里，躬謁聖廟，釋奠禮成，遂允衍聖公請，倣古左史記事，右史記言例，纂輯《幸魯盛典》一書，以紀典禮，垂諸萬世。臣汝洛時以小京職需次銓部，謬蒙遴採，俾厠編纂之末，誠千載一遇也。同時内外臣工，咸有詩文頌賦，斐然成帙。竊念先臣禮部尚書臣澄，曾沐兩朝知遇，典禮明光，多歷年所，未得躬逢斯盛。臣何人斯，乃獲親遘，又身與編摩，私竊慶幸，不揣蕪鄙，續述五言八章，以誌遭逢之盛。其詞曰：

君師同一揆，至道協千秋。寤寐羹牆切，寅清釋奠修。黄虞今再見，姬漢未堪儔。桂海冰天地，聞風歌豫游。右一。

尊師臨禹甸，稽古省虞方。寰宇沾春澤，氓黎覲耿光。六龍迴指顧，萬國走梯航。過化存神處，江山氣脈長。右二。

漢祖曾親祀，唐宗亦賦詩。禮儀猶闕略，道統未深知。後聖遥相待，斯文允在兹。穆然如感格，千載接心期。右三。

玉振金聲地，欣瞻賁乘輿。槐陰曾拭履，檜影憶修書。龍鳥殷楹古，松楸漢殿虚。今朝傳警蹕，萬姓喜何如！右四。

至誠將祼獻，登降不辭勞。曠典欣殊遇，隆儀豈易遭！捧尊翔劍珮，秉翟舞宫袍。直是均郊祀，何論薦太牢！右五。

杏壇千古後，重覩講筵開。問禮諸儒集，傳經五氏來。璇題雲燦爛，翰藻景昭回。捧賜成都綺，俱由内府裁。右六。

既展麟書宅，仍詢馬鬣封。聖孫皆扈從，天語更雍容。古楷籠暄日，靈蓍秀暮冬。恩膏垂注渥，草木被尤濃。右七。

錫爵元公裔，題碑亞聖宫。宸游時啓泰，望古意何窮！拱極星俱北，崇文日正中。我皇垂制作，聖道萬年豐。右八。

皇帝東巡還幸闕里效栢梁體一首

纂修貢生臣章緯

昊穹生民邃古初，至治之極稱唐虞。時邁望秩垂《詩》《書》，今皇繼天膺龍圖。東西朔南德誕敷，珙球萬國歸鴻臚。么麽負固逞斯須，以懲弗恪張威弧。四表八荒皆宴如，昇平嘉會賜大酺。宸衷猶㕍如予辜，乃命太馭駕金輿。省方觀民祗訏謨，上升介丘下東吴。移易風俗回槁枯，億兆黎庶興歌歈。法駕幸魯崇師儒，和序禮樂始陳鋪。戒眎滌濯宿馳趨，牲盛醴齊豐天廚。豆登鉶簠尊勺觚，宫懸升歌九奏餘。興拜奠獻默契符，異數渥恩視古踰。清蹕晝迴臨泗洙，望幸榛蕪會自除。桂醑三沃馬鬣濡，説經帝前歌鳳雛。駿奔走皆受禄糈，拜賜稽首山三呼。更瞻大庭念碩膚，作廟繼世明禋俱。雲章天藻德輝舒，雕鏤刻畫如盤盂。龍升螭蟠首與趺，暉耀萬世啓蒙愚。懷握鉛槧常躊躇，小才迫窘敢自誣！

聖駕東巡賦有序

纂修增廣生員臣曹晃

歲當甲子，運際上元，皇帝御極二十有三載，纘承丕基，恢張弘烈。域外同軌，逾朔南而暨訖；海隅出日，奉聲教以來庭。寰寓乂安，黎庶樂業。五兵試而仍戢，百工撫而受成。勳被隆古，至德無名。仁風衍以莫圉，大化馳而若神。萬類咸亨，四方從欲。畫地之令幾措，生齒之籍日繁。皇上猶復宵旰不遑，時幾待勅。念典訪落，貞憲考度。所以一道德而同風俗者，日廑於慮。玆鑒虞氏歲巡之義，諷成周《時邁》之什，減省儀衛，十月東巡狩，至於泰岱。爰泝淮沂，旋蹕京江。觀風廣魯，以次周覽山川風物河渠，吏民利便。竊見垂白之叟，扶杖來觀；攸徂之衆，室家相慶。競望塵而拜舞，咸擁道以瞻依。感激奔迎，覲光恐後。彌山盈谷，千里接蹟。此則振古所未有，而帝德之入人者至矣。臣以弇鄙寒生授經孔宅，恭逢法駕臨幸宫牆，懾伏客館之間，景附圜橋之末。御爐之香，如攜滿袖；臚贊之唱，恍隔層霄。偕熙皡以神游，企都俞而慨慕。因念王臣率土，孰無愛戴之忱；野老山農，共效媚玆之祝。則夫上紀省方之駕，下抒徯后之情，以補風謠，述盛典，毋亦草茅之分誼，而稽古者之事也。乃拜手稽首而作賦曰：

粵我皇清之受顯命也，基積累以函夏，握璇符以承乾。跨八紘以宅土，規億載而卜年。下武開哲王之運，上聖秉天縱之全。維我聖皇，備五行之秀氣，邁三皇之英風。錫勇智以表正，克寬仁以宅衷。至德則包含乎天地，文明則暉麗乎日月。高世主以爲量，間千祀而挺哲。致沕沕之上理，扇巍巍之茂烈。本叡思之昭濬，愈兢業以緝熙。毖祇台於德先，勵明作以圖幾。往敷求於載籍，措豫大於規爲。而且日旰尚食，未明求衣。聽鸞聲於鑾𨏥，開閶闔於熹微。問寢兩宫之上，求寧兆姓之依。謹杪忽於盤匜，矚幽遐於户庭。聰無遠而不察，物無細而不呈。時下車而解網，頻蠲租以省耕。自文法之易簡，底王道之蕩平。清風穆於辰拱，淳化希於登閎。乃當順則之年，克著詰戎之略。在昔合宫之世，而蚩尤弄兵；總期之朝，而有苗勿格。事常見於盛隆，功每成於盤錯。況乎桂林、象郡之山川，金馬、碧雞之疆索。遲王會於防風，阻聲靈於莊蹻。是天所以昭聖武而奠萬億，褀丕基於無堮也。天子赫焉斯怒，清問下氓。驤禁旅以張討，閱蘭錡以陳兵。策虎臣以制閫，選彍騎而長征。塞滇黔之門户，樹閩粤之風聲。雲霓萬姓之望，壺漿千里之迎。決機眢霍，掃迅軿訇。與夫戈船下瀨之師，鸛鵝横江之陣。三千屬犀之甲，十萬迎鋒之刃。既渡漢而西擊，復踰湖而南躪。舉炎火以焫飛蓬之野，殷疾雷而下層雲之峻。五里之毒霧安施，長鬣之餘皇不進。掩欃槍之星芒，築鯨鯢於一瞬。是皆方略授於聖衷，機宜由於廟算。息銅鼓於卭僰，洗兵氣於沔漢。平淮藉韓愈之碑，諭蜀有相如之翰。洵睿照之如神，鞏皇圖於清晏。更若臺灣之島一旅，炎海之浪千尋。依黿鼉於浦漵，恃窅冥於山林。鼓鯨波而噴薄，狎颶風以浮沉。自負固於往昔，遂偷生以至今。爾其乘凱旋之勝勢，蕩廓清之餘烈。檄偏師以迴戈，亂衆流而飛雪。乘長風以破浪，下樓船而横絶。挽勁弩以射潮，跨滄溟而浴鐵。將平海若之宫，待泣鮫人之穴。試昆明之水戰，奪厦門之壁壘。天兵蹙於重圍，帝德動其改悔。爰率土以來歸，亦輪誠而自劾。免田横之一軍，釋尉佗之前罪。祠冠带於春秋，紀職方於青海。建王官以控扼，開文物之洋洋。列都城於百雉，通潮汐之湯湯。一尉候於蒙汜，合車書於莽蒼。截海之外，未臣之荒。重譯侍子，稽顙來王。願陳玉帛，争效梯航。於斯時也，載戢干戈，載櫜弓矢。偃革辭軒，銷兵罷錡。天子欲優柔吾民而登上理也，開明堂，考辟廱。被禮義爲采章，徧弦誦於鼓鐘。遥集圖書之囿，裒益道德之叢。本權輿於宸志，自雲靡於聖風。緗旃午夜之間，緹帷清燕之中。繙經論治，書笏珥彤。親校讐於奥義，涣汗簡於發蒙。徵宇内之散佚，輯寶訓之龐鴻。北門待詔之廬，東觀論經之室。栢梁賡歌之辰，西苑從游之日。莫不玉潤金聲，披文相質。凡以敷豈弟之遺藴，發《詩》《書》之華實。博求於風雅，進退於官聯。懸異格以升俊，苟寸長之畢甄。闢四門之穆穆，賁丘園之戔戔。誠立賢以無方，若取燧而挹淵。流湛恩而汪濊，被令德以勤宣。庠校蔚興而廣厲，桑麻彌望而綿芊。户封淳樸之俗，野虛亭障之烟。清和咸理，庶徵靡愆。際昌期之希遘，更何羨乎堯年。若夫醴泉甘露之徵，游囿鳴郊之瑞。事雖有而莫書，不足爲聖朝之異。在廷諸臣，乃相與考故實，尊隆號，以歲符元會，上宜修前代之禮於岱宗，以告成功，答休美。且天下東西朔南，望屬車之塵者久矣。天子却而未俞，顧而彌讓。斥封禪之文夸，懷游豫之音曠。罷登巒之禎符，行覲嶽之柴望。從省方而採風，一衡律與軌量。瞻泰岱之巃嵸，覽河漕之漭瀁。試牧伯之敷陳，察民艱之情狀。信鑾輿之所經，舉明禋以答貺。復曠古之高躅，允皇情之遐暢。於是德音颷發，涣號星馳。乘輿所過，補助勤施。東南民力，帝曰予咨。減於秋税，以恤其私。維夫行在，儲偫所資。百官服御，各庀其司。六師于邁，民弗與知。毋擾秋毫，勿避車旂。爾乃諏吉日以戒途，乘農隙之云暮。簡七校以前驅，肅千官而佩璐。結魚麗於廣涂，驤龍驥於天步。霓旌靡而山揺，翠幕蔚其雲布。淩高衍以軼塵，望天門而振輅。臻於岱麓，爰修毖祀。定昭事之上儀，答三靈之蕃祉。是日也，躋雲關之軼蕩，眺日觀之崚嶒。徑路盤紆，丹霞初升。碧霄疑近，群山若膺。憑高而小天下，陟嶺而懷素王。軼浮景而下視，灑宸翰於穹蒼。敕雲峰之傑搆，表勝迹於層岡。既事畢而功弘，迺輯瑞於東方。由是並河而南，泝淮而上。縱鷁首以御風，撫輕舟而乘漲。胥擊汰以揚舲，亦迴波而停仗。回江左之鶯花，閱南藩之屏障。黄龍煙邁，青雀雲連。冰湖流澌，寒江澄鮮。吴頭星紀，楚尾衡聯。甓社之珠淵渾沸，竹西之歌吹駢闐。京口之江潮暮暮，吴閶之煙月年年。邀君王之一顧，山川絢其增妍。數軍實於茂苑，萃前驅於白門。攬建業之形勝，洵既庶而且繁。久漸摩於道德，使華靡之漸敦。變石城之游冶，歇麈尾之清言。俯六朝之遺迹，展前代之林園。迅回鑾以遄行，越良常而信宿。會日月於龍猳，躡景光於川陸。度夕陽於緑疇，驗豳風於茅屋。引高年於外朝，察邇言於空谷。欲起灝河之田，務決下流之瀆。亟斯人室家之故，而圖之惟恐不速也。南歷江淮，東由兖冀。於六旬之間，邁四州之地。猋風雲兮景從，出塵壒兮遐指。屬寒卉兮輦道，起遥岑兮豹尾。回凛烈兮如春，濩輕霞兮似綺。探古蹟兮寥廓，選名勝兮片晷。染柔翰兮御墨香，題片言兮烟巒紫。校《車攻》兮蒐苗，緯河山兮圖史。瞻雕輿兮蒼螭，盻翠蓋兮鳳翅。望五雲兮翹首，覩九斿兮辟易。咸讋伏奔駭而莫敢仰視兮，亦鱗布迅奮而不敢避也。勞父老兮繒帛，來兒童兮擎跽。川原彌兮成塵，闤闠溢兮如市。紛抃舞而歡呼，競掎裳而連襼。彼衢壤兮未聞，渺黄軒兮奚致。若夫自吴都而旋蹕，望宗魯而迴輿。類陪尾之清湍，經昌平之里閭。緬遺踪而仰止，弭玉節而回紆。帳殿巍峨以星拱，齋宫肅穆以高居。日曈曨以始升，風翕習而微嘘。寂萬籟以無聲，發賁鏞而震區。鳴和鸞於櫺星之内，降玉輅於奎文之廬。豆籩之陳旅旅，箾籥之侶與與。九拜之儀穆穆，三獻之爵徐徐。儼羹牆之若接，猶陟降於清虚。留芝蓋於法座，懸中霤之御書。焕道德於億祀，昭顯融於庭除。祀典斯成，聖容既舒。於是陟詩禮之遺庭，進師儒而命講。設黄幄以深嚴，沛綸音於高朗。九賓森其階列，兩制肅而咸仰。示敦勉於後裔，録才雋於草莽。錫衮衣於尚方，出朱提於内帑。舉玉趾以循牆，溯當年之講席。惝怳兮侍坐之堂，晻靄兮燕居之宅。杏壇之臺彌高，丹甓之書似漆。臨井榦兮苔青，漱古泉兮鏡碧。陳删述兮端門，聆金絲兮虚壁。列石碣兮如林，環繚垣兮樹戟。撫遺檜以盤桓，景文明於手澤。挺堅貞兮淩霜，將葳蕤兮化石。幾徘徊於路寢，彌嘉賞於陳迹。乃復税駕魯城之北，道經陋巷之門。望林坰之蓊鬱，緊歸藏之爰存。轣兔溝之古道，縈洙流之靈源。既杳邈而若谷，結神明以爲園。傒享堂之肸蠁，薦泮水之芹蘩。訖禮儀之既具，發皇覽而靡竟。祥符駐蹕之亭，端木墟廬之徑。林無宿鳥之鳴，著有全爻之蘊。曠軌轍以時遐，建旌旗而山震。當至尊之式臨，焕斯文之景運。迨事竣以回鑾，答凝承之休命。合區宇以咸歡，歷曩今而共慶。於是含哺鼓腹之儔，起而言曰：在昔軒轅有襄城之駕，帝堯至姑射之阿。敻乎邈矣！若後世汾陰望幸之年，社首登封之事，見於載籍，未必爲萬民也。至夫虞氏、成周巡狩之儀，莫有倣而行之者。今我皇上敬天勤民，尊聖樂道，復曠古之盛典，繼省方之遐躅。生其時，遊其世。獲覩天子車旂采章，沐浴德教恩澤。如天之高，靡所不覆幬；如地之廣，靡所不含育。皇王之迹殊矣，神人之願愜矣。過闕里，祀孔子，亦巡行所及云爾。

恭紀《幸魯盛典》告成十韻

欽授二品冠服衍聖公長子臣孔傳鐸

焚香棐几閲瑶編，彷彿金聲擲自天。緑字赤文成此日，翠華仙仗記當年。道心想見宸心契，祖澤長蒙帝澤宣。顧問杏壇頻太息，手攀遺檜一周旋。鸞旂半駐圜橋外，講幄曾開舊宅邊。採納遂兼《風》

十五，雍容看奏禮三千。鵷行鷺序如聯翼，聖裔賢孫得並肩。異數特留隨輦蓋，新恩仍擴護林田。即今廟貌輝丹雘，千古穹碑矗紫烟。末系自慚無報答，夢魂長遶玉階前。

恭紀《幸魯盛典》告成二十韻

翰林院世襲五經博士加九級臣孔傳鋕

神禹觀河日，虞姚望嶽年。典非今代始，禮邁百王先。玉輅來殷地，霓旌下蔽天。蒙皐增紫氣，洙泗湧青蓮。顧問藏經壁，親臨釋菜籩。摩挲壇畔檜，洞酌宅中泉。聖裔均蒙召，賢孫畢至前。鵷鴻方肅穆，韋布得聯翩。講論乾坤闢，標題日月懸。萬邦咸悦矣，吾道卜昌焉。法駕回鑾去，詞臣載筆旋。汗青當有述，金石可勝鐫。詔許羅英俊，官仍授簡牋。一堂勤校勘，十載費丹鉛。麗澤言難罄，淵衷想粹然。唐槐留輦路，漢栢拱經筵。苗裔沾恩大，家門拜賜乾。總教書萬帙，難紀禮三千。沆瀣研珠滴，薔薇盥手鮮。小臣沾帝力，拜舞誦瑶篇。

甲子仲冬，聖駕幸魯恭紀，闕里禮成，任以儒生獲侍經筵紀盛排律一章

户部廣東清吏司員外郎臣孔尚任

鳳曆開先甲，葭灰動早陽。人歌年豫泰，天祚帝遐昌。問俗來東土，尊師過孔堂。風雲從劍佩，星漢覩文章。宛轉鸞旂拂，容與翠葆張。齋宫神静穆，露冕意彷徨。贊幣馳天使，酌齊出上方。一牢牲比漢，九拜禮超唐。臣庶陪敷奏，曾孫事祼將。儼然憑杖几，

肅爾對冠裳。玉斝擎時重，袞衣覆處香。明庭羅羽籥，古壁發笙簧。六代宮懸備，兩階象舞詳。升中儀卒度，竣事敬無忘。榮及群賢席，光生數仞牆。昭垂歸柱下，觀聽集橋傍。殿日紅霞麗，壇松碧影長。經筵親咫尺，講位出班行。盛典逢非偶，曲儒喜若狂。欲裁三大賦，詞陋媿抒揚。

駕詣闕里恭紀

候選知縣臣張拱樞

盛世紹中天，唐虞精一傳。崇儒超漢代，重道述文宣。哲后巡方日，群黎戴聖年。堯雲沂水上，舜日杏壇邊。謁廟隆先聖，尊師啓後賢。松楸沾雨露，檜栢起蜿蜒。侍從冠裳肅，臣工拜舞虔。榮光分七十，褒寵並三千。式履絇絲古，觀車輪輻堅。《詩》《書》垂遠澤，禮樂覩遺編。睿製豐碑燦，龍章彩額懸。芳徽光史册，梨棗勒鄆篇。海宇同文治，謳吟叶管絃。蓀荃迎御輦，洙泗出甘泉。造化中和贊，宸游補助全。皇猷難頌述，大寶永乘乾。

康熙二十三年十一月，聖駕幸曲阜釋奠先師恭頌

候選州同知臣許永

萬乘東巡日，隆冬幸魯時。風光迎象輅，旭影耀龍旂。既陟尼山麓，還經泗水湄。告虔瞻闕里，夙戒具騂犧。清酤烝杯斝，和羹列鼎彝。笙鏞陳雅奏，祼獻覩隆儀。對越千官肅，趨蹌百辟隨。月臨天仗皎，露滴杏壇滋。庭燎輝蒼栢，爐烟散玉墀。思成欽止敬，終祀不知疲。典禮超前代，尊崇表帝師。鑾儀留御蓋，宸翰灑新詩。

紀事仍編録，鴻章復樹碑。敷天傳翰墨，千古仰昭垂。睿質惟敦敏，深宫備孝慈。右文勤宥密，至治進無爲。道接精微統，心傳一貫遺。巡游施補助，政教凛綱維。曠典隆今日，愚生洽頌私。作人歌壽考，重道際昌期。

駕詣闕里恭紀

候選縣丞臣張廷玫

聖主崇文治，鑾輿涖杏壇。尊師超百代，陪祀肅千官。享薦騂犧潔，恩榮雨露溥。弘規修閟殿，睿藻染柔翰。華蓋彤墀覆，香風古檜盤。天雞鳴日下，僊樂奏雲端。御墨傳鴻寶，豐碑樹鉅觀。陽和隨地布，父老擁塗看。禮洽千秋盛，聲騰萬國歡。瞻天齊拜手，蕩蕩頌誠難。

駕幸闕里恭紀一章

候選州同知臣馮暹

鑾儀簇仗戾山東，共仰龍飛霄漢中。漫擬成周歌泮奂，遠逾黄帝訪崆峒。偃戈正值車書盛，奠鼎難忘禮樂功。紫極崇文真莫尚，素王作則自無窮。天開甲子逢熙皡，地湧尼山見鬱葱。萬乘景從垂化雨，一時蹌濟肅群工。非關菜奠停仙蹕，爲慕羹牆訪故宫。古檜干霄摇瑞旭，靈蓍傍衮拂仁風。恍聞畫壁金絲奏，如見麟書玉帳通。道統千秋遥契合，心源萬世本和同。特修典禮輝前史，還許官僚効匪躬。皋禹尚難颺至德，鄒枚何以竭雕蟲！

伏覩《幸魯盛典》恭述

監生臣劉石齡

灝穹生民溯古帝，我皇至德符軒羲。書集闕庭授赤烏，字浮洛水傳靈龜。俎豆莘莘盛庠校，珠璧燦燦輝長麗。維皇廿三歲甲子，貞元會合當斯時。時巡岱宗紹虞舜，釋奠闕里崇先師。原泉憩息見道體，冬温藻荇生寒漪。奎婁神寓帝湓止，玲瓏鳳蓋飄鸞旂。冬十一月日己卯，須明齋宿城南陲。由欞星門降輦入，千官景從行如馳。樂縣先勑太常部，八佾舞羽諸侯儀。禁壺籩梪豆簠簋，雲雷之樽象與犧。爵登三獻肅九拜，祝文我皇親製辭。講筵秩秩設詩禮，生儒聚觀肅且祇。三綱十翼啓宸聽，聖孫論説宏皋比。禮成載登大成殿，敬瞻像設緇帷披。周覽古蹟及圖畫，摩挲石柱蛟螭。杏壇東南手植檜，旋紋左紐承華滋。還過舊宅眺遺井，壁中隱隱聞金絲。帝賡作歌四十字，歌成展賜天顔怡。萬世師表灑宸翰，仰視墨瀋猶淋漓。懸諸中天垂四寓，燭龍銜耀開幽涯。曲莖葩瑤留御蓋，殊勝器皿陳朱提。駕出北門幸林墓，列栢數里何逶迤。林扉正啓輦路闢，橋邊洙水流冰凘。免溝之南封若斧，左爲伯魚前子思。堂楹尚記廬墓處，遠方珍木蕃孫枝。古壇方石四十九，漢時篆刻今猶垂。亭名駐蹕建宋代，今皇更自垂鴻規。林中交響盡文鳥，墓旁枝葉皆神蓍。奉引既畢乃先路，翠華北指重遲遲。二千餘年附域兆，詔增式廓千畝奇。蠲租給復出異數，四氏爵賞各有差。又明年春頒御製，褒崇至聖先師碑。西山琢石航濟水，官窰燒瓦鋪琉璃。宸章更述先後聖，世官東野宗周姬。皇皇鉅典昭萬世，右文無有逾今兹。襲六爲七事非細，直爲聖道存綱維。咏仁蹈德溢絃誦，皇帝萬壽膺蕃釐。野人作歌同擊壤，慚愧清廟明堂詩。

恭紀幸魯詩二十韻

世襲太常寺博士加一級臣孔毓琮

崇儒聞往辟，特典創熙朝。運轉堪輿泰，天迴斗極昭。時巡開爽籟，于邁戒嚴宵。沉璧觀河竣，鳴鑾望岱遥。法宫懸象魏，玉帳仰魁杓。正值陽暉麗，彌瞻聖德劭。麟游知警蹕，鳳舞感咸韶。升降謡中闑，趨蹌凛外僚。誠孚元醴溢，意洽太羹調。閟殿夔司磬，丹楹曠引簫。覩兹呈萬舞，曾用格三苗。命講金聲協，留題玉筯瑚。諸生頒綺纈，宗子賚文貂。泂酌泉何幸，遊歌檜亦邀。宸章銘石匱，仙仗倚松喬。楷蔭仍紆轡，蓍叢復駐軺。千秋洙水上，一旦翠華飄。道統尊尼父，心傳屬帝堯。成由群聖集，禮視百王超。埃壒慚奚補，顒情叩紫霄。

恭紀幸魯盛典詩二首

翰林院世襲五經博士臣顔懋衡

萬乘霓旌下拂天，哲王親視聖人筵。因知盛代修文物，不减虞廷奏管絃。遍歷林塋因訪道，下詢草野爲褒賢。存神過化今如此，疑是唐堯甲子年。

其二

檜楷多年聖澤新，宸游歷歷動諮詢。撫摩彝器千秋碧，顧盼圖書四壁春。自是廟庭留曲蓋，即看碑版勒王綸。縹緗文綺同時賚，更沐興朝一視仁。

恭紀幸魯四律

翰林院世襲五經博士臣曾貞豫

洙泗清源濬，尼防紫氣高。親師隆典舉，訪道聖躬勞。魯殿看儀鳳，殷階集舞翽。禮成懽子姓，況復沛恩膏。

其二

終古宫牆閟，誰能罄所窺？至尊游覽徧，百辟肅雍隨。汲井嘗泉脈，觀文搨漢碑。謁林還奠斝，游豫到洙湄。

其三

漢祖曾親祀，唐宗著咏篇。道雖崇萬古，典莫盛今年。御榜龍螭護，宸章琬琰鐫。聖心猶企戀，日暮未言旋。

其四

几筵頒賚澤，禮視幸成均。末裔沾殊寵，青雲悉致身。家曾傳聖脈，誼敢後王臣。講義型仁訓，千秋謹誌紳。

恭紀幸魯詩二首

翰林院世襲五經博士臣孟貞仁

靄靄鸞旂賁魯疆，杏壇冬日轉曦陽。唐槐陰下千官列，漢栢林邊六馭翔。考擊鐘鏞陳古樂，昭回雲漢發天章。羹牆後聖親先聖，一體君師道脈長。

其二

東封自古問尼山，累代崇師只等閒。輯瑞遠因巡狩届，釋芹初自省方還。麟書有待增宸翰，章甫遥疑揖聖顔。何幸禮庭宣寶訓，小臣猶得侍鵷班。

恭紀幸魯詩二章

翰林院世襲五經博士臣仲秉貞

祀岱千秋協量衡，觀河九有閲平成。聖心直與天心接，君道還兼師道明。魯國山川祥靄合，靈光宫殿惠風清。吾皇一展崇儒禮，窮海遐陬仰治平。

其二

章縫劍履聖人居，拭笥修書荆棘除。賁祀每傳來玉册，巡游曾幾駐金輿。登堂釋奠陳瑶簴，入廟諮詢啓石渠。楷檜自從經御覽，更延精采萬年餘。

幸魯紀恩詩二章

翰林院世襲五經博士臣東野沛然

翠羽東巡過岱宗，迴鑾特幸伯禽封。金絲再奏新韶濩，詩禮重開古辟廱。率土競瞻天子氣，淵衷如覿聖人容。君師一德千秋合，載筆賡颺愧莫從。

其二

天行乾健孰躋攀，父子扶攜覲帝顔。齒及元公親裔胄，恩加禽父舊河山。閟宫始覩龍光耀，下士叨升鴛鷺班。曠古未逢斯典盛，黄農虞夏溯洄間。

恭紀《幸魯盛典》告成敬賦四十韻

翰林院世襲五經博士臣仲承述

運際昇平日，鑾迴齊魯鄉。循途雲騎盛，蔽野彩旗揚。萬姓咸嵩祝，千官列鷺行。喧闐遮御道，拜舞近龍光。籌報三更月，令嚴五夜霜。卿雲籠泗水，曉日薦扶桑。儀衛排仙仗，尚衣進衮裳。崇師親几席，重道入宫牆。釋菜儀崇重，焄蒿氣審詳。尊親前莫比，神化世難忘。肥腯牲牷碩，粢盛黍稷香。兩楹陳整肅，八佾舞迴翔。匜爵班文燦，罍樽寶篆彰。雝雝鳴管籥，嘒嘒奏笙簧。豫順八音協，調和六律良。太羹留淡味，旨酒載醇漿。對越加誠敬，駿奔慎濟蹌。儀容稱穆穆，感格覺洋洋。宗伯聯班次，鴻臚執贊襄。杏壇開燦爛，闕里動輝煌。天豈窮周士，世猶奉素王。丹甍含日月，碧瓦砌鴛鴦。仰視環堦級，溯洄依棟梁。綸言聞遜順，玉趾仰端莊。受賀奎文閣，經筵詩禮堂。修齊闡治化，翕闢論陰陽。帝眷乾坤表，天威咫尺傍。裁詩垂鳳藻，製賦煥龍章。盤舞宸翰麗，飛騰御墨蒼。聖孫争踴躍，賢裔盡光昌。蟒服雲垂體，琅函錦滿箱。蒙恩曾未已，荷寵更非常。過魯還輕漢，臨雝遠邁唐。依然輯玉帛，猶自奉圭璋。雅範超千古，嘉猷振八方。俗成修五教，民化正三綱。光被山河泰，休明社稷長。高深窮極至，精妙探微茫。合德追堯舜，傳心紹禹湯。弘名垂簡册，永保慶無疆。

聖駕臨幸闕里恭紀一律

歲貢生臣王時鴻

時巡曠舉會冠裳，釋奠親臨舊講堂。齊拜恩波孫子慶，欣瞻仗衛廟林光。當年道德傳縫掖，今日師儒在帝王。千古淵源同作述，仰窺宵旰蚤羹牆。

附録

提要[1]

臣等謹案:《幸魯盛典》四十卷，國朝襲封衍聖公孔毓圻等撰進。先是，康熙二十三年，聖祖仁皇帝臨幸闕里，親祀孔廟，行九拜之禮，特命留曲柄繖於廟庭。復親製碑文，遣官勒石於孔廟大成門左。周公、孟子諸廟，咸蒙製文刊石。並録聖賢後裔，給世官以奉祠祀。鉅典喬皇，薄海忻舞。毓圻以聖天子尊師隆軌，超邁古今，宜勒爲成書，垂示來葉。二十四年，疏請纂修，并舉進士金居敬等八人司其事，得旨俞允。至二十七年，成書十八卷，奏進。蒙指示應改正者二十八條，及臣工詩文尚有應遴選録入者，諭毓圻等覆加校定，會詔發帑金重建廟庭，御製奎章，摹鐫樂石，尊崇之典，視昔彌加。毓圻等乃續事編摩，增輯完備，凡修成事迹二十卷，藝文二十卷，刊刻表進，即此本也。洪惟我聖祖仁皇帝統接羲軒，心源洙泗，褒崇聖教，典禮優隆，爲亘古所未有，非區區管闚蠡測所可形容。然文物典章，毓圻等得諸見聞，頗能臚具。伏讀是編，大聖人崇儒重道之至意，猶可想[2]見其萬一。是固宜藏諸金匱，以昭示無極者矣。乾隆四十三年十月恭校上。

1 據四庫本《幸魯盛典》書前提要。

2 “想”，《四庫全書總目》卷八十二《幸魯盛典》提要、福建本、廣雅本作“仰”。

《幸魯盛典》進表[1]

孔子陸拾柒代孫太子少師襲封衍聖公臣孔毓圻恭承敕旨編刻《幸魯盛典》，今已成書，奉表上進者。臣毓圻誠惶誠恐，稽首頓首上言：伏以帝德崇儒，特舉隆文於闕里；皇仁重道，首頒異數乎尼山。開局命官，裒洙泗希逢之典；超前軼後，成古今未有之書。宫墻尊萬世之師，禮制立百王之法。敬陳蕆事，上冒宸嚴。欽惟皇帝陛下聖神廣運，天地同流。履中蹈和，體博厚高明之藴；祖堯述舜，接危微精一之傳。久道化成，大猷光被。一人有慶，四海同風。猶乃崇禮先師，褒揚聖學。值上元之甲子，日轉一陽；幸東魯之廟庭，星聯五曜。四方觀化，夾道而瞻六飛；萬乘詘尊，升堂而行九拜。獻爵奏太常之樂，純乎玉振金聲；迎神讀祝版之辭，詎數歌《風》扢《雅》。皇心致慤，降輦輅而奠林垧；天語如春，望羹墻而瞻象設。徘徊車服，留御蓋于廟堂；想像金絲，題奎章于門額。援珠毫而作賦，檜樹向榮；濡玉硯而製詩，杏壇增色。架穹碑于霄漢，石採西山；鐫睿藻于欞星，文從北極。至若召諸生于講幄，經義昭明；授博士于翰林，聖慈優渥。錫"禮樂詩書"之額，蓬藋焜煌；題"松筠節壽"之坊，鳳鸞飛舞。恢宏林地，則十一頃有奇；優恤子孫，則千萬年無算。許守墳之百户，亦隸夏官；合在籍之四司，皆霑朝命。賜書賜服，不但臣家；蠲税蠲糧，遍於通邑。及念殿寢之隳敝，更發内府之金錢。堂廡焕然，仍宗廟百官之富；碑亭屹若，頒庖羲一畫之文。大工既成，鴻儀肇舉。特命皇子，昭告鼎新。祼獻加虔，獲人豫神歡之慶；始終卒度，昭禮明樂備之休。載勒貞珉，復蒙宸

1　原刻本無，據增補本《御製序》後《進表》。

翰。對峙之奎文閣後，如日東而月西；屹立於大成門前，並天長而地久。崇師褒聖，過分逾涯。欃槍掃而告成工，瀚海清而修祭典。乃至賢如述聖，代鮮專祠。鯨棟虹梁，賜堂基而崇祀；春嘗秋禴，允綈造以陳祠。且使孟廟重新，姬祠復葺。齊頒御製，並建豐碑。仲由、閔損之門，俱沐旌賢之典；東野、端木之胄，咸霑尚德之恩。下至濂洛後昆，關閩遠裔，莫不身膺命服，名歷清班。昔漢高之祀太牢，唐皇之經東魯。迨至宋室，復遇真宗，親製贊辭，敕留祭器。莫不傳爲盛事，加以特書。然而典禮未全，儀文弗備，未有隆規咸五、曠典登三如今日者也。蓋惟同心同理，道大而德隆；故兼作君作師，禮優而澤洽。雖千載自炳於起居之注，而一時不可無紀盛之書。伏蒙聖恩，准臣籲請。就廟開裒輯之局，拜疏薦纂修之員。首炳宸章，臚陳典制。皇仁臨幸之俞旨，群工奏對之昌言，扈從入廟之班聯，臣族受恩之始末，一一恭紀，事事詳編。加以臣僚應制之作，卿士頌聖之詞，亦奉綸言，增諸末簡。臣謹同纂修諸臣緝成正文二十卷，詩文二十卷，名爲《幸魯盛典》，實則集聖大成。恭荷御筆製序，并蒙欽定批簽，一經筆削于九重，彌增光焰于萬丈，則又詞苑未叨之異數，書局希遘之洪慈也。竊按聖門紀載之書，多存歷代經籍之志。盈箱累篋，唯傳泗水之遺文；紀事考言，未入朝家之大典。孰若熙朝之盛事，聿垂萬代之章程，永同帝典王謨，並垂千古，將與《魯論》《家語》，齊炳九垓！臣謹裝潢成帙，齋沐恭進。臣性資弇鄙，問學空疏。守祀祖庭，率履恐貽隕越；祗承休命，編摩未敢怠遑。雖復暝寫晨書，不無挂一漏萬。藉一蠡以測海，豈能揚扢鴻猷；握寸管以窺天，何足鋪陳盛烈！伏願顯仁藏用，富有日新。道造逢源之深，德躋極天之峻。文明大啓，無庸渭水求師；正學丕昌，不向峒山問道。則彌綸無外，歷久遠而愈光；法制昭垂，綿繼承而勿替。臣無任瞻天仰聖激切屏營之至，謹表隨進以聞。奉旨：覽卿奏，

《幸魯盛典》編輯有年，兹刊刻告成，裝潢來進。知道了。該部知道。書留覽。

康熙五十年三月　　日孔子陸拾柒代孫太子少師襲封衍聖公臣孔毓圻謹上表。

圖書在版編目（CIP）數據

幸魯盛典 / 姚文昌點校；（清）孔毓圻編撰 .
北京 : 北京聯合出版公司 , 2024. 7. -- ISBN 978-7
-5596-7688-7

Ⅰ . K249.03

中國國家版本館 CIP 數據核字第 2024FK0366 號

幸魯盛典

作　　者：（清）孔毓圻 編撰　姚文昌 點校
出 品 人：趙紅仕
出版監製：劉　凱
責任編輯：章　懿
封面設計：漆苗苗
內文排版：南京五葉流芳圖文設計中心

北京聯合出版公司出版
（北京市西城區德外大街 83 號樓 9 層 100088）
固安蘭星球彩色印刷有限公司印刷　北京聯合天暢文化傳播有限公司發行
字數 350 千字　787mm × 1092mm　1/32　14.5 印張
2024 年 7 月第 1 版　2024 年 7 月第 1 次印刷
ISBN 978-7-5596-7688-7
定價：98.00 元
